¡YA BASTA!

CHEZ LE MEME ÉDITEUR :

La guerre des ombres
Les racines de l'insurrection au Chiapas
par Alma Guillermoprieto

ISBN : 2-910019-33-0

SOUS-COMMANDANT MARCOS

¡YA BASTA!

Les insurgés zapatistes racontent un an de révolte au Chiapas

Texte annoté par Maurice Lemoine et Tessa Brisac

Traduit de l'espagnol par Anatole Muchnik

avec la collaboration de Marina Urquidi

ÉDITIONS DAGORNO
7/9, passage Dagorno, Paris XXᵉ

*Nous tenons à remercier tout particulièrement
les gens de la Jornada (Guadalupe Sánchez, Pedro Miguel)
et de Tiempo (Concepción Villafuerte et Amado Avendaño)
pour leur collaboration constante et désintéressée,
les internautes zapatistes du monde entier
pour leur précieux travail d'archives,
et Fabien Lainé.*

Proposition de préface à l'édition des communiqués de l'EZLN

30 juin [1]

À toutes les grandes maisons d'édition, les moyennes, les petites et les marginales, les pirates, les boucaniers et les et cetera imprimés qui publient les communiqués et les lettres de l'EZLN et qui m'ont écrit pour demander un avant-propos ou une préface à leurs produits respectifs dont ils demandent l'exclusivité, etc.

J'ai reçu la demande d'une espèce de préface ou d'avant-propos pour le livre que prépare la maison d'édition... (NB : remplir les pointillés avec le nom des grandes maisons d'édition, des moyennes, des petites et des marginales, des pirates, des boucaniers, etc., qui demandent cette très exclusive, évidemment, présentation) des communiqués, lettres et autres matériels de l'EZLN.

D'après ce que je vois, ma réputation de personne dispersée ne suffit pas à vous dissuader de m'envoyer des questions et des problèmes concernant les éditions, les préfaces et autres choses tout aussi absurdes. Ainsi, donc, je vais répondre avec le ton qui convient à des questions si transcendantes. Et rien ne sert mieux cette démarche que de vous raconter cette petite histoire qui nous est arrivée voici quelques bonnes lunes :

C'était au cours de l'année 1986. Je suis sorti avec une colonne de combattants pour effectuer une exploration à une journée de marche de notre campement-base. Tous mes gars étaient des novices; la plupart d'entre eux nous avaient rejoints depuis moins d'un mois et ils se débattaient encore entre la diarrhée et la nostalgie qui sont le lot des nouveaux venus aux premiers jours de leur adaptation. Les plus « anciens » du groupe n'avaient pas plus de deux et trois mois de présence. Me voici donc tantôt à les traîner, tantôt à les pousser, dans le processus de leur formation politique et militaire. Notre mission consistait à ouvrir une nouvelle route pour nos déplacements et à nous entraîner aux tâches d'exploration, de marche et de campement. Le

1 – Ce texte a été extrait de la chronologie pour figurer ici, comme il se doit.

travail était d'autant plus difficile qu'il n'y avait pas d'eau et qu'il fallait rationner la consommation de celle que nous transportions depuis la base. Ainsi s'ajoutait à l'entraînement la pratique de la survie, puisque la faible ration d'eau nous interdisait de cuisiner. Au total, l'exploration devait durer quatre jours avec environ un litre d'eau par jour et par personne, et rien d'autre à manger que du *pinole* (2) sucré. Une heure après notre sortie de la base, nous constations que notre chemin traversait de bien coriaces collines. Les heures passaient, et nous, nous escaladions et descendions des buttes par des chemins qui auraient fait peur aux chèvres les plus endurcies.

Enfin, après sept heures ininterrompues de montées et de descentes, nous sommes arrivés au sommet d'une colline où je décidai d'établir un campement, car l'après-midi commençait déjà à céder le pas aux ombres du crépuscule. On distribua la ration d'eau, et la plupart des hommes, malgré les recommandations que j'avais faites d'en garder un peu pour boire avec le *pinole*, « brûlèrent leurs vaisseaux » et avalèrent la totalité de leur ration, car ils avaient tous très soif, et l'effet psychologique de savoir qu'elle était rationnée augmentait leur avidité. Au moment où il fut question de manger le *pinole*, ils virent les conséquences de leur imprudence : ils mâchaient et mâchaient leur bouchée de *pinole* sucré sans pouvoir l'avaler et sans eau pour l'aider à passer la barrière de la gorge. Bref, nous avons passé deux heures dans un silence tel que l'on entendait clairement les mâchoires craquer et les sons de la gorge lorsqu'ils arrivaient à avaler un peu de cette poudre sucrée. Le lendemain, échaudés, ils gardèrent tous une partie de leur ration liquide pour le *pinole* du matin. Nous partions en exploration à 9 heures et nous revenions à 16 heures, ce qui faisait sept heures de marche et de coups de machette, à monter et descendre des collines, sans autre eau que celle de notre copieuse sueur.

Trois jours s'écoulèrent ainsi; au quatrième, la faiblesse était déjà apparente dans toute la colonne, et lors des repas (?) on vit apparaître des signes de ce sadomasochisme qui semble caractériser les insurgés : entre une bouchée de

2 – Farine de maïs grillée. Ndt.

3 – Galettes de maïs farcies.

4 – Pâte de maïs farcie, cuite à la vapeur dans des feuilles de maïs ou de bananier.

pinole et une petite gorgée d'eau, on se mettait à parler de *taquitos* [3], de *tamales* [4], de gâteaux, de steacks, de boissons fraîches et d'autres choses qui nous faisaient rire car le manque d'eau nous interdisait de pleurer. Le comble fut atteint lorsque, le jour de notre retour à la base, nous avons trouvé une rivière et que cette nuit-là la montagne s'est moquée de nous en nous offrant une grosse averse qui nous trempa avant que nous ayons pu nous mettre à l'abri. Sans perdre notre bonne humeur, nous maudissions à discrétion la pluie, la jungle, les abris et toutes ces choses humides. Mais, bon, tout cela faisait partie de l'entraînement et ne nous surprit pas. Le travail était accompli, les gens réagirent bien en général, bien que l'un d'eux faillît sérieusement s'évanouir alors que nous escaladions une côte particulièrement vache.

Tout cela n'est que le « décor » de l'histoire que je voulais vous raconter : un jour, lors de cette exploration, nous sommes rentrés, comme toujours épuisés, au campement. Pendant que l'on distribuait les rations d'eau et de *pinole*, j'allumai la radio à ondes courtes pour chercher les nouvelles du soir, mais au moment où l'appareil se mit en marche, il en sortit un chant strident de perroquets et d'aras. Je me rappelai alors l'un des écrits de Cortázar [5] (*Les Armes secrètes? Livre de Manuel? Cronopes et fameux?*) qui parlait de ce qui se passerait si les-choses-n'étaient-pas-à-leur-place. Mais je ne me laissai pas effrayer pour si peu, car j'étais habitué à voir dans ces montagnes des choses aussi absurdes en apparence qu'une petite biche avec un œillet rouge dans la bouche (amoureuse, sans doute, car sinon, pourquoi un œillet rouge?), un élan en chaussons de danse violets, et un troupeau de sangliers faisant la ronde en battant le rythme de *Romperemos un pilar para ver a Doña Blanca* [6] avec les dents et les sabots. Comme je viens de vous le dire, je ne me laissai pas surprendre et je tournai le bouton de réglage pour chercher une autre station, mais rien à faire : tout était chant de perroquets et d'aras. Je cherchai sur les ondes moyennes avec exactement les mêmes résultats. Sans me décourager,

---

5 – Julio Cortázar. Écrivain argentin. *Façons de perdre*, *Les Armes secrètes*, *Nouvelles intégrales*, *Cronopes et fameux* (Gallimard, 1993); *La Noche boca arriba* (LCF, 1992); *Le Livre de Manuel* (Gallimard, 1987).

6 – « Nous briserons un pilier pour voir Doña Blanca », comptine populaire.

je décidai de démonter l'appareil pour trouver la raison scientifique d'un chant si peu mélodieux.

Lorsque je retirai le couvercle à l'arrière, la cause logique et dialectique de cette transmission irrégulière apparut : une nuée de perroquets et d'aras, contents d'avoir recouvré leur liberté, s'envola à grand fracas. Je réussis à compter jusqu'à dix-sept petits perroquets, huit aras femelles et trois mâles, tous se bousculant dans leur sortie. Dans la foulée d'une autocritique tardive pour mauvais entretien de l'appareil, je m'apprêtai à procéder au nettoyage nécessaire. En extrayant des plumes et des crottes (et même le squelette d'un petit perroquet auquel les autres avaient pris soin de donner une sépulture chrétienne, car sa tombe, située dans un coin du petit appareil, arborait une croix délicatement travaillée et une pierre dont l'inscription – en... latin? – disait : *Requiescat in Pace*), je tombai sur un nid contenant un petit œuf grisâtre moucheté de vert et de bleu; posée à son côté se trouvait une petite enveloppe que je m'empressai d'ouvrir avec une anxiété non dissimulée. C'était une lettre adressée « à qui de droit ». D'une écriture minuscule, une petite dame perroquet contait son histoire triste et chagrine.

Elle était tombée profondément amoureuse d'un bel et jeune ara (c'est ce que disait la lettre) qui lui vouait un amour réciproque (c'est ce que disait la lettre). Mais les perroquets, veillant jalousement à la pureté de leur race, n'approuvaient pas cette romance scandaleuse, et ils ont signifié à la petite jeune femme perroquet l'interdiction sans appel de fréquenter le bel et jeune ara (c'est ce que disait la lettre). Donc, le grand amour qui unissait le couple (c'est ce que disait la lettre) les obligeait à se voir clandestinement, derrière l'un des transistors de la radio. Comme « *l'ara est feu, la jeune femme perroquet est étoupe, arrive le diable et il souffle* » (c'est ce que disait la lettre), le couple était rapidement passé aux choses sérieuses, et ce tout petit œuf que je tenais à présent dans la main était le fruit interdit de cette relation coupable. La dame perroquet demandait (c'est ce que disait la lettre) à celui qui le trouverait qu'il donnât un abri et de la nourriture au petit jusqu'à ce que celui-ci pût se défendre par lui-même (c'est ce que disait la lettre), et elle finissait par une série de recommandations maternelles, plus une déchirante lamentation sur son cruel destin, etc. (c'est ce que disait la lettre).

Accablé par l'impressionnante responsabilité de devenir père adoptif et maudissant les circonstances qui m'avaient conduit à nettoyer la radio, j'essayai de chercher un appui moral et matériel parmi mes combattants, mais tous dormaient déjà, rêvant sans doute à des torrents de café au lait, de Coca-Cola et de limonade. Suivant la maxime, si souvent citée, selon laquelle « il n'est pas de problème incontournable, si grand qu'il soit », j'abandonnai l'œuf à côté de mon hamac et m'apprêtai à prendre un repos bien mérité. Tentative inutile, car les remords ne me laissaient pas dormir, et très vite (au fond, tout au fond, j'ai l'âme noble et bonne) je ramassai le petit œuf et le plaçai sur mon ventre. À minuit, heure malheureuse, il se mit à bouger. D'abord, je crus que mon estomac protestait par manque de nourriture, mais non, c'était le petit œuf qui bougeait et commençait à se fêler. Pris d'un inexplicable instinct maternel, je me tenais prêt à assister au moment sacré où j'allais devenir mère… je veux dire, père. Quelle ne fut pas ma surprise de constater que la coquille ne contenait ni un ara ni un perroquet, que dire, ni même un poussin ou une petite palombe. Non, ce qui sortit de l'œuf était… une petite biche ! Je ne plaisante pas, c'était une biche avec des plumes vertes et bleues. Dans un élan de lucidité (ce qui, soit dit en passant, m'arrive de moins en moins souvent), je compris le véritable fond de la truculente histoire, le quid-de-la-question-comme-le-dit-je-ne-sais-plus-qui. « *Eurêka !* », m'écriai-je, comme-le-fit-je-ne-sais-plus-qui-non-plus.

Ce qui était arrivé, c'est que la petite dame perroquet avait joué « double-jeu », c'est-à-dire qu'elle avait une liaison avec un élan, qu'ils avaient péché, et qu'elle avait voulu accabler l'ara de cette « petite affaire désagréable », mais tout tomba à l'eau, puisque la radio, etc. « *Toutes les mêmes* », soupirai-je. Le mystère étant élucidé, il ne restait plus qu'à voir ce que diable nous allions faire de cette biche bâtarde… Et cette question me tourmente aujourd'hui encore. Pour le moment, je la cache dans mon sac à dos, et je lui offre un peu de ma nourriture. Je ne nie pas que nous ayons sympathisé, et mon instinct maternel… pardon, paternel, a progressivement fait place à une malsaine passion pour la biche, qui me comble de regards ardents, peu chargés de reconnaissance et très chargés d'une ferveur mal dominée. Mon problème est grave, car si je cède à la tentation, je commettrai, en plus d'un péché contre nature, l'inceste, puisque je suis son père adoptif. J'ai pensé l'abandonner, mais je ne le peux pas, c'est plus fort que moi. En fin de compte, je ne sais que diable faire…

Comme vous pouvez le voir, j'ai trop de problèmes aujourd'hui pour m'occuper des vôtres. J'espère que vous comprenez maintenant mon silence répété en ce qui concerne les questions que vous insistez à me poser. Au fait, le CCRI-CG de l'EZLN a approuvé votre demande de publication du matériel et de rédaction, par moi-même, de quelque chose qui puisse servir de préface ou d'avant-propos. Il n'y a pas de quoi.

Voilà, par ailleurs et comme-le-dit-cherchez-vous-même-qui, « les livres sont des amis qui ne trahissent jamais ». Salut et envoyez-moi un manuel vétérinaire pour les animaux sauvages des tropiques (cherchez à « B » pour « biche » et à « D » pour « désespoir »).

Depuis les montagnes du Sud-Est mexicain.
Sous-commandant Insurgé Marcos.

PS – **Gros oubli**. J'oubliais que l'objet de la présente est :

Avant-propos ou préface aux communiqués du livre : *De la Première à la Deuxième Déclaration de la jungle Lacandone* ou je ne sais quel titre vous avez l'intention de donner audit livre des Éditions… (NB bis : remplir les pointillés du nom de la maison d'édition *et cetera, et cetera*).

J'imagine donc qu'il va falloir dire quelque chose aux lecteurs. Profitant d'une respiration entre avions, biches et communiqués pour vous écrire cette lettre déguisée en post-scriptum.

Aux lecteurs de ce livre qui s'appelle allez-savoir-comment :

Le présent livre contient les communiqués émis par l'EZLN, depuis la **Première Déclaration de la jungle Lacandone** jusqu'à la **Deuxième Déclaration de la jungle Lacandone**, c'est-à-dire du 31 décembre 1993 au 10 juin 1994 [7]. Il rassemble, en plus, une série de lettres qui présentent ou réitèrent quelques-unes de positions politiques et idéologiques de l'Armée zapatiste de Libération nationale.

En ce qui concerne les communiqués émis par le **Comité**

---

7 – De décembre 1993 à la mi-octobre 1994, en l'occurrence. Ndt.

clandestin révolutionnaire indigène - Commandement général de l'Armée zapatiste de Libération nationale, il convient de décrire un peu le mécanisme de la production de ces déclarations. Tous les communiqués signés par le CCRI-CG de l'EZLN sont approuvés par des membres du Comité, parfois par la totalité d'entre eux, parfois par des personnes qui les représentent. La rédaction des textes est une de mes tâches, mais le communiqué lui-même suit deux parcours :

Le premier, ce sont les membres du Comité, ou le collectif du Comité qui sentent la nécessité de se prononcer sur quelque chose, de « dire leur mot ». Alors, on propose et on discute des points principaux de ce que l'on va dire, et, avec ces indications générales, on me commande d'en faire la rédaction. Je leur présente ensuite le communiqué rédigé, ils le révisent, suppriment ou ajoutent des choses, et l'approuvent ou le rejettent.

L'autre chemin, c'est lorsque ayant reçu de l'information de diverses sources, ou en vue d'un événement particulier, et estimant qu'il convient de nous manifester à ce propos, je propose au Comité que nous émettions un communiqué. Je rédige et je soumets ma proposition. On en discute et on l'approuve ou on la rejette.

Ai-je dit « rejette »? En effet, malgré les circonstances qui contribuent à laisser croire que le Sous-commandant I. Marcos est le « meneur » ou le « leader » de la rébellion, et le CCRI-CG de l'EZLN une simple « mise en scène », l'autorité du Comité est indiscutable dans les communautés, et il est impossible de soutenir une position sans l'appui de cet organisme indigène de direction. Plusieurs propositions de communiqués que j'ai faites ont été rejetées, certaines parce qu'elles étaient « très dures », d'autres parce qu'elles étaient « très molles », et d'autres encore « parce qu'elles apportaient plus de confusion que d'éclaircissement ». Par ailleurs, plusieurs communiqués ont été émis malgré moi. Il est inutile de citer des exemples, mais la justesse du jugement de mes compagnons du Comité s'est vérifiée au cours de ces six mois de guerre.

Il existe également des textes que j'ai tendance à rédiger en guise de présentation des communiqués que nous émettons. Dans ces textes, je suis plus « désinvolte », mais la vigilance du Comité demeure. Plus d'une des ces « lettres de présentation » ont essuyé la réprobation de quelques membres du CCRI.

La voie empruntée pour acheminer les communiqués était assez accidentée et prenait beaucoup de temps. Nous avons essayé de remédier à cette « inopportunité » caractéristique de nos déclarations, sans aucun succès. La vitesse à laquelle certains de nos communiqués sont arrivés à la presse a été le résultat d'heureux concours de circonstances qui ne faisaient pas, malheureusement, partie de nos plans.

Néanmoins, je pense que la plupart des lecteurs qui entament aujourd'hui la lecture de ce livre comprennent bien le manque de « rapidité » des réponses zapatistes. Ce qu'ils pourraient ne pas comprendre, c'est l'héroïsme compliqué et anonyme des émissaires qui ont transporté, de nos lignes jusque dans les villes, ces feuilles blanches aux lettres noires qui parlaient notre pensée. Il existe nombre d'anecdotes sur ces zapatistes anonymes qui ont tout risqué pour traverser les lignes ennemies, maintes et maintes fois, crevant leur monture et les pieds déchiquetés par la pluie et le froid en janvier et en février, et par la chaleur et les épines dans les mois qui ont suivi. Les voies de la misère et de l'oubli, c'est-à-dire les routes et les sentiers, ont acheminé, des montagnes jusqu'au béton, les mots de la dignité et de la rébellion des zapatistes. Il n'y a pas eu, jusqu'à ce jour, de caméras ni de magnétophones devant ces « émissaires », pas de lettre ni d'interview, pas d'allusion au *sex-appeal* de leur anonymat, pas la moindre reconnaissance pour leur effort qui permet à notre parole – leur parole –, d'arriver aux oreilles d'autrui. Qu'ils soient donc salués, par ces lignes, pour leur labeur silencieux… et efficace.

J'ai déjà parlé, dans une des lettres qui se trouvent dans ce recueil, des raisons qui ont conduit certains médias à faire une place à notre parole dans leurs pages ou dans leurs émissions de radio. Je ne reviendrai donc pas là-dessus, mais ce que j'ai écrit au même endroit sur la presse honnête, et sur les chemins qui ont permis à la pensée zapatiste de paraître dans les pages de certains journaux et de certains magazines, et d'exister dans quelques émissions de radio reste toujours valable. Quel que soit le dénouement de cet ardent désir de dignité, je crois que ceux-là auront toujours la satisfaction du devoir accompli. Ce transbordement laborieux de paroles comporte un autre aspect, que l'on ne trouvera dans aucun post-scriptum, dans aucun communiqué. C'est l'angoisse, l'incertitude qui, sous la forme d'une foule de questions, nous prenaient à chaque fois que les émissaires nous faisaient leurs adieux, emportant avec eux un ou plusieurs communiqués. Des questions et encore des questions qui s'acharnaient à hanter nos nuits, à nous accompagner dans nos tournées de contrôle des piquets, à s'asseoir avec nous sur un tronc d'arbre abattu à regarder le repas dans notre assiette, et forçaient notre main à repousser la nourriture et nos pieds à aller de long en large : « Étaient-ce bien les meilleures paroles pour dire ce que nous voulions dire ? – Étaient-elles opportunes ? – Étaient-elles compréhensibles ? » Jamais un communiqué ne nous a satisfaits au moment de l'envoyer.

Généralement, nous essayons de différencier les communiqués du CCRI-CG de l'EZLN et les lettres de présentation. Si les premiers sont écrits en lettres majuscules [8] et signés du Comité, les secondes utilisent des majuscules et des minuscules et sont signées par le « Sous-commandant Insurgé Marcos ». Nous pensons que les deux paroles et la dualité des messages ont rempli leur mission. Leur avenir sous la forme présente est incertain, mais la parole de ceux qui marchent avec la vérité trouvera toujours un sentier pour avancer.

Une chose encore : la « ligne éditoriale » zapatiste répond à la consigne : « Maintenant, ou peut-être jamais ». Produits de la guerre et de l'isolement dans lesquels nous nous trouvons, nous ne « mesurons » pas ce que nous disons, et nous nous efforçons de tout « balancer » d'un seul coup... puisque ce pourrait être le dernier.

C'est ce qui explique que, dès les premiers communiqués, nous ayons défini la position de l'EZLN et que depuis nous n'ayons cessé de répéter les mêmes idées. Cette parole anxieuse qui se mord sans cesse la queue provient d'une situation que seuls peuvent comprendre ceux qui se trouvent ou se sont vus dans les mêmes circonstances. D'un côté, nous ne pouvons pas nous offrir le luxe de mentir. Lorsque l'on vit sur le mince fil de la guerre, on devient spontané, et nous avons découvert que le mensonge exige un minimum de préméditation.

D'un autre côté, nous ne pouvons pas non plus « doser » notre parole et chercher le « moment opportun » pour la dire, ni attendre sournoisement que les conditions soient propices. Les exemples les plus saillants de cette « ligne éditoriale zapatiste » sont les lettres de présentation datées du

8 – Pas dans cette édition. Ndt.

18 janvier 1994 (« De quoi faut-il nous pardonner? ») et du 20 janvier 1994. Celle du 20 janvier 1994 (qui présente le verdict du jugement d'Absalón Castellanos Domínguez)[9], avec la distance et après ce qui est arrivé, peut paraître exagérée : moi-même, je la trouve exagérée maintenant. Mais sur le moment, lorsque, assis devant ma machine à écrire, l'urgence animait mes doigts, il m'a semblé qu'il n'y avait pas d'autre moyen de le dire. Ce n'est pas une question d'optimisme ou de pessimisme, pas même cela, c'est quelque chose de plus... de plus... de plus immédiat, une évaluation spontanée et dénuée de dramatisme de ce qui se passait et de ce qui pouvait se passer.

Je suis navré si je déçois quelqu'un par cet « horrible » secret, mais nous n'avons jamais projeté d'avance ce que nous allions dire, ni la forme que nous emploierions pour le dire. Nous savions, et nous savons toujours, clairement ce que nous sommes et ne sommes pas, ce que nous pouvons et ne pouvons pas faire, et ce que nous devons et ne devons pas faire. C'est dans ce cadre général, ou sur cette base, qu'ont surgi ces lettres et ces communiqués, comme nos pas dans la montagne : on s'inquiète du pas que l'on est en train de faire, et on évite de « planifier » les pas suivants, on se contente de savoir qu'on marche, et après... après... il peut ne pas y avoir d'après.

Ces lettres et ces communiqués comportent aussi cette présence réitérée de la mort. Je sais que cela en dérange plus d'un, mais de ce côté-ci de la guerre c'est ainsi que sortent les choses : de même que l'on dit « livre », « arme », « amour », on dit « mort » et on l'écrit. Je me souviens qu'à un moment, j'ai décidé de ne plus insister sur le thème, mais je vous rappelle ici ce que je vous ai expliqué plus haut sur « la ligne éditoriale zapatiste ». Après, lorsque j'ai lu cette lettre dans le journal, elle m'a paru parmi les plus lugubres que j'aie jamais écrites. Enfin, comme nous n'écrivons pas pour faire plaisir, mais pour expliquer, on peut faire abstraction du souci d'écrire ce que l'on croit qu'une personne respectable voudrait que l'on écrive.

Voilà. Salut et bon appétit, la lecture est une nourriture dont on n'est jamais, heureusement, repu.

J'ignore si tout ce que j'ai exposé aidera à la relecture du matériel que rassemble ce livre, ou la rendra plus difficile.

---

9 – Voir note p. 101 et textes p. 112 et 125.

J'ai tenté, dans la mesure du possible, de faire un « communiqué » sur les communiqués et une « lettre » sur les lettres. Je me réjouis de constater qu'une fois de plus, la « ligne éditoriale zapatiste » s'est imposée et que j'ai écrit, sur ces textes, ce qui me vient à l'esprit à présent. C'est pourquoi, au cas, peu probable, où il faudrait une nouvelle présentation plus tard et où le hasard m'indiquerait de la rédiger, sur le présent avant-propos je signale une date, une heure et un lieu : pour que les lecteurs sachent que j'ai écrit ceci à l'aube du 28 juin 1994, que ma montre à gauche marquait 02h30, qu'il pleuvait pas mal et que cela fait un bon moment que Tacho m'a dit qu'il allait se coucher. Le lieu est, pour changer un peu,

Depuis les montagnes du Sud-Est mexicain.
Sous-commandant Insurgé Marcos.

PS SUR LES PS – Évidemment, une digression sur les PS doit se situer dans un PS. Il se trouve que l'on sent que quelque chose vous reste entre les doigts, que quelques paroles errent encore par là, cherchant à se placer entre les phrases, que l'on n'a pas fini de bien vider les poches de l'âme, mais c'est inutile, aucun post-scriptum ne pourra jamais contenir tant de cauchemars… et tant de rêves…

1 – DÉCLARATION DE LA JUNGLE LACANDONE

AUJOURD'HUI, NOUS DISONS « ÇA SUFFIT »

Au peuple du Mexique :

Frères Mexicains !

Nous sommes le produit de cinq cents ans de luttes : d'abord contre l'esclavage, lors de la guerre d'Indépendance que menèrent les insurgés contre l'Espagne, puis ce fut pour éviter d'être absorbés par l'expansionnisme de l'Amérique du Nord [1], après pour promulguer notre Constitution et chasser l'Empire français [2] de notre sol, ensuite la dictature porfiriste [3] nous refusa l'application équitable des lois de la Réforme, ce qui amena le peuple à se révolter et à former ses propres chefs ; ainsi apparurent Villa [4] et Zapata [5], des hommes pauvres comme nous, à qui l'on a refusé la plus élémentaire des formations pour pouvoir nous utiliser comme chair à canon et piller les richesses de notre patrie sans se soucier de

---

1 – Après l'annexion du Texas par le Congrès nord-américain, le 28 février 1845, la volonté expansionniste du Sud esclavagiste provoqua, en 1847, une guerre d'agression des États-Unis contre le Mexique. Le conflit se termina le 2 février 1848, après l'occupation de Mexico, par le *traité Guadalupe-Hidalgo* : le Mexique "cédait" aux États-Unis la moitié de son territoire – aujourd'hui le Nouveau-Mexique, l'Arizona, l'Utah, le Nevada, la Californie, le Texas, une partie du Colorado et du Wyoming.

2 – En avril 1862, profitant de la Guerre de Sécession qui déchire les États-Unis, Napoléon III, qui rêve d'établir au Mexique un empire latin saint-simonien, tente d'installer Maximilien d'Autriche sur le trône mexicain. Le corps expéditionnaire français est arrivé en décembre 1861, rejoignant les troupes espagnoles et britanniques. Ces trois puissances européennes entendaient alors se faire rembourser la dette contractée par les divers gouvernements mexicains. Les Anglais et les Espagnols se retirèrent en 1862. Après la fin de la Guerre de Sécession et sous la pression des États-Unis, la France évacuera à son tour le pays, abandonnant Maximilien qui sera exécuté en 1867.

3 – Élu en 1876 en défendant le principe de la non-rééligibilité des présidents, Porfirio Díaz "se réélira" jusqu'en 1910. Rétablissant un ordre ravagé par trente ans de guerres civiles et étrangères, il concentrera les pouvoirs entre ses mains, relancera l'économie et abolira la propriété communautaire – spoliant férocement les communautés indigènes, renforçant le système colonial de la *hacienda* (grande propriété foncière). Le système mis en place tiendra jusqu'à ce qu'en 1910, Francisco Madero pousse le premier cri d'insurrection.

4 et 5 – Voir page suivante.

ce que nous mourions de faim et de maladies curables, sans se soucier de ce que nous n'ayons rien, absolument rien, pas même un toit digne de ce nom, ni terre ni travail ni santé ni nourriture ni éducation, dépossédés du droit d'élire librement et démocratiquement nos autorités, dépendant d'étrangers, privés de paix et de justice pour nous et nos enfants.

Mais AUJOURD'HUI, NOUS DISONS « ÇA SUFFIT », nous, héritiers des véritables fondateurs de notre nationalité, sommes des millions de démunis et nous demandons à tous nos frères de répondre à cet appel, seule façon de ne pas mourir de faim devant l'insatiable ambition d'une dictature vieille de

---

4 – Pancho Villa (1878-1923) : chef de la Division du Nord, l'un des deux grands héros populaires de la révolution mexicaine avec Emiliano Zapata.

5 – Incarnation des campagnes en révolte, petit paysan métis illettré, héros populaire, transformé en mythe universel, Emiliano Zapata (1873-1919) a été l'un des personnages clés de la révolution qui ébranla le Mexique au début du siècle. En 1909, alors que la longue dictature du général Porfirio Díaz a fini par épuiser le pays tout entier, il organise, à Ayala, une guérilla qui s'en prend aux propriétaires terriens *(hacendados)*. Ses troupes, alors, ne forment pas une véritable armée : les hommes passent leur temps à labourer les terrains repris aux grands propriétaires et à faire la récolte, ne prenant les armes que pour repousser les attaques. L'année suivante, Zapata rejoint les révolutionnaires de Francisco Madero qui promet la redistribution de la terre, dans le centre et le sud du Mexique. Après que Madero, élu président, ai cherché à temporiser et à désarmer ce peuple qu'il ne peut contrôler, Zapata reprend les armes et lance le Plan de Ayala (novembre 1911) qui promet une réforme agraire. Madero ayant été renversé par le général Huerta, opposé à toute réforme, Zapata, à la tête de son Armée de libération du Sud – une troupe imposante de soldats-paysans – et au cri de *"Tierra y Libertad"* (terre et liberté), s'empare des villes de Yautepec, Cuautla et Cuernavaca, réclamant toujours la distribution aux paysans des terres des grands *latifundios*. À la même époque, Villa levait ses Divisions du Nord. Lors de la Convention d'Aguascalientes, ces deux chefs de guerre s'allient. Leurs troupes réunies entrent dans Mexico le 6 décembre 1914, obligeant le président Venustiano Carranza (Huerta a été battu) à s'enfuir à Veracruz. Zapata et Villa prennent momentanément le pouvoir, donnant provisoirement l'avantage au camp paysan, avant de se diviser. Carranza en profite pour revenir au pouvoir. Emiliano Zapata sera assassiné le 10 avril 1919, à Chinameca (Morelos), sur ordre de Venustiano Carranza. Toute sa vie, il était demeuré pur d'une quelconque ambition ou avidité personnelle, le seul des chefs révolutionnaires à ne rien désirer et ne rien prendre pour lui. La phrase *"Mieux vaut, hommes du Sud, mourir debout que vivre à genoux"*, lui est attribuée. Quelques mois avant son assassinat, le 28 octobre 1915, avait été proclamée une loi agraire d'inspiration zapatiste (*art. 1 : les terrains, eaux et forêts sont restitués aux communautés et personnes qui en ont été dépouillées)*, et l'article 27 de la Constitution de 1917, posant le principe de la propriété nationale sur la terre et les eaux, avait donné à chaque paysan le droit à au moins 5 hectares de terre cultivable.

soixante-dix ans, à la tête de laquelle se trouve une bande de traîtres qui représentent les groupes les plus conservateurs, les bradeurs de la patrie. Ceux-là mêmes qui s'opposèrent à Hidalgo et à Morelos [6], qui trahirent Vicente Guerrero [7], ceux-là qui vendirent plus de la moitié de notre sol à l'envahisseur étranger, ceux-là qui portèrent au pouvoir un prince européen, ceux-là encore qui formèrent la dictature des *científicos* [8] porfiristes, qui s'opposèrent à l'Expropriation pétrolière [9], qui massacrèrent les cheminots en 1958 et les étudiants en 1968 [10], ceux-là mêmes qui à présent nous prennent tout, absolument tout.

Afin d'éviter cela, notre dernier recours, après avoir tenté tous les moyens légaux, a été de revenir à notre *Carta Magna*, notre Constitution, dont l'article 39 dit textuellement :

« *La souveraineté nationale réside essentiellement et originellement dans le peuple. Tout pouvoir public émane du peuple et ne s'institue qu'au profit de celui-ci. Le peuple possède, de tout temps, le droit inaliénable de modifier ou de changer la forme son gouvernement.* »

C'est pourquoi, fidèles à notre Constitution, nous adressons la présente déclaration à l'Armée fédérale mexicaine, pilier de la dictature que nous subissons, monopolisée par le parti au

---

6 – Le *Cri de Dolores* du curé Hidalgo, en 1810, réclamant l'indépendance du Mexique, marque le début de la révolution nationale. L'insurrection est vite écrasée, et Hidalgo est excommunié et fusillé, en 1811, à Chihuahua. Le soulèvement d'un autre prêtre, Morelos, en 1813, préludera lui aussi aux luttes pour l'indépendance.

7 – De sang mêlé espagnol, indigène et noir, Vicente Guerrero personnifia, dans les montagnes qui portent aujourd'hui son nom, l'espoir de l'indépendance. Second président de la République mexicaine, il abolit l'esclavage en 1829 et fut exécuté en 1835 par les tenants de ce qui allait devenir une dictature réactionnaire.

8 – Littéralement "scientifiques", désigne le gouvernement d'érudits sur lequel Porfirio Diaz, lui-même quasi illettré, a assis son pouvoir. Ndt.

9 – Le 18 mars 1938, le Président Lázaro Cárdenas décrète l'expropriation de tous les biens des compagnies pétrolières installées au Mexique. Ce décret met fin à un long conflit entre les travailleurs du pétrole et les Compagnies. Avec l'expropriation pétrolière, le gouvernement de Cárdenas complète la mise en application de l'article 27 de la Constitution révolutionnaire, qui établit entre autres la propriété inaliénable de la nation sur tous les produits du sous-sol.

10 – Le 2 octobre 1968, à quelques jours de l'inauguration des jeux Olympiques, une fusillade d'une demi-heure fit 300 morts et plusieurs centaines de blessés dans les rangs des étudiants manifestant sur la place des Trois-Cultures, à Mexico. Cet épisode sanglant est resté dans l'Histoire sous le nom de *Massacre de Tlatelolco*.

pouvoir et commandée par l'exécutif fédéral aujourd'hui entre les mains de son chef suprême et illégitime, Carlos Salinas de Gortari (11).

Par cette Déclaration de guerre, nous demandons aux autres Pouvoirs de la Nation qu'elles d'entreprendre la restauration de la légalité et de la stabilité de la Nation en déposant le dictateur.

Nous demandons aussi aux organismes internationaux et à la Croix-Rouge internationale de contrôler le combat que livrent nos forces en protégeant la population civile, puisque nous déclarons que nous nous soumettons aux dispositions des Lois sur la guerre de la Convention de Genève, et constituons l'EZLN comme force belligérante de notre lutte de libération. Le peuple mexicain est de notre côté ; nous avons une patrie, et le drapeau tricolore est aimé et respecté des combattants INSURGÉS ; nous utilisons les couleurs noir et rouge pour notre uniforme, symboles du peuple travailleur en grève ; notre drapeau porte les lettres « EZLN », EJERCITO ZAPATISTA DE LIBERACIÓN NACIONAL (Armée zapatiste de Libération nationale), et c'est avec lui que nous combattrons toujours.

Nous condamnons d'avance toute tentative de dénigrement de notre juste cause, qu'on l'assimile au trafic de drogues, à la « narco-guérilla », au banditisme ou tout autre qualificatif que pourraient utiliser nos ennemis. Notre lutte est attachée au droit constitutionnel et porte l'étendard de la justice et de l'égalité.

Par conséquent, et dans le cadre de cette Déclaration de guerre, nous donnons à nos forces militaires de l'Armée zapatiste de Libération nationale les ordres suivants :

---

11 – Âgé d'à peine quarante ans, ancien de Harvard (USA), Carlos Salinas de Gortari, président du Mexique, a pris ses fonctions le 1er décembre 1988 au terme d'élections (6 juillet 1988) marquées par une fraude très importante. Les deux partis d'opposition dénoncèrent la victoire frauduleuse de Salinas qui, avec 50,7 % des suffrages, avait pourtant obtenu le plus mauvais score de l'histoire du PRI. D'après l'opposition, 4 millions de voix auraient été "déplacées", par toutes sortes de procédés, apparentant le scrutin à un "virtuel coup d'État technique". M. Salinas de Gortari, ministre des Finances dans l'administration précédente, a fait de la "modernisation" des structures de l'économie mexicaine la priorité absolue de son administration. Pour ce faire, il s'est entouré d'une équipe de jeunes économistes pour la plupart formés, comme lui, aux USA et a signé l'ALENA (ou TLC), un accord commercial historique avec les États-Unis.

Premièrement. – Défaire l'Armée fédérale mexicaine, et avancer jusqu'à la capitale du pays en protégeant dans notre progression libératrice la population civile et en permettant aux régions libérées d'élire, de façon libre et démocratique, leurs propres autorités administratives.

Deuxièmement. – Respecter la vie des prisonniers et remettre les blessés à la Croix-Rouge internationale pour qu'ils y reçoivent assistance.

Troisièmement. – Engager des procédures sommaires de jugement contre les soldats de l'Armée fédérale mexicaine et de la police politique qui auraient reçu une formation et qui auraient été conseillés, entraînés ou payés par des étrangers, que ce soit dans notre pays ou à l'extérieur, sous l'accusation de trahison envers la Patrie, et contre tous ceux qui répriment ou maltraitent la population civile et qui volent ou portent atteinte aux biens du peuple.

Quatrièmement. – Former de nouvelles troupes, avec tous les Mexicains qui manifestent le désir de se joindre à notre juste lutte, y compris les soldats ennemis qui se rendent à nos forces sans combattre et jurent d'obéir aux ordres de ce Commandement général de l'ARMÉE ZAPATISTE DE LIBÉRATION NATIONALE.

Cinquièmement. – Demander la reddition sans condition des garnisons ennemies avant d'engager le combat.

Sixièmement. – Mettre un terme au pillage de nos richesses naturelles dans les lieux contrôlés par l'EZLN.

PEUPLE DU MEXIQUE ! Nous, hommes et femmes intègres et libres, sommes conscients du fait que la guerre que nous déclarons est une mesure extrême mais juste. Les dictateurs mènent contre nos peuples une guerre génocide non déclarée depuis de nombreuses années, c'est pourquoi nous demandons ta participation décidée pour soutenir ce plan du peuple mexicain qui lutte pour *le travail, la terre, un toit, l'alimentation, la santé, l'éducation, l'indépendance, la liberté, la démocratie, la justice et la paix*. Nous déclarons que nous ne cesserons pas de nous battre avant d'avoir obtenu satisfaction sur toutes ces revendications de base de notre peuple et formé un gouvernement libre et démocratique pour notre pays.

REJOINS LES FORCES INSURGÉES DE L'ARMÉE ZAPATISTE DE LIBÉRATION NATIONALE

Commandement général de l'EZLN, 1993

2 – « Le réveil mexicain »

Les lois révolutionnaires

Organe d'information de l'EZLN
N° 1, Mexique, décembre 1993

Éditorial

Mexicains ! Ouvriers, paysans, étudiants, *profesionistas* [1] honnêtes, *chicanos* [2], progressistes d'autres pays, nous avons entrepris la lutte qu'il nous faut mener pour obtenir ce que l'État mexicain n'a jamais voulu nous accorder : le travail, la terre, un toit, l'alimentation, la santé, l'éducation, l'indépendance, la liberté, la démocratie, la justice et la paix.

Voilà des centaines d'années que nous demandons, que nous croyons à des promesses qui n'ont jamais été tenues, on nous dit toujours d'être patients et de savoir attendre des temps meilleurs. On nous a conseillé la prudence, on nous a promis que l'avenir serait différent. Or nous avons vu que non : tout est pareil ou pire que ce que vécurent nos grands-parents et nos parents. Notre peuple continue de mourir de faim et de maladies curables, en proie à l'ignorance, l'analphabétisme et l'inculture. Et nous avons compris que si nous ne nous battons pas, nos enfants à leur tour auraient à en passer par là. Et ça n'est pas juste.

Peu à peu, le besoin nous a rassemblés et nous avons dit : **ÇA SUFFIT**. Nous n'avons plus le temps, ni l'envie d'attendre que d'autres viennent résoudre nos problèmes. Nous nous sommes organisés et avons résolu **D'EXIGER CE QUI NOUS EST DÛ LES ARMES À LA MAIN**, ainsi que l'ont fait les meilleurs fils du peuple mexicain au long de son histoire.

Nous avons engagé les combats contre l'Armée fédérale et les autres forces de répression ; nous sommes des milliers de Mexicains prêts à **VIVRE POUR LA PATRIE OU MOURIR POUR LA LIBERTÉ** dans cette guerre nécessaire, pour tous les pauvres, les exploités et les miséreux du Mexique et nous n'arrêterons pas avant d'avoir atteint nos objectifs.

---

1 – Personnes exerçant une profession libérale. Ndt.
2 – Mexicains émigrés aux États-Unis. Ndt.

Nous vous exhortons à rejoindre notre mouvement, car l'ennemi que nous affrontons, les riches et l'État, cruel et sans pitié, ne mettra aucun frein à sa nature sanguinaire pour en finir avec nous. Il faut le combattre sur tous les fronts, et c'est pourquoi votre sympathie, votre appui solidaire, votre capacité à faire connaître notre cause, à adhérer à nos idéaux, à prendre part à la révolution en encourageant vos concitoyens à se lever, où que vous soyez, seront des facteurs très importants jusqu'au triomphe final.

Le Réveil mexicain est le journal de l'Armée zapatiste de Libération nationale, son rôle est d'informer notre peuple du déroulement de la juste guerre que nous avons déclarée à nos ennemis de classe. Dans ce premier numéro, nous présentons la Déclaration de guerre que nous adressons à l'Armée fédérale, et nous donnons les ordres auxquels doivent obéir les chefs et officiers des troupes de l'EZLN lors de leur progression sur le territoire national. Nous présentons aussi les Lois révolutionnaires qui seront appliquées, avec le soutien des peuples en lutte, dans les territoires libérés pour en garantir le contrôle révolutionnaire et créer les fondations sur lesquelles bâtir une nouvelle Patrie.

Vivre pour la Patrie ou Mourir pour la Liberté

Instructions aux chefs et officiers de l'EZLN

Les ordres suivants doivent être obligatoirement suivis par tous les chefs et officiers des troupes sous la direction de l'Armée zapatiste de Libération nationale.

Premièrement. – Vous opérerez suivant les ordres que vous recevrez du Commandement général ou des commandements du front de combat.

Deuxièmement. – Les chefs et officiers opérant militairement dans des zones isolées ou rencontrant des difficultés de communication avec les commandements devront effectuer leurs tâches militaires, combattre constamment l'ennemi, selon leur propre initiative, en veillant à favoriser la progression de la révolution là où ils se trouvent.

Troisièmement. – Ils devront remettre des rapports de guerre à chaque fois que ce sera possible et au moins de façon mensuelle à leurs commandements respectifs.

Quatrièmement. – Il leur faudra, dans la mesure du possible, assurer le bon ordre des troupes, particulièrement lors de l'entrée dans des agglomérations, donnant toutes garanties quant à la vie et aux intérêts des habitants non ennemis de la révolution.

Cinquièmement. – Pour subvenir aux besoins matériels des troupes et tant que cela sera possible, ils devront imposer des contributions de guerre aux négociants et aux propriétaires de la zone où ils opèrent, si du moins ils disposent d'importants capitaux, conformément à la **LOI SUR LES IMPÔTS DE GUERRE** et aux lois révolutionnaires d'affectation des capitaux commerciaux, agricoles, financiers et industriels.

Sixièmement. – Les fonds ainsi recueillis seront intégralement consacrés aux nécessités matérielles des troupes. Le chef ou l'officier qui détournerait une partie de ces fonds à des fins personnelles, si petite fût-elle, sera arrêté et jugé, selon le règlement de l'EZLN, par un tribunal militaire révolutionnaire.

Septièmement. – Concernant l'alimentation des troupes, la pâture des chevaux, le combustible et la réfection des véhicules, il faudra s'adresser à l'autorité démocratiquement élue de l'endroit. Cette autorité recueillera parmi la population civile ce qu'il sera possible et nécessaire de recueillir pour l'unité militaire zapatiste, qu'elle remettra au chef ou au plus haut gradé de ladite unité et à lui seulement.

Huitièmement. – Seuls les officiers d'un grade égal ou supérieur à celui de major veilleront au remplacement des autorités des places tombées au pouvoir de la révolution, conformément à la volonté du peuple et selon les dispositions de la **LOI DE GOUVERNEMENT RÉVOLUTIONNAIRE** qui s'y réfèrent.

Neuvièmement. – Les populations, en général, devront prendre possession de leurs biens en accord avec les Lois révolutionnaires. Les chefs ou officiers de l'EZLN offriront à ces populations leur soutien moral et matériel afin que soient appliquées ces Lois révolutionnaires, à condition que lesdites populations en fassent la demande – et seulement en ce cas.

Dixièmement. – Absolument personne ne pourra parlementer ni négocier avec le gouvernement oppresseur ou ses représentants, sans l'autorisation préalable du Commandement général de l'EZLN.

Loi sur les impôts de guerre

Dans les zones contrôlées par l'EZLN s'appliquera la suivante **LOI SUR LES IMPÔTS DE GUERRE** qu'il faudra faire valoir avec la force morale, politique et militaire de notre organisation révolutionnaire.

Premièrement. – La **LOI SUR LES IMPÔTS DE GUERRE** entrera en vigueur dès qu'une unité militaire de l'EZLN opérera sur un territoire spécifique.

Deuxièmement. – La **LOI SUR LES IMPÔTS DE GUERRE** concerne toute personne civile, nationale ou étrangère, établie ou de passage sur ledit territoire.

Troisièmement. – La **LOI SUR LES IMPÔTS DE GUERRE** n'est pas obligatoire pour les civils vivant de leurs propres ressources sans exploiter la moindre force de travail, et sans tirer un quelconque profit du peuple. Pour les paysans pauvres, les journaliers, les ouvriers, les employés et les sans-emploi, l'obéissance à cette loi est volontaire, et on ne les y astreindra d'aucune façon, ni moralement ni physiquement.

Quatrièmement. – La **LOI SUR LES IMPÔTS DE GUERRE** est obligatoire pour tous les civils qui vivent de l'exploitation de forces de travail ou qui tirent un quelconque profit du peuple dans leurs activités. Les petits, moyens et grands capitalistes de la campagne et de la ville pourront être astreints à se soumettre à cette loi sans exception, indépendamment de leurs obligations par rapport aux Lois révolutionnaires d'affectation des capitaux agricoles, commerciaux, financiers et industriels.

Cinquièmement. – Sont établis les suivants pourcentages d'imposition selon le travail de chacun :

a/– Pour les petits commerçants, les petits propriétaires, les ateliers et les petites industries, 7 % de leurs revenus mensuels. En aucune façon leurs moyens de production ne pourront être affectés au recouvrement de cet impôt.

b/– Pour les *profesionistas*, 10 % de leurs revenus mensuels. En aucune façon les moyens matériels strictement nécessaires à l'exercice de leur profession ne pourront être affectés au recouvrement de cet impôt.

c/– Pour les moyens propriétaires, 15 % de leurs revenus mensuels. Leurs biens seront affectés selon les Lois révolutionnaires afférentes d'affectation des capitaux agricoles, commerciaux, financiers et industriels.

d/– Pour les grands capitalistes, 20 % de leurs revenus mensuels. Leurs biens seront affectés selon les Lois révolutionnaires afférentes d'affectation de capitaux agricoles, commerciaux, financiers et industriels.

Sixièmement. – Tous les biens confisqués aux forces armées de l'ennemi seront propriété de l'EZLN.

Septièmement. – Tous les biens soustraits aux mains du gouvernement oppresseur par la Révolution seront propriété du gouvernement révolutionnaire, selon les lois du gouvernement révolutionnaire.

Huitièmement. – Sont abolis tous les impôts et taxes du gouvernement oppresseur, ainsi que les dettes en argent ou en nature auxquelles le peuple exploité de la campagne et de la ville est assujetti par les gouvernants et les capitalistes.

Neuvièmement. – Tous les impôts de guerre recueillis par les Forces armées révolutionnaires ou par le peuple organisé deviendront propriété collective des populations locales et seront administrés, selon la volonté populaire, par les autorités civiles démocratiquement élues, qui ne remettront à l'EZLN que le strict nécessaire pour subvenir aux besoins matériels des troupes régulières et poursuivre le mouvement libérateur conformément à la **LOI DES DROITS ET DES DEVOIRS DES POPULATIONS EN LUTTE**.

Dixièmement. – Aucune autorité, civile ou militaire, qu'elle dépende du gouvernement oppresseur ou des Forces révolutionnaires, ne pourra prélever, pour son bénéfice personnel ou celui de sa famille, la moindre partie de ces impôts de guerre.

Loi des droits et des devoirs des populations en lutte

Au cours de sa progression libératrice sur le territoire mexicain et dans sa lutte contre le gouvernement oppresseur et les grands exploiteurs nationaux et étrangers, l'EZLN fera valoir, avec le soutien des populations en lutte, la suivante Loi des droits et des devoirs des populations en lutte :

Premièrement. – Les populations en lutte contre le gouvernement oppresseur et les grands exploiteurs nationaux et étrangers, quelles que soient leur appartenance politique, religieuse, leur race ou leur couleur, bénéficieront des **DROITS** suivants :

a/– D'élire librement et démocratiquement leurs autorités, d'en décider la forme et les fonctions, et d'exiger que celles-ci soient respectées.

b/– D'exiger des Forces armées révolutionnaires qu'elles n'interviennent pas dans les affaires d'ordre civil ou dans l'affectation des capitaux agricoles, commerciaux, financiers et industriels qui relèvent de la compétence exclusive des autorités civiles librement et démocratiquement élues.

c/– D'organiser et d'exercer la défense armée de leurs biens collectifs et particuliers, ainsi que d'organiser et d'exercer le maintien de l'ordre public et du bon gouvernement selon la volonté populaire.

d/– D'exiger des Forces armées révolutionnaires qu'elles assurent la sécurité des personnes, des familles et des propriétés particulières et collectives des habitants et des personnes de passage, dans la mesure où ce ne sont pas des ennemis de la révolution.

e/– Les habitants de toute agglomération ont le droit d'acquérir et de posséder des armes pour défendre leur personne, leur famille et leurs biens, conformément aux lois d'affectation des capitaux agricoles, commerciaux, financiers et industriels, contre les attaques ou les attentats que commettraient ou prétendraient commettre les Forces armées révolutionnaires ou celles du gouvernement oppresseur.

De la même manière, ils sont pleinements autorisés à faire usage de leurs armes contre tout homme ou groupe d'hommes qui s'en prendraient à leur foyer, à l'honneur de leur famille ou tenteraient de les voler ou de porter tout type d'atteinte à leur personne. Cela ne vaut que pour ceux qui ne sont pas ennemis de la révolution.

Deuxièmement. – Les autorités civiles de tout type, démocratiquement élues, auront, en plus des droits précédents et des attributions que leur confèrent les lois révolutionnaires respectives, les **DROITS** suivants :

a/– Ils pourront emprisonner, désarmer et remettre à leur commandement quiconque sera surpris en train de cambrioler, de violer ou de saccager un domicile, ou en train de commettre tout autre délit, afin qu'il reçoive le châtiment qu'il mérite, y compris s'il s'agit d'un membre des Forces armées révolutionnaires. Il en ira de même pour ceux qui auraient commis de tels délits, même s'ils n'ont pas été pris sur le fait, dans la mesure où leur culpabilité sera suffisamment établie.

b/– Ils auront le droit de procéder au recouvrement des impôts révolutionnaires établis par la **LOI SUR LES IMPÔTS DE GUERRE.**

Troisièmement. – Les populations en lutte contre le gouvernement oppresseur et les grands exploiteurs nationaux et étrangers, quelles que soient leur appartenance politique, religieuse, leur race ou leur couleur, seront tenues aux **DEVOIRS** suivants :

a/– Offrir leur concours aux tâches de surveillance décidées par volonté majoritaire ou en raison des nécessités militaires de la guerre révolutionnaire.

b/–Aider, à leur demande, les autorités démocratiquement élues, les Forces armées révolutionnaires ou tout militaire révolutionnaire à combattre l'ennemi en cas d'urgence.

c/– Offrir leur concours pour l'acheminement du courrier ou en tant que guides des Forces armées révolutionnaires.

d/– Offrir leur concours pour porter des vivres aux troupes révolutionnaires lorsqu'elles sont au combat contre l'ennemi.

e/– Offrir leur concours pour le transport de blessés, l'enterrement de cadavres, et autres travaux de même nature relatifs à l'intérêt de la révolution.

f/– Procurer des vivres et l'hébergement aux Forces armées révolutionnaires, qu'elles soient en garnison ou de passage dans leur agglomération et dans la mesure de leurs possibilités.

g/– Payer les impôts et les contributions établies par les **LOIS SUR LES IMPÔTS DE GUERRE** et les autres Lois révolutionnaires.

h/– Elles ne devront en aucune façon aider l'ennemi ni lui fournir de produits de première nécessité.

i/– Se consacrer à un travail licite.

Quatrièmement. – Les autorités civiles de tout type, démocratiquement élues, auront, en plus des devoirs précédents, les **OBLIGATIONS** suivantes :

a/– Rendre compte régulièrement à la population des activités liées à leur mandat ainsi que de la provenance et de l'affectation de toutes les ressources matérielles et humaines placées sous leur administration.

b/– Informer régulièrement le Commandement local des Forces armées révolutionnaires des événements qui se produisent sur leur territoire.

Loi des droits et des devoirs des Forces armées révolutionnaires

Les Forces armées révolutionnaires de l'EZLN, dans leur lutte contre le gouvernement oppresseur et les grands exploiteurs nationaux et étrangers, et au cours de leur progression libératrice sur le territoire mexicain, s'engagent à respecter et faire respecter la suivante **LOI DES DROITS ET DES DEVOIRS DES FORCES ARMÉES RÉVOLUTIONNAIRES** :

Premièrement. – Les troupes révolutionnaires de l'EZLN, dans leur lutte contre l'oppresseur ont les **DROITS** suivants :

a/– Les troupes qui transitent ou passent par une agglomération auront le droit de recevoir de la population, par l'intermédiaire des autorités démocratiquement élues, le logement, les vivres et les moyens d'accomplir leurs missions militaires, dans la mesure des capacités des habitants.

b/– Les troupes qui, sur ordre de leur Commandement, s'établiraient en un lieu précis auront le droit de recevoir le logement, les vivres et des moyens, conformément aux dispositions de l'alinéa a/de cet article.

c/– Les chefs, officiers et soldats qui constateraient qu'une autorité n'applique pas les dispositions des Lois révolutionnaires et se dérobe à la volonté populaire auront le droit de dénoncer cette autorité devant le gouvernement révolutionnaire.

Deuxièmement. – Les troupes révolutionnaires de l'EZLN, dans leur lutte contre l'oppresseur, ont les **DEVOIRS** suivants :

a/– Faire en sorte que les populations qui n'ont pas encore nommé librement et démocratiquement leurs autorités procèdent immédiatement à la libre élection de celles-ci, sans intervention des forces armées, qui, sous la responsabilité de leurs chefs militaires, laisseront faire la population sans exercer la moindre pression.

b/– Respecter les autorités civiles librement et démocratiquement élues.

c/– Ne pas intervenir dans les affaires civiles et laisser agir librement les autorités civiles dans ces affaires.

d/– Respecter le commerce légal en accord avec les Lois révolutionnaires s'y référant.

e/– Respecter les répartitions de terres réalisées par le Gouvernement révolutionnaire.

f/– Respecter les règlements, coutumes et accords des populations et s'y soumettre dans les cas de relations entre militaires et civils.

g/– Ne pas imposer les habitants, sous aucune forme ni prétexte, sur l'utilisation de leurs terres et de leurs eaux.

h/– Ne pas s'approprier les terres de la population ou des grandes propriétés confisquées à l'oppresseur pour leur bénéfice personnel.

i/– Respecter toutes les lois et les règlements émis par le Gouvernement révolutionnaire.

j/– Ne pas exiger de la population des services personnels ou des travaux pour le bénéfice personnel.

k/– Dénoncer les subordonnés qui commettraient un délit, les capturer et les remettre à un Tribunal militaire révolutionnaire afin qu'ils y reçoivent un juste châtiment.

l/– Respecter la justice civile.

m/– Les chefs et officiers seront responsables devant leurs commandements respectifs des abus et des délits de leurs subordonnés qu'ils n'auraient pas livrés aux Tribunaux militaires révolutionnaires.

n/– Faire la guerre à l'ennemi jusqu'à ce qu'il soit définitivement chassé du territoire disputé ou totalement anéanti.

Loi agraire révolutionnaire

Les paysans pauvres en lutte au Mexique réclament toujours la terre pour ceux qui la travaillent. Après Emiliano Zapata et contre la réforme de l'article 27 [(3)] de la Constitution mexicaine, l'EZLN reprend la juste lutte des campagnes mexicaines pour la terre et la liberté. Afin de réglementer la nouvelle répartition agraire qu'apporte la révolution sur les terres mexicaines est établie la suivante **LOI AGRAIRE RÉVOLUTIONNAIRE** :

---

3 – La Constitution de 1917 pose le principe fondamental de la propriété nationale de la terre et de toutes les ressources naturelles susceptibles d'utilisation agricole et instaure, à côté des formes traditionnelles de propriété collective des terres par les villages, une forme juridique complexe, l'*ejido*. En novembre 1991, le gouvernement a fait voter en un temps record un amendement constitutionnel (article 27) déclarant révolue la réforme agraire et permettant l'appropriation privée et l'ouverture au capital étranger de l'agriculture et du secteur de l'*ejido*.

Premièrement. – Cette loi vaut pour tout le territoire mexicain et bénéficie à tous les paysans pauvres et aux ouvriers agricoles mexicains, sans distinction d'appartenance politique ou religieuse, de sexe, de race ou de couleur.

Deuxièmement. – Cette loi concerne toutes les propriétés et les entreprises agricoles nationales ou étrangères sur le territoire mexicain.

Troisièmement. – tout terrain de plus de 100 hectares de terres de mauvaise qualité, ou de 50 hectares de terres de bonne qualité, sera soumis à la répartition révolutionnaire. Les propriétaires dont les terres excèdent les limites mentionnées ci-dessus seront dépossédés de leurs excédents et conserveront le minimum autorisé par cette loi; ils pourront rester petits propriétaires ou se joindre au mouvement paysan de coopératives, de sociétés paysannes ou de terres communales.

Quatrièmement. – Ne feront pas l'objet d'affectation agraire les terres communales, *ejidos* [(4)] ou terrains appartenant aux coopératives populaires, y compris si elles dépassent les limites mentionnées dans l'article 3 de cette loi.

Cinquièmement. – Les terres affectées par cette loi seront réparties entre les paysans sans terre et les journaliers agricoles qui en feront la demande, sous forme de **PROPRIÉTÉ COLLECTIVE** pour la formation de coopératives, de sociétés paysannes ou de collectifs de production agricole et d'élevage. Les terres ainsi affectées devront être travaillées collectivement.

Sixièmement. – Dans le cadre de cette répartition bénéficient d'un **DROIT PRIORITAIRE** les collectivités de paysans pauvres sans terre et de journaliers agricoles, hommes, femmes et enfants, qui pourront prouver qu'ils ne possèdent pas de terre ou alors de mauvaise qualité.

Septièmement. – Pour l'exploitation de la terre au bénéfice des paysans pauvres et des journaliers agricoles, les affectations des grandes propriétés et des monopoles agricoles incluront les moyens de production tels que les machines, les fertilisants, les entrepôts, les ressources financières, les produits chimiques et l'assistance technique.

---

4 – Parcelles communautaires incessibles attribuées à des paysans par Lázaro Cárdenas dans les années trente, symbole des réformes zapatistes. Ndt.

Tous ces moyens doivent passer aux mains des paysans pauvres et des journaliers agricoles et en priorité aux groupes organisés en coopérative, en collectivité et en société.

Huitièmement. – Les groupes bénéficiant de cette Loi agraire devront se consacrer de préférence à la production collective des aliments nécessaires au peuple mexicain : maïs, haricots, riz, légumes frais et fruits, ainsi qu'à l'élevage bovin, apicole, ovin, porcin et chevalin, et aux produits dérivés (viande, lait, œufs, etc.).

Neuvièmement. – En temps de guerre, une partie de la production des terres concernées par la présente loi sera destinée au soutien des orphelins et des veuves de combattants révolutionnaires et à l'entretien des Forces révolutionnaires.

Dixièmement. – L'objectif de la production collective est de satisfaire en premier lieu les nécessités du peuple, de former chez ceux qui en bénéficient la conscience collective du travail et de ses bienfaits et de créer des unités de production, de défense et d'entraide dans les campagnes mexicaines. Lorsqu'une région ne produit pas une certaine chose, on procédera à l'échange avec une autre région qui le fait, dans des conditions de justice et d'équité. Les excédents de production pourront être exportés vers d'autres pays s'il n'y a pas de demande nationale pour le produit concerné.

Onzièmement. – Les grandes entreprises agricoles seront expropriées et passeront aux mains du peuple mexicain; elles seront administrées collectivement par les travailleurs eux-mêmes. Les machines de labourage, de moissonnage, les semailles, etc., actuellement inutilisées dans les usines, les magasins ou ailleurs, seront distribuées entre les collectifs ruraux, afin d'amener à une production extensive de la terre et de commencer à éradiquer la faim du peuple.

Douzièmement. – L'accaparement individuel des terres et des moyens de production ne sera pas toléré.

Treizièmement. – Les zones de jungle vierge et les forêts seront préservées, et des campagnes de reboisement seront menées dans les zones principales.

Quatorzièmement. – Les sources, rivières, lacs et mers sont propriété collective du peuple mexicain et seront entretenus en les préservant de la pollution et en punissant leur mauvaise utilisation.

Quinzièmement. – Au bénéfice des paysans pauvres et des ouvriers agricoles, en plus de la répartition agraire que la présente loi établit, seront créés des centres de commerce qui achèteront à juste prix les produits du paysan et vendront à juste prix les marchandises dont il a besoin pour vivre dignement. Seront créés des centres de santé communautaire dotés de tous les progrès de la médecine moderne, avec des médecins et des infirmières habilités et consciencieux, et avec des médicaments gratuits pour le peuple. Seront créés des centres de loisirs pour que les paysans et leurs familles profitent d'un repos digne, sans bars ni bordels. Seront créés des centres d'éducation et des écoles gratuites où les paysans et leurs familles pourront s'éduquer, sans distinction d'âge, de sexe, de race ou d'appartenance politique, et apprendre les techniques nécessaires à leur développement. Seront créés des centres de construction de logements et de routes avec des ingénieurs, des architectes et les matériaux nécessaires afin que les paysans puissent avoir un logement digne et de bonnes routes pour les transports. Seront créés des centres de services pour que les paysans et leurs familles aient accès à l'électricité, l'eau potable, au robinet et les égouts, la radio et la télévision, en plus de tout l'équipement nécessaire pour faciliter le travail domestique, cuisinières, réfrigérateurs, machines à laver, moulins à maïs, etc.

Seizièmement. – Seront exemptés d'impôts les paysans travaillant collectivement, les membres des *ejidos*, les coopératives et les terres communales.

À PARTIR DE L'ENTRÉE EN VIGUEUR DE CETTE LOI AGRAIRE RÉVOLUTIONNAIRE SONT ABOLIES TOUTES LES DETTES ISSUES DE CRÉDITS, D'IMPOTS OU DE PRETS CONTRACTÉS PAR LES PAYSANS PAUVRES ET LES OUVRIERS AGRICOLES AUPRES DU GOUVERNEMENT OPPRESSEUR, DE L'ÉTRANGER OU DES CAPITALISTES.

Loi révolutionnaire sur les femmes

Dans sa juste lutte pour la libération de notre peuple, l'EZLN incorpore les femmes au combat révolutionnaire sans distinction de race, de croyance, de couleur ou d'appartenance politique, avec pour seule condition qu'elles fassent leurs les revendications du peuple exploité et son engagement à respecter et faire respecter les lois et règlements de la révolution. En outre, prenant en compte la situation de la travailleuse au Mexique, sont intégrées ses justes revendications d'égalité et de justice dans la suivante **LOI RÉVOLUTIONNAIRE SUR LES FEMMES** :

Premièrement. – Les femmes, sans distinction de race, de croyance, de couleur ou d'appartenance politique, ont le droit de participer à la lutte révolutionnaire aux lieux et degrés que déterminent leur volonté et capacité.

Deuxièmement. – Les femmes ont le droit de travailler et de percevoir un juste salaire.

Troisièmement. – Les femmes ont le droit de décider du nombre d'enfants qu'elles désirent et dont elles peuvent s'occuper.

Quatrièmement. – Les femmes ont le droit de participer aux affaires de la communauté et d'y remplir des fonctions officielles si elles sont librement et démocratiquement élues.

Cinquièmement. – Les femmes et leurs enfants ont droit à une **ATTENTION PRIORITAIRE** concernant la santé et l'alimentation.

Sixièmement. – Les femmes ont droit à l'éducation.

Septièmement. – Les femmes ont le droit de choisir librement leur conjoint et de n'être pas mariées de force.

Huitièmement. – Aucune femme ne pourra être battue ou physiquement maltraitée, que ce soit par sa famille ou par des étrangers. Les délits de viol ou de tentative de viol seront sévèrement punis.

Neuvièmement. – Les femmes pourront occuper des fonctions de direction dans l'organisation et obtenir des grades militaires dans les forces armées révolutionnaires.

Dixièmement. – Les femmes auront tous les droits et les devoirs inscrits dans les lois et les règlements révolutionnaires.

Loi de réforme urbaine

Dans les zones urbaines contrôlées par l'Armée zapatiste de Libération nationale entrent en vigueur les lois suivantes afin de procurer un logement digne aux familles démunies.

Premièrement. – Les habitants propriétaires de leur maison ou de leur appartement cesseront de payer l'impôt foncier.

Deuxièmement. – Les locataires qui occupent leur logement et payent leur loyer depuis plus de quinze ans cesseront de payer leur loyer jusqu'au triomphe du Gouvernement révolutionnaire et à l'établissement d'une nouvelle législation.

Troisièmement. – Les locataires qui occupent un logement depuis moins de quinze ans et payent un loyer se contenteront de payer 10 % des revenus du chef de famille, qu'ils cesseront de payer une fois atteint le seuil des quinze ans d'occupation du même endroit.

Quatrièmement. – Les lots urbains déjà équipés de services publics pourront être immédiatement occupés, ce qui sera signalé aux autorités civiles librement et démocratiquement élues, pour y construire des logements, même provisoires.

Cinquièmement. – Les bâtiments publics vides et les grandes demeures pourront être occupés de façon provisoire par plusieurs familles après qu'on y aura établi des séparations intérieures. Pour cela, les autorités civiles nommeront des comités de voisins, qui choisiront les sélections entre les candidats et attribueront les autorisations d'occupation selon les besoins et les moyens disponibles.

Loi du travail

Les lois suivantes s'ajouteront à la Loi fédérale du travail en vigueur dans les zones contrôlées par l'EZLN.

Premièrement. – Les entreprises étrangères paieront leurs employés en monnaie nationale au tarif horaire équivalent à celui qu'elles pratiquent en dollars à l'étranger.

Deuxièmement. – Les entreprises nationales devront augmenter les salaires de façon mensuelle selon le pourcentage que déterminera une commission locale des prix et des salaires. Cette commission comprendra des représentants des travailleurs, des habitants, des patrons, des commerçants et des autorités librement et démocratiquement élues.

Troisièmement. – Tous les travailleurs de la campagne et des villes bénéficieront d'une assistance médicale gratuite dans tout centre de santé, hôpital ou clinique, public ou privé. Les dépenses médicales seront à la charge du patron.

Quatrièmement. – Tous les travailleurs auront le droit d'obtenir de l'entreprise pour laquelle ils travaillent une part d'actions incessibles, proportionnelle au nombre d'années d'ancienneté, en plus de leur retraite actuelle. La valeur monétaire de ces actions sera, au moment de sa retraite, mise à disposition du travailleur, de sa femme ou d'un bénéficiaire.

Loi sur l'industrie et le commerce

Premièrement. – Les prix des produits de base seront régulés par une Commission locale des prix et des salaires. Cette commission comprendra des représentants des travailleurs, des habitants, des patrons, des commerçants et des autorités librement et démocratiquement élues.

Deuxièmement. – L'accaparement d'un quelconque produit est interdit. Les accapareurs seront arrêtés et remis aux autorités militaires sous l'accusation de délit de sabotage et de trahison envers la Patrie.

Troisièmement. – Le magasin d'une localité devra assurer le ravitaillement en tortillas et en pain pour tous en temps de guerre.

Quatrièmement. – Les entreprises et les commerces jugés improductifs par leurs patrons qui souhaiteraient les fermer et emporter les machines et les matières premières passeront aux mains des travailleurs pour leur administration, les machines devenant propriété de la nation.

Loi sur la sécurité sociale

Premièrement. – Les enfants abandonnés seront alimentés et protégés par les plus proches voisins aux frais de l'EZLN avant d'être remis aux autorités civiles qui les prendront en charge jusqu'à l'âge de treize ans.

Deuxièmement. – Les personnes âgées sans famille seront protégées et seront prioritaires pour l'attribution d'un logement et de coupons d'alimentation gratuite.

Troisièmement. – Les mutilés de guerre recevront des soins et du travail en priorité, aux frais de l'EZLN.

Quatrièmement. – La pension des retraités équivaudra au salaire minimum établi par les commissions locales des prix et des salaires.

Loi sur la justice

Premièrement. – Tous les détenus en prison seront libérés, à l'exception des assassins, des violeurs et des dirigeants du trafic de drogue.

Deuxièmement. – Tous les gouvernants, du président municipal jusqu'au président de la République, seront soumis à des auditions et jugés pour détournement de fonds publics s'il existe des éléments de culpabilité.

VIVRE POUR LA PATRIE
OU MOURIR POUR LA LIBERTÉ

3 – Chiapas : Le Sud-Est est en deux vents, un orage et une prophétie

Chers Messieurs et Dames :

Depuis que le Chiapas [1] a fait irruption dans la conscience nationale, nombreux et divers auteurs époussettent leur petit *Larousse illustré*, leur *México desconocido* [2], leurs disquettes de données statistiques de l'Inegi ou du Fonhapo [3], voire même les textes classiques qui remontent à Bartolomé de las Casas [4]. Afin d'épancher cette soif de connaissances sur la situation du Chiapas, nous vous faisons parvenir un texte que notre compagnon le Sous-commandant Insurgé *Marcos* a écrit au milieu de l'année 1992, dans l'intention d'éveiller la conscience de quelques compagnons qui commençaient alors à s'intéresser à notre lutte.

Nous espérons que ces pages trouveront un espace dans une des rubriques ou dans l'un des suppléments qui composent votre prestigieux journal. Les droits d'auteur appartiennent aux insurgés, qui s'estimeront rétribués s'ils constatent qu'une partie de leur histoire circule au niveau national. Ainsi peut-être d'autres compagnons se décideront-ils à écrire sur leur État et leur localité dans l'espoir que d'autres prophéties, à la façon de celle du Chiapas, deviennent à leur tour réalité.

Département de la presse et de la propagande, EZLN.
Jungle Lacandone, Mexique, janvier 1994.

---

1 – Région essentiellement rurale dans laquelle les Indigènes – *Tzeltales, Tzotziles, Choles, Tojolabales* – représentent environ 30 % de la population, l'État du Chiapas – capitale Tuxtla Gutiérrez – est situé dans l'extrémité sud-est du Mexique, entre les États de Tabasco, d'Oaxaca et la frontière avec le Guatemala. Pour une superficie de 73 887 km², il compte une population de 3 210 500 habitants répartis en 16 422 localités dont les trois quarts ont moins de 100 habitants.

2 – "Mexique inconnu", revue de reportages touristiques à gros tirage.

3 – Inegi : Institut national de statistiques, géographie et informatique.
– Fonhapo : Fonds national d'habitation populaire, organisme d'État d'assistance au logement.

4 – Cinquante ans après le premier voyage de Christophe Colomb, le dominicain Bartolomé de las Casas, premier évêque du Chiapas, rédigea à l'usage du souverain espagnol un réquisitoire contre la colonisation – *Très brève relation de la destruction des Indes* – décrivant avec horreur les massacres collectifs d'Indigènes, les enfants brûlés vifs, les terres volées, dénonçant la férocité des conquérants *"qui étaient en général tous des imbéciles cruels, très avares et vicieux"*. Las Casas demeure dans l'histoire de l'Amérique comme le premier défenseur des Indigènes opprimés.

Premier vent
Celui d'en haut

Où l'on voit comment le gouvernement suprême s'est ému de la misère des indigènes [5] *du Chiapas et a veillé à bien doter cette entité d'hôtels, de prisons, de casernes et d'un aéroport militaire. Où l'on voit aussi comment la bête se nourrit du sang de ce peuple et d'autres événements malheureux et épouvantables.*

Supposez que vous habitez au nord, au centre ou à l'ouest du pays. Supposez que vous écoutez le vieux slogan du Ministère du Tourisme : « Découvrez le Mexique d'abord ». Supposez que vous décidez de faire d'abord connaissance avec le sud-est du pays et supposez que, dans le sud-est, vous choisissez l'État du Chiapas. Supposez que vous empruntez la route (arriver au Chiapas par les airs n'est pas seulement cher mais fantaisiste et improbable : il n'y a que deux aéroports « civils » et un militaire). Supposez que vous vous engagez sur la route Transisthmique. Supposez que vous ne prêtez aucune attention à cette caserne qui abrite un régiment d'artillerie de l'Armée fédérale au niveau de Matías Romero et que vous continuez jusqu'à la Ventosa. Supposez que vous n'avez pas aperçu la guérite du Service de l'immigration du ministère de l'Intérieur placée à cet endroit (et qui donne l'impression que l'on sort d'un pays pour entrer dans un autre). Supposez que vous tournez à gauche et que vous prenez sans hésiter la direction du Chiapas. Plusieurs kilomètres plus loin, vous quitterez l'Etat de Oaxaca et trouverez un grand panneau qui vous souhaite la « Bienvenue au Chiapas ». Vous y êtes? Bien, supposez que oui. Vous êtes entré par l'une des trois routes qui mènent à cet État : par le nord, par la côte Pacifique et par cette route que vous supposez avoir suivie, l'on parvient du reste du pays à ce coin du sud-est. Et la richesse ne sort pas de ces terres seulement par ces trois routes. Le Chiapas saigne par des milliers de chemins : des oléoducs et des gazoducs, des lignes électriques et des wagons de chemin de

5 – *Indígena*, que nous traduirons par indigène en règle générale, et qui n'a pas comme en français, de connotation péjorative, contrairement à "indien" (*indio*) qui, comme chacun le sait, est une appellation coloniale fondée sur une erreur. Ndt.

fer, par la voie de comptes en banque, par camions et camionnettes, bateaux et avions, par des sentiers clandestins, routes de terre, chemins et sentiers; cette terre continue de payer son tribut aux empires : pétrole, énergie électrique, bétail, argent, café, bananes, miel, maïs, cacao, tabac, sucre, soja, sorgho, melon, *mamey* (6), mangues, tamarins et avocats, et le sang du Chiapas coule par les mille et une morsures des crocs du pillage dans la gorge du sud-est mexicain. Matières premières, des milliards de tonnes, qui s'écoulent vers les ports mexicains, les centrales ferroviaires, aériennes, et routières, avec diverses destinations : les États-Unis, le Canada, la Hollande, l'Allemagne, l'Italie, le Japon; mais toujours le même destinataire : l'empire. La part qu'impose le capitalisme au sud-est de ce pays, comme cela a toujours été le cas depuis sa naissance, mêle le sang et la boue.

Une poignée de marchands, parmi lesquels l'État mexicain, emporte toute la richesse du Chiapas et laisse en échange son empreinte mortelle et nauséabonde : les mâchoires de la finance ont obtenu, en 1989, un total de 1 222 669 millions de pesos, dont il n'a reversé que 616340 millions, en travaux et crédits. Plus de 600 millions de pesos ont fini dans l'estomac de la bête.

Dans le Chiapas, les 86 dents de Pemex (7) sont plantées dans les communes de Estación Juarez, Reforma, Ostuacán, Pichucalco et Ocosingo. Chaque jour, elles sucent 92000 barils de pétrole et 155 milliards de mètres cubes de gaz. Elles emportent le gaz et le pétrole et laissent en échange la marque du capitalisme : destruction écologique, dénuement agricole, hyper-inflation, alcoolisme, prostitution et pauvreté. La bête ne se contente pas de cela et étend ses tentacules jusqu'à la jungle Lacandone : 8 gisements de pétrole sont en cours d'exploration. Les chemins, c'est à la machette qu'on les ouvre, la machette des paysans dépossédés de leurs terres par la bête insatiable. Les arbres

---

6 – Mammée, fruit de l'abricotier de Saint-Domingue. Ndt.

7 – Pétroles mexicains (compagnie nationale) : la région Chiapas-Tabasco fournit 21 % de la production nationale de pétrole (et 47 % de celle de gaz naturel). Née en 1938 de la nationalisation de toutes les compagnies pétrolières étrangères par Lázaro Cárdenas, colonne vertébrale de l'économie, principale ressource budgétaire de l'État, la Pemex a échappé de peu à la privatisation en juin 1992 (au grand dam des États-Unis), mais a été découpée en quatre sociétés, indépendantes, décentralisées, susceptibles, elles, d'être privatisées.

tombent, les déflagrations de dynamite résonnent à travers des terres où seuls les paysans n'ont pas le droit d'abattre les arbres pour semer. Chaque arbre abattu peut leur coûter une amende équivalant à dix jours de salaire minimum et une peine de prison. Le pauvre ne peut abattre les arbres; la bête pétrolière, entre des mains chaque fois plus étrangères, oui. Le paysan déboise pour vivre; la bête déboise pour piller.

C'est aussi sous la forme du café que le Chiapas perd son sang. Trente cinq pour cent de la production nationale de café provient de ces terres, employant 87000 personnes. Quarante-sept pour cent de la production est destinée au marché national et 53 % à l'étranger, essentiellement aux États-Unis et à l'Europe. Plus de 100000 tonnes de café quittent l'État pour nourrir les comptes bancaires de la bête : en 1988, le kilo de café brut se vendait à l'étranger au prix moyen de 8000 pesos, mais on le payait au producteur chiapanèque 2500 pesos ou moins.

Le deuxième pillage par ordre d'importance, après le café, concerne le bétail. Trois millions de vaches attendent les intermédiaires et un petit groupe de grossistes pour aller emplir les entrepôts frigorifiques d'Arriaga, de Villahermosa et de Mexico DF [8]. Les vaches sont achetées jusqu'à 1400 pesos le kilo sur pied aux pauvres *ejidatarios* [9], et revendues par les intermédiaires et les grossistes jusqu'à dix fois ce prix.

Le tribut que le capitalisme reçoit du Chiapas n'a pas d'équivalent dans l'histoire. Cinquante-cinq pour cent de l'énergie hydroélectrique nationale provient de cet État, qui produit aussi 20 % de l'électricité totale du Mexique. Pourtant, seulement un tiers des logements du Chiapas a l'électricité. Où vont les 12907 gigawatts que produisent chaque année les centrales hydroélectriques du Chiapas?

Malgré la mode écologique, le pillage du bois continue dans les forêts du Chiapas. De 1981 à 1989, 2444700 mètres cubes de bois précieux, de conifères et d'essences tropicales sont partis en direction de Mexico DF, de Puebla, de Veracruz et du Quintana Roo. En 1988, l'industrie du bois a rapporté 23900 millions de pesos, soit 6000 % de plus qu'en 1980.

8 – District Federal, la capitale du pays. Ndt.

9 – Membres d'un ejido. Ndt.

Le miel que produisent les 79000 ruches de l'État part dans sa totalité vers les marchés des États-Unis et de l'Europe. Les 2756 tonnes de miel et de cire produites chaque année dans les campagnes se transforment en dollars que le Chiapas ne verra pas.

Quant au maïs, plus de la moitié de ce qu'on produit ici est destiné au marché national. Le Chiapas en est l'un des tout premiers États producteurs du pays. Le sorgho, pour sa majeure partie, va au Tabasco. Quatre-vingt-dix pour cent du tamarin est destiné à Mexico DF et à d'autres États. Les deux tiers des avocats sont commercialisés hors de l'État, ainsi que la totalité du *mamey*. Soixante-neuf pour cent du cacao va au marché national, et 31 % à l'étranger, aux États-Unis, en Hollande, au Japon et en Italie. La majeure partie des 451627 tonnes de bananes est exportée.

Que laisse la bête en échange de tout ce qu'elle emporte ?

Le Chiapas couvre 75634,4 kilomètres carrés, soit 7,5 millions d'hectares, occupe le huitième rang national en surface et compte 111 communes regroupées, pour faciliter le pillage en 9 régions économiques. Ici l'on trouve 40 % du total national des variétés de plantes, 36 % des mammifères, 34 % des batraciens et des reptiles, 66 % des espèces d'oiseaux, 20 % des poissons d'eau douce et 80 % des papillons. C'est 9,7 % de la pluie de tout le pays qui tombe sur ces terres. Mais la plus grande richesse du Chiapas c'est 3 millions et demi de Chiapanèques, dont les deux tiers vivent et meurent en milieu rural. La moitié n'ont pas l'eau potable et les deux tiers pas d'évacuation d'eaux usées. Quatre-vingt-dix pour cent de la population des campagnes dispose de revenus minimaux ou nuls.

Les voies de communication sont une grotesque caricature pour un État qui produit du pétrole, de l'électricité, du café, du bois et du bétail pour la bête affamée. Seuls deux tiers des chefs-lieux sont reliés par des routes asphaltées, 12000 communes n'ont pas d'autre voie de communication que les centenaires *caminos reales* [10]. La ligne de chemin de fer ne répond pas aux besoins du peuple du Chiapas mais à ceux du pillage capitaliste en cours depuis le temps du porfirisme. La voie ferrée qui suit la côte (il n'y a que deux lignes, l'autre traverse une partie du nord de l'État) date du début du siècle, et son tonnage est limité du fait de la vétusté

10 – Larges chemins de terre. Ndt.

des ponts porfiristes qui enjambent les cours d'eau du sud-est. L'unique port du Chiapas, Puerto Madero, n'est qu'une porte de plus par laquelle la bête peut emporter ce qu'elle vole.

L'éducation? La plus mauvaise du pays. En primaire, 72 % des enfants ne passent pas la première année. Plus de la moitié des écoles ne proposent pas mieux que la troisième année et la moitié n'ont qu'un professeur pour assurer tous les cours. Il y a, mais on les cache, des statistiques accablantes sur l'abandon scolaire d'enfants indigènes forcés de travailler. Dans n'importe quel village indigène, il est courant de voir des enfants porter du bois ou du maïs, cuisiner ou laver du linge aux heures de classe. Des 16058 salles de classe qui existaient en 1989, seules 1096 se trouvaient en zone indigène.

L'industrie? Voyez vous-mêmes : 40 % de l'« industrie » du Chiapas consiste en moulins à maïs, en *tortillas* (11) et en meubles de bois. La grande industrie, soit 0,2 %, appartient à l'État mexicain (et bientôt à l'étranger), il s'agit du pétrole et de l'électricité. La moyenne industrie, soit 0,4 %, est constituée de raffineries de sucre, d'usines de conditionnement de poisson et de crustacés, de farine, de chaux, de lait et de café; 94,8 % de l'industrie relève de la micro-industrie.

La santé des Chiapanèques est un criant exemple de l'emprise capitaliste : 1500000 personnes ne disposent d'aucun service médical. On dénombre 0,2 cabinet par millier d'habitants, soit cinq fois moins que la moyenne nationale. Il y a 0,3 lit d'hôpital par millier d'habitants, trois fois moins que dans le reste du Mexique; il y a un chirurgien pour 100000 habitants, deux fois moins que dans tout le pays; 0,5 médecin et 0,4 infirmière par millier de personnes, deux fois moins que la moyenne nationale.

La santé et l'alimentation rivalisent de misère. Cinquante-quatre pour cent de la population du Chiapas souffre de malnutrition, chiffre qui dépasse les 80 % dans les hauteurs et la jungle. L'alimentation moyenne d'un paysan est constituée de café, de *pozol* (12), de tortillas et de haricots.

Voilà tout ce que laisse le capitalisme en échange de ce qu'il emporte.

---

11 – Tortilla : sorte de galette de maïs cuite sans graisse, qui constitue, depuis les temps les plus anciens, la base de l'alimentation du peuple mexicain.

12 – Boisson sucrée à base de maïs. Ndt.

Cette partie du territoire, qui s'est annexée de son plein gré à la jeune République indépendante, en 1824 [13], n'a surgi dans la géographie nationale que quand le boom pétrolier a rappellé au pays qu'il avait un sud-est (où se trouvent 82 % des installations pétrochimiques de Pemex); en 1990, les deux tiers de l'investissement public dans le sud-est ont été consacrés au secteur énergétique. Mais cet État ne souffre pas seulement des modes sexennales, son expérience du pillage et de l'exploitation remonte à des siècles. Comme aujourd'hui, le bois, les fruits, le bétail et les hommes s'écoulaient alors déjà le long des veines des pillages vers les métropoles. À la façon des républiques bananières, mais en pleine apogée du néolibéralisme et des « révolutions libertaires », le Sud-Est continue d'exporter des matières premières et de la main-d'œuvre, et d'importer comme il le fait depuis cinq cents ans, l'essentiel de la production capitaliste : la misère et la mort.

Un million d'Indigènes habitent ces terres et partagent avec les métis et les *ladinos* [14] un cauchemar inéquitable : le choix qu'il leur reste ici, cinq cents ans après la « rencontre des deux mondes », c'est mourir de la misère ou de la répression. Le programme d'optimisation de la pauvreté, cette petite goutte de social-démocratie qu'asperge aujourd'hui l'État mexicain et qui, sous Salinas de Gortari, porte le nom de Pronasol [15], est une ironie caricaturale qui coûte des larmes de sang à ceux qui, sous ces pluies et ces soleils, essaient de vivre.

Bienvenue !... Vous êtes arrivé dans l'État le plus pauvre du pays : le Chiapas.

---

13 – Au moment de son indépendance, le Mexique était le plus vaste des pays hispano-américains. L'incorporation, en 1822, des provinces d'Amérique centrale allait l'agrandir encore de 50000 km ^{2}. C'est en 1821, à Comitán, que le Chiapas, dépendant pendant des siècles des autorités coloniales du Guatemala et non de celles de la Nouvelle-Espagne, décida de son indépendance par rapport à l'Espagne. En 1824, après un référendum tenu à San Cristóbal de las Casas, il rejoignit le Mexique. Il le fit au moment où la République se dotait d'une constitution la divisant en 19 États et 5 territoires.

14 – Descendants d'Espagnols ou d'Européens.

15 – Pronasol : Programme national de solidarité. Lancé en décembre 1988, ce programme, qui dispose de fonds importants gérés de manière quasi discrétionnaire et qui est chiffré à plusieurs milliards de dollars par an, à distribuedes subsides et apporte une solution aux besoins les plus urgents des pauvres en échange de leur travail "civique" gratuit, et souvent de leur vote. Financé par le produit des privatisations, il s'apparente à une vaste entreprise d'entretien du clientélisme d'État.

Supposez que vous continuez à conduire et que d'Ocosocoautla vous descendez jusqu'à Tuxtla Gutiérrez, capitale de l'État. Ne vous y attardez pas trop ; Tuxtla Gutiérrez n'est qu'un grand entrepôt où sont concentrées les productions d'autres parties de l'État. Ici arrive une partie des richesses dont la destination dépendra des desseins capitalistes. Ne vous arrêtez pas, vous ne faites qu'effleurer les babines sanglantes de la bête sauvage. Passez par Chiapas de Corzo sans prêter attention à l'usine installée par Nestlé, et entreprenez l'ascension de la montagne. Que voyez-vous ? Exactement : vous avez vu juste, vous êtes bien entré dans un autre monde : le monde indigène. Un autre monde, mais un monde de souffrances que partagent des millions d'autres gens dans le reste du pays.

Ce monde indigène est peuplé de 300000 *Tzeltals*, 300000 *Tzotzils*, 120000 *Chols*, 90000 *Zoques* et 70000 *Tojolabals*. Le gouvernement suprême reconnaît que la moitié « seulement » de ces Indigènes est analphabète.

Poursuivez par la route vers la pleine montagne, et vous arrivez à la région qu'on appelle *Los Altos de Chiapas* [16]. Ici, voilà cinq cents ans, l'Indigène était majoritaire, maître et seigneur des terres et des eaux. À présent, il n'est majoritaire qu'en nombre et en pauvreté. Continuez, avancez jusqu'à San Cristóbal de las Casas, qui, cent ans plus tôt, était la capitale de l'État, mais que les querelles entre bourgeois ont privé de cet honneur douteux, lorsqu'il s'agit de l'État le plus pauvre du Mexique. Non, ne vous arrêtez pas, si Tuxtla Gutiérrez est un grand entrepôt, San Cristóbal est un grand marché : par des milliers de chemins arrive le tribut indigène au capitalisme ; Tzotzils, Tzeltals, Chols, Tojolabals et Zoques, tous apportent quelque chose : du bois, du café, du bétail, des tissus, des produits artisanaux, des fruits, des légumes, du maïs. Tous emportent quelque chose : maladie, ignorance, moquerie et mort. De l'État le plus pauvre du Mexique, c'est la plus pauvre région. Bienvenue à San Cristóbal de las Casas, « ville coloniale » comme le disent les *coletos* [17], mais la majeure partie de la population est indigène. Bienvenue au grand marché rénové par Pronasol. Ici tout s'achète et se vend, sauf la dignité indigène. Ici tout est cher, sauf la mort. Mais ne vous arrê-

16 – Les hauteurs du Chiapas. Ndt.

17 – Du mot *coleta*, le catogan de la noblesse espagnole. Habitants métis bourgeois de San Cristóbal.

tez pas, suivez toujours la route, émerveillez-vous de l'infrastructure touristique : en 1988, l'État comptait 6270 chambres d'hôtel, 139 restaurants et 42 agences de voyage; cette année-là sont venus 58098 touristes qui ont laissé 250 milliards de pesos entre les mains des hôteliers et des restaurateurs.

Vous avez fait le calcul? Ça y est? C'est bien ça : il y a environ 7 chambres pour 1000 touristes, mais 0,3 lit d'hôpital pour 1000 Chiapanèques. Bon, laissez tomber les calculs et poursuivez, attention en doublant, ces trois files de policiers aux bérets colorés qui trottent sur le bord de la route, passez devant la caserne de la Sécurité publique et avancez entre les hôtels, les restaurants et les grands magasins, avant de prendre la sortie vers Comitán. En quittant la célèbre « cuvette » de San Cristóbal et sur cette même route, vous verrez les fameuses grottes de San Cristóbal, entourées de bois touffus. Vous voyez cet écriteau? Non, vous avez bien vu, ce parc national est administré par… l'armée! Sans être revenu de votre étonnement, poursuivez… Vous voyez? Des bâtiments modernes, de bonnes maisons, des rues pavées… Une université? Une cité de travailleurs? Non, regardez bien le panneau à côté des canons et lisez : « Quartier général de la 31e Zone militaire ». La rétine encore endolorie de cette blessante image vert olive vous parvenez au croisement; décidez alors de ne pas aller à Comitán, vous vous épargnerez la honte de voir, quelques mètres plus loin, sur la colline dite *del Extranjero*, du personnel nord-américain manipuler un radar, dont il enseigne le maniement à ses collègues mexicains. Mieux vaut aller vers Ocosingo, puisque la mode est à l'écologie et à toutes ces sornettes. Contemplez ces arbres, respirez profondément… Ça va mieux? Oui? Alors gardez l'œil sur la gauche, faute de quoi, au kilomètre n° 7, vous verrez une autre magnifique construction portant la noble inscription SOLIDARITÉ sur sa façade. Ne regardez pas, je vous dis de regarder de l'autre côté, ne vous rendez pas compte que ce bâtiment tout neuf est… une prison (les mauvaises langues disent que c'est l'un des avantages qu'offre Pronasol : à présent, les paysans n'auront pas à aller jusqu'à Cerro Hueco, prison de la capitale de l'État). Allons, mon ami, ne vous découragez pas, le pire est toujours caché : l'excès de misère fait fuir le tourisme… Poursuivez, descendez jusqu'à Huixtan, remontez à Oxchuc, voyez la merveilleuse cascade qui donne naissance à la rivière Jatatè dont les eaux traversent la jungle Lacandone, passez par Cuxuljá et ne prenez pas la déviation qui mène à Altamirano, allez plutôt à Ocosingo : la « porte de la jungle Lacandone »...

C'est bon, arrêtez-vous un moment. Un petit tour rapide à travers la ville... Les principaux centres d'intérêt? Voici : ces deux grandes bâtisses à l'entrée sont des bordels; ça, c'est une prison; là-bas, c'est l'église; et l'autre, là, c'est la *Ganadera* (18); ce bâtiment-là, c'est une caserne de l'Armée fédérale; là-bas, il y a le tribunal, la Présidence municipale, et, plus près de nous, Pemex. Le reste n'est que petites maisons entassées qui tremblent au passage des gigantesques camions de Pemex et des camionnettes des propriétaires terriens.

Alors qu'en dites-vous? Une hacienda (19) porfiriste? Mais ça fait soixante-quinze ans que c'est fini, tout ça. Non, ne prenez pas ce mauvais chemin qui mène à San Quintín, en face de la réserve des Montagnes Bleues. N'allez pas jusqu'à la jonction des rivières Jatatè et Perlas, ne descendez pas là-bas, ne marchez pas pendant trois journées de huit heures, n'arrivez pas à San Martín, ne voyez pas que c'est un ejidos (20) très pauvre et tout petit, ne vous approchez pas de ce hangar déglingué, au toit de zinc percé. Qu'est-ce que c'est? Eh bien, parfois c'est l'église, parfois c'est l'école et parfois la salle de réunions. À cette heure-ci, c'est l'école, il est onze heures du matin. Non, ne vous en approchez pas, ne regardez pas au-dedans, ne voyez pas ces quatre groupes d'enfants infestés de vers et de poux, à demi nus, ne voyez pas les quatre jeunes Indigènes qui font les maîtres d'école pour une paie de misère qu'ils doivent aller chercher au bout des trois journées de marche que vous venez de faire vous-même; ne voyez pas que l'unique séparation entre une « classe » et l'autre est un petit couloir. Jusqu'à quelle classe les cours sont-ils assurés ici? *Tercero* (21). Non, ne regardez pas ces affiches, la seule chose que le gouvernement ait envoyée à ces enfants, ne les regardez pas : ce sont des affiches pour la prévention du Sida...

---

18 – Association d'éleveurs. Ndt.
19 – Hacienda : grande propriété agricole.
20 – Voir note p. 30.

Mieux vaut poursuivre notre chemin et revenir à la grande route. Oui, je sais qu'elle est en mauvais état. Quittons Ocosingo, et continuez d'admirer ces terres... Leurs propriétaires? Oui, des grands fermiers. Ce qu'on y produit? Du bétail, du café, du maïs... Vous avez vu l'Institut national indigéniste [22]? Oui, à la sortie. Vous avez vu ces splendides camions? Ils sont donnés à crédit aux paysans indigènes. Ils ne roulent qu'à l'essence Magna-Sin [23], pour ces histoires d'écologie... Hein? On ne trouve pas de Magna-Sin à Ocosingo? Bon, mais c'est du détail, tout ça... Oui, vous avez raison, le gouvernement se soucie du sort des paysans; bien sûr, les mauvaises langues prétendent que dans ces montagnes il y a des guérilleros et que l'aide monétaire du gouvernement sert à acheter la loyauté des Indigènes, mais ce ne sont que des rumeurs, on essaie sûrement de dénigrer le Pronasol... Comment? Le Comité de défense des citoyens? Ah, oui! C'est un groupe d'« héroïques » éleveurs, commerçants, et de chefs syndicaux corrompus qui constituent des « gardes blanches » [24] pour procéder aux expulsions et aux intimidations. Non, je viens de vous dire que l'hacienda porfiriste a disparu voilà soixante-quinze ans... Il vaut mieux que nous poursuivions... Au carrefour là-bas, prenez à gauche. Non, n'allez pas à Palenque. Mieux vaut continuer, passons par Chilón... C'est joli, non? Oui, Yajalón... très moderne, il y a même une station d'essence...

Regardez, ça, là-bas, c'est une banque, et là c'est la Présidence municipale; plus près, c'est la police judiciaire, la *ganadera*, et là-bas, l'armée... Encore cette histoire d'hacienda? Allons-nous-en et ne regardez pas ce grand immeuble moderne à la sortie de la ville vers Tila et Sabanilla, ne regardez pas la magnifique enseigne

---

22 – Créé en 1948, l'Institut national indigéniste a pour but essentiel de permettre au gouvernement de garder le contrôle sur le(s) mouvement(s) indigène(s). Dès sa fondation, il annonça son objectif : "*La fin évidente et précise que nous proposons est d'accélérer l'évolution de la communauté indigène pour l'intégrer le plus tôt possible, sans provoquer de désorganisation à l'intérieur de la communauté, à la vie économique, politique et culturelle du Mexique.*"

23 – Sans plomb. Ndt.

24 – Milices privées (dans la lignée de la "Brigade blanche", organisation clandestine liée à la police et à l'armée, à la solde des propriétaires terriens et qui, durant le mandat de M. José López Portillo (1976-1982), s'attaquait aux militants d'organisations politiques et syndicales).

SOLIDARITÉ qui décore l'entrée, mieux vaut ne pas voir que c'est... une prison.

Bien, nous voici au croisement. Maintenant, retour à Ocosingo... Palenque? Vous êtes sûr? D'accord, allons-y... Oui, belles terres. Ouais, des grands fermiers. Parfaitement : élevage, café, bois. Regardez, nous voici à Palenque. Une visite rapide de la ville? Bon! Ça, ce sont des hôtels, là, des restaurants, ici la Présidence municipale, la police; ça, c'est la caserne de l'armée, et là-bas... Quoi? Non, je sais déjà ce que vous allez me dire... ne le dites pas, non... Fatigué? D'accord, arrêtons-nous un peu. Vous ne voulez pas voir les pyramides? Non? D'accord. Xi'Nich [25]? Ouais, ç'a été une marche des Indigènes. Oui, jusqu'à Mexico. À pied, oui. Combien? Mille cent six kilomètres. Des résultats? Ils ont bien reçu les pétitions. Oui, c'est tout. Vous êtes encore fatigué? Encore plus? Bon, attendons... Pour Bonampak? La route est très mauvaise. D'accord, allons-y. Oui, la route panoramique... Ça, c'est le piquet de l'Armée fédérale, celui-là, c'est celui de la Marine, l'autre, c'est la police judiciaire, et celui-là au bout, c'est celui de l'Intérieur. Toujours comme ça? Non, parfois on croise une manifestation de paysans. Fatigué? Vous voulez rentrer? Bon. D'autres endroits? Différents? Dans quel pays? Au Mexique? Vous verrez la même chose, les couleurs changeront, ainsi que la langue, le paysage, les noms, mais les hommes, l'exploitation, la misère et la mort sont les mêmes. Regardez bien et vous verrez. Oui, dans tous les États de la République. Ouais, bonne chance... et s'il vous faut un guide touristique, ne manquez pas de me faire signe, je suis à votre service... Ah! Autre chose. Ça ne sera pas toujours comme ça. Un autre Mexique? Non, celui-là... Je vous parle d'autre chose, comme d'un autre air qui commence à circuler, comme d'un vent nouveau qui se lève...

---

25 – Xi'Nich (la fourmi) : en mars-avril 1992, quelque 400 Indigènes, hommes, femmes et enfants, quittaient Palenque, dans les hautes terres du Chiapas, et parcouraient plus de 1000 kilomètres à pied pour se rendre à Mexico. Ils entendaient protester contre des détentions collectives d'indigènes et présenter au gouvernement fédéral un "cahier de doléances" fait de trente demandes. Partis le 7 mars, les marcheurs arrivaient aux portes de la capitale le 23 avril suivant, accueillis par les communautés de base locales ainsi que les organisations des quartiers populaires et des bidonvilles. Le 25, un accord entre le mouvement indigène et les instances gouvernementales intervenait sur vingt des trente demandes.

Chapitre deuxième

Où il est question du gouverneur apprenti vice-roi,
de son combat héroïque contre le clergé progressiste,
et de ses aventures avec les seigneurs féodaux du bétail,
du café et du commerce.
Où il est également question
d'autres faits tout aussi fantastiques.

Il était une fois un vice-roi en chocolat [26] avec un nez en nougat. L'apprenti vice-roi, le gouverneur Patrocinio González Garrido [27], à la manière des anciens monarques installés par la Couronne espagnole lors de la conquête, a réorganisé la géographie du Chiapas. La gestion des espaces urbains et ruraux demande certaine subtilité dans l'exercice du pouvoir, mais s'il est conduit avec la maladresse de monsieur González Garrido, on atteint les sommets d'une délicieuse stupidité. Le vice-roi a décidé que les villes dotées de services et d'avantages seraient réservées à ceux qui ont déjà tout. Et il décide, le vice-roi, que le bas peuple est aussi bien au-dehors, dans les intempéries, et qu'il ne mérite de place que dans les prisons, ce qui présente aussi certains inconvénients. Pour y remédier, le vice-roi a fait construire les prisons à l'extérieur des villes, pour que la proximité de la canaille délinquante et indésirable n'incommode pas ces messieurs-dames. Prisons et casernes sont les principaux travaux qu'a entrepris ce gouverneur dans le Chiapas. L'amitié qui le lie aux grands fermiers et aux commerçants

---

26 – "Un virrey de chocolate con nariz de cacahuate", chanson de Cri-cri, qui berce l'enfance de tous les petits mexicains depuis les années 50. Nouvelle-Espagne : Mexique de l'époque coloniale. De 1535 jusqu'à la proclamation d'indépendance, en 1821, la Nouvelle-Espagne fut gouvernée par un vice-roi, qui faisait l'objet d'honneurs et vivait dans une magnificence quasi royaux.

27 – Patrocinio González Garrido : depuis 1988, gouverneur le plus répressif de l'histoire du Chiapas; détesté par les Indigènes en raison de sa brutalité et de sa complicité avec les *finqueros*. Le 4 janvier 1993, il fut nommé ministre de l'Intérieur – *Secretario de Gobernación* – par M. Salinas de Gotari. Au conciliateur qu'était à ce poste M. Gutiérrez Barrios, il s'agissait de substituer un "pur et dur", en vue de préparer les élections présidentielles d'août 1994 et d'assurer la "stabilité du régime" (lire le maintien du PRI au pouvoir). Ajoutant le Chiapas à la longue liste des régions mexicaines gouvernées sans élections, M. Patrocinio González, avant de partir pour Mexico, désigna lui-même son successeur, les députés du Chiapas devant ratifier en quelques minutes le choix du dauphin.

puissants n'est un secret pour personne, pas plus que son aversion profonde pour les trois diocèses qui règlent la vie catholique de l'État. Le diocèse de San Cristóbal, avec à sa tête l'évêque Samuel Ruiz [28], est une gêne permanente dans les projets de réorganisation de González Garrido. Désireux de moderniser l'absurde structure d'exploitation et de pillage du Chiapas, Patrocinio González se heurte régulièrement à l'obstination des religieux et des laïques qui prêchent et vivent le catholicisme de l'"option préférentielle pour les pauvres".

Fort des bravos pharisaïques de l'évêque de Tuxtla, Aguirre Franco, et de l'approbation muette de celui de Tapachula, González Garrido encourage et soutient les conspirations « héroïques » des éleveurs et des commerçants contre les membres du diocèse de San Cristóbal. « Les équipes de Don Samuel », comme on les appelle parfois, ne sont pas formées de croyants inexpérimentés : Patrocinio González Garrido ne rêvait pas encore de gouverner son État que le diocèse de San Cristóbal de las Casas prêchait déjà le droit à la liberté et à la justice. Pour une des bourgeoisies les plus rétrogrades du pays, la bourgeoisie agricole, ces mots n'ont qu'un sens : la rébellion. Et ces « patriotes », ces « croyants », grands fermiers et commerçants, savent comment on arrête les rébellions : l'existence de Gardes blanches armées sur leurs deniers et entraînées par des membres de l'Armée fédérale, des policiers de la Sécurité publique et de la police judiciaire de l'État, n'est que trop connue des paysans, qui subissent ses affronts, ses tortures et ses balles.

---

28 – L'évêque actuel de San Cristóbal de las Casas est connu pour son travail en faveur de la promotion des populations indigènes. Il fut, en 1974, à l'origine du premier Congrès des Indigènes du Chiapas, l'acte de naissance de toute une floraison de mouvements paysans. En juillet 1990, il fit l'objet d'une violente campagne de presse, lancée à l'échelon national par les associations d'éleveurs de l'État du Chiapas. En octobre 1993, c'est Rome qui prit le relais par une tentative de mise à l'écart. L'évêque fut convoqué chez le nonce apostolique, Girolamo Prigione, qui lui présenta une liste de reproches en six points et lui demanda de démissionner. De par sa fonction, l'interlocuteur du gouvernement mexicain avec l'Église est alors le ministre de l'Intérieur, Patrocinio González Garrido, ancien gouverneur du Chiapas. Le 24 novembre 1993, une marée humaine de 15000 Indigènes envahit la cathédrale et le centre ville, en signe de solidarité avec son évêque. Dans les jours qui suivirent, quelque 20000 Indigènes catholiques et évangéliques signèrent une lettre au pape élaborée par le Conseil des représentants indigènes du Haut Chiapas. Le Vatican fut obligé de reculer.

Il y a quelques mois, le prêtre Joel Padrón, de la paroisse de Simojovel, a été arrêté. Accusé par les éleveurs de cette région d'avoir incité à des occupations de terrains et d'y avoir participé, le père Joel a été arrêté par les autorités de l'État et enfermé à la maison d'arrêt de Cerro Hueco, dans la capitale de l'État. La mobilisation des membres du diocèse de San Cristóbal (ceux de Tuxtla et de Tapachula ont brillé par leur absence), et un recours devant la justice fédérale ont permis d'obtenir la libération du père Padrón.

Tandis que des milliers de paysans manifestaient à Tuxtla Gutiérrez pour exiger la libération du père, les éleveurs d'Ocosingo ont envoyé leurs fières Gardes blanches déloger des paysans qui occupaient le domaine El Momonal : 400 hommes armés par les grands fermiers ont frappé et détruit, brûlé des maisons, fouetté les femmes indigènes et assassiné d'un coup de feu au visage le paysan Juan. Après l'expulsion, les Gardes blancs, pour la plupart des vachers des fermes et des petits possédants fiers de participer aux expéditions en compagnie des jeunes propriétaires terriens, ont parcouru les routes de la région à bord de camionnettes pick-up fournies par leurs maîtres. Exhibant ostensiblement leurs armes, ivres et drogués, ils criaient : « *La* ganadera *est la meilleure* ! » et prévenaient tout le monde que ça n'était qu'un début. Les autorités municipales d'Ocosingo et les soldats de la garnison locale ont contemplé impassibles ce défilé triomphal des pistoleros.

À Tuxtla Gutiérrez, près de 10000 paysans défilaient pour la libération de Joel Padrón. Dans un coin d'Ocosingo, la veuve de Juan enterrait seule la victime du glorieux fermier. Il n'y eut ni marche ni prière ni la moindre signature de protestation contre la mort de Juan. C'est comme ça, le Chiapas.

Récemment, le vice-roi González Garrido a été au cœur d'un nouveau scandale rendu public parce que les victimes ont accès aux médias pour dénoncer les injustices qui les frappent. Avec l'approbation annuelle du vice-roi, les seigneurs féodaux d'Ocosingo ont organisé un Comité de Défense des Citoyens, la tentative la plus aboutie d'institutionnaliser les Gardes blanches néo-porfiristes qui maintiennent l'ordre sur les terres du Chiapas. Rien ne se serait passé, sans doute, si l'on n'avait pas découvert un complot destiné à assassiner le curé Pablo Iribarren et la religieuse María del Carmen ainsi que Samuel Ruiz, évêque du diocèse. Le Comité exigeait que curés et religieuses quittent la commune dans un délai fixé, mais les plus radicaux réclamaient une solution drastique, qui devait inclure l'évèque Samuel Ruiz. Le complot fut révélé par la presse honnête du Chiapas, car il en existe encore, et rebondit dans les médias nationnaux. Il y a eu des rétractations et des démentis, le vice-roi déclara qu'il entretenait de bonnes relations avec l'Église et il confia l'enquête à un procureur spécial. L'enquête fut enterrée et le fleuve rentra dans son lit.

À la même époque, des services gouvernementaux livraient des chiffres qui donnent le frisson : dans le Chiapas, il meurt chaque année 14500 personnes. C'est le plus fort taux de mortalité du pays. Les causes ? Des maladies curables : infections respiratoires, entérites, parasitoses, amibiases, paludisme, salmonellose, gale, dengue, tuberculose pulmonaire, onchocercose, trachome, typhus, choléra et rougeole. Les mauvaises langues disent qu'il y a bien plus de 15000 morts par an, parce que l'on ne tient pas de comptabilité des décès survenues dans les zones marginales, qui constituent pourtant la majeure partie de l'État... Au cours des quatre années de « vice-règne » de Patrocinio González Garrido, plus de 60000 habitants du Chiapas sont morts, des pauvres pour la plupart. La guerre que livrent contre le peuple le vice-roi et les seigneurs féodaux revêt des formes plus subtiles que celle des bombardiers. La presse locale et nationale n'a pas consacré une ligne à cet assassinat prémédité qui coûte encore à présent des vies et des terres, comme au temps de la conquête.

Le Comité de Défense des Citoyens poursuit son travail de prosélytisme, organise des réunions pour persuader les riches et les pauvres de la ville d'Ocosingo qu'ils doivent s'organiser et s'armer, afin que les paysans n'entrent pas en ville, car ils y détruiraient tout, sans respecter les riches ni les pauvres. Le vice-roi affiche un sourire approbateur.

Chapitre troisième

Où l'on voit comment le vice-roi a eu une brillante idée qu'il a mise en pratique et comment l'empire a décrété la mort du socialisme et, plein d'enthousiasme, s'est mis en tête de répandre la nouvelle, pour le bonheur des puissants, au désespoir des indécis et dans l'indifférence de la plupart. Où l'on voit aussi que, d'après certains, Zapata n'est pas mort. Ainsi que d'autres événements déconcertants.

Le vice-roi se fait du souci. Les paysans refusent d'applaudir à leur mise à mort institutionnelle, qui est à présent inscrite dans le nouvel article 27 de la Constitution. Le vice-roi enrage. Les exploités ne sont pas d'heureux exploités. Ils refusent de saluer de serviles révérences les aumônes dont Pronasol saupoudre les campagnes du Chiapas. Le vice-roi est désespéré, il consulte ses conseillers. Ils lui répètent une vérité ancienne : il ne suffit pas pour dominer de bâtir des prisons et des casernes, il faut aussi apprivoiser la pensée. Le vice-roi déambule inquiet dans son magnifique palais. Il s'arrête, sourit et écrit…

XEOCH [29] : Rap et mensonges pour les paysans.

Ocosingo et Palenque, Cancuc et Chilón, Altamirano et Yalajón, les Indigènes sont en fête. Un nouveau cadeau du gouvernement suprême réjouit les peones et les petits propriétaires, les paysans sans terre et les *ejidatarios* appauvris. Voici qu'ils ont une station de radio locale qui dessert, cette fois c'est vrai, jusqu'aux recoins les plus éloignés de l'est du Chiapas. Sa programmation est des plus adéquates : marimbas et rap proclament la bonne nouvelle. La campagne des Chiapas se modernise. XEOCH émet du chef-lieu, Ocosingo, sur la bande des 600 mégahertz en modulation de fréquence, de 4 heures du matin à 22 heures. Ses informations sont truffées de mensonges : la « désorientation » que prêchent des religieux « subversifs » parmi les paysans, l'affluence de crédits qui n'arrivent jamais jusqu'aux villages indigènes, l'annonce de travaux publics nulle part visibles. L'orgueilleux vice-roi prend aussi le temps de transmettre par XEOCH ses menaces et de rappeler à tout le monde que tout n'est pas que mensonge et rap,

29 – XEOCH : station de radio d'Ocosingo.

qu'il existe aussi des prisons et des casernes ainsi qu'un code pénal, le plus répressif de la République, qui sanctionne toute manifestation de mécontentement populaire : les délits d'émeute, de rébellion, d'incitation à la rébellion, de mutinerie, etc., qui sont répertoriés dans les articles de cette loi démontrent que le vice-roi tient à bien faire les choses, un point c'est tout.

Il n'y a pas de raison lutter. Le socialisme est mort. Vivent le conformisme et la réforme et la modernité et le capitalisme et les *et cetera* cruels qui s'ensuivent et s'y ajoutent. Le vice-roi et les seigneurs féodaux dansent et rient, euphoriques, dans leurs palais et résidences. Leur joie déconcerte quelques-uns des rares penseurs indépendants qui vivent dans les parages. Incapables de comprendre, ils se laissent aller au désespoir et battent leur coulpe. C'est vrai, à quoi bon lutter? Le rapport de forces est défavorable. Ce n'est pas le moment… Il faut attendre encore… Peut-être des années… Gare aux aventuriers. Soyons raisonnables. Que rien ne bouge dans les campagnes et dans les villes, que tout se perpétue. Le socialisme est mort. Vive le capital. La radio, la presse et la télévision le proclament, quelques anciens socialistes le répètent, qui sont revenus à la raison et se sont repentis.

Mais tous n'écoutent pas les voix du désespoir et du conformisme. Tous ne se laissent pas glisser sur le toboggan du découragement. La plupart, les millions, continuent de ne pas entendre la voix du puissant et de l'indécis, ils ne le peuvent pas, assourdis qu'ils sont par les sanglots et le sang qui, mort et misère, leur hurlent à l'oreille. Mais quand ils ont un moment de repos, parce que cela se produit encore, ils écoutent une autre voix, pas celle qui vient du haut, mais celle que porte le vent d'en bas et qui naît dans le cœur indien des montagnes, celle qui leur parle de justice et de liberté, celle qui leur parle du socialisme, celle qui leur parle d'espoir… le seul espoir ici-bas. Et les plus anciens parmi nos anciens racontent qu'un certain Zapata s'était levé au nom des siens et que sa voix chantait plus qu'elle ne criait « Terre et liberté ! ». Et ces anciens disent qu'il n'est pas mort, que Zapata doit revenir. Et les plus anciens parmi nos anciens racontent que le vent, la pluie et le soleil disent au paysan quand il doit labourer, quand il doit semer et quand il doit récolter. Et ils racontent que l'espoir aussi se sème et se récolte. Et ces anciens disent que le vent, la pluie et le soleil se mettent à parler d'une façon nouvelle à la terre, que tant de misère ne peut pas continuer à donner cette moisson de mort, qu'elle doit commencer à donner une moisson de révolte. Ainsi parlent les anciens. Les puissants n'écoutent pas, ils ne peuvent pas entendre, assourdis qu'ils sont par le hurlement abrutissant des empires à l'oreille. « Zapata », répètent doucement les jeunes des villages indiens. « Zapata » insiste le vent, celui d'en bas, le nôtre.

Deuxième vent
Celui d'en bas

Chapitre quatrième

Où l'on voit la dignité s'apparenter à la révolte dans le Sud-Est et comment les fantômes de Jacinto Pérez et les mapaches [30] parcourent les montagnes du Chiapas. Où l'on voit aussi la patience s'épuiser, ainsi que d'autres événements imperceptibles mais dont les conséquences sont prévisibles.

Ce peuple est né digne et rebelle, la fraternité qui le lie aux autres exploités n'est pas née de l'Acte d'annexion de 1824, mais d'une longue chaîne d'ignominies et de révoltes. Déjà du temps où la soutane et l'armure faisaient la conquête de ces terres, la dignité et la révolte étaient courantes sous ces pluies.

Le travail collectif, la pensée démocratique, la soumission à la voix de la majorité sont plus qu'une tradition en zone indienne, ils ont été la seule chance de survie, de résistance, de préservation de la dignité et de révolte. Ces « mauvaises pensées », aux yeux des propriétaires terriens et des commerçants, vont à l'encontre du précepte capitaliste qui dit « beaucoup entre peu de mains ».

---

30 – Armée de fermiers levée en décembre 1914 pour répondre aux crimes des partisans de Venustiano Carranza, pour la souveraineté de l'Etat et les intérêts de la « famille » chiapanèque. D'abord alliés aux paysans zapatistes, ils finiront par se retourner à la mort de Carranza et s'opposeront à la réforme agraire au Chiapas..

On a dit, à tort, que les rébellions du Chiapas ont un rythme à part, qu'elle ne correspondent pas au calendrier national. C'est faux : la spécialité de l'exploité du Chiapas est la même que celui du Durango, du Bajío ou du Veracruz : se battre et perdre. Si la voix de ceux qui écrivent l'histoire parle de contretemps, c'est parce que la voix des opprimés ne parle pas… encore. Il n'existe pas de calendrier historique, national ou régional, qui dresse la liste de chacune des révoltes et des manifestations de désaccord envers le système imposé et maintenu par le feu et le sang dans tout le territoire national. Au Chiapas, on n'écoute la voix de la révolte que quand elle fait trembler le petit monde des propriétaires terriens et des commerçants. Alors, le fantôme de la barbarie indienne prend corps dans les murs des palais des gouvernants et que tout passe avec l'aide du plomb brûlant, de l'emprisonnement, de la ruse et de la menace. Si les révoltes du sud-est échouent, comme elles échouent au nord, au centre et à l'ouest, ce n'est pas par désynchronisation, mais parce que le vent est le fruit de la terre, qu'il a son rythme et sa maturation, pas dans les livres de lamentations, mais dans les poitrines assemblées de ceux qui n'ont rien d'autre que la dignité et la révolte. Et ce vent d'en bas, celui de la révolte, celui de la dignité, n'est pas seulement une réponse aux commandements du vent d'en haut, il n'est pas que contestation rageuse, il est porteur d'une proposition nouvelle, ça n'est pas simplement la destruction d'un système injuste et arbitraire, c'est surtout un espoir, celui de la transformation de la dignité et de la révolte en liberté et dignité.

Comment cette voix nouvelle parviendra-t-elle à se faire entendre à travers ces terres et toutes celles du pays ? Comment grandira ce vent occulte qui se contente pour l'instant de souffler dans les montagnes et les vallons, sans descendre encore jusqu'aux vallées où commande l'argent et gouverne le mensonge ?

De la montagne viendra ce vent, il naît déjà sous les arbres et conspire pour l'avènement d'un nouveau monde, si nouveau qu'il est encore à peine une intuition dans le cœur collectif qui l'anime…

Chapitre cinquième

Où l'on voit comment il prit à la dignité indigène de se mettre en marche pour se faire entendre et comment sa voix s'éleva brièvement, où l'on voit aussi comment les voix d'antan reviennent aujourd'hui et que les Indigènes se remettront à marcher mais d'un pas ferme, et qu'ils s'uniront aux pas d'autres dépossédés, pour prendre ce qui leur est dû, et que la musique de mort qu'on réserve à présent à ceux qui n'ont plus rien sonnera pour d'autres. Où il est aussi question d'événements étonnants présents et, dit-on, à venir.

La marche indigène Xi'Nich, des paysans de Palenque, Ocosingo, et Salto de Agua, démontre l'absurdité du système. Ces Indigènes ont dû parcourir 1 106 kilomètres pour se faire entendre, ils sont arrivés à la capitale de la République pour que le pouvoir central leur obtienne une audience chez le vice-roi. Ils sont arrivés à Mexico DF alors que le capitalisme produisait une terrible tragédie sous le ciel de Jalisco [31]. Ils sont parvenus à la capitale de l'ancienne Nouvelle-Espagne [32], aujourd'hui Mexique, l'an cinq cent après le cauchemar étranger qui s'imposa parmi les ténèbres de cette terre. Ils sont arrivés, et tous les honnêtes et nobles gens, car il en reste encore, les ont écoutés, et ceux qui oppriment aujourd'hui le sud-est, le nord, le centre et l'ouest de la Patrie ont écoutés aussi. Ils ont fait les 1 106 kilomètres du retour, les poches pleines de promesses. Une fois de plus, rien n'en est resté.

Au bourg de Simojovel, les paysans de la CIOAC [33] ont été attaqués par des hommes à la solde des éleveurs de la région. Les paysans de Simojovel ont décidé de rompre le silence et de répondre aux menaces que les fermiers mettent à exécution. La ville est aux mains des paysans, rien ni personne n'y entre ou n'en sort sans leur consentement.

---

31 – A Guadalajara, capitale de l'Etat de Jalisco et deuxième ville du pays, une explosion due à l'infiltration d'essence dans les égouts provoquait en avril 1992 la destruction d'un quartier entier et des dizaines de victimes, révélant l'état de délabrement des conduits souterrains de PEMEX.

32 – Nouvelle-Espagne : Mexique de l'époque coloniale. De 1535 jusqu'à la proclamation d'indépendance, en 1821, la Nouvelle-Espagne fut gouvernée par un vice-roi, qui faisait l'objet d'honneurs et vivait dans une magnificence quasi royaux.

33 – CIOAC : Centrale indépendante des ouvriers et paysans.

L'Armée fédérale rentre aux casernes, la police recule, et les seigneurs féodaux de l'État exigent qu'on rétablisse par les armes l'ordre et le respect. Les commissions de médiateurs vont et viennent. Le conflit semble se résoudre, les causes subsistent, et, en apparence toujours, le calme revient.

Dans le village de Betania, aux abords de San Cristóbal de las Casas, les Indigènes sont régulièrement arrêtés et rackettés par des agents de police judiciaire, sous prétexte qu'ils coupent du bois pour leurs foyers. La police accomplit ainsi son devoir de protection de l'écologie, disent les agents. Les Indigènes décident de rompre le silence et séquestrent trois agents. Non contents de cela, ils prennent la route panaméricaine et coupent les accès à l'est de San Cristóbal. Au croisement des routes d'Ocosingo et de Comitán, les paysans attachent les agents et exigent de parler avec le vice-roi avant de débloquer la route. Le commerce s'enlise, le tourisme s'effondre. La noble bourgeoisie *coleta* gratte sa vénérable tête. Les commissions de médiateurs vont et viennent. Le conflit semble se résoudre, les causes subsistent, et, en apparence toujours, le calme revient.

Dans le chef-lieu d'Ocosingo, venus de divers points des forces de la ville, marchent quatre mille paysans indigènes de l'ANCIEZ [34]. Trois manifestations se rejoignent devant la mairie. Le maire ne sait pas de quoi il s'agit et s'enfuit; sur le sol de son bureau, un calendrier indique la date : 10 avril 1992. Dehors, les paysans indigènes d'Ocosingo, Oxchuc, Huixtán, Chilón, Yajalón, Sabanilla, Salto de Agua, Palenque, Altamirano, Margaritas, San Cristóbal, San Andrés et Cancuc, dansent devant un portrait gigantesque de Zapata peint par l'un d'eux, déclament des poèmes, chantent et discutent. On n'entend qu'eux. Les fermiers, commerçants et la police judiciaire se cachent dans leurs maisons et commerces, la garnison fédérale semble déserte. Les paysans crient que Zapata est vivant, que la lutte continue. L'un d'eux lit une lettre adressée à Carlos Salinas de Gortari où on l'accuse d'être venu à bout

---

34 – Asociación nacional campesina indígena Emiliano Zapata, l'une des associatins pacifiques qui se fondront dans l'ARIC puis dans le CEOIC (voir p. 133). Alliance nationnale de paysans indépendants Emiliano Zapata, créée en 1991 contre les réformes de l'article 27 de la Constitution. De fait, cette association, qui s'est illustrée le 12 octobre 1992 par l'organisation d'une importante manifestation pour les cinq cents ans de la découverte de l'Amérique, est plus chiapanèque que nationale.

des acquis zapatistes en matière agraire, de vendre le pays par l'Accord de libre-échange et de ramener le Mexique au temps du porfirisme, où l'on déclare catégoriquement ne pas reconnaître les réformes salinistes de l'article 27 de la Constitution. À deux heures de l'après-midi, la manifestation se disperse, apparemment en bon ordre, les causes demeurent, et avec la même apparence, tout revient au calme.

À Marqués de Comillas, commune d'Ocosingo, les paysans ramassent du bois pour survivre. La police judiciaire les arrête et confisque le bois au profit de son commandant. Les Indigènes décident de rompre le silence, ils prennent les véhicules et capturent les agents, le gouvernement envoie des hommes de la Sûreté publique, qui se voient capturés à leur tour. Les Indigènes détiennent les camions, le bois et les prisonniers. Ils relâchent ces derniers. Aucune réponse ne vient. Ils se rendent à Palenque pour exiger une solution, l'armée les réprime et capture leurs dirigeants. Ils détiennent toujours les camions. Les commissions de médiateurs vont et viennent. Le gouvernement libère les dirigeants, les paysans rendent les camions. Le conflit semble se résoudre, les causes subsistent, et, en apparence toujours, le calme revient.

Abasolo, *ejido* de la commune d'Ocosingo. Depuis des années, les paysans ont pris des terres qui leur revenaient de par la loi et en équité. Trois dirigeants de leur communauté ont été arrêtés et torturés par le gouvernement. Les Indigènes décident de rompre le silence et barrent la route qui relie San Cristóbal à Ocosingo. Les commissions de médiateurs vont et viennent. Les dirigeants sont libérés. Le conflit semble se résoudre, les causes subsistent, et, en apparence toujours, le calme revient.

Antonio rêve que la terre qu'il travaille lui appartient, il rêve que sa sueur est payée de justice et de vérité, il rêve qu'il y a une école pour guérir l'ignorance et une médecine pour faire fuir la mort, il rêve que sa maison s'illumine et que sa table se garnit, il rêve que sa terre est libre et que son peuple peut gouverner et se gouverner, il rêve qu'il est en paix avec lui-même et avec le monde. Il rêve qu'il doit lutter pour que ce rêve devienne réalité, il rêve qu'il faut la mort pour avoir la vie. Antonio rêve et se réveille… Il sait quoi faire à présent et voit sa femme accroupie qui attise le feu, il entend son fils pleurer, il regarde le soleil saluer à l'orient, et il aiguise sa machette en souriant.

Un vent se lève qui renverse tout; lui, il se lève et part à la rencontre d'autres. Quelque chose lui a dit que son désir est celui de beaucoup, et il va les chercher.

Le vice-roi rêve que sa terre est agitée par un vent terrible qui emporte tout, il rêve que ce qu'il a volé lui est repris, il rêve que sa maison est détruite et que son règne s'écroule. Il rêve sans dormir. Le vice-roi va trouver les seigneurs féodaux qui lui avouent faire le même rêve. Le vice-roi, ne trouvant pas le repos, va trouver ses médecins qui décident ensemble que c'est de la sorcellerie indienne; ensemble, ils décident que seul le sang permettra de défaire le sortilège; alors le vice-roi fait tuer et emprisonner et construire plus de prisons et de casernes, et le rêve continue de l'empêcherde dormir.

Dans ce pays, tout le monde rêve. C'est bientôt l'heure de se réveiller…

L'ORAGE…
… celui-là même

Il naîtra du choc de ces deux vents, son heure arrive, le four de l'histoire brûle déjà; pour l'instant, le vent d'en haut domine, le vent d'en bas approche, voici l'orage… Ainsi s'accomplira…

LA PROPHÉTIE…
… celle-là même

Quand l'orage sera passé, quand la pluie et le feu laisseront à nouveau la terre en paix, le monde ne sera plus le monde, mais quelque chose de mieux.

Jungle Lacandone, août 1992.

4 – Premiers démentis

5 janvier [1]

Service de presse de l'EZLN.

Croix-Rouge. Une ambulance de la Croix-Rouge a été la cible de tirs à l'arme à feu et au bazooka. Cette agression ayant été attribuée à nos Forces zapatistes, nous déclarons que jamais nous n'avons agressé de quelque façon que ce soit des véhicules ou des personnes portant les insignes de la Croix-Rouge et que nous ne possédons pas d'armes capables de provoquer les dommages subis par l'unité de la Croix-Rouge et ses membres. Nous déclarons que cette attaque ne peut être attribuée à nos troupes, et réaffirmons notre respect des vies humaines, des biens et du travail de la Croix-Rouge. Les armes qui ont causé ces dégâts doivent être recherchées dans les rangs de l'Armée fédérale, pas dans ceux de l'EZLN.

Presse. Le 3 janvier 1994, un convoi de véhicules de la presse a essuyé des coups de feu à la hauteur de El Aguaje, près du Quartier général de la trente et unième Zone militaire de Rancho Nuevo. Lors de cet attentat, un journaliste du journal national *La Jornada* a été blessé. Certains secteurs de la presse ont accusé nos Forces zapatistes d'avoir commis cette attaque méprisable, c'est pourquoi nous déclarons que jamais depuis le début de ce conflit nous n'avons occupé de position militaire sur les lieux de l'attentat et qu'aucune de nos troupes, jusqu'au 4 janvier 1994, n'a transité ni ne s'est installée sur le tronçon de route qui va du CIES, en dehors de San Cristóbal de las Casas, à la caserne de Rancho Nuevo; il

---

1 – Coup de tonnerre sur le Mexique : le samedi 1er janvier 1994, vers 4h30 du matin, sortant de la clandestinité, des centaines de rebelles de l'EZLN occupent 4 villes chiapanèques de la région de Los Altos, Las Margaritas, Ocosingo, Altamirano, et San Cristóbal de las Casas (80000 habitants). Toutes les routes menant à San Cristóbal de las Casas sont contrôlées par les insurgés. Les journalistes, soigneusement fouillés, peuvent passer après un minutieux interrogatoire. Le dimanche matin, 2 janvier, après des combats qui font 11 morts (en majorité des policiers) et une vingtaine de blessés, l'EZLN se retire de San Cristóbal de las Casas, et l'on signale les premiers accrochages avec l'Armée fédérale, dans la localité de Rancho Nuevo – où se trouve le commandement militaire de la région.

est donc impossible que les tirs aient été l'œuvre des Forces zapatistes. De nouveau, comme dans l'affaire de la Croix-Rouge, il s'agit de manœuvres des Forces fédérales pour nous accuser des agressions qu'elles commettent elles-mêmes envers la presse et la Croix-Rouge.

Affaire de El Tiempo-Excelsior. En revanche, concernant les reporters du quotidien local de San Cristóbal de las Casas et du journal national *Excelsior*, ils ont en effet été arrêtés par nos troupes aù chef-lieu de Huixtan, qui était alors attaqué par les forces ennemies. À aucun moment les hommes de presse n'ont été agressés ni torturés, et leur matériel a été confisqué le temps de procéder à la vérification de leur identité. Une erreur d'appréciation du commandement de l'unité zapatiste a provoqué la confiscation illégitime de 700 nouveaux pesos aux journalistes. Notre EZLN demande sincèrement pardon pour cette erreur commise au détriment des travailleurs de la presse et propose de restituer dès que possible la somme confisquée.

Respectueusement.

Depuis quelque part dans les montagnes du Sud-Est mexicain.
CCRI-CG de l'EZLN
(Comité clandestin révolutionnaire indigène - Commandement général de l'EZLN).

5 – PRÉCISIONS SUR L'EZLN ET CONDITIONS D'UN DIALOGUE

6 janvier [1]

« Nous voici, morts de toujours, qui mourons à nouveau, mais pour vivre, cette fois. »

Au peuple du Mexique.
Aux peuples et gouvernements du monde.

Frères :

Depuis le 1er janvier de cette année, nos troupes zapatistes ont entrepris une série d'actions politico-militaires dont le principal objectif est de faire connaître au peuple du Mexique et au reste du monde les conditions misérables dans lesquelles vivent et meurent des millions de Mexicains, en particulier nous, les Indigènes. Par ces actions, nous faisons également connaître notre détermination à nous battre pour nos droits les plus élémentaires, en empruntant la seule voie que nous ont laissée les autorités gouvernementales : la lutte armée.

Les graves conditions de pauvreté de nos compatriotes n'ont qu'une cause : l'absence de liberté et de démocratie [2]. Nous considérons que le respect réel des libertés et de la volonté démocratique du peuple est la condition indispensable d'une amélioration de l'état économique et social des dépossédés de notre pays. Pour cette raison, de la même

---

1 – Tandis qu'un calme relatif revient à San Cristóbal de las Casas, l'offensive de l'armée mexicaine s'avère incapable de stopper l'offensive de l'EZLN qui contrôle 8 villes, dont Altamirano et Ocosingo (30000 habitants) où les combats font rage. On parle déjà de plus de 200 morts (les évêques catholiques donnent un bilan de l'ordre de 400). Le 5 janvier, les insurgés se retirent d'Ocosingo où ils ont subi de lourdes pertes, non sans avoir distribué à la population les marchandises stockées dans la plus grande boutique de la ville, *La Suriana*. Évitant les combats frontaux avec les militaires (10000 soldats appuyés par blindés – dont des ERC 90 français, fabriqués par Panhard – hélicoptères et aviation), les révolutionnaires se retirent peu à peu dans les campagnes et collines environnantes, après avoir menacé la capitale du Chiapas, Tuxtla Gutiérrez, dont ils n'étaient plus qu'à 16 kilomètres. Très préoccupé par le sort de la population civile face aux actions antiguérilla de l'armée, Mgr Samuel Ruiz demande la présence de la Croix-Rouge et de représentants d'Amnesty International.

2 – Voir page suivante.

façon que nous brandissons le drapeau de l'amélioration des conditions de vie du peuple mexicain, nous exigeons la liberté et la démocratie politique, la démission du gouvernement illégitime de Carlos Salinas de Gortari, ainsi que la formation d'un gouvernement de transition démocratique qui garantisse des élections honnêtes dans tout le pays et à tous les niveaux de gouvernement. Nous réaffirmons l'actualité de nos revendications politiques et économiques, autour desquelles nous voulons rassembler tout le peuple du Mexique et ses organisations indépendantes, pour qu'à travers toutes les formes de lutte, naisse un mouvement national révolutionnaire susceptible d'accueillir toutes les formes d'organisation sociale qui se proposent, avec honnêteté et patriotisme, d'améliorer notre Mexique.

Depuis le début de notre guerre de libération, nous n'avons pas seulement subi les attaques des corps répressifs du gouvernement et de l'Armée fédérale, mais nous avons aussi été calomniés par le Gouvernement fédéral et celui de l'État ainsi que par certains organes de communication massive qui prétendent, en dénigrant notre combat, tromper le peuple mexicain et lui faire croire que notre lutte est dirigée de l'étranger [3], par des professionnels de la violence aux intérêts obscurs et des traîtres à la recherche de bénéfices

2 – Au pouvoir sans interruption (sous des appellations diverses) depuis 1926, avec tout ce que cela implique de corruption, de fraudes et de violence, le Parti révolutionnaire institutionnel (PRI) est en fait un parti hégémonique contrôlant tout l'appareil d'État. Le blocage politique du pays, dont ce parti est la pièce maîtresse, ne laisse pratiquement aucun espace à une quelconque opposition politique. La désignation du candidat du PRI aux élections présidentielles elle-même est tout, sauf démocratique. Deux ans avant la fin du sexennat, la mécanique du régime procède au *destape,* c'est-à-dire à la désignation par un consistoire secret, mais avant tout par le président en place, de son successeur que les "élections" auront seulement pour fonction de ratifier. Depuis quelques années, cependant, le monopole du PRI est sérieusement battu en brèche par l'apparition de nouveaux partis tels que le Parti d'action nationale (PAN) et le Parti de la révolution démocratique (PRD), une dissidence de gauche du PRI. Le PRI connaît par ailleurs une terrible crise interne où se mêlent le trafic de drogues, de colossaux enrichissements personnels, l'assassinat de personnalités et, au second plan, des oppositions de doctrines politiques.

3 – Dans un message à la nation au cours duquel il a réitéré son appel au dialogue, le président Carlos Salinas a accusé *"des professionnels de la violence, nationaux et étrangers"* d'avoir fomenté la rébellion armée. Il réitérera l'accusation lors de sa première intervention télévisée, le vendredi 7 janvier, sans apporter plus de détails, mais se référant explicitement à des individus ayant combattu au Guatemala et à des organisations de (...)

personnels. En réponse à ces calomnies et à ces mensonges, notre EZLN se voit contraint d'apporter les précisions suivantes :

Premièrement. — Notre EZLN ne compte, dans ses rangs ni parmi ses dirigeants, aucun étranger, et n'a jamais reçu d'appui ni de conseils des mouvements révolutionnaires d'autres pays ou de gouvernements étrangers. L'information selon laquelle des Guatémaltèques entraînés chez eux militeraient parmi nous est un mensonge inventé par le Gouvernement fédéral pour dénigrer notre cause. Nous n'avons jamais eu, et n'avons pas aujourd'hui, de liens avec le FMLN [(4)] du Salvador ni avec l'URGN [(5)] du Guatemala ni avec aucun autre mouvement armé latino-américain, nord-américain, européen, africain, asiatique ou océanien. Les tactiques militaires que nous suivons ne nous ont pas été enseignées par les insurgés d'Amérique centrale, mais par l'histoire militaire mexicaine, celle d'Hidalgo, de Morelos, de Guerrero, de Mina, de la résistance à l'invasion *yankee* de 1846-1847, de la riposte populaire à l'intervention française, des grandes épopées héroïques de Villa et de Zapata, et des luttes de résistance indigène, tout au long de l'histoire de notre pays.

(...) solidarité avec les Indigènes financées à partir des pays développés. D'autres – dont Interpol – évoqueront la marque de... l'ETA basque. Solidarité gouvernementale oblige, les gouvernements du Salvador et du Guatemala appuient cette thèse, tandis que les ministres des Affaires étrangères de ces deux pays se réunissent pour analyser un *"possible trafic d'armes"*.

4 – FMLN : Front Farabundo Martí pour la Libération nationale. Composé de chrétiens tout autant que de communistes ou de communisants, le FMLN a mené, du début des années 80 jusqu'aux accords de paix signés à Mexico, le 16 janvier 1992, une lutte armée contre le gouvernement salvadorien, puissamment soutenu par les États-Unis. Il s'est depuis transformé en parti politique et a pu participer aux premières élections réellement démocratiques du pays. Depuis 1932, le Salvador était sous la botte des militaires.

5 – Union révolutionnaire nationale guatémaltèque : mouvement de lutte armée, né formellement le 25 janvier 1982 du regroupement de 4 organisations révolutionnaires, dont certaines à notable participation indigène. L'un de ses principaux leaders, sous le nom de guerre de Gaspar Ilom, n'est autre que le fils du prix Nobel de littérature, Miguel Angel Asturias. Au moment où éclate l'insurrection zapatiste, l'URNG et le gouvernement du Guatemala négocient à... Mexico, pour tenter de mettre fin à l'un des conflits les plus anciens du continent américain. Aussi bien le FMLN, au Salvador, que l'URNG, au Guatemala, nient toute implication dans les événements du Chiapas.

Deuxièmement. — Notre EZLN n'a aucun lien avec les autorités religieuses catholiques ou autres [6]. Nous n'avons reçu aucun conseil, aucune directive, aucun appui de quelque entité ecclésiastique que ce soit d'aucun des diocèses de l'État du Chiapas, ni du nonce apostolique ni du Vatican ni de personne. Dans nos rangs militent une majorité de catholiques mais d'autres croyances et religions sont représentées.

Troisièmement. — Le commandement et les troupes de l'EZLN sont essentiellement composés d'Indigènes du Chiapas; simplement parce que nous, les Indigènes, représentons le secteur le plus humilié et démuni du Mexique, mais aussi, comme on peut le voir, le plus digne. Nous sommes des milliers d'Indigènes en armes, et derrière nous se trouvent des dizaines de milliers de membres de nos familles. Nous sommes donc des dizaines de milliers d'Indigènes en lutte. Le gouvernement dit qu'il ne s'agit pas d'un soulèvement indien, mais nous pensons que lorsque des milliers d'Indiens se soulèvent, il s'agit bien d'un soulèvement indien. Il y a aussi dans notre mouvement des Mexicains d'autres origines sociales et d'autres États du pays. Ils sont d'accord avec nous et nous ont rejoints parce qu'ils n'acceptent pas l'exploitation que nous subissons. Tout comme ces Mexicains non indigènes se sont joints à nous, d'autres le feront, car notre lutte est nationale et ne se limitera pas à l'État du Chiapas. À l'heure actuelle, la direction politique de notre combat est totalement indigène, cent pour cent des membres des Comités clandestins révolutionnaires indigènes dans tout le territoire en lutte appartiennent aux ethnies Tzotzil, Tzeltal, Chol, Tojolabal ou autres. Il est vrai que les Indigènes du Chiapas ne sont pas encore tous avec nous, parce que beaucoup de nos frères sont encore sous l'influence des idées et des tromperies du gouvernement, mais nous comptons déjà suffisamment de milliers de partisans, et il faut bien qu'on nous prenne en considération. Le recours à des passe-montagnes ou à d'autres moyens de cacher nos visages est

---

6 – Le 5 janvier, les autorités fédérales, en déplacement dans le Chiapas, critiquent l'attitude de l'Église catholique qui, dans un communiqué, a évoqué les "*parties en conflit*" – ce qui, d'après elles, engendre l'idée que le gouvernement est responsable de la situation. La Sécurité mexicaine, pour sa part, laisse filtrer un rapport policier accusant Mgr Samuel Ruiz d'être un dirigeant de la guérilla à laquelle participeraient également au moins douze prêtres, dont plusieurs étrangers.

dû à des mesures de sécurité élémentaires et nous sert aussi d'antidote contre le mythe du chef.

Quatrièmement. — L'armement et le matériel dont dispose notre peuple sont variés et, bien entendu, n'ont pas été entièrement exhibés devant les médias et le public lors de la prise des chefs-lieux, le 1er et le 2 de ce mois. Ces armes et ce matériel ont été obtenus petit à petit, pendant dix ans d'une silencieuse accumulation de forces. Les moyens « sophistiqués » de communication que nous possédons sont en vente dans tous les magasins d'articles d'importation du pays. Pour obtenir ces armes et ces appareils, nous n'avons jamais eu recours au vol, aux enlèvements ou à l'extorsion; nous nous sommes toujours contentés de ce que nous donnaient les gens du peuple, des gens humbles et honnêtes de tout le Mexique. C'est justement parce que nous n'avons jamais recouru au banditisme pour nous doter de moyens, que l'appareil répressif de l'État n'a pas pu nous détecter pendant ces dix années d'une préparation prudente et consciencieuse.

Cinquièmement. — Certains demandent pourquoi nous avons attendu ce moment, alors que nous nous préparons depuis des années [7]. Nous répondons que nous avons d'abord essayé de suivre tous les chemins pacifiques et légaux, sans résultat. Au cours de ces dix années, plus de 150000 de nos frères indigènes sont morts de maladies curables. Les projets économiques et sociaux des autorités fédérales, chiapanèques et municipales ne prévoient aucun

---

7 – Rumeurs, brèves allusions dans les journaux : depuis quasi trois ans, on parlait de l'existence d'une *guerrilla* dans le Chiapas. L'existence de groupes armés avait été détectée en mai 1993, dans la sierra de Corralchén. Un capitaine et un lieutenant de l'armée mexicaine moururent au cours d'un affrontement. En témoigne un communiqué du ministère de la Défense nationale qui, sans reconnaître officiellement la présence de guérilleros, admettait que *"des militaires détachés à San Cristóbal de las Casas ont été agressés par un nombre indéterminé d'individus qui vraisemblablement se livraient à des activités illégales"* (31.05.1993). Ces événements provoquèrent une brutale réaction des troupes dirigées par le général Miguel Angel Godinez Bravo. À partir du 22 mai, appuyés par des hélicoptères, un millier de soldats mexicains ratissèrent la zone. Les violences exercées à cette occasion furent dénoncées par le Centre des Droits de l'homme Fray-Bartolomé de las Casas, présidé par Mgr Samuel Ruiz. Les autorités mexicaines connaissaient donc l'existence de la guérilla. Si elles ont délibérément caché l'existence de ce foyer de tension, c'est qu'elles négociaient alors, avec les États-Unis, l'entrée dans le grand marché commun nord-américain; une "centraméricanisation" de l'image du pays risquant de faire fuir les potentiels investisseurs.

règlement réel de nos problèmes et se contentent de nous faire l'aumône à chaque élection; mais l'aumône n'arrange les choses qu'un instant, le temps que revienne la mort dans nos maisons. C'est pourquoi nous pensons que ça suffit, qu'il y a eu assez de morts inutiles, et qu'il vaut mieux se battre pour que ça change. Si nous mourons maintenant, ce ne sera plus dans la honte, mais dignement, comme nos ancêtres. Nous sommes prêts à ce qu'à nouveau meurent 150000 d'entre nous, s'il faut cela pour que notre peuple sorte du rêve trompeur dans lequel on le maintient.

Sixièmement. — Les conditions de la « concertation » que prétend nous imposer le Gouvernement fédéral [(8)] sont inacceptables pour notre organisation. Nous ne déposerons pas les armes avant que ne soient satisfaites les exigences que nous avons proclamées dès le début de notre lutte. Par contre, nous proposons les conditions suivantes pour l'ouverture d'un dialogue :

a/. Reconnaissance de l'EZLN comme force belligérante.

b/. Cessez-le-feu bilatéral dans tout le territoire en guerre.

c/. Retrait des troupes fédérales de toutes les communautés, dans le respect absolu des droits de l'homme envers la population rurale. Retour des troupes fédérales à leurs casernes d'origine, dans tout le pays.

d/. Arrêt du bombardement aveugle des villages.

e/. À partir des trois conditions précédentes, création d'une Commission nationale de médiation.

Nos troupes s'engagent à respecter ces conditions si le Gouvernement fédéral en fait autant. Dans le cas contraire, nos troupes poursuivront leur progression vers la capitale du pays.

Notre EZLN répète qu'il continuera de se soumettre aux lois de la guerre approuvées lors de la Convention de Genève, dans le respect des populations civiles, de la Croix-Rouge, de la presse des blessés et des troupes ennemies qui se rendent sans résistance à nos forces.

Nous lançons un appel particulier au peuple et au gouvernement nord-américains. Au premier, nous demandons d'entreprendre des actions de solidarité et de soutien envers nos compatriotes; au second, de suspendre toute aide écono-

---

8 – Le 5 janvier, le gouvernement mexicain a offert d'engager un dialoguc avec les Zapatistes, à condition que leurs chefs s'identifient, qu'ils s'engagent à respecter un cessez-le-feu et qu'ils restituent la tonne et demie de dynamite volée le 31 décembre précédent sur un chantier!

mique et militaire au Gouvernement fédéral mexicain, eu égard au fait qu'il s'agit d'un gouvernement dictatorial non respectueux des Droits de l'homme et que cette aide servira à massacrer le peuple mexicain.

Mexicains ! le bilan militaire du conflit au 5 janvier était le suivant :

1/– Pertes dans les rangs zapatistes : 9 morts et 20 blessés graves soignés dans nos hôpitaux de campagne. Un nombre indéterminé de blessés légers qui ont repris leur poste de combat et 12 disparus. Nous ne comptons pas ici nos combattants qui, blessés, ont été lâchement achevés de sang-froid, au pistolet, par des officiers de l'Armée fédérale. Le nombre de ces compagnons n'a pas encore été déterminé parce que nos troupes continuent de se battre à Ocosingo.

2/– Pertes dans les rangs ennemis (policiers et soldats fédéraux inclus) : 27 morts, 40 blessés et 180 prisonniers, qui se sont rendus à nos troupes et ont été libérés par la suite, sans qu'il ait été porté atteinte à leur intégrité physique. Il y a au moins 30 morts de plus, dans l'Armée fédérale, pas encore confirmés. Ces pertes, ainsi qu'un nombre indéterminé de blessés, se seraient produites le 4 janvier, dans les montagnes, au sud de San Cristóbal de las Casas, lorsque des bombes larguées par des avions de la FAM [9] seraient tombées sur des camions de soldats fédéraux qui effectuaient des manœuvres dans la zone.

3/– Matériel de guerre ennemi détruit ou endommagé : 3 hélicoptères de combat de la FAM (l'un au chef-lieu d'Ocosingo et deux à SCLC — San Cristóbal de las Casas) et 3 avions de combat de la FAM (les trois à SCLC), 15 voitures-radios, 15 transports de troupes, 4 centres de torture de la Police judiciaire de l'État.

4/– Prisonniers libérés : 230 dans les 4 prisons attaquées et libérées par nos forces (2 à SCLC, 1 à Ocosingo et 1 à Las Margaritas).

5/– Matériel de guerre saisi : approximativement 207 armes de différents calibres (M-16, G-3, M-2, lance-grenades, fusils et pistolets) et un nombre indéterminé de munitions de tous calibres; 1266 kg de dynamite et 10000 détonateurs de TNT. Plus de 20 véhicules de transport. Un nombre indéterminé d'appareils de communication radiophonique utilisés par la police, l'armée et les forces aériennes.

---

9 – Aviation mexicaine. Ndt.

À la presse nationale et internationale

Nous attirons l'attention de la presse honnête nationale et internationale sur le génocide auquel se livrent les Forces militaires fédérales dans les chefs-lieux de San Cristóbal de las Casas, Ocosingo, Altamirano et Margaritas, ainsi que sur les routes proches, où elles assassinent aveuglément des civils qu'elles comptent ensuite parmi les pertes de l'EZLN. Certains des morts zapatistes que l'Armée fédérale revendique jouissent d'une parfaite santé. L'attitude des troupes fédérales dans ces villes contraste avec celle de nos troupes qui ont toujours pris soin, comme peuvent en témoigner des habitants de ces villes, de protéger les vies innocentes. La majorité des destructions de bâtiments publics et privés attribuées à nos troupes zapatistes ont été l'œuvre des fédéraux lorsqu'ils sont entrés dans les quatre chefs-lieux.

À l'Armée fédérale

Le présent conflit démasque, une fois de plus, la nature de l'Armée fédérale dont il révèle l'essence véritable : la répression aveugle, la violation de tous les droits humains et l'absence totale d'éthique et d'honneur militaire. Les assassinats de femmes et d'enfants perpétrés par les forces fédérales sur les lieux de combat révèlent que cette armée échappe à tout contrôle. Nous appelons les officiers, sous-officiers et soldats de l'Armée fédérale à refuser catégoriquement d'obéir aux ordres d'extermination de civils et d'exécutions sommaires de prisonniers de guerre et de blessés, qui leur proviennent des instances supérieures, et à respecterd de l'éthique et l'honneur militaires. Nous vous renouvelons notre invitation à abandonner les rangs du gouvernement et à vous joindre à la juste cause d'un peuple qui, comme vous l'avez vous-mêmes constaté, n'aspire qu'à vivre dans la justice ou mourir dans la dignité. Nous avons respecté la vie des soldats et des policiers qui se sont rendus à nos forces, et vous vous complaisez à exécuter sommairement les Zapatistes que vous capturez blessés et hors d'état de combattre, ainsi que ceux qui se rendent. Si vous vous mettez à attaquer nos familles et à ne pas respecter la vie des blessés et des prisonniers, nous ferons de même.

Au peuple du Mexique

Enfin, nous lançons un appel aux ouvriers, aux paysans pauvres, aux enseignants, aux étudiants, aux intellectuels progressistes et honnêtes, aux femmes au foyer et à celles qui travaillent, et à toutes les organisations politiques et économiques indépendantes pour qu'ils sc joignent à notre lutte, là où ils sont et de toutes les manières possibles, jusqu'à ce que nous obtenions la justice et la liberté que tous les Mexicains désirent.

Nous ne rendrons pas les armes !
Nous voulons la justice, pas le pardon ni l'aumône !

Depuis les montagnes du Sud-Est mexicain.
CCRI-CG de l'EZLN.

6 – AU SUJET DU PFCRN [1], DE L'OFFENSIVE MILITAIRE DU GOUVERNEMENT, DES ACTIONS TERRORISTES ET DE LA NOMINATION DU DÉLÉGUÉ POUR LA PAIX

11 janvier

« Notre voix s'est mise en chemin depuis des siècles et ne s'éteindra plus jamais. »

Au peuple du Mexique.
Aux peuples et gouvernements du monde.

Frères :

Nous savons que notre communiqué du 6 janvier 1994 a été diffusé, au moins en partie, dans la presse nationale et internationale. De nouvelles choses se sont passées du 6 janvier à aujourd'hui, 11 janvier 1994, où nous parlons à nouveau pour être entendus par d'autres.

Premièrement. – Une des choses qui se sont passées, c'est que monsieur Aguilar Talamantes, du Parti du Front cardéniste de reconstruction nationale (PFCRN) candidat à la présidence de la République, au cours d'une réunion publique dans la ville de San Cristóbal de las Casas, a déclaré qu'il proposait son parti comme « bras pacifique » de l'Armée zapatiste de Libération nationale, et qu'il se proposait lui-même comme « le candidat de l'EZLN à la présidence de la République ». Ces déclarations ont été analysées par nous, les membres du Comité clandestin indigène révolutionnaire *(sic)* - Commandement général de l'EZLN, nous pensons qu'il est bon qu'on entende notre parole à ce sujet, et nous disons :

L'Armée zapatiste de Libération nationale n'a pas pris les armes pour soutenir un ou plusieurs des candidats à la présidence de la République. L'EZLN ne cherche pas la victoire d'un parti ou d'un autre, l'EZLN recherche la justice, la liberté et la démocratie pour que le peuple puisse élire qui bon lui semble et que sa volonté, quelle qu'elle soit, reçoive

1 – Parti du Front cardeniste de reconstruction nationale, petit parti satellite du PRI et sans grande influence politique.

le respect et l'acceptation des Mexicains et des autres peuples. L'Armée zapatiste de Libération nationale demande que le gouvernement, quel que soit son parti, soit un gouvernement légitime, issu d'élections véritablement libres et démocratiques, et qu'il résolve les problèmes les plus urgents de notre peuple mexicain, en particulier ceux des Indigènes.

L'Armée zapatiste de Libération nationale repousse respectueusement les propositions du Parti du Front cardéniste de reconstruction nationale visant à en faire « le bras pacifique de l'EZLN » ainsi que la candidature de monsieur Aguilar Talamantes comme représentant de l'EZLN aux élections présidentielles. Nous disons aussi, une fois pour toutes, que nous rejetons toute proposition ou tentative de parler à notre place; notre voix s'est mise en chemin depuis des siècles, elle ne s'éteindra plus jamais.

En revanche, nous saluons et accueillons favorablement toute tentative ou proposition honnête et de bonne foi de médiation entre l'EZLN et le Gouvernement fédéral.

Deuxièmement. – À notre proposition d'ouvrir le dialogue en commençant par un cessez-le-feu bilatéral, l'Armée fédérale a répondu en bombardant des communautés rurales des environs d'Ocosingo, de Las Margaritas et d'Altamirano.

L'idée qu'une solution militaire au conflit[2], par l'extermination totale de notre EZLN, est à la fois possible et souhaitable, gagne du terrain parmi les gouvernants du pays. Nous réaffirmons notre disposition au dialogue, dans

---

2 – Tandis que l'armée réprime violemment pour rétablir *"l'ordre constitutionnel"*, l'impact national et international est énorme. Le gouvernement du président Carlos Salinas – élections présidentielles à venir et pressions internationales obligent – cherche en toute hâte à entamer des négociations. Salinas de Gortari annonce de prochains investissements dans cette zone qu'il admet être sinistrée, mais n'en déclare pas moins à la télévision : *"Ceci n'est pas un soulèvement indigène, mais l'action d'un groupe violent, armé, contre la tranquillité des communautés, la paix publique et les institutions de gouvernement."* Les "dinosaures" du Parti révolutionnaire institutionnel (PRI : au pouvoir depuis plus de soixante ans) et du patronat insistent sur l'extermination de la rébellion par la voie militaire. De son côté, l'opposition de droite, à travers Fernando Antonio Lozano, secrétaire général du Parti d'action nationale (PAN), déclare que *"l'armée doit employer tous les moyens nécessaires pour restaurer la loi"*. On estime déjà le nombre des victimes à 400 morts, dont une part notable de civils (moins de 100 victimes appartiendraient aux combattants de l'EZLN), de nombreux cas de torture et d'exécutions extrajudiciaires, imputables à l'armée.

les termes précisés par le communiqué du 6 janvier. Mais il semble que cette volonté de l'EZLN ait été mal interprétée par les autorités militaires du gouvernement, qui y voient un signe de faiblesse de notre part. Rien n'est plus éloigné de la réalité : aux propositions de dialogue nous répondons par la disposition au dialogue, aux attaques et aux bombardements aveugles nous répondrons avec nos fusils. Si le gouvernement compte continuer à tromper l'opinion publique en prétendant que notre défaite et notre anéantissement sont proches, ça le regarde, il a toujours menti, et tous paient aujourd'hui le prix de ses mensonges. Mais nous savons que notre lutte ne prendra jamais fin, pas même avec la dernière goutte de sang de notre dernier combattant. Si le Gouvernement fédéral demande le prix du sang pour nos revendications de justice, de liberté et de démocratie, nous n'hésiterons pas à le payer.

Dans les jours prochains, nous donnerons l'ordre à toutes nos forces, en service ou en réserve, d'attaquer toutes les villes à leur portée, à moins que nous constations des signes clairs que la volonté de dialogue du gouvernement ne se reduit pas à des paroles trompeuses. Nous ne doutons pas que cela coûtera cher, mais on persiste à nous pousser dans cette voie.

Troisièmement. – Ces derniers jours, nous avons eu connaissance de plusieurs attentats terroristes contre des objectifs civils [3] à divers endroits du pays. Ces attentats sont attribués à des membres de notre EZLN. Le Comité clandestin révolutionnaire indigène - Commandement général de l'EZLN déclare que les troupes zapatistes luttent contre la police et l'Armée fédérale, pas contre les parkings des centres commerciaux. Aucun objectif civil ne subira d'attaque militaire de la part des troupes zapatistes.

Quatrièmement. – Le 10 janvier 1994, le Gouvernement fédéral a annoncé des changements au ministère de l'Intérieur ainsi qu'à d'autres postes du Gouvernement. On

---

3 – Après la destruction attribuée à l'EZLN, le 7 janvier, de deux tours d'électricité à haute tension dans les États de Michoacán et de Puebla – il y a quatre-vingts ans, l'armée révolutionnaire d'Emiliano Zapata détruisait les poteaux télégraphiques ! –, les installations pétrolifères, centres névralgiques et aéroports sont mis sous la surveillance d'unités militaires. Le samedi 8 janvier, à 1 heure du matin, c'est une voiture piégée qui explose dans le parking d'un des centres commerciaux les plus courus de la zone sud de la capitale.

a annoncé le départ du ministre de l'Intérieur et ancien gouverneur du Chiapas, Patrocinio González Blanco Garrido [(4)], et la désignation de Manuel Camacho Solís [(5)] comme Délégué à la paix chargé de régler le conflit du Chiapas. L'EZLN déclare qu'elle ne connaît pas monsieur Camacho Solís, mais que, s'il y a chez cet homme une volonté réelle et honnête de chercher une issue politique juste, nous saluons sa nomination et réitérons notre volonté de dialoguer dans les termes exprimés par le communiqué du 6 janvier 1994.

Cinquièmement. – Le Comité clandestin révolutionnaire indigène - Commandement général de l'EZLN déclare que les seuls documents authentifiés par l'EZLN et reconnus par tous les combattants zapatistes seront ceux qui porteront la signature du compagnon Sous-commandant Insurgé *Marcos*.

Depuis les montagnes du Sud-Est mexicain.
CCRI-CG de l'EZLN.

---

4 – Le ministre de l'Intérieur et ancien gouverneur du Chiapas, Patrocinio González Garrido, a été limogé le 10 janvier. On lui reproche de ne pas avoir découvert les préparatifs du soulèvement, alors qu'un an auparavant il était encore gouverneur du Chiapas. Il est remplacé par M. Jorge Carpizo McGregor, jusqu'alors président de la Commission gouvernementale des Droits de l'homme. Également renvoyé à ses foyers pour incompétence, Elmar Setzer Marseille, ami et successeur de Garrido au poste de gouverneur du Chiapas. Fils de planteur allemand, ce dernier avait très vite été surnommé "Volkswagen" par les Chiapanèques – allusion à la Coccinelle toujours montée à Puebla – *"parce qu'il a été conçu en Allemagne, fabriqué au Mexique, et que n'importe quel imbécile peut le conduire"* !
M. Javier López Moreno, premier homme politique d'origine indigène à occuper ce poste, le remplace dans ses fonctions de gouverneur du Chiapas.

5 – Économiste de quarante-sept ans, ancien maire de Mexico, ministre des Affaires étrangères, M. Manuel Camacho Solís, un ambitieux politicien du PRI qui lorgne la présidence de la République, a été nommé "Délégué pour la réconciliation et la paix". En novembre 1993, le président Carlos Salinas de Gortari lui avait préféré son rival, Luis Donaldo Colosio, comme candidat du parti officiel (PRI) pour les présidentielles du 21 août 1994. Pour tenter de trouver une solution négociée et politique au conflit du Chiapas, M. Manuel Camacho renonce à son ministère.

7 – Au sujet du cessez-le-feu

12 janvier [1]

« Dans notre cœur vit aussi l'espoir. »

Au peuple du Mexique.
Aux peuples et gouvernements du monde.

Frères :

Aujourd'hui 12 janvier 1994, nous avons appris que monsieur Carlos Salinas de Gortari, en sa qualité de chef suprême de l'Armée fédérale, a ordonné à ses troupes de cesser le feu. Le ministère de la Défense nationale a ajouté que les patrouilles aériennes et terrestres se poursuivront, qu'il n'abandonnera pas ses positions actuelles et qu'il s'opposera au mouvement de nos combattants.

Le Comité clandestin révolutionnaire indigène - Commandement général de l'Armée zapatiste de Libération nationale salue la décision de monsieur Salinas de Gortari et y voit un premier pas vers l'ouverture du dialogue entre les belligérants.

Les conditions posées par ce Comité clandestin révolutionnaire indigène - Commandement général de l'EZLN dans son communiqué du 6 janvier 1994 comme préalable au dialogue ne sont pas entièrement remplies. Néanmoins, la décision de Carlos Salinas de Gortari est un début.

En réponse, le Comité clandestin révolutionnaire indigène - Commandement général de l'Armée zapatiste de Libération nationale, chef collectif et suprême des troupes insurgées zapatistes ordonne :

Premièrement. – Nous donnons l'ordre à toutes les unités régulières, irrégulières et aux commandos urbains des différents corps d'armes et services de l'Armée zapatiste de Libération nationale de suspendre toute opération offensive contre les troupes fédérales, leurs garnisons et les positions qu'elles occupent actuellement.

---

1 – Le président Carlos Salinas annonce un cessez-le-feu unilatéral. La suspension des opérations militaires n'implique cependant pas le retrait des 12000 hommes des troupes fédérales.

Deuxièmement. – Nous donnons l'ordre à toutes les unités régulières, irrégulières et aux commandos urbains des différents corps d'armes et services de l'Armée zapatiste de Libération nationale de maintenir les positions qu'ils occupent actuellement et de répondre avec fermeté et détermination à toute agression de troupes terrestres ou aériennes de l'Armée fédérale.

Troisièmement. – L'ordre de cesser le feu offensif donné à l'EZLN prend effet dès réception de ce communiqué et sera maintenu tant que ce Comité clandestin révolutionnaire indigène - Commandement général de l'EZLN le jugera prudent et nécessaire.

Quatrièmement. – Nous ne déposerons pas les armes et ne nous rendrons d'aucune façon au mauvais gouvernement. Ce cessez-le-feu a pour but de soulager la population civile de la zone de combat et d'ouvrir des voies de dialogue avec tous les secteurs progressistes et démocratiques du Mexique.

Notre lutte est juste et véridique, elle ne répond pas à des intérêts personnels mais à la soif de liberté de tout le peuple mexicain en général et du peuple indigène en particulier. Nous voulons la justice et irons de l'avant, parce que dans nos cœurs vit aussi l'espoir.

Depuis les montagnes du Sud-Est mexicain.
CCRI - CG de l'EZLN.

8 – Au sujet de la commission de médiation

12 janvier

« Nous voulons la paix et la justice, le respect et la dignité. Nous ne vivrons plus à genoux. »

Au peuple mexicain.
Aux peuples et gouvernements du monde.

Frères :

Ces derniers jours ont été émises plusieurs hypothèses au sujet des personnes qui pourraient faire partie d'une commission de médiation censée trouver une solution politique à la situation actuelle dans les zones de combat du sud-est mexicain. Un prétendu communiqué attribué à tort à l'EZLN et publié par le quotidien *La Jornada* proposait comme médiateurs l'évêque de San Cristóbal de las Casas, Chiapas, don Samuel Ruiz García [1], l'indigène guatémaltèque et prix Nobel de la paix, Rigoberta Menchú, et le journaliste Julio Scherer, directeur de la revue *Proceso*. D'autres voix et d'autres propositions ont été entendues sans que nous ayons dit notre mot jusqu'ici. C'est pourquoi nous pensons qu'il est temps pour nous de parler :

Les membres de la commission de médiation devront présenter les caractéristiques suivantes pour être acceptés comme tels par ce Comité clandestin révolutionnaire indigène - Commandement général de l'EZLN :

Premièrement. – Être mexicains de naissance. Parce que nous pensons que les problèmes entre Mexicains doivent être réglés par les Mexicains, sans ingérence aucune de l'étranger, indépendamment du fait que ces étrangers soient des hommes et des femmes intègres, honnêtes et nobles.

---

1 – Trois mois auparavant, Mgr Samuel Ruiz était considéré comme personne *non grata* par un gouvernement qui tentait de le faire déposer par le nonce apostolique. Son aura personnelle – il vient de recevoir l'appui de toute la Conférence épiscopale mexicaine – rend à présent l'évêque du Chiapas quasi incontournable dans l'hypothèse d'une négociation EZLN-gouvernement. Après avoir pris contact avec les principaux dirigeants de l'opposition, M. Manuel Camacho le rencontre.

Deuxièmement. – N'appartenir à aucun parti politique. Parce que nous ne voulons pas que notre juste combat soit utilisé au bénéfice électoral d'un parti ou d'un autre et afin que ne soit pas mal compris le cœur qui anime notre cause.

Troisièmement. – Observer une position publique neutre au sujet du conflit actuel. C'est-à-dire n'être favorable ni au Gouvernement fédéral ni à l'EZLN, et ne pas appartenir aux structures d'organisation de l'un ou de l'autre.

Quatrièmement. – Être sensible aux graves problèmes sociaux dont souffre notre pays et, particulièrement, aux dures conditions de vie que subissent les Indigènes du Mexique.

Cinquièmement. – Être publiquement connu pour son honnêteté et son patriotisme.

Sixièmement – S'engager publiquement à faire tous leurs efforts pour parvenir à un règlement politique digne du conflit militaire.

Septièmement. – Constituer cette Commission nationale de médiation dans l'intention d'agir en intermédiaire entre le gouvernement et l'EZLN.

Le Comité clandestin révolutionnaire indigène - Commandement général de l'EZLN considère que monsieur l'Évêque du diocèse de San Cristóbal de las Casas, Chiapas, don Samuel Ruiz García, répond aux conditions énoncées plus haut, et l'invite formellement à participer, en tant que Mexicain patriote – et non en tant qu'autorité religieuse, parce qu'il ne s'agit pas là d'une question religieuse – à la future Commission nationale de médiation.

Le Comité clandestin révolutionnaire indigène - Commandement général de l'EZLN demande à la société mexicaine qu'elle propose ses meilleurs hommes et femmes pour former cette commission, dont la principale mission sera de trouver une issue politique au conflit. Si ces hommes et ces femmes répondent aux conditions plus haut énoncées, l'EZLN saluera leur intégration à la Commission nationale de médiation et écoutera avec attention et respect leur parole et leur cœur.

Depuis les montagnes du Sud-Est mexicain.
CCRI - CG de l'EZLN.

9 – Au sujet de la rupture du cessez-le-feu par le gouvernement

13 janvier

« *Le mensonge est de nouveau à la bouche des puissants.* »

Au peuple du Mexique.
Aux peuples et gouvernements du monde.

Frères :

Aujourd'hui, 13 janvier 1994, vers 13h30 environ, des troupes de l'Armée fédérale ont violé le cessez-le-feu ordonné par le président fédéral Carlos Salinas de Gortari, en attaquant une unité zapatiste près du village de Carmen Patate, dans la commune d'Ocosingo, Chiapas. Des troupes fédérales, transportées dans dix camions de l'armée et soutenues par des hélicoptères et des avions de combat, ont tenté de pénétrer nos positions et ont été repoussées par les fusils zapatistes. Les troupes fédérales ont procédé à l'arrestation de civils dans les hameaux voisins, certainement dans l'intention d'exercer des représailles ou de les faire passer pour des combattants zapatistes prisonniers, comme ils l'ont déjà fait plus d'une fois.

Dans son communiqué d'hier, 12 janvier 1994, le Comité clandestin révolutionnaire indigène - Commandement général de l'EZLN répondait au geste de monsieur Salinas de Gortari qui décrétait un cessez-le-feu du côté des troupes fédérales, en ordonnant à son tour un cessez-le-feu offensif des troupes zapatistes. Dans le communiqué d'hier, nous ordonnions à nos troupes de ne pas entreprendre d'action offensive et de ne répondre qu'en cas d'agression de la part des troupes du mauvais gouvernement. Cette agression des troupes fédérales contre les Zapatistes fait peser de sérieux doutes sur la prétendue volonté du Gouvernement fédéral de rechercher une solution politique au conflit, et on en revient à la voie militaire. L'Armée zapatiste de Libération nationale réaffirme sa disposition au dialogue, mais ne compte pas se laisser tromper. Soit monsieur Salinas de Gortari ment, soit l'armée n'est pas prête à suivre les ordres de l'Exécutif fédéral.

Le Comité clandestin révolutionnaire indigène - Commandement général de l'EZLN appelle le peuple mexicain et les peuples et gouvernements du monde, à ne pas se laisser tromper par les déclarations du Gouvernement fédéral qui, comme le montrent les événements d'aujourd'hui, ne sont que trompeuses paroles.

Depuis les montagnes du Sud-Est mexicain.
CCRI - CG de l'EZLN.

10 – À Bill Clinton et aux États-Unis

13 janvier

À monsieur Bill Clinton,
Président des États-Unis d'Amérique du Nord.
Au Congrès nord-américain.
Au peuple des États-Unis d'Amérique du Nord.

Messieurs :

Nous nous adressons à vous pour vous dire que le Gouvernement fédéral mexicain utilise l'aide économique et militaire qu'il reçoit du peuple et du gouvernement des États-Unis d'Amérique du Nord pour massacrer les Indigènes du Chiapas.

Nous demandons si le Congrès des États-Unis et le peuple des États-Unis d'Amérique du Nord ont approuvé cette aide militaire et économique pour combattre le trafic de drogues [1] ou bien pour assassiner des Indigènes dans le Sud-Est mexicain. Des hommes, des avions, des hélicoptères, des radars, des appareils de communication, des armes et des accessoires militaires sont actuellement employés non pas pour poursuivre les narco-trafiquants et les grands chefs de la mafia de la drogue, mais pour réprimer le juste combat du peuple mexicain et des Indigènes du Chiapas, au sud-est de notre pays, et pour assassiner des hommes, des femmes et des enfants innocents.

Nous ne recevons, quant à nous, l'aide d'aucun gouvernement, d'aucune personne ou organisation de l'étranger. Nous n'avons aucun rapport avec le trafic de drogues ni avec le terrorisme, que ce soit à l'échelle nationale ou internationale. Nous avons unis nos vies et nos volontés, nous nous sommes organisés à cause de la grande misère et des problèmes dont nous souffrons. Nous sommes fatigués de tant d'années de mensonge et de mort. Il est de notre droit de lutter dignement pour notre vie. À aucun moment nous n'avons cessé d'obser-

1 – Malgré la création d'une Brigade des stupéfiants, en 1988, et des saisies record, le Mexique reste le premier fournisseur de marijuana et d'héroïne des États-Unis. En 1990, une série d'incidents, notamment dans l'État du Michoacán, a mis en évidence l'utilisation de la lutte contre la drogue pour militariser et semer la terreur dans plusieurs régions du pays, et arrêter des dirigeants d'opposition ou des leaders paysans.

ver les lois internationales de la guerre, dans le respect des populations civiles.

Avec l'appui que le peuple et le gouvernement nord-américains fournissent au Gouvernement fédéral, vous ne faites que tacher vos mains de sang indigène. Nos objectifs sont ceux de tous les peuples du monde : une liberté et une démocratie véritables. Et pour cet objectif, nous sommes prêts à donner notre vie. Ne tachez pas vos mains de notre sang en vous faisant les complices du gouvernement mexicain.

Depuis les montagnes du Sud-Est mexicain.
CCRI - CG de l'EZLN.

11 – Lettre de Marcos au sujet de la paix que certains réclament

13 janvier

Au journal national *La Jornada*.
Au journal national *El Financiero*.
Au journal local *El Tiempo* de San Cristóbal de las Casas.

Messieurs :

Le CCRI - CG de l'EZLN a émis une série de documents et de communiqués qui peuvent intéresser la presse nationale et internationale. Les compagnons du CCRI - CG de l'EZLN me demandent de revoir la façon dont ces documents (des 6, 11, 12 et 13 janvier) parviennent à leurs destinataires et sont rendus publics. C'est pourquoi nous nous adressons à vous afin de savoir s'il est possible que de vos journaux les publient. Ces documents établissent notre position sur les événements du 7 et du 13 janvier 1994. Je tiens à le préciser, parce que, pour vous parvenir, le paquet de documents doit d'abord voyager plusieurs jours par chemins et sentiers, et traverser monts et vallées, contourner des tanks de guerre, des véhicules militaires et des milliers d'uniformes vert-olive et, enfin, tout cet arsenal de guerre avec lequel on compte nous intimider. Ils oublient que la guerre n'est pas une question d'armes ou d'effectifs armés, mais de politique. Bon, toujours est-il que ces documents ainsi que cette lettre vont mettre quelques jours à arriver entre vos mains, si jamais ils y arrivent.

Nous continuons d'aller bien; dans ces documents, nous réaffirmons que nous sommes disposés à entamer un dialogue pour une juste solution au conflit. Par ailleurs, nous restons plutôt indifférents à l'attirail militaire à l'aide duquel le Gouvernement fédéral compte refermer le grand cloaque d'injustice et de corruption que nos actions ont révélé. La paix que certains demandent aujourd'hui a toujours été une guerre pour nous, ça dérange, paraît-il les grands seigneurs de la terre, du commerce, de l'industrie et de l'argent que les Indiens qui viennent dans les villes et salissent leurs rues, seuls les emballages dc produits importés déparaient jusqu'à présent; ils préféreraient les voir continuer de mourir dans les montagnes, loin des bonnes consciences et du tourisme.

Mais c'est fini, on ne peut pas fonder le bien-être d'une minorité sur le malheur de la majorité [1]. Ils vont devoir partager notre sort, pour le meilleur ou le pire. Ils ont eu tout le temps de se pencher sur la question et de faire quelque chose contre l'immense injustice historique commise par la nation envers ses habitants d'origine, mais ils n'ont vu que des objets anthropologiques, des curiosités touristiques, ou des éléments d'un « parc jurassique » (ça s'écrit comme ça?) qui, heureusement, serait balayé d'un coup d'Alena [2] où ils ne comptent pas plus qu'un acte de décès jetable, puisque dans les montagnes, on ne compte plus les morts.

Tous sont coupables, des hauts fonctionnaires fédéraux au dernier des dirigeants « indigènes » corrompus, en passant par un gouverneur qui n'a pas été élu par la volonté et le droit du peuple chiapanèque, des maires plus préoccupés par des œuvres de façade et l'entretien de leurs relations avec les grands seigneurs que par le fait de gouverner au service de leur peuple, et des fonctionnaires de tous niveaux, qui tous refusent non seulement le droit à la santé, à l'éducation, à la terre, au logement, aux services, au travail juste, à l'alimentation, à la justice, mais surtout piétinent et humilient ceux qui, bien avant eux, peuplaient déjà ces terres.

Ils oublient que la dignité humaine n'est pas l'apanage de ceux dont tous les besoins matériels sont satisfaits; ceux qui

---

1 – Depuis 1984, et avec pour symbole éclatant l'entrée du Mexique dans le GATT, en 1986, un passage rapide du protectionnisme à l'ouverture s'est opéré. La modernisation recherchée requiert surtout l'adaptation de la structure productive à la demande du marché international. La politique de désengagement de l'État dans l'économie s'est accélérée. Mais le changement économique n'a pas entraîné de redistribution. Pis, une fois soumises au choc de la libéralisation, les entreprises mexicaines qui servaient le marché intérieur ont souvent cédé le pas, et de nombreux agriculteurs ont été amenés à la faillite par les importations massives et soudaines de produits nord-américains. Tandis qu'une majorité d'analystes, et la presse internationale, s'extasient devant l'"incontestable succès" de la stabilisation macro-économique et l'exceptionnelle détermination avec laquelle la réforme a été conduite, le salaire minimum a enregistré, au fil des ans, un recul considérable. Son pouvoir d'achat ne représente plus que 41 % du sommet atteint en 1976, et la moitié de son niveau de 1982. Entre 1981 et 1987, le nombre de pauvres dont le revenu est insuffisant pour couvrir les besoins élémentaires est passé de 32 millions à 41 millions (dont 17,3 millions considérés dans un état d'extrême pauvreté).

2 – Accord de libre-échange nord-américain ou NAFTA (*North America Free Trade Agreement*) pour les États-Unis, ou TLC (*Tratado de Libre Comercio*) pour les Mexicains. Signé en décembre 1992 au niveau (...)

n'ont rien possèdent pourtant ce qui nous différencie des choses et de l'animal : la dignité. Mais il faut bien reconnaître que dans cet océan d'indifférence, quelques voix se sont élevées et s'élèvent encore pour mettre en garde contre les conséquences de ces injustices. Parmi ces voix était, et demeure, celle du journalisme honnête, car cela existe encore, national et local. Enfin, à quoi bon vous ennuyer, ils semblerait que vous avez assez de mal à convaincre l'Armée fédérale qu'elle vous laisse faire votre travail de journalistes. Pour résumer, ce que nous voulons, c'est une paix digne et juste.

Leurs tanks, leurs avions, leurs hélicoptères, leurs milliers de soldats ne nous intimident pas. Cette même injustice qui nous a privés de routes, de chemins ou de services élémentaires se retourne à présent contre eux. Nous n'avons pas besoin de routes, nous nous sommes toujours déplacés par des sentiers, des passages, des laies. Tous les soldats fédéraux ne suffiraient pas à couper tous les chemins parcourus autrefois par notre misère et aujourd'hui par notre révolte. Les mensonges de la télévision et de la presse ne nous affectent pas davantage. Ont-ils oublié le VRAI taux d'analphabétisme du Chiapas ? Combien de foyers n'ont pas l'électricité, et donc pas de téléviseur, dans ces régions ? Si la nation se laisse à nouveau tromper par ces mensonges, il restera toujours au moins l'un d'entre nous prêt à la réveiller. Les Comités clandestins révolutionnaires indigènes sont indes-

---

(...) présidentiel, ratifié par les parlements des États-Unis et du Canada, approuvé par le Sénat mexicain le 22 novembre 1993, l'Alena correspond à la fois à une marche vers le libre commerce et à une stratégie des États-Unis de construction régionale et de lutte entre blocs (Europe, Japon). Vu du Mexique, l'accord doit garantir à long terme les conditions de succès de la politique de modernisation entreprise par Salinas de Gortari. Affermissant la nouvelle image du pays et consolidant un flux d'investissements étrangers en augmentation, le traité est devenu, pour le gouvernement mexicain, plus qu'un pilier de la réforme économique, sa véritable raison d'être.
Ce n'est pas un hasard si le mouvement indigène du Chiapas a déclenché son insurrection armée le jour même de l'entrée en vigueur (1er janvier 1994) de l'Alena. Loin d'aligner vers le haut les niveaux de bien-être, il est prévisible qu'il aboutira à étendre sur une autre échelle le dualisme que connaît déjà le pays. Il est ainsi clair que l'agriculture mexicaine sera globalement perdante, les légumes et produits tropicaux voyant s'accroître leurs possibilités d'exportation (avec peu de main-d'œuvre), tandis que la plupart des producteurs de grains (les petits paysans) perdront toute capacité de compétition et donc de survie.

tructibles; ils ont, depuis leur formation, une hiérarchie organisée. Si l'un ou plusieurs d'entre nous tombent, d'autres prennent leur place, tandis que se préparent leurs futurs remplaçants. Ils devront tous nous liquider, absolument tous, s'ils veulent nous arrêter par des moyens militaires. Et ils ne seront jamais sûrs de ne pas en avoir oublié un quelque part qui recommencerait tout.

Je ne vous distrairai pas plus longtemps. J'espère que le portrait-robot (3) du « commandant Marcos » n'aura pas attiré d'ennuis à d'autres « innocents » (je parie deux contre un qu'avec le « signalement » ils vont finir par arrêter celui qui joue le rôle de « Juan del Diablo » dans la *telenovela Corazón salvaje* (4) de la chaîne – *but of course* – des étoiles). Une question : tout cela servira-t-il au moins à ce que les « Mexicains » apprennent à dire « Chiapas » au lieu de « Chapas » et « Tzeltales » au lieu de « Setsales » ?

Salut et accolade, si tant est qu'il en reste
la place et le moyen.

Sous-commandant Insurgé Marcos.

---

3 – Le 10 janvier, le gouvernement publiait un portrait-robot de Marcos, le décrivant comme un homme grand, à la peau blanche et aux yeux verts. Sur cette base, la police arrêtait quelques jours après un jeune ornithologue qui revenait d'un séjour d'observation en forêt et n'était au courant de rien.
4 – Feuilleton télévisé.

12 – À Camacho Solis,
délégué du gouvernement

13 janvier

À Monsieur Manuel Camacho Solís,
Délégué à la paix et la réconciliation au Chiapas.

Monsieur Camacho Solís :

Nous, membres du Comité clandestin révolutionnaire indigène - Commandement général de l'EZLN, nous adressons à vous par cette voie.

Nous avons appris que monsieur Salinas de Gortari vous a nommé Délégué à la paix et la réconciliation au Chiapas. C'est pourquoi nous profitons de cette lettre pour vous dire certaines choses :

Premièrement. – Nous voulons vous dire que si vous êtes arrivé sur ces terres avec l'intention véritable de trouver une solution politique au conflit, alors nous saluons votre venue et votre désignation; mais si, au contraire, vous n'êtes qu'un nouvel ambassadeur de la ruse et du mensonge, alors, nous le disons franchement, votre parole n'a aucune valeur pour nous.

Deuxièmement. – Nous avons déjà établi dans notre communiqué du 6 janvier 1994 les conditions préalables à l'ouverture d'un dialogue menant au règlement politique de nos problèmes.

Le cessez-le-feu et l'arrêt des bombardements de la population civile, s'ils sont effectivement appliqués par les fédéraux, répondent à deux des conditions posées par nous. Il en reste deux autres avant de pouvoir constituer la Commission nationale de médiation. L'une de ces conditions, c'est qu'on nous reconnaisse le statut de force belligérante.

Le Gouvernement fédéral et certains médias n'ont pas cessé de nous traiter de transgresseurs de la loi, de malfaiteurs, de professionnels de la violence, de vandales et autres qualificatifs.

Alors, nous posons la question : comment sera-t-il possible de dialoguer si l'on ne nous considère pas comme force belligérante et si nous ne sommes à vos yeux qu'une bande d'agitateurs? Il y a bien un problème, pour commencer un dialogue, parce que si nous sommes pour vous des malfaiteurs, ou des terroristes, on ne peut pas dialoguer. Le Gouvernement fédéral doit nous reconnaître une représentativité pour pouvoir parler avec nous.

Nous reconnaissons les membres du Gouvernement fédéral comme représentants d'une des parties en conflit. Quelle représentativité on reconnaît le Gouvernement fédéral à notre Armée zapatiste de Libération nationale ?

Si vous voulez dialoguer avec nous, monsieur Camacho Solís, il faut d'abord répondre à cette question.

Troisièmement. – Toutes les propositions de dialogue, ou les questions que le du Gouvernement fédéral voudrait traiter avec nous, devront nous être adressées par l'intermédiaire de monsieur Samuel Ruiz García, évêque du diocèse de San Cristóbal de las Casas, Chiapas. Seules les communications que nous recevrons par monsieur Samuel Ruiz García seront valables à nos yeux. Aucun autre canal ne sera pris en compte.

Quatrièmement. – Comme vous le comprendrez, la situation de guerre dans laquelle nous nous trouvons nous empêche de donner des réponses rapides aux propositions que nous ferait le Délégué à la paix et la réconciliation au Chiapas, c'est pourquoi il vous faudra attendre avec patience que nous puissions, en fonction de nos moyens et de notre situation, vous faire parvenir nos déclarations.

Depuis les montagnes du Sud-Est mexicain.
Comité clandestin révolutionnaire indigène -
Commandement général de l'Armée
zapatiste de Libération nationale.
Sous-commandant Marcos.

13 – Nouvelles violations du cessez-le-feu

17 janvier

Au peuple du Mexique.
Aux peuples et gouvernements du monde.

Nous envoyons ce message à la presse nationale et internationale pour dénoncer de nouvelles violations du cessez-le-feu de la part des troupes fédérales [1].

Le 16 janvier 1994, vers 11 heures 30, 35 véhicules militaires de transport de troupes, avec environ 400 éléments de l'Armée fédérale à leur bord, ont pris d'assaut le chef-lieu d'Oxchuc et ont emporté 12 prisonniers civils, accusés à tort d'appartenir à notre EZLN. Le Comité clandestin révolutionnaire indigène - Commandement général de l'EZLN accuse l'Armée fédérale de s'attribuer des fonctions judiciaires qui ne lui correspondent pas et de continuer à effrayer la population civile. L'arrogance des fédéraux qui agressent de pacifiques habitants constitue une violation flagrante du cessez-le-feu décrété par leur Chef suprême, le 12 janvier 1994.

Dans la nuit du 16 janvier 1994, des avions de combat de l'Aviation mexicaine ont bombardé des bourgades des environs de Monte Líbano, dans la commune d'Ocosingo. La violation du cessez-le-feu affecte à nouveau la population civile.

Nos troupes continuent de respecter l'ordre de ce Comité clandestin révolutionnaire indigène - Commandement général de l'EZLN de ne pas ouvrir le feu contre les forces fédérales. Nous sommes toujours disposés à un dialogue pour trouver une solution juste au conflit, mais c'est notre devoir de veiller sur la population civile de la zone de combat; donc nous prévenons que si ces violations du cessez-le-feu

1 – *"Dans la forêt du Chiapas, il n'y a pas de trêve, il n'y a pas de cessez-le-feu. Une dizaine d'engins blindés a pénétré jeudi* (13 janvier) *dans cette zone, à San Miguel, à Chuvi, à Pataté Viejo. Nous avons pu voir que, malgré le cessez-le-feu, l'armée mexicaine a mobilisé avions, hélicoptères et engins blindés qui continuent leur avance dans la forêt chiapanèque, attaquant les rebelles zapatistes."* (*El País*, 15 janvier 1994).

de la part des fédéraux se poursuivent, nous pourrions reconsidérer le cessez-le-feu offensif de nos troupes.

Nous demandons que le respect du cessez-le-feu par les troupes fédérales soit contrôlé par des membres du Gouvernement fédéral, car ces violations répétées ruineront le processus de dialogue qui commence à peine.

Depuis les montagnes du Sud-Est mexicain.

CCRI - CG de l'EZLN.

14 – QUE VEULENT-ILS NOUS PARDONNER ?

18 janvier 1994

Messieurs :

Il me faut commencer par des excuses (« Ça commence mal », aurait dit ma grand-mère). À la suite d'une erreur de notre Département de la presse et de la propagande, la lettre précédente (datée du 13 janvier 1994) ne comptait pas parmi ses destinataires l'hebdomadaire national *Proceso*. J'espère que cette erreur sera comprise par les gens de *Proceso* et qu'ils accueilleront la présente sans rancœur, ni reproches etc...

Voici, je m'adresse à vous pour vous demander respectueusement de diffuser les communiqués ci-joints du CCRI - CG de l'EZLN. Il y est question des violations répétées du cessez-le-feu par les troupes fédérales, de l'initiative de la loi d'amnistie [1] proposée par l'Exécutif et du travail de monsieur Camacho Solís en tant que Délégué à la paix et la réconciliation dans le Chiapas.

Je pense que les documents envoyés le 13 janvier dernier sont déjà parvenus à vos mains. J'ignore quelle réaction ils susciteront, et quelle sera la réponse du Gouvernement fédéral à nos déclarations, je n'en parlerai donc pas. Jusqu'à ce jour, 18 janvier 1994, nous n'avons eu connaissance que du « pardon » que propose le Gouvernement fédéral à nos hommes. De quoi devrions-nous demander pardon? Que compte-t-on nous pardonner? De ne pas mourir de faim? De ne pas nous taire dans notre misère? De ne pas avoir humblement supporté le poids historique écrasant du mépris et de l'abandon? D'avoir pris les armes après avoir constaté que toutes les autres voies étaient bouchées? De ne pas avoir observé le Code pénal du Chiapas, le plus absurde et le plus répressif qu'on ait en mémoire? D'avoir montré au reste du pays et au monde entier que la dignité humaine existe encore et qu'on la trouve chez les habitants les plus démunis? De

1 – Alors que, le 17 janvier, Mgr Samuel Ruiz a été officiellement accepté par les deux parties comme médiateur dans le conflit, M. Manuel Camacho Solís, Délégué à la paix et la réconciliation, reconnaît à la guérilla le statut de "force belligérante". Le 16 janvier, dans un discours télévisé, le président mexicain avait annoncé qu'il allait soumettre au Congrès un projet d'amnistie pour les protagonistes de l'insurrection.

nous être préparés consciencieusement avant de commencer? D'avoir porté des fusils au combat, plutôt que des arcs et des flèches? D'avoir appris à nous battre avant de commencer à le faire? D'être tous Mexicains? D'être en majorité Indigènes? D'appeler le peuple mexicain tout entier à lutter de toutes les façons possibles pour ce qui lui appartient? De lutter pour la liberté, la démocratie et la justice? De ne pas suivre les modèles des chefs des guérillas précédentes? [2] De ne pas nous rendre? De ne pas nous vendre? De ne pas nous trahir?

Qui doit demander pardon et qui peut l'accorder? Ceux qui, des années et des années durant, se sont mis à une table copieuse et se sont rassasiés pendant qu'à nos côtés s'asseyait la mort, tellement quotidienne, tellement nôtre qu'on a fini par ne plus la craindre? Ceux qui nous ont rempli les poches et les cœurs de déclarations et de promesses? Les morts, nos morts, si mortellement morts de mort « naturelle », c'est-à-dire de rougeole, Ò de coqueluche, de dengue, de choléra, de typhoïde, de mononucléose, de tétanos, de pneumonie, de paludisme et autres délices gastro-intestinaux et pulmonaires? Nos morts, si majoritairement morts, si démocrati-

---

2 – Depuis l'invasion victorieuse de Diego de Mazariegos, en 1528, 200 soulèvements paysans ont agité le Chiapas. Deux d'entre eux sont particulièrement restés dans les mémoires. En 1712, 6000 Tzeltales, sous la conduite de Sebastián Gómez de la Gloria, se soulevèrent contre les tributs excessifs imposés par l'Église et les autorités. Envahissant Ocosingo, ils y massacrèrent toute la population blanche. Les Espagnols, horrifiés, durent faire appel à des troupes de Tabasco et du Guatemala pour écraser la rébellion, après une répression tout aussi implacable qui se termina par l'extermination physique de tous les habitants de Cancuc, à l'origine du conflit. En 1868, nouvelle explosion, avec pour leader, non un indigène, mais un habitant de Mexico, Ignacio Fernández Calindo. Ces deux hommes finirent exécutés, l'un par les Espagnols, l'autre par la République. En 1911 et 1914, un leader indigène, Jacinto Pérez, organisa, lui, une révolte contre les autorités de Tuxtla Gutiérrez. Par ailleurs, si l'on prend en compte le Mexique en son entier, on se souviendra de la réapparition des idéaux zapatistes avec la création du Front uni du Morelos, qui eut une certaine implantation dans le centre et le sud jusqu'au début des années 50. Plus proches de nous, dans les années 60-70, à la suite de la révolution cubaine, de nouveaux mouvements de guérilla se formèrent. Le plus connu fut dirigé par Genaro Vásquez, puis par Lucio Cabañas, un enseignant dont les partisans avaient séquestré le gouverneur de l'État de Guerrero, en 1974. Repoussé dans la sierra de Guerrero, il fut complètement exterminé. Il n'est pas impossible que le sous-commandant Marcos fasse également allusion aux mouvements armés d'obédience marxiste qui, depuis la fin des années 70, ont lutté contre les dictatures en Amérique centrale (Nicaragua, Salvador, Guatemala).

quement morts de tristesse parce que personne ne faisait rien, parce que tous les morts, nos morts, s'en allaient comme ça, sans que personne en tienne le compte, sans que personne vienne enfin prononcer le « ÇA SUFFIT ! » qui rendrait à ces morts leur sens, sans que personne demande aux morts de toujours, nos morts, qu'ils reviennent mourir à nouveau, mais pour vivre, cette fois.

Ceux qui nous ont refusé le droit naturel de gouverner et de se gouverner ? Ceux qui ont nié le respect dû à nos coutumes, notre couleur, notre langue ? Ceux qui nous traitent comme des étrangers sur notre propre sol et nous demandent de présenter des papiers et de nous soumettre à une loi dont nous ignorons l'existence et les raisons ? Ceux qui nous ont torturés, capturés, assassinés et faits disparaître pour le grave « délit » de vouloir un morceau de terre, pas un gros morceau, pas un petit morceau, juste un morceau dont on pourrait extraire de quoi se remplir un peu l'estomac ?

Qui doit demander pardon, et qui peut l'accorder ?

Le président de la République ? Les ministres ? Les sénateurs ? Les députés ? Les gouverneurs ? Les maires ? Les policiers ? L'Armée fédérale ? Les grands seigneurs de la banque, de l'industrie, du commerce et de la terre ? Les partis politiques ? Les intellectuels ? *Galio* et *Nexos* (3) ? Les médias ? Les étudiants ? Les enseignants ? Les marginaux ? Les ouvriers ? Les paysans ? Les Indigènes ? Ceux qui sont morts pour rien ?

Qui doit demander pardon, et qui peut l'accorder ?

Bon, c'est tout pour le moment.

Salut et accolade, et par ce froid, les deux sont appréciables (je crois), même s'ils viennent d'un « professionnel de la violence ».

Sous-commandant Insurgé Marcos.

---

3 – Galio, personnage d'intellectuel cynique par conviction et lucidité, tiré du roman *La guerra de Galio*, d'Hector Aguilar.
Camin, directeur de la revue *Nexos*.
Nexos et son directeur représentent au Mexique le courant de la gauche qui a soudain basculé vers la défense du régime, de sa « modernisation » et des réformes ultra-libérales avec le sexennat de Carlos Salinas.

15 – La loi d'amnistie de Salinas est prématurée

18 janvier

À M. Samuel Ruiz García, Médiateur national.
À M. Manuel Camacho Solís, Délégué à la paix et la réconciliation au Chiapas.

Messieurs :

Le Comité clandestin révolutionnaire indigène - Commandement général de l'Armée zapatiste de Libération nationale s'adresse respectueusement à vous pour vous dire ce qui suit :

Premièrement. – Nous avons appris par divers médias qu'un projet de Loi d'amnistie a été présenté par monsieur Salinas de Gortari au Congrès pour approbation.

Deuxièmement. – Comme nous l'avons déclaré dans le communiqué que le CCRI - CG de l'EZLN a envoyé à monsieur Manuel Camacho Solís, le 13 janvier 1994, dans le troisième point : « *Toutes les propositions de dialogue, ou les questions que le Gouvernement fédéral voudrait traiter avec nous, devront être adressées par l'intermédiaire de monsieur Samuel Ruiz García, évêque du diocèse de San Cristóbal de las Casas, Chiapas. Seules les communications que nous recevrons par monsieur Samuel Ruiz García seront valables à nos yeux. Aucun autre canal ne sera pris en compte.* » N'ayant reçu aucune communication écrite au sujet de ce « projet de Loi d'amnistie », nous ne pouvons pas nous prononcer officiellement sur son contenu.

Troisièmement. – De ce que nous avons entendu par les médias sur cette « Loi d'amnistie », nous ne pouvons que penser, de façon générale, qu'elle vient trop tôt dans l'actuel processus de dialogue, puisque les raisons politiques et sociales de notre soulèvement demeurent.

Quatrièmement. – Nous insistons particulièrement pour que le processus du dialogue pour une juste résolution politique du conflit suive son rythme et son chemin propres, ainsi que l'a publiquement déclaré M. Manuel Camacho Solís à plusieurs reprises.

Cinquièmement. – Nous vous rappelons que les conditions préalables à l'ouverture d'un dialogue pour une juste résolution politique du conflit ne sont pas toutes remplies puisque l'Armée fédérale continue de violer le cessez-le-feu et reste à l'extérieur de ses casernes, menaçant nos forces et la population civile.

Sixièmement. – Nous pensons que le processus que vous avez tous deux enclenché prend le chemin de la justice et du respect. Nous saluons votre effort et vous assurons une fois de plus de nos meilleures dispositions à vous écouter et à laisser ouvertes les voies de communication possibles et nécessaires au bien de nos peuples et de la Patrie tout entière.

Respectueusement,

Depuis les montagnes du Sud-Est mexicain.
CCRI - CG de l'EZLN.

16 – Lettre ouverte à Rigoberta Menchú, Prix Nobel de la paix 1992 [1]

Très chère Rigoberta Menchú :

À propos des récents événements qui ont secoué notre Patrie endolorie, dépossédée au bénéfice personnel de quelques familles elles-mêmes protégées par un gouvernement impopulaire et illégitime, auxquels les paysans pauvres du Mexique ont dit ÇA SUFFIT, nous tenons à vous dire ce qui suit :

Nous admirons la lutte que vous menez depuis tant d'années en faveur des peuples indigènes et pauvres ; c'est pourquoi vous [2] avez été accueillis et protégés par notre pays, essentiellement grâce à la pression de multiples secteurs de notre peuple, du Chiapas ou d'autres parties du pays, paysans pauvres, intellectuels ou organisations populaires. Pression exercée sur un gouvernement qui a choisi de recevoir les réfugiés et d'en profiter pour donner au monde une image d'humanisme et d'ouverture politique qu'il est loin de mettre en application dans ses rapports avec nos propres pauvres et exploités, qui subissent ces mêmes politiques de génocide et d'exclusion des Indigènes communes à divers gouvernements latino-américains.

Pendant des décennies, nous avons partagé le peu que nous avons avec nos frères réfugiés ; personne ne connaît mieux que nous leurs besoins et leur désir d'une vie digne, celle qu'on leur refuse dans leur pays d'origine, et, bien entendu, nous ne serons pas ceux qui empêcheront le retour de ces frères dans leurs pays d'origine ou s'y opposeront. Ce qui ne doit pas nous surprendre non plus, c'est qu'à présent l'État mexicain ne se soucie peut-être plus de maintenir intacte cette image de protecteur de réfugiés, puisqu'il entend mener sa politique de répression dans toute la campagne du Chiapas et du Mexique. Ne vous étonnez pas s'ils vous retirent leur soutien ou même se mettent à vous réprimer en

1 – Dirigeante indigène guatémaltèque. Alors que perdurait le statu quo entre la guerre et la paix et que la médiation de Mgr Samuel Ruiz se mettait progressivement en place, Rigoberta Menchu lançait pour sa part, le 17 janvier, une "initiative indienne pour la paix au Chiapa".

2 – Sous-entendu "vous et vos compatriotes réfugiés". Ndt.

vous accusant d'être nos alliés et de prendre part à notre lutte, thèse irresponsable qui circule déjà parmi les autorités toujours prêtes à se chercher d'obscurs ennemis masqués, là où il n'y a qu'une réponse digne à la faim et à l'oppression. Mais ce ne sera pas à cause de notre juste lutte que la situation se détériorera ou même qu'on empêchera le retour de nos frères réfugiés vers leurs terres, ce sera à cause de la nature répressive du gouvernement mexicain.

Ce que personne ne peut oublier c'est que l'histoire du Mexique compte déjà une révolution populaire contre les dictatures qui n'ont rien à voir avec les intérêts et la volonté du peuple. Et qu'à la suite de cette révolution précisément, les Mexicains se sont dotés d'une Constitution dont un article, le 39, dit que « *le peuple a, de tout temps, le droit inaliénable d'altérer ou de modifier la forme de son gouvernement* ». C'est pourquoi nous demandons aux pouvoirs de l'Union de s'engager à accomplir leur tâche politique de façon responsable, en répondant à cette demande du peuple qu'ils ont l'obligation de servir. Tant qu'ils n'auront pas appliqué la Constitution et légiféré conformément à l'Article 39, nous n'aurons pas d'autre solution que de laisser parler les armes.

C'est tout pour le moment; nous espérons que vous verrez dans notre lutte la volonté de sortir de cinq cents ans de misère et d'oppression, vision que, nous l'espérons, vous défendrez dignement devant les diverses assemblées internationales – et nous répétons le respect que nous portons autant à nos frères réfugiés qu'au travail admirable que vous effectuez.

Cordialement,

Armée zapatiste de Libération nationale.
Jungle Lacandone, Mexique, janvier 1994.

17 – Au sujet des conditions et de l'ordre du jour pour le dialogue

20 janvier 1994

À M. Samuel Ruiz García,
Commission nationale de médiation.
À M. Manuel Camacho Solís,
Délégué à la paix et la réconciliation.

Messieurs :

Une fois de plus, nous, membres du Comité clandestin révolutionnaire indigène - Commandement général de l'Armée zapatiste de Libération nationale nous adressons à vous, pour vous dire ce qui suit :

Premièrement. – Nous n'avons toujours pas reçu de communication écrite concernant la « Loi d'amnistie » [1] dont vous avez fait mention; c'est pourquoi nous ne pouvons pas encore nous exprimer à son sujet. Mais, quoi qu'il en soit, nous tenons à vous dire que le contenu de cette « Loi d'amnistie » n'est et ne sera pas un frein à notre disposition à ouvrir un dialogue qui nous mène vers un règlement politique du conflit actuel. C'est-à-dire qu'indépendamment de cette loi, nous poursuivrons les tentatives de dialogue, si du moins l'acceptation de cette loi n'est pas une condition préalable au dialogue. Si ça n'est pas une condition pour s'asseoir et discuter de l'issue politique de notre lutte, alors nous continuerons le dialogue.

Deuxièmement. – Après la lettre de monsieur Manuel Camacho Solís [2], datée du 18 janvier 1994, nous n'avons reçu aucune autre communication écrite de la part du

1 – Dans un communiqué (19 janvier) ressemblant fort à une provocation, le ministère de la Défense a prétendu avoir détecté des préparatifs de l'EZLN en vue d'une offensive. La décision de Salinas d'ouvrir des négociations avec l'EZLN a en effet indigné une large partie des militaires, qui estiment qu'on les a déshonorés en leur ordonnant de se retirer. Eux, souhaitaient anéantir la rébellion pour éviter toute possibilité d'extension aux États d'Oaxaca et du Guerrero. M. Manuel Camacho se montre surpris de ce communiqué et répond que l'heure est venue *"de demander pardon aux Indigènes pour toute la souffrance qu'ils ont vécue"*. Ce 20 janvier, le gouvernement ordonne à l'armée de se retirer des villes qu'elle occupe, et, le lendemain, 21 janvier, la Chambre des députés approuvera une Loi d'amnistie plus généreuse que celle proposée par le président de la République. Mais cette loi conditionne le pardon à la remise de leurs armes par les insurgés.

Délégué à la paix et la réconciliation dans le Chiapas. Nous vous rappelons que seules les communications écrites transmises par l'intermédiaire de monsieur Samuel Ruiz García seront valides à nos yeux.

Troisièmement. – Le Comité clandestin révolutionnaire indigène - Commandement général de l'EZLN a lu attentivement la lettre de monsieur Manuel Camacho Solís, Délégué à la paix et la réconciliation dans le Chiapas, datée du 18 janvier 1994. Nous avons une question à poser : Quelle représentativité nous reconnaît le Gouvernement fédéral pour dialoguer avec nous? Celle de force belligérante? Celle de force politique? Nous avons besoin de savoir pour connaître les garanties que nous aurons pour le dialogue et pour le respect des accords auxquels celui-ci aboutirait, le cas échéant. Le statut que nous donne monsieur Manuel Camacho Solís n'est pas très clair dans la lettre du 18 janvier 1994.

Quatrièmement. – Le Comité clandestin révolutionnaire indigène - Commandement général de l'EZLN déclare qu'il ne détient aucun otage. Son seul prisonnier de guerre est le général de division Absalón Castellanos Domínguez [3], dont les formalités de libération sont déjà en cours, comme nous vous l'avons déjà communiqué. Une fois libéré, monsieur le général de division Absalón Castellanos Domínguez, il ne restera entre nos mains aucun prisonnier ou otage, ni militaire, ni policier, ni civil. Tous ont été laissés en liberté.

Cinquièmement. – Le Comité clandestin révolutionnaire indigène - Commandement général de l'EZLN a appris par les médias que l'Armée fédérale se retirera des zones civiles qu'elle occupe actuellement pour regagner ses garnisons.

Sixièmement. – Le Comité clandestin révolutionnaire indigène - Commandement général de l'EZLN déclare que, du 17 janvier 1994 à ce jour, il n'a pas constaté de violations du

---

2 – M. Manuel Camacho vient de se voir attribuer par le gouvernement des pouvoirs spéciaux, supérieurs à ceux de n'importe quel autre ministre.

3 – Absalón Castellanos Dominguez, ancien gouverneur du Chiapas de 1982 à 1988, période durant laquelle l'AMDH (Académie mexicaine des Droits de l'homme) a dénombré une centaine d'assassinats de contestataires – soit deux par mois – 500 actes de répression sanglante, des milliers de blessés et torturés. À son départ, il a laissé un État totalement miné par la corruption et où les institutions n'existaient plus. Absalón Castellanos demeure l'un des hommes les plus riches de la région (sa famille contrôle la quasi totalité de l'exploitation du bois). Enlevé le dimanche 2 janvier, il a été condamné aux travaux forcés à perpétuité – et aussitôt gracié – par un "tribunal révolutionnaire" zapatiste pour les abus commis à l'encontre des paysans indigènes.

cessez-le-feu par les troupes fédérales.

Septièmement. – Le Comité clandestin révolutionnaire indigène - Commandement général de l'EZLN déclare que les conditions préalables à l'instauration d'un dialogue avec le Délégué à la paix et la réconciliation dans le Chiapas sont en voie d'être remplies, c'est pourquoi il exhorte messieurs Manuel Camacho Solís et Samuel Ruiz García à entreprendre les travaux nécessaires à l'ouverture d'un véritable dialogue public, avec toutes les garanties du respect de la vie, de la liberté, de la libre circulation et des biens de ceux qui seront délégués par le CCRI - CG de l'EZLN pour assister personnellement à la séance de dialogue.

Huitièmement. – Une fois garanti par messieurs Manuel Camacho Solís et Samuel Ruiz García le respect de la vie, de la liberté, de la libre circulation et des biens des délégués zapatistes, nous proposons que le premier point du dialogue soit d'établir, par accord mutuel, l'ordre du jour des débats et leur calendrier.

Neuvièmement. – L'ordre du jour des débats que propose le CCRI - CG de l'EZLN est le suivant :

a/Revendications économiques. Qui concernent toutes les graves conditions matérielles de la vie que nous subissons, nous, indigènes du Chiapas. Situation actuelle et voies de résolution immédiates et à long terme.

b/Revendications sociales. Qui concernent toutes ce que nous subissons, nous, indigènes du Chiapas : racisme, marginalité, manque de respect, expulsions, attaques contre notre culture et nos traditions, etc. Situation actuelle et voies de résolution définitive.

c/Revendications politiques. Qui concernent toutes l'absence d'espaces de participation réelle et légale des indigènes du Chiapas, et de tous les Mexicains à la vie politique nationale. Situation actuelle et voies de résolution immédiates.

d/Cessation des hostilités et des affrontements violents. Garanties aux deux parties du conflit.

Dans l'attente d'une réponse écrite.

Depuis les montagnes du Sud-Est mexicain.
CCRI - CG de l'EZLN.

18 – Aux organisations indigènes

20 janvier 1994

« *La terre qui nous donna la vie*
et la lutte nous est commune. »

À nos frères indigènes d'autres organisations.
Au peuple du Mexique.
Aux peuples et gouvernements du monde.

Frères :

Nous nous adressons à vous, frères indigènes de différentes organisations indépendantes et honnêtes du Chiapas et du Mexique. Nous, Indigènes du Comité clandestin révolutionnaire indigène - Commandement général de l'Armée zapatiste de Libération nationale, voulons vous dire ceci :

Premièrement. – Nous, les Zapatistes, avons toujours respecté, et continuerons de le faire, les différentes organisations indépendantes et honnêtes. Nous ne les avons pas forcées à prendre part à notre lutte; quand elles l'ont fait, ç'a été de plein gré et librement.

Deuxièmement. – Nous considérons avec respect vos formes de lutte, nous saluons votre indépendance et votre honnêteté si elles sont réelles. Nous avons pris les armes parce qu'ils ne nous ont pas laissé d'autre chemin. Si vous poursuivez sur votre voie, nous sommes d'accord parce que nous luttons pour la même chose et que la terre qui nous donna la vie et la lutte nous est commune.

Troisièmement. – Notre forme de lutte armée est juste et vraie. Si nous n'avions pas pris nos fusils, le gouvernement ne se serait jamais préoccupé des Indigènes de nos terres et nous serions encore aujourd'hui dans la misère et l'abandon. À présent, le gouvernement se soucie beaucoup des problèmes des Indigènes et des paysans, et tant mieux. Mais il a fallu que parle le fusil zapatiste pour que le Mexique écoute la voix des pauvres du Chiapas.

Quatrièmement. – Nous continuerons à vous respecter et à respecter vos formes de lutte. Nous vous invitons à unir nos cœurs, chacun selon son organisation et sa façon de lutter, dans le même espoir de liberté, de démocratie et de justice.

Toutes les organisations et une seule lutte !

Depuis les montagnes du Sud-Est mexicain.
CCRI - CG de l'EZLN.

19 – APPEL À TOUS LES MEXICAINS

20 janvier 1994

« Nous voulons que les pas de tous ceux qui marchent dans la vérité s'unissent en un seul pas. »

Au peuple du Mexique.
À toutes les personnes et organisations civiles et politiques démocratiques, honnêtes et indépendantes du Mexique.
Aux peuples et gouvernements du monde.

Frères :

La digne lutte des combattants de l'Armée zapatiste de Libération nationale a inspiré de la sympathie (1) à diverses personnes, organisations et secteurs de la société civile mexicaine et internationale. L'action honnête et résolue de ces forces progressistes est celle qui, réellement, a ouvert la voie d'une solution politique équitable au conflit qui obscurcit nos cieux. Ni la seule volonté politique de la présidence de la République ni les glorieuses actions militaires de nos combattants n'ont été aussi décisives pour ce tournant du conflit que les multiples manifestations publiques, dans les rues, les montagnes et dans les médias, des plus diverses organisations et personnes honnêtes et indépendantes qui font partie de ce que l'on appelle la société civile mexicaine.

Nous, derniers des citoyens mexicains et premiers des patriotes, avons compris depuis le début que nos problèmes, et ceux de la Patrie tout entière, ne pourront être résolus qu'au moyen d'un mouvement national révolutionnaire

---

1 – L'Armée zapatiste de Libération nationale a provoqué un vaste mouvement de solidarité dans l'ensemble du pays. D'innombrables messages d'appui et de sympathie sont déjà arrivés, et vont encore le faire, à ceux que le Parti révolutionnaire institutionnel continue d'appeler "rebelles" et l'armée "transgresseurs de la loi". Partout, y compris à San Cristóbal et à Mexico, manifestations d'appui, forums, prises de parole vont se multiplier. Au Chiapas même, dès le début du conflit, 140 organisations paysannes chiapanèques, d'abord hostiles à la voie armée, ont exigé la reconnaissance de l'EZLN comme force politique; par la suite, elles affirmeront que les "dix points" des Zapatistes sont également à leur programme. Quant aux vétérans de la révolution de 1910, tous nonagénaires, ils ont sorti leurs fusils, astiqués tous les jours depuis la mort de Zapata, en disant aux journalistes de Radio Nederland International : *"Qu'ils fassent un détour par ici, ça pourrait leur servir."* (*Dial*, n° 1724).

autour de trois exigences principales : liberté, démocratie et justice.

Notre forme de lutte n'est pas la seule, peut-être pour beaucoup n'est-elle même pas la bonne. Il existe, et elles ont une grande valeur, d'autres formes de lutte. Notre organisation n'est pas la seule, peut-être, pour beaucoup n'est-elle même pas souhaitable. Il existe, et elles ont une grande valeur, d'autres organisations honnêtes, progressistes et indépendantes. L'Armée zapatiste de Libération nationale n'a jamais prétendu que la forme de sa lutte était la seule légitime. En fait, pour nous, c'est la seule qu'on nous ait laissée. L'EZLN salue le développement honnête et conséquent de toutes les formes de lutte qui nous mènent, tous, à la liberté, la démocratie et la justice. L'Armée zapatiste de Libération nationale n'a jamais prétendu que son organisation était la seule véritable, honnête et révolutionnaire du Mexique ou du Chiapas.

La vérité, c'est que nous nous sommes organisés ainsi parce qu'on ne nous a pas laissé le faire autrement. L'EZLN salue le développement honnête et conséquent de toutes les organisations indépendantes et progressistes qui luttent pour la liberté, la démocratie et la justice pour la Patrie tout entière. Il existe et il existera d'autres organisations révolutionnaires. Il existe et il existera d'autres armées populaires. Nous ne prétendons pas être l'avant-garde historique, une, unique et véritable. Nous n'avons pas la prétention de rassembler sous notre drapeau zapatiste tous les Mexicains honnêtes. Nous offrons notre drapeau. Mais il existe un drapeau plus grand et plus puissant qui peut tous nous accueillir. Le drapeau d'un mouvement national révolutionnaire qui ferait la place aux plus diverses tendances, aux pensées les plus variées, aux différentes manières de lutter, mais qui ne représenterait qu'une seule volonté, un seul but : la liberté, la démocratie, la justice.

L'EZLN appelle tous les Mexicains à brandir ce drapeau, pas celui de l'EZLN, pas celui de la lutte armée, mais le drapeau dee ce qui est le droit de tout être pensant, de la raison de notre peuple et de la volonté des nôtres : la liberté, la démocratie et la justice. Sous ce grand drapeau flottera aussi notre drapeau zapatiste; sous ce grand drapeau avanceront aussi nos fusils.

La lutte pour la liberté, la démocratie et la justice n'est pas la tâche exclusive de l'EZLN, c'est le travail de tous les

Mexicains et de toutes les organisations honnêtes, indépendantes et progressistes. Chacun sur son terrain, chacun à sa manière, chacun avec son organisation et à son idée.

Les pas de tous ceux qui marchent dans la vérité devront s'unir en un seul : celui qui nous mènera à la liberté, la démocratie et la justice.

Notre lutte ne prend pas fin et notre cri ne s'arrête pas au « Ça suffit ! » que nous avons lancé le 1er janvier 1994. Il reste beaucoup de chemin à parcourir, les pas sont différents, mais la volonté est unique : liberté ! démocratie ! justice !

Nous poursuivrons le combat jusqu'à obtenir la liberté
qui est notre droit, la démocratie qui est notre raison
et la justice qui est notre vie !

Depuis les montagnes du Sud-Est mexicain.
CCRI - CG de l'EZLN.

20 – Sur Marcos et l'EZLN

20 janvier 1994

À l'hebdomadaire national *Proceso*.
Au quotidien national *La Jornada*.
Au quotidien national *El Financiero*.
Au quotidien local de SCLC, Chiapas, *Tiempo*.

Messieurs :

Nous avons tenté de nous rapprocher un peu, cherchant la possibilité d'un contact personnel avec monsieur Camacho Solís, mais il a fallu battre en retraite sous la pression des fédéraux. Nos envois seront donc à nouveau retardés. Voici une autre série de communiqués : l'un est adressé aux autres organisations indigènes du Chiapas, un autre au peuple du Mexique, un autre encore porte sur le jugement prononcé envers le général de division Absalón Castellanos Domínguez, que le Tribunal de justice zapatiste vient de m'envoyer, et le dernier s'adresse à messieurs Samuel Ruiz García et Manuel Camacho Solís. Je vous remercie d'avance de voir comment on peut les rendre publics.

Le temps s'épuise, le cercle se ferme. Il est de plus en plus difficile de vous envoyer quoi que ce soit pour nous faire connaître un peu au-delà de nos passe-montagnes, de nos fusils en bois, de nos lances et de nos « terribles mitraillettes ». En s'abritant derrière le prétendu « cessez-le-feu » les fédéraux continuent d'installer l'appareil d'intelligence militaire et de répression qui leur permettra de porter le coup spectaculaire qui camouflera, enfin, leur maladresse au combat et leurs abus à l'encontre de la population civile. Grâce à des actions militaires qu'elle appelle « de commando », l'Armée fédérale commence à entrevoir l'alléchante possibilité d'atteindre le groupe du commandement central et de l'anéantir. Tout cela était à nos yeux, depuis des années déjà, du domaine du prévisible. Au cas où ils y parviendraient, cela ne changerait rien de fondamental, la relève des commandements et l'omniprésence des Comités clandestins révolutionnaires indigènes leur permettra tôt ou tard de se relever de n'importe quel coup, si spectaculaire et définitif soit-il.

Bon, j'ai enfin disposé de quelques heures pour lire des publications que quelqu'un a eu la bonne idée de m'envoyer (l'arrivée de crieurs ou d'abonnements dans les montagnes du Sud-Est est aussi courante qu'une place assise libre aux heures de pointe dans le métro de la capitale). Je vois bien l'angoisse que provoquent les passe-montagnes et les « obscures » intentions des « dirigeants » zapatistes. J'ai abusé de vous, consciemment, en vous prenant comme interlocuteurs. Pourtant, je crois que cette correspondance inopportune et toujours en retard aura été utile à tous. À présent, l'horizon s'obscurcit et chaque ligne peut être la dernière. C'est pourquoi, persistant dans l'abus, je profite de cette occasion pour aborder quelques points, même brièvement. Merci de les lire, plus encore si vous les publiez. Par ici, les choses s'annoncent assez mal et pourraient toucher à leur fin.

J'ai l'honneur d'avoir pour supérieurs les meilleurs hommes et femmes des ethnies Tzeltal, Tzotzil, Chol, Tojolabal, Mam et Zoque. J'ai vécu parmi eux pendant plus de dix ans et je m'enorgueillis de leur obéir et de mettre à leur service mes armes et mon âme. Ils m'ont appris plus encore qu'ils n'en apprennent aujourd'hui au pays et au monde entier. Ils sont mes commandants et je les suivrai sur les routes qu'ils choisiront. Ils constituent la direction collective et démocratique de l'EZLN, leur ouverture au dialogue est sincère tout comme le sont le cœur qu'ils mettent à lutter et la crainte d'être à nouveau trompés.

L'EZLN n'a ni le désir, ni la capacité de rassembler autour de son projet et de son chemin tous les Mexicains. Mais il a la capacité et la volonté d'ajouter ses forces à celles, nationales, qui poussent notre pays vers la justice, la démocratie et la liberté que nous souhaitons.

S'il nous faut choisir entre des chemins différents, nous choisirons toujours celui de la dignité. Si nous trouvons une paix digne, nous prendrons le chemin de la paix digne. Si nous trouvons la guerre digne, nous brandirons nos armes pour nous y engager. Si nous trouvons une vie digne, nous continuerons à vivre. Mais si au contraire la dignité signifie la mort, alors sans hésiter nous irons au-devant d'elle.

Ce que cherche l'EZLN pour les Indigènes du Chiapas, toute organisation honnête du pays doit le chercher pour tous les Mexicains. Ce que l'EZLN cherche par les armes, toute organisation honnête doit le chercher selon différentes formes de lutte.

Nous ne prendrons pas le pays en otage. Nous ne voulons ni ne pouvons imposer par la force des armes nos idées à la société civile mexicaine, comme le fait le gouvernement actuel en imposant, par la force des armes, son projet pour le pays. Nous n'entraverons pas le processus électoral à venir.

Lorsqu'une force politico-militaire (comme celle du Gouvernement fédéral mexicain) demande à une autre force politico-militaire (comme celle de l'EZLN) de rendre les armes, cela signifie, en termes politiques et militaires, qu'elle demande une reddition sans conditions. En échange de cette reddition sans conditions, le Gouvernement fédéral propose les choses habituelles : un règlement de comptes interne, un paquet de déclarations, de promesses et de nouvelles instances bureaucratiques.

Concrètement, la demande de « déposer les armes » est la plus suspecte de toutes. L'histoire nationale et latino-américaine nous enseigne que celui qui rend les armes en croyant à l'« oubli » de celui qui le poursuit finit ses jours criblé de balles où qu'il se trouve, sous le feu d'un escadron de la mort de l'une ou l'autre des fractions politiques ou gouvernementales. Pourquoi devrions-nous croire qu'il n'en ira pas de même ici, dans notre pays?

Nous croyons que le changement révolutionnaire au Mexique ne sera pas le fruit d'une action à sens unique. C'est-à-dire qu'elle ne sera pas, au sens strict, une révolution armée ou une révolution pacifique. Elle sera, essentiellement, une révolution résultant d'une lutte sur plusieurs fronts sociaux, selon de multiples méthodes, sous différentes formes sociales, à des degrés divers d'engagement et de participation. Son résultat ne sera pas le triomphe d'un parti, d'une organisation ou d'une alliance d'organisations avec une proposition sociale spécifique, mais la création d'une sorte d'espace démocratique de résolution de la confrontation entre diverses propositions politiques. Cet espace démocratique de résolution nécessite trois conditions fondamentales et d'ores et déjà historiquement inséparables : la démocratie, pour déterminer la proposition sociale dominante; la liberté, pour souscrire à l'une ou à l'autre des propositions; et la justice à laquelle toutes les propositions devront se tenir. Le changement révolutionnaire au Mexique ne suivra pas un calendrier strict, il pourra prendre la forme d'un ouragan né d'une lente accumulation ou d'une série de batailles sociales qui, petit à petit, mettront en déroute les forces qui s'y opposeront. Le changement révolutionnaire au Mexique ne se fera pas sous le commandement unique d'un groupe homogène guidé par un chef suprême, mais par une pluralité aux dominantes changeantes, tournant toutes autour du même point commun : le triptyque de la démocratie, de la liberté et de la justice sur lequel le nouveau Mexique s'établira ou ne sera pas du tout.

La paix sociale n'existera que si elle est juste et digne pour tous.

Le processus du dialogue pour la paix résulte d'un facteur déterminant fondamental, qui n'est ni la volonté politique du Gouvernement fédéral, ni notre supposée force politico-militaire (qui demeure pour la plupart un mystère), mais bien l'action décidée de ce qu'on appelle la société civile mexicaine. De cette action de la société civile mexicaine, et non de la volonté du gouvernement ou de la force de nos fusils, naîtra la possibilité réelle d'un changement démocratique au Mexique.

Épilogue –
« Au sujet des passe-montagnes et autres masques. »

Pourquoi tant de scandale au sujet des passe-montagnes? La culture politique mexicaine n'est-elle pas une culture de masques? [1] Mais dans l'intention de calmer la montée d'angoisse de certains qui redoutent (ou désirent) que quelque « kamarrade » ou autre « Boggie el aceitoso » [2] ne soit celui qui finisse par apparaître derrière le passe-montagne et le « nez prononcé » (comme dit *La Jornada*) du « sup » (comme disent les compagnons), je fais la proposition suivante : je suis prêt à retirer ma cagoule si la société mexicaine enlève le masque que lui ont apposé depuis des années des intérêts à vocation étrangère. Que se passera-t-il alors? C'est prévisible : la société civile mexicaine (à part les

1 – Dans le système politique mexicain, le candidat officiel à la Présidence de la République (et futur président) est surnommé le Tapado (littéralement : le Masqué) : son identité est solennellement révélée un beau jour, sans que les luttes et processus qui aboutissent à sa désignation soient jamais connus du public. Une fois nommé, il est aussitôt l'objet d'une adulation « unanime ».

2 – Personnage de bande dessinée argentine, caricature du vétéran nord-américain surarmé et hyper-violent. Ndt.

Zapatistes qui me connaissent parfaitement en image, en pensée, en paroles et à l'ouvrage) s'apercevra, non sans déception, que le « sup Marcos » n'est pas étranger et qu'il n'est pas aussi beau que ne le laissait croire le « portrait-robot » de la PGR (3). Mais ce n'est pas tout, en retirant son propre masque, la société civile mexicaine se rendra brutalement compte que l'image qu'on lui avait vendue d'elle-même est fausse et que la réalité est bien plus accablante qu'elle ne l'imaginait. L'un et l'autre nous montrerions nos visages, mais la grande différence, c'est que le « sup Marcos » a toujours su quel était son vrai visage, alors que la société civile mexicaine s'éveillera du long rêve paresseux que lui a imposé la « modernité » envers et contre tout et tous. Le « sup Marcos » est prêt à retirer son passe-montagne, la société civile mexicaine est-elle prête à baisser le masque? Ne ratez pas le prochain épisode de cette histoire de masques et de visages qui s'exposent et se cachent (si les avions, les hélicoptères et les masques vert-olive le permettent).

C'est tout… le reste serait long. Bon, c'est peut-être la fin d'un très court échange épistolaire entre un passe-montagne au nez prononcé et une des meilleures parties de la presse honnête du Mexique.

Salut et pas d'accolade cette fois, car cela pourrait susciter des jalousies et des soupçons.

Sous-commandant Insurgé Marcos.

3 – Bureau du Procureur Général de la République, Ministre de la Justice. Ndt.

21 – Procés populaire du général Castellanos

20 janvier

Conclusions du jugement populaire entrepris pour établir la responsabilité de monsieur le Général de division Absalón Castellanos Domínguez dans les délits de violation des Droits de l'homme, d'assassinat, d'enlèvement, de vol, de corruption et autres délits liés aux précédents, au préjudice du peuple indigène du Chiapas, Mexique.

Au peuple du Mexique.
Aux peuples et gouvernements du monde.

Frères :

Le Comité clandestin révolutionnaire indigène - Commandement général de l'Armée zapatiste de Libération nationale énonce les conclusions du procès populaire mené contre le prisonnier de guerre nommé Absalón Castellanos Domínguez, général de division de l'Armée fédérale mexicaine, accusé de divers délits à l'encontre de la population indigène du Chiapas.

Premièrement. – Le général de division Absalón Castellanos Domínguez a été accusé d'avoir acculé la population indigène du Chiapas au soulèvement armé contre les injustices, en fermant toutes les voies légales et pacifiques à leurs justes revendications, durant la période où il dirigeait l'exécutif de l'État du Chiapas.

Conclusion. – Le général de division Absalón Castellanos Domínguez a été reconnu coupable d'avoir, avec la complicité du Gouvernement fédéral au pouvoir pendant son mandat dans l'État, obligé les Indigènes chiapanèques au soulèvement armé en leur fermant toute possibilité de solution pacifique à leurs problèmes. Les complices du général de division Absalón Castellanos Domínguez dans ce délit sont messieurs Patrocinio González Garrido et Elmar Setzer Marseille, qui lui ont succédé à la tête de l'exécutif de l'État et qui, avec la complicité des gouvernements fédéraux successifs ont continué à entraîner nos peuples sur cette voie.

Deuxièmement. – Le général de division Absalón Castellanos Domínguez a été accusé d'avoir, avant, pendant et après la période à laquelle il était à la tête de l'exécutif de l'État du Chiapas, réprimé, enlevé, détenu, torturé, violé et assassiné des membres de la population indigène du Chiapas qui luttaient légalement et pacifiquement pour leurs droits les plus justes.

Conclusion. – Le général de division Absalón Castellanos Domínguez a été reconnu coupable d'avoir, avec la complicité du Gouvernement fédéral en place lors de son mandat de Gouverneur, réprimé, enlevé, détenu, torturé, violé et assassiné des membres de la population indigène du Chiapas qui luttaient légalement et pacifiquement pour leurs droits les plus justes.

Troisièmement. – Le général de division Absalón Castellanos Domínguez a été accusé d'avoir, avant, pendant et après la période à laquelle il était à la tête de l'exécutif de l'État du Chiapas, exproprié des paysans indigènes du Chiapas de leurs terres avec la complicité du Gouvernement fédéral en place.

Conclusion. – Le général de division Absalón Castellanos Domínguez a été reconnu coupable d'avoir, avec la complicité du gouvernement en place, avant, pendant et après la période à laquelle il était à la tête de l'exécutif de l'État du Chiapas, exproprié des paysans indigènes du Chiapas de leurs terres, devenant ainsi l'un des plus puissants propriétaires terriens de l'État du Chiapas.

Quatrièmement. – Après avoir délibéré et analysé toutes les accusations contre le général de division Absalón Castellanos Domínguez, et ayant fait la démonstration de sa culpabilité, le Tribunal de justice zapatiste émet le verdict suivant :

Monsieur le Général de division Absalón Castellanos Domínguez a été reconnu coupable des délits de violation des droits de l'homme envers les Indigènes, de vol, d'extorsion, d'enlèvement, de corruption et d'assassinat. Ne trouvant aucune circonstance atténuante dans l'accomplissement de ces délits, le Tribunal de justice zapatiste prononce la condamnation suivante :

Monsieur le Général Absalón Castellanos Domínguez est condamné à la détention à perpétuité et à effectuer des travaux manuels dans une communauté indigène du Chiapas qui lui permettront de gagner le pain et les moyens nécessaires à sa subsistance.

Cinquièmement. – À titre de message au peuple du Mexique et aux peuples et gouvernements du monde, le Tribunal de justice zapatiste de l'EZLN annule la peine de perpétuité de monsieur le Général de division Absalón Castellanos Domínguez, le laissant libre physiquement et à la place, il le condamne à vivre jusqu'à son dernier jour avec le regret et la honte d'avoir reçu le pardon de la bonté de ceux qu'il a si longtemps humiliés, emprisonnés, dépossédés, volés et assassinés.

Sixièmement. – Le Tribunal de justice zapatiste transmet cette décision au Comité clandestin révolutionnaire indigène - Commandement général de l'Armée zapatiste de Libération nationale pour que soient prises les mesures nécessaires à l'application de ce qui a été décidé dans ce Tribunal de justice zapatiste, et recommande qu'il soit proposé au Gouvernement fédéral d'échanger monsieur le Général de division Absalón Castellanos Domínguez contre la totalité des combattants zapatistes et des civils injustement détenus par les troupes fédérales depuis le début de notre juste guerre, et contre des vivres et d'autres ressources susceptibles d'alléger la grave situation de la population civile dans les territoires contrôlés par l'EZLN.

Émis le treizième jour du mois de janvier 1994.
Chiapas, Mexique.

Respectueusement.

CCRI - CG DE L'EZLN.

22 – Scènes de la vie quotidienne dans l'EZLN

26 janvier

Au journal national *La Jornada*.
Au journal local de San Cristóbal de las Casas, Chiapas, *Tiempo*.

Monsieur Alvaro Cepeda Neri,
Rubrique *Conjectures* journal national *La Jornada*, Mexico DF.

Monsieur Cepeda Neri et sa famille :

J'accuse réception de votre lettre parue dans *La Jornada* du 24 janvier 1994. Nous vous remercions de votre pensée pour nous. Ici, nous allons bien. Les hélicoptères et les avions vont et viennent, approchent, nous voient, nous les voyons, ils s'éloignent, ils reviennent, et cela jour et nuit. La montagne nous protège, la montagne est notre compagne depuis de nombreuses années.

Je voudrais vous raconter certaines choses qui se passent sur ces terres et qui, certainement, ne paraîtront jamais dans les journaux et les revues car le quotidien ne les intéresse pas. Et il existe, croyez-moi, un héroïsme quotidien qui rend possibles les éclairs qui de temps en temps illuminent l'apparente médiocrité de notre histoire nationale. Je me trouvais, il y a quelques heures, avec certains membres du Comité clandestin révolutionnaire indigène. Ils discutaient de la façon de nommer les délégués pour le dialogue avec le Délégué à la paix et la réconciliation au Chiapas [1]. Puis ils ont parcouru les quelques journaux qui nous sont parvenus (en retard, bien sûr). Les remarques et les commentaires des journalistes provoquent diverses réactions parmi nous.

---

1 – M. Manuel Camacho a accepté, le 22 janvier, le principe d'une rencontre avec l'EZLN, dans un endroit non encore fixé de la forêt Lacandone. Répondant aux interrogations du sous-commandant Marcos (*"De quoi faut-il nous pardonner" ?)*, il déclare : *"L'amnistie, dans ce cas concret, est une décision politique pour éviter l'extension du conflit et créer les meilleures conditions pour la négociation."* Gouvernement et Zapatistes entrent dans un processus de négociations directes.

Javier, un Tzotzil à la parole posée, qui cherche le mot le plus vrai, vient de lire ce qui s'est passé à Tlamanalco, dans l'État de Mexico. Indigné, il vient vers moi et me dit qu'« *il faut inviter ces gens à venir ici, parmi nous* ». Je commence à lui expliquer pourquoi on ne peut pas les inviter, qu'ils appartiennent à un parti politique et que nous ne pouvons pas intervenir dans la pensée d'autres organisations politiques, que c'est très loin d'ici, qu'on ne les laissera pas traverser les barrages, que nous n'aurons pas assez de haricots pour tout le monde, etc. Javier attend patiemment que j'aie fini de parler. Puis il me dit, sérieux : « *Je ne te parle pas de ceux du PRD* (2). » Et il ajoute : « *Je te parle des policiers qui les ont frappés.* » Accroupi, il décrète, condamne, ordonne : « *Invite ces policiers à venir ici. Dis-leur que si ce sont des hommes pour de vrai, qu'ils viennent se battre avec nous. On va voir si c'est pareil de se battre avec des gens innocents et pacifiques que de se battre avec nous. Dis-leur, écris qu'on va leur apprendre le respect du petit peuple.* »

Javier reste accroupi face à moi, attendant que je commence à rédiger la lettre adressée aux grenadiers de l'État de Mexico. J'hésite… À ce moment, les gardes nous avertissent de l'arrivée de journalistes qui demandent à parler à quelqu'un. Je fais mes excuses à Javier, je vais voir qui doit aller parler aux journalistes. La lettre d'invitation des grenadiers reste en suspens.

Voici à présent Angel, un Tzeltal dont la grande fierté est d'avoir lu entièrement le livre de Womack (3) sur Zapata (« *J'ai mis trois ans. J'ai souffert, mais je l'ai fini* », dit-il à chaque fois que quelqu'un ose douter de son exploit). Il vient droit sur moi, brandissant un journal dans la main gauche (de l'autre il porte un fusil M-1). « *Je ne comprends pas ce que dit ce monsieur* », proteste-t-il auprès de moi. « *ses mots sont durs et on ne sait pas où il va. Il a l'air de comprendre notre lutte, et de ne pas la comprendre.* » Je parcours le journal, et Angel m'indique l'article d'un éditorialiste « X ». J'explique à Angel ce que dit ce monsieur :

2 – Parti de la révolution démocratique : parti d'opposition constitué de groupes de gauche où convergent secteurs populaires, intellectuels et mécontents du régime. Dirigé par M. Cuauhtémoc Cárdenas, il existe depuis 1988, suite à une scission du PRI.

3 – Womack : le meilleur historien du zapatisme. "E. Zapata", ed. Maspero (1976)

que c'est vrai qu'il y a de la misère dans le Chiapas, mais qu'il est impossible que les Indigènes se soient si bien préparés, qu'ils aient planifié leur soulèvement parce que les Indigènes se soulèvent toujours comme ça, sans plan, d'un coup; que ça veut dire qu'il y a des gens étranges et étrangers qui profitent de la pauvreté indigène pour dire du mal du Mexique et de son président, que l'EZLN est parmi les Indigènes mais ne les représente pas. Angel commence à tourner en rond; furieux, il parle de façon désordonnée, mêlant des mots de dialecte au « *castilla* » [4]. « *Pourquoi nous prennent-ils toujours pour des petits enfants* ? », me souffle-t-il au visage. J'en laisse presque tomber le riz à moitié cru qu'un cuisinier débutant m'a dédié – « spécialement pour le sub ». Il poursuit, un peu plus calme à présent qu'on lui a donné son assiette : « *Pourquoi, d'après eux, on ne pourrait pas penser seuls et avoir de bonnes pensées, avec un bon plan et une bonne lutte* ? » Je comprends que ce n'est pas à moi qu'Angel pose la question; Angel comprend que cette question n'est pas pour moi; il le sait bien, Angel, que cette question s'adresse à l'incertain auteur de l'« article de fond ». Nous savons tous deux, Angel et moi, que cette question, et d'autres, resteront sans réponse. « *Il croit que l'intelligence n'arrive qu'à la tête du* ladino *? Il croit que nos grands-pères ne savaient pas raisonner quand ils vivaient ?* » Angel pose et repose la question, personne ne répond, personne ne le fera...

Susana, une Tzotzil, est furieuse. Un moment auparavant, elle se faisait chahuter parce que, d'après les autres du CCRI, c'est elle qui porte la responsabilité du premier soulèvement de l'EZLN, en mars 1993. « *Je suis furieuse* ! », me dit-elle. Tout en essayant d'en savoir plus, je me protège derrière un rocher. « *Les compagnons disent que c'est de ma faute si les Zapatistes se sont soulevés l'an dernier.* » Je commence à m'approcher, prudent. Au bout d'un moment, je découvre ce dont il s'agit : en mars 1993, les compagnons discutaient de ce qui allait devenir les « Lois révolutionnaires ». C'est à Susana qu'était revenue la tâche de parcourir des dizaines de communautés pour parler avec les groupes de femmes et tirer de leurs pensées la « Loi sur les femmes ». Lorsque le CCRI s'est réuni pour voter ces lois, une à une ont défilé les commissions sur la justice, sur

4 – Espagnol.

la loi agraire, sur les impôts de guerre, sur les droits et devoirs des peuples en lutte, et sur les femmes.

Susana a alors dû lire les propositions qu'elle avait tirées de la réflexion de milliers de femmes indigènes. Elle s'est mise à lire et, plus elle lisait, plus l'assemblée du CCRI s'agitait. On entendait des rumeurs et des commentaires. En chol, en tzeltal, en tzotzil, en tolojabal, en mam, en zoque et en « *castilla* », les commentaires fusaient. Sans s'en émouvoir, Susana a continué de s'en prendre à tout et à tous : « *Nous voulons qu'on ne nous oblige plus à nous marier avec un homme que nous n'aimons pas. Nous voulons avoir le nombre d'enfants que nous désirons et dont nous pouvons nous occuper. Nous voulons le droit à prendre des responsabilités dans la communauté. Nous voulons le droit à la parole et que celle-ci soit respectée. Nous voulons le droit d'étudier et même celui d'être chauffeur.* » Elle a continué ainsi jusqu'au bout. À la fin, un silence pesant s'installa. Les « Lois sur les femmes » que venait de lire Susana signifiaient une véritable révolution pour les communautés indigènes. Les responsables féminines étaient encore en train de recevoir la traduction, dans leur dialecte, de ce qu'avait dit Susana. Les hommes se regardaient l'un l'autre, nerveux, inquiets. Soudain, presque en même temps, les traductrices ont fini leur travail et, dans un mouvement croissant, les compagnes responsables se sont mises à applaudir et à parler entre elles. Inutile de dire que les lois « des femmes » ont été approuvées à l'unanimité. Un responsable tzeltal commentait : « *Ce qu'il y a de bien, c'est que ma femme ne comprend pas l'espagnol, parce que sans ça...* » Une femme officier insurgée, tzotzil, et portant le grade de major d'infanterie lui bondit dessus : « *Tu es foutu, parce qu'on va les traduire dans tous les dialectes.* » Le compagnon baisse les yeux. Les femmes responsables chantent, les hommes se grattent la tête. Moi, prudemment, je lève la séance. Voilà, d'après Susana, l'histoire qui a resurgi lorsque quelqu'un du CCRI a lu l'article d'un journaliste qui affirmait que la meilleure preuve que l'EZLN n'était pas authentiquement indigène était que jamais les Indigènes ne se seraient mis d'accord pour commencer leur soulèvement un 1er janvier. Quelqu'un, pour rire, a dit que ce n'était pas celui-là, le premier soulèvement, qu'il y en avait eu un autre en mars 1993. Ils se sont un peu moqués de Susana, qui a pris congé par un tonitruant « *Allez vous faire foutre!* », suivi de quelque chose en tzotzil que personne n'a osé traduire. Voilà la vérité : le premier soulèvement de l'EZLN a eu lieu en mars 1993, et ce sont les femmes zapatistes qui étaient à sa tête. Il n'y a pas eu de pertes, et elles ont gagné. Ici, c'est comme ça.

À minuit, Pedro, un Chol moustachu, vient vers moi, un *ocote* (5) allumé dans la main droite. Il s'assoit à côté de moi. Sans rien dire, il regarde fixement la lumière de l'*ocote*; ses yeux noirs brillent. « *Nous devons aller à Mexico* », me dit-il, autant qu'il se le dit lui-même. Je commence à me gratter la tête, en pensant déjà aux ordres qu'il faudra donner pour entreprendre la marche, aux routes à suivre, aux pertes à subir, au retour à la lumière des villes, sur l'asphalte des routes. Pedro m'interrompt : « *Les Mexicains disent que le Chiapas est différent des autres endroits, qu'ici on n'est pas bien mais que dans le reste du Mexique, ça va.* » Je le regarde à présent; il ne se tourne pas pour me voir mais me tend le journal qu'il a dans la main.

Je cherche ma lampe de poche et commence à lire l'article que m'indique Pedro : on y lit que notre lutte est vouée à l'échec parce qu'elle n'est pas nationale, et qu'elle n'est pas nationale parce que nos revendications sont locales, indiennes. « *Leur pensée est pauvre* », dit Pedro, « *plus pauvre que nous, parce que nous, ce qu'on veut, c'est la justice, mais aussi la liberté et la démocratie. Et ce monsieur croit qu'il n'est pas pauvre, alors qu'il ne peut pas élire son gouvernement dans la vérité. Ils ont pitié de nous. Les pauvres.* » L'*ocote* flamboie entre nous. Pedro comprend, je comprends, la nuit comprend... « *Les Mexicains ne comprennent pas. On doit aller à Mexico* », dit Pedro en s'éloignant, la main illuminée par la flamme d'un *ocote*. Le froid fouette dur à l'aube. La sentinelle crie « *Halte! Qui va là? – La Patrie!* », répond une autre voix, et un peu de tiédeur nous gagne.

Bon, monsieur Cepeda Neri, je voulais profiter de cette lettre pour vous raconter ça et d'autres choses. C'est tout pour le moment. Nous espérons que vous et votre famille vous portez bien. Disons à la prochaine, chose bien improbable.

---

5 – Résineux qui sert dans tout le Mexique à faire des torches ou allumer le feu. Ndt.

Santé et respects à vous
et à ceux qui vous accompagnent. Voilà.

Depuis les montagnes du Sud-Est mexicain.
Sous-commandant Insurgé Marcos.

PS – Javier vient de s'approcher, plein d'enthousiasme, pour me demander si c'est bien la lettre pour les grenadiers de l'État de Mexico. Je lui réponds que non, qu'elle est pour un journaliste. « *Ah!* », dit-il déçu. Mais il ajoute, définitif : « *Dis-lui qu'ils ne nous oublient pas, que notre vérité est aussi la leur.* » Voilà.

23 – SUR LES MÉDIAS INVITÉS À COUVRIR LE DIALOGUE

29 janvier 1994

À la presse nationale et internationale :

Messieurs :

Le Comité clandestin révolutionnaire indigène – Commandement général de l'EZLN s'adresse à vous avec respect pour vous exposer ce qui suit :

Premièrement. Comme chacun le sait, le début du dialogue pour la paix entre l'EZLN et le gouvernement fédéral, dont les dates et le lieu restent à définir, est imminent. Il y a déjà des acords fondamentaux entre ce CCRI-CG de l'EZLN et monsieur le Délégué à la paix et la réconciliation au Chiapas. Il reste à régler quelques détails et à concrétiser des accords préalables, mais les termes de base sont définis.
Deuxièmement. Nous savons que votre travail consiste à informer le peuple du Mexique et le monde de ce qui se produira dans cette étape de la juste guerre de notre EZLN contre l'oppression, l'injustice et le mensonge.
Troisièmement. Certains médias ont catégoriquement refusé d'informer objectivement de ce qui se passait dans notre État. Plusieurs médias se sont particulièrement acharnés contre notre cause et celle du peuple indigène chiapanèque, nous n'avons jamais demandé aux médias de se faire les « porte-voix » de l'EZLN mais nous considérons de leur devoir, et c'est un droit pour toute la société, d'informer avec objectivité.
Quatrièmement. L'EZLN, pour sa part, pratique une politique de portes-ouvertes aux médias qui, selon nous, font leur travail avec objetivité, sans prendre parti pour un camp ou l'autre.
Cinquièmement. Par conséquent, le CCRI-CG de l'EZLN déclare qu'en ce qui le concerne, toute la presse écrite, sans distinction de filiation politique, partisane ou d'orientation idéologique, peut couvrir le dialogue pour la paix et la réconciliation. Concernant les télévisions, l'EZLN ne refuserait que les chaînes nationales privées *Televisa* et

Televisión Azteca. La première parce qu'elle n'a pas besoin d'aller chercher les informations puisqu'elle les invente et les maquille à son goût et sa convenance. La deuxième parce que ses reporters ont fait preuve de manque de professionnalisme en offrant de l'argent à nos combattants pour qu'ils fassent des déclarations. Le reste des télévisions nationales et étrangères sera accrédité sans problèmes par l'EZLN.

Sixièmement. L'accréditation par l'EZLN de tout journal se fera par l'intermédiaire du Médiateur national, monsieur Samuel Ruiz García, aux dates, heure et lieu qu'il communiquera en temps voulu.

Septièmement. L'EZLN veut émettre une invitation spéciale aux médias suivants :

a/ Journaux : *La Jornada*, *El Financiero*, *Tiempo* (de San Cristóbal de las Casas), *El Norte* (de Monterrey), *The New York Times*, *The Washington Post*, *Los Angeles Times*, *Le Monde*, *Houston Chronicle*.

b/ Revues et hebdomadaires : *Proceso*, *Siempre!*, *Mira*.

c/ Télévisions : Canal 6 de Julio, Multivisión, Canal 11, CNN.

d/ Agences de presse : Ap, Upi, Afp, Reuter, Prensa Latina.

e/ Radios : *Radio Educación*, WM (de San Cristóbal de las Casas), XEVA (du Tabasco), *Radio Red*, *Grupo Acir*.

Huitièmement. L'EZLN déclare que, avec grand plaisir et dans la mesure du possible, il recevra spécialement les envoyés des médias mentionnés ci-dessus.

Neuvièmement. L'EZLN se réserve le droit d'accorder des entrevues ou des déclarations à tout média qui l'approchera.

Repectueusement.

Depuis les montagnes du sud-est mexicain.
CCRI-CG de l'EZLN.

24 – L'EZLN n'est pas une « force politique en formation »

31 janvier

À l'hebdomadaire national *Proceso*.
Au journal national *La Jornada*.
Au journal national *El Financiero*.
Au journal local de SCLC, Chiapas *Tiempo*.

Messieurs :

Vous trouverez ci-joint une série de communiqués émis par le CCRI - CG de l'EZLN. Je vous prie à nouveau de les rendre publics.

Cette histoire de l'EZLN qui serait une « force politique en formation » doit être une blague de *monsieur* Córdoba [1]. Qu'est-ce que ça veut dire? Que la misère indigène n'existe pas, mais qu'elle « est en formation »? Qu'il n'y a jamais eu de 1er janvier 1994, mais qu'il « est en formation »? Qu'il n'y a pas des milliers d'Indigènes en armes (1500 disent les ingénus du Pentagone), mais qu'ils « sont en formation »? Pourquoi s'obstiner à nier une réalité? Croit-ils pouvoir encore tromper la société ou espère-t-ils se rassurer eux-même par cette négation « en formation »? Que vont-ils faire? Répéter un million de fois : « L'EZLN n'existe pas, il est en formation »? Pour quoi faire? Dans l'espoir que ce mensonge, à force d'être répété, devienne réalité?

Pourquoi tout le monde se tait-il? C'est ça, la « démocratie » que vous voulez? La complicité avec le mensonge? Faire la sourde oreille lorsque, après avoir jeté aux quatre vents le louable message démocratique de huit partis politiques, monsieur Salinas de Gortari a le cynisme de soutenir explicitement le candidat du PRI? Voilà la démocratie qu'on nous propose si nous déposons les armes? Une démocratie dans laquelle le Gouvernement fédéral est juge et partie dans le processus électoral? Pourquoi le gouvernement retire-t-il de l'ordre du jour du dialogue le point concernant la politique nationale? Les Indigènes du Chiapas sont « mexicains »

---

1 – José Cordoba Montoya, Secrétaire Général de la Présidence pendant tout le sexennat (88-94) de Salinas de Gortari, et bras droit du Président – Français naturalisé mexicain en 1980, rien dans son CV n'explique sa fulgurante ascension.

lorsqu'il s'agit de les exploiter, mais ils ne peuvent même pas donner leur opinion lorsqu'il est question de politique nationale? Le pays veut le pétrole du Chiapas, l'énergie électrique du Chiapas, les matières premières du Chiapas, la force de travail du Chiapas, bref, le sang du Chiapas mais PAS L'AVIS DES INDIGÈNES DU CHIAPAS sur la marche du pays? À quelle catégorie de citoyens appartiennent les Indigènes chiapanèques? À celle des « citoyens en formation »? Pour le Gouvernement fédéral, les Indigènes sont donc toujours des petits enfants, autrement dit « adultes en formation »? Quand comprendront-ils? Combien de sang faut-il encore pour qu'ils comprennent que nous voulons du respect, pas la charité? Toute tentative de parler semble inutile, le Gouvernement fédéral ne veut parler qu'à lui-même. Quelqu'un aurait-il la gentillesse de dire au Gouvernement fédéral que ce qu'il demande, c'est un monologue, pas un dialogue? Ou bien le monologue serait-il un « dialogue en formation »?

On veut nous faire passer devant à l'opinion publique pour des intransigeants en accumulant les obstacles à l'ouverture d'un dialogue respectueux. On est en train de préparer notre mutation de « force politique en formation » à « force politico-militaire en voie d'anéantissement ». Le siège militaire auquel nous sommes soumis ne leur suffit pas. Ils passent maintenant à l'encerclement politique et idéologique. La société civile mexicaine le permettra-t-elle?

Le CCRI - CG de l'EZLN ira au dialogue avec toutes les réserves de circonstance, car la méfiance est grande envers les trahisons du Gouvernement fédéral.

On veut nous acheter avec un tas de promesses, on veut nous faire vendre la dernière chose qui nous reste : la dignité. Le 1er janvier n'a pas suffi au gouvernement pour apprendre à parler d'égal à égal avec ses gouvernés. D'autres 1er janvier semblent nécessaires. Apportez à nouveau le portait de Venustiano Carranza (2) pour nous faire l'aumône d'un pardon, Zapata est ici, toujours vivant et digne. Essayez de le tuer à nouveau. Notre sang est engagé, que le relève celui qui connaît encore la honte!

Depuis les montagnes du Sud-Est mexicain.
Sous-commandant Insurgé Marcos.

---

2 – Président du Mexique (1917-1920), commanditaire de l'assassinat de Zapata, le 10 avril 1919.

25 – Prochaine libération du général Castellanos

31 janvier

À M. Samuel Ruiz García, Médiateur national.
À M. Manuel Camacho Solís, Délégué à la paix et la réconciliation au Chiapas.

Messieurs :

Nous, Comité clandestin révolutionnaire indigène - Commandement général de l'EZLN, nous adressons de nouveau à vous pour vous dire ce qui suit :

Premièrement. – Nous avons reçu la lettre de monsieur le Délégué Camacho Solís du 29 janvier 1994 au sujet de la libération de monsieur le Général de division Absalón Castellanos Domínguez [1]. Nous avons constaté que les 38 prisonniers que vous mentionnez ont effectivement été remis en liberté. Monsieur le Général de division Absalón Castellanos Domínguez est en parfaite santé et sait déjà qu'il sera bientôt libéré. La libération de Monsieur le Général de division Absalón Castellanos Domínguez est résolument en voie de concrétisation.

Deuxièmement. – Nous avons reçu la lettre de M. le Délégué Manuel Camacho Solís, datée du 29 janvier 1994, au sujet de l'installation de zones franches (ou grises). Nous vous informons que nous sommes tout à fait d'accord avec la totalité de la proposition de M. le Délégué pour la Paix et la Réconciliation au Chiapas sur ce point.

Troisièmement. – Pour saluer la claire intention du Délégué à la paix et la réconciliation au Chiapas d'obtenir le soulagement de la grave situation de la population civile dans les zones en conflit, le Comité clandestin révolutionnaire indigène - Commandement général de l'EZLN ordonnera dès que possible le retrait des troupes zapatistes des *ejidos* San Miguel, de la commune d'Ocosingo, et Guadalupe Tepeyac, de la commune de Las Margaritas. Le retrait de nos troupes se fera dès que la Croix-Rouge aura pris possession de ces deux zones franches ou « grises », en y installant ses camps d'aide humanitaire.

Respectueusement.

Depuis les montagnes du Sud-Est mexicain.

CCRI - CG de l'EZLN.

1 – Voir note p. 101 et texte p. 112.

26 – Précisions en vue du dialogue

31 janvier

« Il n'y a en nous qu'un visage et qu'une pensée. Notre parole marche dans la vérité. Dans la vie ou la mort nous continuerons de marcher. Il n'y a plus de douleur dans la mort, il y a de l'espoir dans la vie. Choisissez. »

Au peuple du Mexique.
Aux peuples et gouvernements du monde.

Frères :

Le Comité clandestin révolutionnaire indigène - Commandement général de l'EZLN a étudié avec attention la lettre du 29 janvier que lui a adressée le Délégué à la paix et la réconciliation, monsieur Manuel Camacho Solís.

La lettre de monsieur le Délégué à la paix ne satisfait pas pleinement aux aspirations de notre EZLN, mais reflète un réel souci d'accomplir des progrès significatifs qui mènent à la paix digne que nous souhaitons tous.

Notre insatisfaction tient à certains points de la lettre de Monsieur le Délégué à la paix :

A/– La reconnaissance de l'EZLN en tant que « force politique en formation » ne nous satisfait pas parce qu'elle permet au gouvernement de continuer à éluder la responsabilité d'une reconnaissance de notre organisation qui l'engagerait dans les accords éventuels auxquels aboutirait le dialogue. L'EZLN ne mendie pas sa reconnaissance par le Gouvernement fédéral. L'EZLN est une réalité politique et militaire au niveau régional, national et international. L'EZLN a donné au Gouvernement fédéral l'occasion de résoudre, par la voie du dialogue, le conflit actuel dans le cadre national. Le Gouvernement fédéral refuse d'accorder quelque reconnaissance que ce soit à l'EZLN. Nous déclarons donc que nous recourons dès à présent aux instances internationales pour obtenir la reconnaissance de notre EZLN comme « force belligérante » et nous placer ainsi dans le cadre de tous les traités internationaux.

B/– L'EZLN refuse que soient écartés de l'ordre du jour les points concernant la vie politique nationale. Nous ne prétendons pas forcer des accords nationaux, mais nous avons le droit de donner notre avis et de nous manifester sur les divers aspects de la vie politique du Mexique, puisque nous sommes, tous les membres de l'EZLN, mexicains de naissance.

Nous proposons donc que le point concernant la vie politique nationale soit inscrit à l'ordre du jour au titre de point non résolutif, mais que le Délégué à la paix et la réconciliation au Chiapas ne refuse pas d'entendre ce que nous pensons du cours politique de notre pays.

C/– Le prétendu engagement de monsieur Carlos Salinas de Gortari pour « l'option politique démocratique » dans le processus électoral à venir est apparu clairement lorsque, malgré la fonction qu'il exerce, il a explicitement soutenu l'un, et un seul, des candidats à la Présidence de la République.

D/– L'EZLN déclare que le Délégué à la paix et la réconciliation au Chiapas, Manuel Camacho Solís, s'est toujours adressé à nous en des termes respectueux et dignes. L'EZLN regrette profondément le changement de ton dans la parole de Monsieur le Délégué à la paix et la réconciliation. Lorsque nos ancêtres se sont trouvés acculés aux rives du Grijalva, où ils ont reçu l'ultimatum de reddition politique et spirituelle de la part des troupes espagnoles, ils ont préféré se jeter dans les eaux du fleuve plutôt que de se trahir eux-mêmes. Nous, héritiers de la lutte et de la dignité de nos grands-parents du Chiapas, ne pouvons faire moins que d'honorer cette leçon de dignité. Le « durcissement », nous en souffrons depuis longtemps, avant nous nous taisions, mais nous parlons à présent. La paix sans dignité ni respect demeure pour nous cette guerre non déclarée des puissants contre nos peuples. Le gouvernement fédéral ment lorsqu'il parle de nous, le mensonge envahit sa bouche lorsqu'il parle de nous. Il n'est pas de pire souffrance que de nous voir à nouveau humiliés. Il n'est pas de destruction des peuples pire que celle que mène le Gouvernement fédéral, maintenant et depuis des années. Il n'est pas de plus grande rupture dans les communautés que la mort indigne que nous offrent les programmes économiques fédéraux. Il n'est pas de plus grande pauvreté que celle d'un esprit esclave. L'exclusion et le mépris sont déjà dans la bouche du puissant lorsqu'il parle de nous. La situation d'insécurité, nous la vivons et la mourons depuis cinq cent un ans. La force a toujours été du côté des puissants. Qu'est-ce qui a changé ? Notre dilemme n'est pas « la paix démocratique ou le durcissement ». Le vrai choix pour nous est entre la paix digne ou la guerre digne.

E/– Le CCRI - CG de l'EZLN exhorte le Délégué à la paix et la réconciliation au Chiapas et le Gouvernement fédéral à faire un effort sérieux et résolu pour la paix digne que nous attendons tous.

F/– L'EZLN continuera d'observer le cessez-le-feu, qui semble respecté à ce jour et depuis le 17 janvier par l'Armée fédérale et par nos troupes. Nous démentons catégoriquement que le pillage des fermes des communes d'Ocosingo, Altamirano et Las Margaritas ait été l'œuvre de nos troupes.

G/– L'attitude arrogante du gouvernement prétend nous mettre à genoux avant de parler avec nous. A l'opposé de cette attitude du gouvernement, de nombreux secteurs de ce qu'on appelle la société civile mexicaine se sont honnêtement préoccupés de voir se réaliser le dialogue pour la paix et la dignité. Par respect pour à ces appels de notre peuple, nous disons : nous assisterons au dialogue public, juste et sincère auquel nous invite le Délégué à la paix et la réconciliation au Chiapas, dans les termes précisés par notre proposition confidentielle annexe.

H/– Pour saluer et exprimer notre reconnaissance devant les efforts sérieux et dévoués de Monsieur le Médiateur national, Samuel Ruiz García, et de Monsieur le Délégué à la paix et la réconciliation au Chiapas, Manuel Camacho Solís, pour obtenir une paix juste et digne, le Comité clandestin révolutionnaire indigène - Commandement général de l'Armée zapatiste de Libération nationale déclare :

Premièrement. – Ordre est donné aux troupes régulières de se retirer le 2 février 1994 des positions qu'elles occupent actuellement dans les *ejidos* San Miguel, commune d'Ocosingo, et Guadalupe Tepeyac, commune de Las Margaritas, pour que s'y installent les campements d'aide humanitaire du Comité international de la Croix-Rouge et que ces deux endroits demeurent des « zones grises » sous contrôle de la Croix-Rouge internationale.

Deuxièmement. – Si les journées pour la paix et la réconciliation prennent une bonne direction, d'autres positions occupées par les troupes de l'EZLN seront remises à la Croix-Rouge internationale pour qu'elle y installe d'autres campements humanitaires.

Troisièmement. – Pendant toute la durée du premier tour des journées pour la paix et la réconciliation, le CCRI - CG de l'EZLN ordonnera le démantèlement temporaire de tous les barrages zapatistes dans la zone contrôlée par l'EZLN, et permettra la libre circulation des civils. Aucun civil ne sera ennuyé par nos troupes, et seules seront maintenues des gardes mobiles et des patrouilles qui veilleront à ce que le personnel militaire, policier ou gouvernemental n'infiltre pas nos positions. Cette levée de nos barrages pourra être maintenue indéfiniment si le dialogue suit un bon cours.

Depuis les montagnes du Sud-Est mexicain.
CCRI - CG de L'EZLN.

27 – Au conseil « 500 ans de résistance indigène »

1er février

Zapatistes ! La vaillance est venue de nos ancêtres défunts.

Au Conseil de l'Etat de Guerrero,
500 ans de résistance indigène (1), A.C. (2) Chilpancingo, Guerrero, Mexique.

Frères :

Nous voulions vous dire que nous avons reçu la lettre que vous nous avez envoyée le 24 janvier 1994. Nous sommes très heureux de savoir que nos frères indigènes Amuzgos, Mixtèques, Nahuatls et Tlapanèques ont eu connaissance de notre juste combat pour la dignité et la liberté des indigènes et de tous les Mexicains. Notre cœur se fortifie de vos paroles venues de si loin, venues de toute l'histoire d'oppression, de mort et de misère que les mauvais gouvernants ont choisie pour nos villages et nos gens. Notre cœur s'enhardit du message qui nous parvient, franchissant les montagnes et les rivières, les villes et les routes, les méfiances et les discriminations. En notre nom, en votre nom, au nom de tous les Indigènes du Mexique, au nom de tous les Indigènes et non-Indigènes mexicains, au nom de tous les hommes bons et de bon chemin, nous recevons vos paroles, frères, frères hier dans l'exploitation et la misère, frères aujourd'hui et demain dans la lutte digne et vraie.

---

1 – En réponse aux célébrations organisées en Europe, en 1992, pour fêter le cinq centième anniversaire de la "découverte" de l'Amérique, un important mouvement indigène (et populaire) s'est développé à l'échelle continentale au long d'une campagne intitulée : "*500 ans de résistance indigène, noire et populaire*". Dénonçant l'"invasion" suivie du génocide de l'époque coloniale, le mouvement indigène se mobilisait essentiellement pour réclamer la pleine reconnaissance de sa culture et de ses droits. Les Indigènes du Chiapas se sont manifestés massivement en 1992, à l'occasion de ce cinquième centenaire. Leur marche sur San Cristóbal se termina par le renversement de la statue du *conquistador* espagnol Diego de Mazariegos, fondateur de la ville, en 1528.

2 – Association civile.
Le Conseil auquel s'adresse cette lettre est issu de la Campagne de 92, et rassemble les représentants des communautés indiennes de l'Etat de Guerrero.

Voici aujourd'hui un mois que la lutte zapatiste a commencé à éclairer la nuit de nos peuples.

Nous avions tant de douleur au cœur, de tant de mort et de honte, qu'il ne pouvait, frères, en tenir plus, dans ce monde que nous laissèrent nos grands-parents pour que nous continuions d'y vivre et d'y lutter. Si grandes étaient la douleur et la peine que c'en était trop pour les cœurs de certains qui se mirent à déborder, déversant leur peine et leur douleur dans d'autres cœurs, cœurs des plus vieux et des plus sages de nos villages, cœurs de jeunes hommes et femmes, tous courageux, cœurs d'enfants, jusqu'aux plus petits, et la douleur et la peine envahirent alors les cœurs des animaux et des plantes, le cœur des pierres, et tout notre monde fut empli de peine et de douleur, le soleil et le vent ressentaient la peine et la douleur, et la terre ressentait la peine et la douleur. Tout était peine et douleur, tout était silence.

Alors cette douleur qui nous rassemblait nous a fait parler, et nous nous sommes rendu compte que dans nos paroles il y avait de la vérité, nous avons su que la peine et la douleur n'étaient pas les seules à occuper nos langues, nous avons compris qu'il y avait encore de l'espoir dans nos poitrines. Nous avons parlé entre nous, nous avons regardé en nous et en notre histoire : nous avons vu les plus grands de nos pères souffrir et lutter, nous avons vu nos grands-pères lutter, nous avons vu nos pères la rage aux mains, nous avons vu qu'on ne nous avait pas tout pris, que nous conservions encore la chose la plus chère, celle qui nous faisait vivre, celle qui élevait nos pas au-dessus des plantes et des animaux, celle qui mettait les pierres sous nos pieds, et nous avons vu, frères, que la DIGNITÉ était tout ce qui nous restait, et nous avons vu que grande était la honte de l'avoir oublié, et nous avons vu que la DIGNITÉ était nécessaire à l'homme pour qu'il redevienne homme, et la dignité a regagné nos cœurs, et nous sommes redevenus comme neufs, et les morts, nos morts, ont vu que nous étions comme neufs et nous ont rappelés une nouvelle fois à la dignité, à la lutte.

Notre cœur avait alors cessé de n'être plus que peine et douleur, la colère est arrivée, la vaillance nous est venue de la bouche de nos ancêtres déjà morts, mais vivants à nouveau dans notre dignité, celle qu'ils nous avaient donnée. Et nous avons vu ainsi qu'il n'est pas bon de mourir de douleur et de honte, nous avons vu qu'il n'est pas bon de mourir sans avoir lutté, nous avons vu qu'il nous fallait gagner une mort digne pour que tous vivent, un jour, dans le bien et la raison. Alors nos mains ont cherché la liberté et la justice, alors nos mains vides de tout espoir se sont emparées du feu pour dire et crier nos angoisses et notre lutte, alors nous nous sommes levés pour marcher à nouveau, notre pas a retrouvé sa fermeté, nos mains et nos cœurs étaient armés. « *Pour tous!* », dit notre cœur, pas pour certains seulement, pas pour les moins nombreux. « *Pour tous!* », dit notre pas. « *Pour tous!* », crie le sang que nous avons versé et qui fleurit les rues des villes où règnent le mensonge et le pillage.

Nous avons quitté nos terres, nos maisons sont restées loin derrière, tous nous avons tout quitté, nous avons abandonné notre peau pour nous vêtir de guerre et de mort, pour vivre nous sommes morts [3]. Rien pour nous, tout pour tous, ce qui de droit est à nous et à nos enfants. Tous, nous avons tout abandonné.

À présent, on veut nous laisser seuls, frères, on veut que notre mort soit inutile, on veut que notre sang soit oublié entre les pierres et le fumier, on veut que s'éteigne notre voix, on veut que s'éloigne à nouveau notre pas.

Ne nous abandonnez pas, frères, prenez notre sang pour aliment, remplissez vos cœurs et ceux de tous les hommes bons de ces terres, indigènes ou pas, hommes et femmes, vieux et enfants. Ne nous laissez pas seuls. Que tout ne soit pas en vain. Que la voix du sang qui nous unissait lorsque la terre et les cieux n'étaient pas encore la propriété des grands seigneurs nous appelle à nouveau, que nos cœurs se rassemblent dans notre marche, que tremblent les puissants et que se réjouisse le cœur du petit et du misérable, que vivent les morts de toujours.

---

3 – Cent quarante-cinq morts selon les autorités, 400 d'après l'Église catholique. Les témoignages accablants pour les troupes fédérales n'ont cessé de s'accumuler pendant tout le mois de janvier. L'ancien Procureur général de l'administration Carter, le représentant démocrate Joseph Kennedy, la Fédération internationale des Droits de l'homme, Amnesty International et America's Watch ont recueilli des dizaines de dépositions convergentes sur les arrestations arbitraires, les tortures, les exécutions sommaires et les bombardements aveugles dont s'est rendue coupable l'armée dans le Chiapas. La mission d'enquête d'Amnesty International menée par M. Morris Tidball-Binz a déclaré avoir reçu plus de 100 dénonciations de torture et mauvais traitements, 9 cas d'exécutions sommaires, 15 morts arbitraires, 8 disparitions, une centaine d'arrestations arbitraires et menaces de mort à des journalistes et membres d'organisations des Droits de l'homme.

Ne nous abandonnez pas, ne nous laissez pas mourir seuls, ne laissez pas notre lutte dans le vide des grands seigneurs.

Frères, que notre chemin soit le même pour tous : Liberté, Démocratie, Justice.

Respectueusement.

Depuis les montagnes du Sud-Est mexicain.
CCRI - CG de l'EZLN.

28 – Aux ONG

1er février [1]

À toutes les Organisations non gouvernementales du Mexique.

Messieurs :

Le Comité clandestin révolutionnaire indigène - Commandement général de l'Armée zapatiste de Libération nationale s'adresse respectueusement à vous tous pour solliciter votre aide.

Comme chacun sait, le début du dialogue pour la paix entre monsieur Manuel Camacho Solís et l'EZLN est imminent. Le fait que ce dialogue ait lieu dans une zone en conflit implique des risques de provocations qui pourraient empêcher le dialogue ou l'embourber. Afin de réduire au minimum les frictions indésirables entre parties adverses, il est nécessaire qu'autour du lieu du dialogue soit formée une « ceinture de sécurité » ou « ceinture de paix » qui évitera, par sa présence, les pressions, les intimidations, voire les agressions d'une des parties envers l'autre.

Nous savons que les Organisations non gouvernementales sont restées neutres dans le présent conflit et qu'elles se sont sans cesse efforcées de soulager les pénibles conditions de vie de la population civile, ainsi que d'encourager les efforts pour la paix digne désirée par nos forces et par tous les Mexicains honnêtes.

Pour tout cela, nous voudrions vous demander respectueusement de prendre vous-même en charge la formation de cette ceinture de paix qui empêchera les troupes fédérales comme celles de l'EZLN de s'immiscer dans l'espace physique de la table des négociations. Il est entendu que cela n'implique pas de votre part une adhésion ou une sympathie particulières pour la juste cause qui anime notre

1 – L'EZLN va notifier, ce jour, que les conditions sont réunies pour que débutent des négociations de paix. En effet, M. Manuel Camacho a annoncé que quatre "zones franches" incluses dans une "zone de sécurité" seront établies. La Croix-Rouge internationale sera chargée de transporter les deux parties au point de réunion.

lutte, et que nous continuerons à respecter et à saluer votre neutralité ainsi que votre travail humanitaire.

Dans l'attente de votre réponse.
Respectueusement,

Depuis les montagnes du Sud-Est mexicain.
CCRI - CG de l'EZLN.

29 – Respect des Droits de l'Homme et faux témoignages

2 février

À la Commission de coordination exécutive du CEOIC,
Conseil des Organisations indigènes et paysannes.
San Cristóbal de las Casas, Chiapas, Mexique.

Frères :

Une grande joie a envahi notre cœur lorsque nous avons reçu votre lettre du 31 janvier 1994. Nous souhaitons vous répondre avec l'attention et le respect total qui vous sont dus, indigènes comme nous, exploités comme nous, rebelles comme nous.

Notre cœur se croyait seul sur les terres du Chiapas. Il le pensait à tort, notre cœur, persuadé que nos frères de misère et de lutte avaient vendu leur dignité aux forces obscures et séparatrices du mauvais gouvernement. Notre mort marchait seule, sans que d'autres oreilles indigènes l'entendent réclamer justice, liberté et démocratie. Notre parole se remet à chanter : **Nous ne sommes pas seuls**, notre sang et notre race fraternisent par-dessus les baïonnettes et les tanks.

Nous, les plus humbles de vos frères, ressentons comme un grand honneur le fait de recevoir vos paroles d'unité et de soutien. Nous nous enorgueillissons de l'honneur que vous nous faites en nous appuyant dans nos exigences et nos revendications.

La lutte de l'EZLN n'est pas seulement celle des Zapatistes ni seulement celle des Chiapanèques. Ni seulement celle des Indigènes. C'est celle de tous les Mexicains, de ceux qui n'ont rien, des démunis, de la majorité livrée à la misère, à l'ignorance, à la mort. Avec humilité et reconnaissance, nous recevons votre salut au son de nos fusils. Avec honneur et respect, nous vous remercions de votre soutien pour arrêter le bain de sang perpétré par le Gouvernement suprême parmi notre peuple, de votre participation honnête et déterminée à la préparation des conditions de l'ouverture d'un dialogue juste et véritable.

Nos voix fraternisent, le Gouvernement suprême devra reconnaître le droit des nôtres à gouverner et à se gouverner puisqu'il y a en nous assez de raison et de justice pour que règnent sur nos terres indigènes l'égalité et la paix. Nous n'avons pas besoin des polices et des armées du mauvais gouvernement pour que la justice soit dans nos maisons; nous pouvons gouverner avec raison et prudence comme nos ancêtres.

Frères, nous voulions vous dire quel honneur et quelle joie ce sera pour nous si vous nous envoyez vos résolutions des 22, 23 et 24 janvier, dates de la deuxième rencontre des Organisations indigènes et paysannes célébrée à San Cristóbal de las Casas, Chiapas, Mexique. Nous les étudierons avec attention et respect, et, si la mort ne nous emporte pas d'ici là, nous vous ferons nos remarques.

Frères du CEOIC, répondant à la franchise dont vous avez fait preuve pour nous dire votre préoccupation au sujet des manquements au respect des Droits de l'homme envers les paysans qui ne sympathisent pas avec notre juste cause dans les zones contrôlées par l'EZLN [1], c'est avec sincérité que nous vous disons : le Comité clandestin révolutionnaire indigène - Commandement général de l'EZLN a pris vos accusations au sérieux. Des membres de notre CCRI - CG de l'EZLN se sont rendus sur les lieux mentionnés par vous et ont sanctionné les Zapatistes qui ont harcelé VERBALEMENT des villageois hostiles à notre lutte. Aucune menace physique ou verbale visant à obliger quiconque à se joindre à notre lutte n'est autorisée dans nos troupes et parmi nos sympathisants. Nos lois de guerre sont très claires sur la question et nous agissons déjà pour réparer les torts causés et empêcher que ce mal ne s'aggrave. Mais frères, il est juste que nous vous parlions avec la même franchise : on fabrique de grands mensonges contre nous avec la caution de l'Armée fédérale et du mauvais gouvernement, de ces mensonges sont complices certains dirigeants et certains conseillers de l'ARIC-Unión de Uniones [2], qui se vendent au Gouver-

---

1 – Durant les combats du début janvier, la presse internationale se fit l'écho de familles entières fuyant pour ne pas être enrôlées de force par les Zapatistes (*Le Monde*, 18.01.1994), de villages évacués par leurs habitants par peur des soldats ou de la guérilla (*Le Nouvel Observateur*, 27.01.1994 - 2.02.1994), voire d'enfants recrutés de force par les Zapatistes (*El País*, 24.01.1994), pour ne citer qu'eux.

2 – ARIC : Association rurale d'intérêt collectif, ligue d'organisations paysannes du Chiapas, à dominante progouvernementale. Ndt.
Les associations paysannes, de même que les syndicats et coopératives, ont en général des "conseillers", juristes, techniciens ou militants, qui jouent un rôle essentiel dans leurs relations avec l'administration et le pouvoir.

nement suprême et à ses forces armées, qui offrent des provisions et de l'argent à des villageois qui, lorsqu'ils vont chercher leur dû à Ocosingo, sont obligés à faire des déclarations dictées par le mauvais gouvernement. Les gens que nous ne connaissions pas, mais qui ont le sens de la dignité et de la fierté, nous ont expliqué en pleurant qu'ils avaient été poussés à mentir par la faim et les menaces, qu'on les a obligés à apprendre par cœur ce qu'ils devraient dire aux journalistes et aux évêques, que c'était la seule manière pour eux de pourvoir à leurs premières nécessités alimentaires. Certains dirigeants, pas tous, de l'ARIC-Unión de Uniones et leurs conseillers se sont vendus et sont devenus complices. Pourquoi ? Ne sont-ils pas eux aussi de pauvres indigènes ? La réponse, frères, c'est que ces personnes redoutent la justice zapatiste, parce que tout le monde sait qu'une grande partie de l'aide du Gouvernement fédéral destinée à soulager, depuis des années, les terribles conditions de vie de nos villages est restée entre leurs mains. Ces messieurs ont peur que soit découvert le grand vol auquel ils se sont livrés avec la complicité des autorités municipales et de l'État contre leurs frères de race et de sang. Frères, éloignez ces traîtres de vous, n'écoutez pas leurs paroles, elles sont inspirées par une politique à « de double language » destinée à tromper les uns et les autres pour en tirer des bénéfices personnels.

Nous vous offrons, ainsi qu'au Mexique et au monde, notre plus bel effort pour que cessent de s'aggraver les conditions de vie déjà difficiles de la population civile sur le territoire du conflit. S'il vous plaît, ne vous prêtez pas à la campagne de mensonges dont le seul but est de donner un prétexte légal local à la mise en route d'une campagne militaire massive contre nos positions dans les communes de Las Margaritas, Altamirano et Ocosingo. Ne tachez pas vos mains de notre sang en appuyant les mensonges du mauvais gouvernement et de ses traîtres complices. Nous sommes disposés à ce qu'une commission vous représentant (dans laquelle ne se trouveront pas de traîtres) pénètre sur notre territoire et constate personnellement ce que font nos troupes avec la population civile – qui, comme nous le savons tous, est majoritairement zapatiste – et comment elles se comportent avec les non-Zapatistes qui ne se vendent pas pour des provisions. La grande offensive militaire de l'Armée fédérale contre les positions zapatistes remplira de sang indigène la jungle Lacandone. Les dirigeants et conseillers corrompus de l'ARIC-Unión de Uniones auront le douteux honneur de devoir raconter à leurs petits-enfants comment ils ont vendu le sang de leurs frères pour quelques pièces de monnaie. Ils vivront dans la honte, nous mourrons dans la dignité.

Notre lutte est sincère ; si nous commettons des erreurs et des excès, nous sommes prêts à les réparer, soyez-en sûrs, frères.

Comme vous le soulignez à la fin de votre lettre, le dialogue est sur le point de commencer avec Monsieur le Délégué à la paix et la réconciliation dans le Chiapas, Manuel Camacho Solís. Nous ferons tous les efforts pour parvenir à une **PAIX DIGNE** et, quel que soit le dénouement du dialogue, nous continuerons de lutter pour ce que vous énoncez dans la devise de votre organisation : « Pour la dignité, la paix et le développement de nos villages ».

Respectueusement et fraternellement.

Depuis les montagnes du Sud-Est mexicain.
CCRI - CG de l'EZLN.

30 – MANGER L'AVION

2 février 1994

À l'hebdomadaire national *Proceso*.
Au journal national *La Jornada*.
Au journal national *El Financiero*.
Au journal de SCLC, Chiapas, *Tiempo*.

Messieurs :

Voici une série de lettres envoyées par le CCRI - CG de l'EZLN à divers destinataires. J'espère que vous aurez de la place, si ce n'est pour les publier, du moins pour les commenter ou vous assurer de leur arrivée à bon port.

C'est tout pour le moment. Nous attendons patiemment que cet avion qui nous survole soit à court d'essence et tombe. Les avis divergent sur le fait de savoir si, une fois qu'il sera tombé, nous le mangerons cuit ou après première ébullition ! Les plus raffinés recommandent la marinade. Le service sanitaire nous met en garde contre les risques d'indigestion que cause l'excès d'aluminium. De toute façon, le sel est la seule chose dont nous ayons de trop. Vous voulez en goûter un petit bout ? (On dit que l'aluminium se conserve bien.)

Indigestement (ce qui veut dire que pour l'instant
je n'envoie pas de salut, évidemment).

Depuis les montagnes du Sud-Est mexicain.
Sous-commandant Insurgé Marcos.

PS – Alors, toutes ces lettres anonymes ? C'est joli, non ?

31 – Lettre à un journaliste honnête

2 février 1994

À Monsieur Gaspar Morquecho Escamilla,
journal *Tiempo*, San Cristóbal de las Casas, Chiapas.

Monsieur :

J'ai reçu votre lettre, non datée bien sûr, à l'instant. Au même moment, je lis dans un journal qu'on vous accuse, vous et d'autres nobles personnes, d'êtres les « porte-parole de l'EZLN » ou d'être « zapatistes ». Problèmes. Si vous voulez savoir d'où viennent ces accusations et ces menaces, cherchez dans les annuaires des associations d'éleveurs et vous y trouverez matière abondante.

Bon, passons à autre chose, et puisqu'il est question de souvenirs, j'espère que vous êtes enfin remis de ce mélange de cuite et de gueule de bois sous l'emprise duquel vous prétendiez faire notre interview, ce magnifique 1er janvier. Peut-être ne vous en souvenez-vous pas bien, mais cette fois-là, le questionné c'était vous, puisque vous me posiez des questions auxquelles vous répondiez vous-même. J'ignore si vous avez pu tirer quelque chose de conséquent pour votre journal de ce monologue de questions et réponses avec lequel vous avez gaillardement affronté la surprise et la peur qui avaient envahi l'ancienne capitale du Chiapas au premier jour de l'an.

Nous étions beaucoup, ce matin-là, à avoir brûlé nos vaisseaux, et à assumer, malgré tout, d'aller désormais le visage baillonné de nos passe-montagne. Nous avons été nombreux à effectuer ce premier pas sans retour, déjà conscients qu'au bout nous attendait une mort probable ou un improbable triomphe. Prendre le pouvoir? Non, seulement une chose plus difficile : un nouveau monde. Il ne nous reste plus rien, nous avons tout laissé derrière nous. Et nous ne le regrettons pas. Notre pas reste ferme, même s'il est à présent pisté par des dizaines de milliers de grotesques masques vert-olive qui veulent l'anéantir. Mais, monsieur Morquecho, il se trouve que nous savions tout ça depuis longtemps et, non sans souffrance, nous avons dû nous endurcir avec la mort de ceux qui se sont mis à tomber à nos côtés, morts par balle et dans l'honneur, sans doute, mais morts quand même. Et il a fallu nous blinder le cœur, monsieur Morquecho, pour pouvoir voir de vieux compagnons des montagnes criblés de balles et d'éclats de grenades, de mortier et de roquettes, pour les voir, les mains liées dans le dos, une balle dans la tête, pour pouvoir voir et toucher leur sang, le nôtre, monsieur Morquecho, qui brunit dans les rues d'Ocosingo, de Las Margaritas, sur les terres de Rancho Nuevo, dans les montagnes de San Cristóbal de las Casas, dans les hauts bois de pin d'Altamirano. Et pour comprendre nous-mêmes, parmi tout ce sang, ces coups de feu, ces grenades, ces blindés, ces hélicoptères qui mitraillent et ces avions en piqué prêts à lâcher leurs fléchettes explosives, la simple vérité : nous sommes invincibles, nous ne pouvons pas perdre… nous ne méritons pas de perdre.

Mais comme on le dit ici, c'est notre travail : nous battre et mourir pour que d'autres vivent une vie meilleure, bien meilleure que celle que nous devons mourir. C'est notre travail, oui, mais pas le vôtre. Alors s'il vous plaît, faites attention à vous, la bête fasciste guette et s'attaque aux plus vulnérables.

Sur les accusations qu'on porte contre vous et toute cette équipe de nobles et honnêtes gens qui mettent au monde, (parce que dans ces conditions techniques faire un journal doit être un véritable accouchement), cet imprimé d'impartialité et de vérité qui porte le nom de *Tiempo* [1], je voudrais vous dire une chose ou deux :

L'héroïsme authentique de *Tiempo* ne réside pas tant dans le fait de produire un journal avec cet équipement digne de la famille Pierrafeu. C'est plutôt, dans l'environnement culturel si fermé et absurde de San Cristóbal de las Casas, de donner la parole à ceux qui n'avaient rien (nous avons des armes à présent). C'est de défier, sur quatre pages de vérité (parfois six), les puissants seigneurs du commerce et de la terre si bien installés à la ville. C'est de ne pas céder aux chantages et aux intimidations censés vous forcer à publier un mensonge ou à ne pas publier une vérité. C'est, dans cette atmosphère culturelle étouffante tissée de la médiocrité

---

1 – *Tiempo*. Quotidien de San Cristóbal appartenant à Amado Avendaño (voir p. 367) et dirigé par son épouse, Concepción Villafuerte (voir p. 222). Voir aussi p. 162. Ndt.

locale, de chercher de l'air frais et vivifiant, démocratique, en somme pour nettoyer les rues et les mentalités de Jovel [(2)]. Lorsque les Indigènes descendaient de la montagne (attention, avant le 1er janvier) à la ville, pas pour vendre ni pour acheter, mais pour demander que quelqu'un veuille bien les écouter, et ne rencontrer qu'oreilles et portes closes, il y avait une porte toujours ouverte, une porte avec une pancarte qui disait : *Tiempo*, ouverte depuis longtemps par un groupe de non-Indigènes. Et après avoir franchi cette porte, ces Indigènes, qui aujourd'hui exaspèrent le monde en osant à refuser de mourir sans dignité, trouvaient toujours quelqu'un pour les écouter, et c'était déjà beaucoup, quelqu'un qui allait jusqu'à mettre ces paroles d'Indiens noir sur blanc à la une de *Tiempo*, ce qui était alors, mais plus encore aujourd'hui, héroïque. Parce qu'il se trouve, monsieur Morquecho, que l'héroïsme et le courage ne se cachent pas seulement derrière les fusils et les passe-montagnes, mais aussi devant une machine à écrire, lorsque la soif de vérité anime les doigts qui tapent sur le clavier.

J'apprends maintenant qu'on vous accuse tous d'être des "Zapatistes". Si dire la vérité et chercher la justice, c'est être "zapatiste", alors nous sommes des millions. Qu'ils envoient plus de soldats !

Mais, quand les policiers et les inquisiteurs viendront vous intimider, dites-leur la vérité, monsieur Morquecho. Dites-leur que vous avez toujours donné de la voix pour prévenir tout le monde que si ces relations injustes d'oppression quotidienne [(3)] ne changeaient pas, les Indigènes allaient exploser de colère. Dites-leur que vous avez toujours prôné le recours à d'autres voies, légales et pacifiques, par lesquelles drainer ce désespoir qui cernait toutes les villes du Chiapas (et du Mexique, ne croyez pas Salinas lorsqu'il dit que c'est une affaire locale). Dites-leur qu'avec d'autres professionnels honnêtes (c'est rare), des docteurs, des journalistes et des avocats, vous avez cherché partout des appuis pour lancer des projets économiques, éducatifs, culturels

2 – Jovel : San Cristóbal de las Casas en langue tzotzil.

3 – Le nouveau gouverneur du Chiapas, M. Javier Moreno, est arrivé à la conclusion que la majorité des Indigènes qui purgent des condamnations dans les prisons du Chiapas pourraient y être arrivés suivant des procédures illégales ou à travers la violation des droits les plus élémentaires de la personne. En conséquence, il fait revoir les cas de plus de 2000 prisonniers de droit commun, dont certains pourraient avoir été incarcérés pour raisons politiques liées aux problèmes de la terre.

qui auraient allégé la mort qui se répandait dans les communautés indigènes. Dites-leur la vérité, monsieur Morquecho. Dites-leur que vous avez toujours cherché une voie pacifique et juste, digne et sincère. Dites-leur la vérité, monsieur Morquecho.

Mais de s'il-vous-plaît, monsieur Morquecho, ne leur dites pas ce qui, nous le savons vous et moi, vous arrive, ne leur dites pas ce que votre cœur vous chuchote à l'oreille dans les travaux et les veilles du jour et de la nuit, ne leur dites pas ce qui veut sortir de vos lèvres quand vous parlez et de vos mains quand vous écrivez, ne leur dites pas ce sentiment qui grandit d'abord dans votre poitrine avant de vous monter lentement à la tête à mesure que l'année avance dans les montagnes et les vallons, ne leur dites pas ce qu'à présent vous voudriez crier : « Je ne suis pas zapatiste ! Mais depuis ce 1er janvier… je voudrais l'être ! »

Saluez, si cela vous est possible, ce monsieur qu'on appelle Amado Avendaño (4). Dites-lui que je n'oublie pas son sang-froid lorsque, ce matin joyeux (au moins pour nous) du premier jour de notre entrée triomphale dans « le premier monde », comme je l'avertissais qu'il n'était pas prudent de se montrer avec moi, il m'a répondu : « *Je fais mon travail.* » Tant que vous y êtes, saluez aussi Concepción Villafuerte (5), dont nous saluons avec jubilation l'intégrité et le courage lorsque les improbables liaisons nous font tout de même parvenir le journal. Saluez aussi tous ceux qui participent à ce journal qui ne mérite pas seulement un meilleur équipement mais l'hommage de tous les journalistes honnêtes du monde. Saluez ces professionnels de *Chiltak* qui sacrifient leur besoin d'argent et de confort au fait de travailler avec et pour ceux qui n'ont rien. Dites-leur à tous (ceux de *Tiempo* et ceux de *Chiltak*) que si ceux qui nous gouvernent aujourd'hui avaient la moitié de votre rigueur morale, il n'y aurait pas eu besoin de fusils et de passe-montagnes, ni de sang versé dans les montagnes du sud de San Cristóbal, ou à Rancho Nuevo, Ocosingo, Las Margaritas ou Altamirano. Et peut-être qu'au lieu de me trouver là à vous écrire sous le harcèlement des avions et des hélicoptères, dans un froid qui engourdit mes mains mais pas mon cœur, nous serions en train de parler sans autre

---

4 – Voir note page précédente.

5 – Voir note p. 142.

barrière entre nous que deux bières. Le monde ne serait alors plus le monde mais quelque chose de mieux, de meilleur pour tous. Au fait, si ça se produisait (Dieu ne le veuille pas, mais on ne sait jamais), je ne bois pas d'alcool, alors mieux vaut lire : «... *sans autre barrière entre nous qu'une bière (la vôtre, sans vouloir vous offenser) et un soda (le mien)* ».

Salut et grande et tendre accolade. Et, s'il vous plaît, apprenez à mettre la date sur vos lettres, bien que, l'histoire allant si vite, il vaudrait même mieux, je crois, y ajouter l'heure.

Depuis les montagnes du Sud-Est mexicain, Chiapas.
Du Sous-commandant Insurgé Marcos.

Il est 22 heures, il fait froid, et même l'avion menaçant qui nous survole semble roucouler.

32 – Invitation aux étudiants

6 février

Au CEU, Conseil universitaire des étudiants,
université nationale autonome de Mexico, Mexico DF.

Compagnes et compagnons :

Nous avons reçu votre lettre du 29 janvier 1994 signée « Argel Gómez C. ». Nous vous remercions des pensées que vous avez pour nous.

Nous sommes pour la plupart des Indigènes, pour la plupart analphabètes et pour la plupart victimes de discriminations. Nous n'avons pas eu la moindre occasion d'achever ne serait-ce que l'école primaire. Nous aurions voulu non seulement finir le primaire et le secondaire, mais aussi arriver jusqu'à l'université.

C'est avec plaisir que nous recevons votre soutien et votre salut, hommes et femmes qui luttez sur d'autres terrains et par d'autres moyens pour obtenir la liberté, la démocratie et la justice que nous attendons tous. Nous savons qu'en d'autres temps, la voix courageuse des étudiants mexicains a fait trembler le mauvais gouvernement et qu'à dire vrai, si vous unissiez votre voix à la nôtre et à celle de tous les démunis, il ne resterait plus rien de ce mensonge immense que l'on nous fait avaler tous les jours, et toutes les nuits, morts ou vifs, toujours. C'est pourquoi nous voudrions nous adresser à vous, hommes et femmes étudiants du Mexique, pour vous demander avec respect quelque chose :

S'il vous était possible de vous organiser pour, lorsque les choses se seront un peu calmées, venir nous voir dans nos montagnes, discuter et nous aider, grâce à ce que vous savez de la technique, des lettres et de tout ce qu'on trouve dans les de livres qui ne parviennent pas jusqu'à nous. Nous ne voulons pas que vous veniez nous faire la leçon ou nous enrôler dans un courant politique ou un autre. Je crois qu'à ce sujet, c'est plutôt vous qui auriez des choses à apprendre de nous sur ce qu'est réellement une organisation démocratique et participative. Mais vous pouvez nous aider à couper le café, à préparer les champs de maïs, et participer aux tâches communautaires de nos villages. Vous pouvez nous aider à apprendre à lire et à écrire, à améliorer notre santé et notre alimentation, à utiliser des techniques pour faire mieux fructifier la terre. Vous pouvez venir enseigner et apprendre, vous pouvez venir ne serait-ce que quelques jours pour connaître cette partie du Mexique qui existait avant le 1er janvier, et pourtant...

Si vous acceptez cette invitation, il vous faudra envoyer quelques délégués avec lesquels à travers la médiation nous nous mettrons d'accord sur les détails, car il faut tout bien organiser pour que ne s'infiltrent pas d'espions du mauvais gouvernement. Si cela ne vous est pas possible, frères étudiants, tant pis, mais continuez de lutter, là-bas, sur vos terres, pour qu'il y ait une justice pour les Mexicains.

Voilà tout, hommes et femmes étudiants du Mexique, nous attendons votre réponse écrite.

Respectueusement.

Depuis les montagnes du Sud-Est mexicain.
CCRI-CG de l'EZLN.

PS. – Section du « Sup » : l'éternel « post-scriptum ».

PS concernant le PS du CEU qui disait : « *Pour le Sup Marcos : ne t'en fais pas, nous prendrons le Zócalo* [1] *pour vous.* » J'ai moi-même dit au CCRI - CG que la capitale est de l'autre côté du monde, qu'on n'a pas assez de pirogues, et qu'en plus, comme l'a dit Je-ne-sais-plus-qui, les guérilleros qui prennent socle « s'hamburgeoisent ». (Tant qu'on y est, profitez-en pour nous en commander deux, sans oignons ni tomates. Merci.)

PS au PS précédent – Puisqu'on est dans les post-scriptum, lequel des CEU est celui qui nous a écrit? Parce que quand j'étais un beau jeune homme de 25 ans (Vite! Préviens l'ordinateur de la PGR [2] qu'il fasse ses calculs!), il existait, au moins, trois CEU. Ils ont fini par s'unir?

PS au PS du PS – Au cas où – houlà! – vous prendriez le Zócalo, ne soyez pas radins et mettez-m'en un petit bout de côté, ne serait-ce que pour y vendre de l'artisanat, parce que

1 – Littéralement : le socle. Place de la Constitution, à Mexico, où se trouve le palais présidentiel.

2 – Voir note p. 111.

je pourrais bientôt devenir un « professionnel de la violence » au chômage et qu'il vaut quand même mieux être un « professionnel de la violence » sous-employé (à cause de l'Alena, *you know*).

PS à la puissance n – En fait, ces post-scriptum sont une lettre déguisée en post-scriptum (à cause de la PGR et autres lunettes de soleil et gros bras) qui, *of course*, ne demandent pas de réponse, ni d'expéditeur, ni de destinataire (avantages évidents de la lettre déguisée en post-scriptum).

PS nostalgique – Quand j'étais jeune (Allo ! La PGR ? Voici d'autres renseignements !) il existait un espace un peu vert situé, approximativement, entre la Bibliothèque centrale, la Faculté de philosophie et lettres, la Torre de la Humanidad, l'avenue Insurgentes et le circuit de la Cité universitaire. Cet endroit, nous l'appelions, pour des raisons que comprendront les initié(e) s, la « vallée des passions » et il recevait les visites régulières des divers éléments de la faune qui peuplait la Cité universitaire à partir de 19 heures (heure à laquelle les bonnes consciences boivent du chocolat et les mauvaises bouillonnent), et qui venait du secteur des humanités, des sciences et autres (il y en a d'autres ?). À cette époque, un Cubain (Allo ! Ambassadeur Jones ? Veuillez noter de nouvelles preuves de castrisme) qui donnait des conférences devant le clavier d'un piano de la couleur de sa peau et qui se faisait appeler *Boule de neige* répétait : « *On ne peut avoir à la fois la conscience et le cœur…* »

PS *finale fortissimo* – Vous avez remarqué le délicieux air cultivé et délicat de ces post-scriptum ? Ne sont-ils pas dignes de notre entrée dans le « premier monde » ? N'êtes-vous pas frappés du fait que les « transgresseurs » se préparent, eux aussi, à être compétitifs pour le TLC ?
PS *of happy end* – C'est bon, d'accord, ça y est je m'en vais… mais c'est que cet avion commence à me gonfler, et que les gardes, pour changer, se sont endormis et quelqu'un répète inlassablement : « *Qui vive ?* », et moi je pense, « la patrie »… Et vous ?

33 – À LA PRESSE :
« SÉRÉNITÉ ET PATIENCE »

8 février

À l'hebdomadaire national *Proceso*.
Au quotidien national *La Jornada*.
Au quotidien national *El Financiero*.
Au quotidien local de SCLC, Chiapas, *Tiempo*.

Messieurs :

Voici une autre série de lettres envoyées par le CCRI - CG de l'EZLN à divers destinataires. J'espère que vous aurez le temps de veiller à ce qu'elles arrivent à bon port.

Je comprends votre impatience (et celle de vos directeurs de rédaction découvrant vos notes de frais d'hôtel, de restaurants et d'essence) devant le retard de l'ouverture des négociations [1]. Ça n'est pas notre faute (ni celle du délégué) et ne relève pas d'un caprice de star qui cherche à se faire désirer. Ça n'est pas non plus à cause d'éventuels désaccords sur l'ordre du jour ou quelque chose de ce genre. C'est parce que quelques détails pour la sécurité de nos délégués n'ont toujours pas été réglés. Détails qu'il nous faut soigner pour éviter les « surprises » et les mauvais coups. Enfin, « sérénité et patience, beaucoup de patience ».

Pour vous consoler, je vous annonce que le dialogue n'aura pas lieu dans la jungle. Entre autres parce que les seuls à en tirer profit seraient ceux qui disposent de moyens de communication par satellite, parce que le téléphone ou le fax, *forget it*. Et, si « le temps joue en faveur des petits », nous préférons que la démocratie et l'égalité des chances règnent aussi entre les médias, et que les « scoops » ne soient pas réservées aux puissants.

Salut et patience !

Depuis les montagnes du Sud-Est mexicain.
Sous-commandant Insurgé Marcos.

---

1 – Le dialogue imminent a été annoncé depuis déjà une semaine.

34 – Contre les maires imposés

8 février

Au Front civique de Mapastepec, Mapastepec, Chiapas.

Frères :

Nous voulons vous donner notre point de vue. Nous avons reçu votre lettre datée du 6 février.

L'immense majorité des maires du Chiapas sont en place à la suite de fraudes électorales, du piétinement de la volonté populaire. Tous les maires du Chiapas doivent démissionner ou être destitués. À leur place doivent être créés des conseils municipaux démocratiquement élus par les administrés. Un gouvernement collectif vaut mieux qu'un gouvernement unipersonnel, mais il doit être démocratique. Si le gouvernement de l'État remplace le maire imposé, par un conseil municipal également imposé [1], alors ce conseil antidémocratique doit tomber lui aussi. Il doit en être ainsi jusqu'à ce que la juste volonté de la majorité soit accomplie.

L'EZLN soutient, sans aucune restriction, la juste revendication du peuple de Mapastepec, qui lutte pour une démocratie authentique, et de toutes les forces populaires qui, aujourd'hui et à l'avenir, luttent contre les tyrannies des maires imposés, et la revendication de démocratie municipale fait d'ores et déjà partie de la liste des revendications zapatistes.

Dehors, les maires imposés !
Vivent les Conseils municipaux démocratiques !

Respectueusement.

Depuis les montagnes du Sud-Est mexicain.
CCRI - CG de l'EZLN.

---

1 – Depuis l'élection présidentielle de 1988, les fraudes électorales aux élections de tous niveaux ont provoqué de nombreux conflits, qui se sont souvent conclus par le remplacement des maires ou gouverneurs "mal élus" par des autorités nommées par le pouvoir central. C'est ainsi qu'au début de 1994, un tiers des états du Mexique avaient des gouverneurs nommés et non-élus.

35 – À UN MAIRE COURAGEUX

8 février 1994

Au citoyen *Licenciado* [1] Mario Robledo, maire.
Commune J. Sixto Verduzco, Michoacán, Mexique.

Frère :

Nous avons reçu votre lettre du 5 février 1994. Grande est notre joie de recevoir ce salut des terres du Michoacán [2]. Mais elle est plus grande encore de savoir qu'il existe, dans certaines mairies de ce pays, des personnes courageuses et honnêtes, des personnes qui marchent dans la sincérité et la prudence. Et ces personnes existent, et il est bon qu'elles gouvernent, si le peuple le leur demande. Parce que ce qui tient du respect de la volonté de la majorité est un bon chemin pour tous. Nous, petits hommes et petites femmes, avons décidé d'être grands, pour ainsi vivre, même en mourant. Et nous avons vu que pour être grands, il faut regarder tous ceux qui souffrent sur ces terres et marcher à leur côté. Et nous avons vu que nous ne le pouvions pas, nous avons vu qu'on ne nous laissait pas être frères de justice et de vérité. Et nous avons vu que c'est le mauvais gouvernement qui détourne nos pas. Et nous avons vu que c'est la tâche des hommes bons et sincères de lutter pour que change ce gouvernement. Et nous avons vu que par la douceur rien ne changeait. Et nous avons vu qu'il fallait prendre les armes. C'est ce que nous avons vu, et ce que nous avons fait.

Mais nous avons vu aussi que la bouche de feu n'obtient pas seule la liberté. Nous avons vu qu'il faut que d'autres bouches s'ouvrent et crient pour faire trembler le puissant. Nous avons vu que nombreuses sont les luttes et nombreuses les couleurs et les langues de ceux qui y participent. Et nous avons vu que nous n'étions pas seuls. Et nous avons vu que nous n'allions pas mourir seuls. Frères de Michoacán, salut !

Que ne cesse pas la lutte ! Que ne meure pas l'espoir !

Respectueusement.

Depuis les montagnes du Sud-Est mexicain.

CCRI - CG de l'EZLN.

---

1 – Marque de respect, un peu l'équivalent du *Dottore* italien. Ndt.

2 – Deux mille coupeurs de canne du Michoacán ont offert leur force de combat aux Zapatistes.

36 – À LA CNPI [1]

8 février

Au Conseil suprême des peuples indigènes,
Coordination nationale des peuples indigènes.
Tenochtitlan, Mexico DF.

Frères :

Nous voudrions vous dire ce que nous pensons. Nous avons reçu votre lettre datée du 5 février. Nos têtes s'inclinent devant l'honneur de recevoir la parole véridique que vous nous avez envoyée. Nos armes se déposent pour écouter la parole de nos frères indigènes et mexicains de tout le pays. Parce que grande est la sagesse de l'idée que vous rappelez à tous selon laquelle : « Le Mexique est aux Mexicains, notre essence est la communauté, l'entraide, la justice, la liberté et la dignité. »

Nous, en tant que peuples indiens, Mayas et Mexicains, unissons notre force et notre pensée à la grande parole de vérité que répand la Coordination nationale des populations indigènes. Ne permettons pas que soit bradée notre dignité dans le grand marché des puissants ! En perdant notre dignité, nous perdons tout. Que la lutte soit une joie pour tous les frères, que s'unissent nos mains et nos pas sur le chemin de la vérité et de la justice.

Que vivent toujours l'aigle mexicain et le Zapata qui le protège, frères de la CNPI !

Que vive toujours l'unité de ceux qui luttent pour la justice !

Liberté ! Justice ! Démocratie !

Respectueusement.

Depuis les montagnes du Sud-Est mexicain.
CCRI - CG de l'EZLN.

1 – Coordination nationale des peuples indigènes, l'une des deux grandes organisations nationales indigènes avec la CNPA (Coordination nationale Plan de Ayala). Toutes deux ont déclaré leur alliance avec les Zapatistes. La CNPI fut créée par le président Echverría, pour engager une politique de dialogue avec les Indigènes. De même fut créé, pour chacune des 56 ethnies, un Conseil suprême.

37 – À la CNPA [1]

8 février

À la Coordination nationale Plan de Ayala.

Frères !

Nous avons reçu votre lettre datée du 5 février 1994 et nous voudrions vous dire ce que nous pensons là-dessus.

Nous saluons la lutte indépendante et véritable de la Coordination nationale Plan de Ayala. Nous la remercions beaucoup de l'appui inconditionnel à notre juste lutte dont il est fait état dans sa déclaration courageuse et résolue. Une fois unis les Indigènes, les paysans pauvres et les ouvriers agricoles, il nous faudra complètement transformer le système agricole à base d'exploitation et de mépris qui existe dans notre pays. De l'unité de nos forces naîtra une campagne mexicaine nouvelle, plus juste et équitable, où l'œil sévère du général Emiliano Zapata veillera à ce que l'oppression ne renaisse pas sous un autre nom.

Frères paysans de la CNPA, ce sera pour nous un très grand honneur que de pouvoir parler avec vous et d'entendre vos paroles pleines de vérité et de justice. Humblement et attentivement, nous serons devant vous qui menez depuis si longtemps cette lutte pour la terre et la liberté. Nous, petits hommes de la terre, écouterons la voix de votre grande organisation indépendante.

Frères de la CNPA, salut !

Vivent Emiliano Zapata et les organisations qui
font honneur à son nom !
À bas les réformes salinistes
de l'article 27 de la Constitution [2] !

Respectueusement.
Depuis les montagnes du Sud-Est mexicain.
CCRI - CG de l'EZLN.

---

1 – Coordination nationale Plan de Ayala. Le nom de ce mouvement paysan fait référence au Plan de Ayala, base de départ de la réforme agraire. Lutte, entre autres, pour la poursuite d'une véritable réforme agraire. Voir aussi note page précédente.

2 – Voir note p. 30.

38 – À L'ARELIDH [1]

8 février

À l'Association régionale de libération pour les Droits de l'homme, économiques, sociaux et politiques, AC, Arelidh.

À Lucrecia Ortega Sánchez,
directrice administrative :

Le Comité clandestin révolutionnaire indigène - Commandement général de l'Armée zapatiste de Libération nationale s'adresse respectueusement à vous pour vous remercier de votre lettre du 7 février 1994 dans laquelle vous nous communiquez que vous acceptez de former la Ceinture de paix autour de la table du dialogue entre notre EZLN et le Gouvernement fédéral.

Nous savons que votre organisation est restée neutre dans le présent conflit, qu'elle s'est occupée depuis le début d'aider à soulager la population civile dans ses graves difficultés et de promouvoir les efforts de paix. Nous saluons cela respectueusement car, invariablement, l'honnêteté accompagne la neutralité et le désir d'une paix juste. Nous vous remercions d'avance de transmettre l'invitation que vous avez acceptée aux autres ONG vu que, jusqu'ici, vous êtes les seuls à avoir répondu favorablement.

Nous demandons actuellement à monsieur Samuel Ruiz García, évêque de San Cristóbal de las Casas et Médiateur national, qu'il vous communique, dès qu'ils auront été précisés, les date et lieu du dialogue.

Respectueusement.

Depuis les montagnes du Sud-Est mexicain.
CCRI - CG de l'EZLN.

---

1 – Association régionale pour les Droits de l'homme.

39 – À des enfants de l'Internat de Guadalajara

8 février

Au Comité de solidarité de l'Internat d'éducation primaire numéro 4 « Beatriz Hernández »
Guadalajara, Jalisco.

Garçons et filles :

Nous avons reçu votre lettre du 19 janvier 1994, et le poème *Prière pour la paix* qu'elle contenait. Nous nous réjouissons du fait que des garçons et des filles vivant si loin de nos montagnes et de notre misère se soucient de voir revenir la paix sur les terres du Chiapas. Nous vous remercions beaucoup de votre petite lettre.

Nous voulons que vous sachiez, vous et vos maîtres, qui sont les nobles gens, que nous n'avons pas pris les armes pour le plaisir de tuer et de mourir, et que nous ne cherchons pas la guerre par refus de la paix. Nous vivions sans paix, nos enfants sont des petits garçons et des petites filles comme vous, mais infiniment plus pauvres. Pour nos filles et nos garçons, il n'y a pas d'écoles ni de médicaments, il n'y a pas de vêtements ni de nourriture, il n'y a pas de toit digne de ce nom pour abriter notre misère. Pour nos filles et nos garçons, il n'y a que travail, ignorance et mort. La terre que nous avons ne nous sert à rien : pour pouvoir nourrir nos enfants, nous devons aller chercher un salaire sur les terres des autres, les puissants, qui nous paient très peu pour notre travail. Nos enfants doivent commencer à travailler très jeunes pour pouvoir avoir un peu de nourriture, de vêtements et de médicaments. Les jouets de nos enfants sont la machette, la hache et la houe; leur jeu, de débroussailler, d'aller ramasser du bois, et de semer dès qu'ils savent marcher, et c'est dur. Ils mangent la même chose que nous : maïs, haricots et piment. Ils ne peuvent pas aller à l'école apprendre l'espagnol parce que le travail les tue le jour, et la maladie la nuit.

C'est ainsi que vivent et meurent nos enfants depuis cinq cent un ans. Nous, leurs pères, leurs mères, leurs frères et sœurs, n'avons plus voulu porter la responsabilité de ne rien faire pour nos garçons et nos filles. Nous avons cherché des chemins pacifiques pour obtenir justice et nous avons trouvé la moquerie, nous avons trouvé la prison, nous avons trouvé les coups et nous avons trouvé la mort; nous n'avons, trouvé toujours, que douleur et peine. Nous n'en pouvions plus, enfants de Jalisco, c'était trop de douleur et de peine. Alors, il nous a fallu en venir à trouver le chemin de la guerre, parce que ce que nous avions demandé par la parole n'avait pas été écouté. Et nous, sachez-le, enfants de Jalisco, ne demandons pas l'aumône ou la charité, nous demandons justice : un salaire juste, un bout de bonne terre, une maison décente, une école de vérité, des médicaments qui soignent, du pain sur nos tables, du respect envers nous, la liberté de dire ce qui nous vient à la pensée et nous ouvre les portes de la bouche pour que les mots nous unissent aux autres dans la paix et sans morts. C'est ce que nous avons toujours demandé, enfants de Jalisco, et on n'a pas écouté ce que notre voix disait. Alors, nous avons empoigné une arme; alors, nous avons fait de nos outils de travail des outils de lutte; et la guerre qu'on nous faisait, cette guerre qui nous tuait sans que vous en sachiez rien, garçons et filles de Jalisco, nous l'avons retournée contre eux, les grands, les puissants, ceux qui ont tout et ne méritent rien.

C'est pourquoi, garçons et filles de Jalisco, nous avons déclenché notre guerre. C'est pourquoi la paix que nous voulons n'est pas la même que celle que nous avions, parce que ça n'était pas la paix, c'était la mort et le mépris, c'était la peine et la douleur, c'était la honte. C'est pourquoi nous vous demandons, avec respect et tendresse, garçons et filles de Jalisco, de brandir le drapeau de la paix dans la dignité et d'écrire des poèmes plutôt intitulés *Prière pour une vie digne*, et de recherches, avant tout, la justice, qui est la même pour tous ou n'est pas du tout.

Salut, garçons et filles de Jalisco!

Depuis les montagnes du Sud-Est mexicain.
CCRI - CG de l'EZLN.

40 – Véracité et impartialité à la radio

10 février

À la station de radio XEWM.
San Cristóbal de las Casas, Chiapas.

Messieurs :

Recevez un salut respectueux. Je m'adresse à vous pour vous saluer et pour vous expliquer, ainsi qu'à vos auditeurs, pourquoi nous avons invité la radio XEWM de San Cristóbal de las Casas, Chiapas, à couvrir cette étape importante vers une paix digne sur les terres du Chiapas : le dialogue pour la paix et la réconciliation.

Les combattants, sympathisants et collaborateurs de l'EZLN sont en majorité des Indigènes chiapanèques. Beaucoup d'entre eux ont travaillé à San Cristóbal ou y sont passés pour une raison ou une autre. Vous savez que nos paysans sont, invariablement, munis d'un transistor. Ils disent qu'ils se branchent toujours sur les « 640 » de WM parce que, lors du journal du matin, j'ajouterais, pour ma part, celui de la mi-journée, les locuteurs disent la vérité sur ce qui se passe et que leur voix est « *très joyeuse* ». Quand l'une de nos unités a passé une saison à San Cristóbal, à faire les plans de l'attaque du 1er janvier, elle écoutait attentivement WM. Lorsque nous discutions de savoir où s'installerait le Comité clandestin révolutionnaire indigène pendant l'occupation de la ville, l'un des combattants suggérait un restaurant en particulier. Je lui ai demandé pourquoi il proposait cet endroit et il m'a répondu qu'il avait entendu au journal du matin de WM qu'on y faisait une très bonne cuisine. Pendant tout le temps que nous avons passé dans la ville *coleta* (1), WM a été notre compagne sans que vous le sachiez. Mais, anecdotes mises à part, la décision de vous inviter vient de l'évaluation que fait de vous le CCRI - CG de l'EZLN. Les compagnons divisent les médias en deux groupes : ceux qui mentent et ceux qui disent vrai. Dans leur évaluation, eux

1 – voir note p. 45.

comme moi plaçons WM parmi les médias qui disent la vérité. Sans gros moyens techniques mais toujours avec véracité et impartialité, WM reflète les événements *coletos* qui cherchent de l'air frais et neuf. Salut pour tout cela et recevez nos meilleurs vœux de continuité dans la réussite de votre travail d'information.

Depuis les montagnes du Sud-Est mexicain.
Sous-commandant Insurgé Marcos.

41 – Sur l'EZLN face aux médias

11 février

Au journal *El Sur, Periodismo siglo XXI*.
À l'attention de :
Jesús García,
Claudia Martínez Sánchez,
Pablo Gómez Santiago.

Madame, Messieurs :

J'ai bien reçu votre lettre du 9 février 1994. Ouf ! Si vous effectuez vos reportages avec la moitié de l'agressivité que contient la lettre que vous m'avez envoyée, une fois ce pays véritablement libre et juste vous gagnerez un Prix national de journalisme. J'accepte les remarques que vous m'adressez (en réalité, c'est une engueulade, mais aujourd'hui je me suis réveillé d'humeur diplomatique). Je voudrais que, malgré l'indignation qui vous étouffe, vous trouviez un espace pour m'écouter.

Nous sommes en guerre. Nous avons pris les armes contre le Gouvernement suprême. On nous cherche pour nous tuer, pas seulement pour nous interviewer. Nous confessons ne pas connaître *El Sur, Periodismo siglo XXI*, mais avouez aussi qu'on peut difficilement nous le reprocher, encerclés comme nous le sommes, sans vivres et sous la menace constante d'avions de combat. Bon, nous voici mutuellement confessés. Dans la jungle sont entrés beaucoup de journalistes honnêtes, d'autres pas si honnêtes que ça et d'autres enfin pas même journalistes mais qui se présentent comme tels. Nous devons nous méfier de tout ce que nous ne connaissons pas directement parce que, je le répète, le gouvernement veut nous prendre en photo... morts. Je sais que pour les « professionnels de la violence », la mort est presque un aboutissement naturel, mais une chose est de le savoir et une autre, qui n'a rien à voir, de faciliter les choses à l'ennemi. Je ne prétends pas vous émouvoir, je veux seulement vous faire comprendre la situation dans laquelle nous nous trouvions et nous trouvons encore. Nous avons très peu de marge de manœuvre et, paradoxalement, nous avons plus que jamais besoin d'être en contact avec des médias qui disent la vérité. Le va-et-vient de reporters à travers nos lignes porte un rude coup à notre système de sécurité, et il existe un risque qu'en entrant ou sortant, les travailleurs des médias soient victimes d'un attentat qui sera attribué à nos forces. Je ne m'estime pas suffisamment interviewé ; en vérité, l'entretien publié par *La Jornada* est le seul que j'aie accordé de ma vie, et je pense que les reporters de ce journal ont laissé beaucoup de blancs qu'ils auraient pu remplir avec autant de questions qui n'ont pas été posées. Je ne suis donc pas en train de faire la *vedette* qui « choisit » qui peut ou ne peut pas recevoir ses « honorables » paroles, je ne fais que tenir compte du fait que, quel que soit l'endroit où je vais, je fais courir un risque supplémentaire à ceux qui s'y trouvent et à ceux qui s'y rendent. Enfin, nous nous comportons tels que nous sommes, des gens poursuivis par le gouvernement, pas par les journalistes.

Bon, en tous cas, si vous aviez commencé par mentionner que c'est le journal de San Cristóbal, *Tiempo*, qui vous recommande à nous, vous vous seriez épargné les trois pages d'indignation légitime que vous m'avez envoyées par fax. En ce qui me concerne, la parole de *Tiempo* suffit à me convaincre de l'honnêteté de quelqu'un ; je suis donc en train d'envoyer une lettre au Médiateur national, l'évêque Samuel Ruiz García, afin qu'il vous remette un sauf-conduit qui vous permettra de pénétrer nos lignes et de prendre les photographies que vous voulez et de faire les interviews qui s'avéreront réalisables (n'oubliez pas, s'il vous plaît, que nous sommes en guerre). Je promets solennellement que, dès que possible, j'aurai l'honneur de vous recevoir en personne et de répondre à vos questions, si elles ont une réponse.

En attendant ce jour improbable, je vous envoie un texte. Allons-y, le voici donc, sans anesthésie préalable, le texte intitulé…

Raisons et déraisons
de l'acceptation de certains médias.

Alors que les bombes tombaient sur les montagnes du sud de San Cristóbal de las Casas, alors que nos combattants résistaient aux attaques des fédéraux à Ocosingo, alors que nos troupes se regroupaient après l'attaque de la caserne de

Rancho Nuevo, alors que nous nous barricadions à Altamirano et à Las Margaritas, alors que l'air sentait la poudre et le sang, le Comité clandestin révolutionnaire indigène - Commandement général de l'EZLN m'a appelé et m'a dit à peu près : « *Il faut que nous disions notre mot et que d'autres l'entendent. Si nous ne le faisons pas maintenant, d'autres prendront notre voix et le mensonge sortira de nos bouches malgré nous. Cherche par quel chemin notre vérité peut parvenir à d'autres qui ont envie de l'entendre.* » C'est ainsi que le CCRI - CG m'a chargé de trouver les moyens de communication qui pourraient rendre compte de ce qui se passait réellement et de ce que nous pensions. Les journaux n'arrivent pas jusqu'aux montagnes, j'ai déjà eu l'occasion de le dire. Ce qui nous parvient, en revanche, ce sont les ondes de certaines stations de radio (gouvernementales pour la plupart). Il nous a donc fallu choisir nos interlocuteurs selon les antécédents en notre connaissance. Il fallait considérer plusieurs choses; la publication de nos communiqués posait d'abord une question aux médias qui les recevaient : ces communiqués sont-ils authentiques ? C'est-à-dire, viennent-ils réellement des insurgés en armes ou s'agit-il de faux ? En admettant qu'ils aient répondu affirmativement (personne ne pouvait leur garantir que ce n'étaient pas des faux), restait la question centrale : les publions-nous ? Il était déjà risqué pour les comités de rédaction de ces journaux de parier sur l'authenticité des documents, mais la responsabilité de leur publication impliquait beaucoup plus de choses, à tel point qu'ils sont peut-être les seuls à pouvoir raconter l'histoire de cette décision d'ouverture à un mouvement que personne, sauf nous-mêmes, ne connaissait bien, un mouvement dont les origines étaient au mieux une énigme et au pire une provocation. L'EZLN s'était soulevé contre le Gouvernement suprême, avait pris sept chefs-lieux, se battait contre l'Armée fédérale et se composait, au moins, de quelques Indigènes, c'était un fait. Mais qui était derrière l'EZLN ? Que voulaient-ils réellement ? Pourquoi par ce moyen (les armes) ? Qui les finançait ? Bref, que se passait-il vraiment ? Ils ont dû se poser mille et une autres questions. Ces journaux raconteront un jour cette histoire (importante, en fait). Nous pensions à tout cela et nous nous sommes demandé : qui va assumer tous ces risques ? Nous sommes arrivés à peu près à la réponse suivante : seuls le feront les médias dont la soif de vérité sera plus forte que la crainte de la rencontrer (la vérité). Bon, la réponse était correcte (je crois), mais elle ne réglait rien. Il restait le plus important : décider du destinataire de ces premières lettres et de ces premiers communiqués. Je raconterai, brièvement, comment et pourquoi ont été choisis les destinataires qui apparaissent jusqu'à présent, il est clair qu'il en faut d'autres encore, dans l'en-tête de nos lettres et communiqués :

– *Tiempo*. La décision de s'adresser à ce journal a fait l'unanimité au sein du CCRI - CG de l'EZLN et elle a été prise, on peut le dire, par acclamation. N'oubliez pas que nos compagnons n'en sont pas venus à la lutte armée comme ça, par désir d'aventure. Ils ont déjà un long parcours de luttes politiques, légales, pacifiques, économiques. Ils connaissent déjà plusieurs prisons et centres de torture locaux ou nationaux. Ils savent aussi qui les a écoutés hier et qui leur a fermé portes et oreilles. J'ai déjà expliqué à un journaliste de ce journal ce que *Tiempo* signifie pour les Indigènes du Chiapas [1], je n'insisterai donc pas. Pourtant, inclure le nom de *Tiempo* parmi les destinataires n'était pas si simple. Nous étions sûrs de l'honnêteté et de l'impartialité de ces gens, mais nous n'en étions pas moins en situation de guerre, et lors d'une guerre, il est facile de brouiller les lignes qui séparent une force de l'autre. Je ne parle pas seulement de la ligne de front, mais aussi des lignes idéologiques et politiques qui séparent les camps et les font s'affronter. Où je veux en venir? Simplement au fait que publier l'un de nos communiqués, pouvait valoir à *Tiempo* l'accusation, parfaitement gratuite, d'être le « porte-parole » des « transgresseurs de la loi ». Pour un grand journal, cela peut poser des problèmes; pour un petit journal, cela peut impliquer sa disparition définitive. Toujours est-il que les compagnons me disaient : « *Envoie-le à* Tiempo*, s'ils ne le publient pas, au moins ils méritent de savoir ce qui se passe réellement.* » Ça, c'est la partie de l'histoire qui explique le pourquoi de *Tiempo*. Il manque bien sûr le côté qui raconte comment ces nobles gens de *Tiempo* ont décidé de courir tous les risques, au point de mettre en jeu leur existence de média, et ont publié ce que nous leur faisions parvenir. Quelle qu'ait été cette histoire, le moins que nous puissions faire était de saluer le courage de ce journal qui, entre tous, avait le plus à

---

1 – Voir p. 142.

perdre, si ce n'est tout. C'est pourquoi le CCRI - CG de l'EZLN a toujours insisté pour que *Tiempo* reçoive systématiquement une copie de tous nos envois.

Après avoir choisi un média local comme correspondant, restait la question du choix d'un média national. La télévision était écartée d'office pour des raisons évidentes [2]. La radio posait le problème de faire parvenir aux stations notre matériel sans créer de risques supplémentaires. Alors il a fallu choisir dans la presse nationale. N'oubliez pas que nous ne savions pas ce qui se disait des événements dans la presse : nous nous battions dans les montagnes et les villes. C'est pourquoi il nous a fallu, comme je l'ai dit précédemment, trancher en fonction des antécédents disponibles.

– *La Jornada*. Nous avons alors évalué ce qu'avait fait *La Jornada* auparavant. Sa politique éditoriale était, comme on dit maintenant pluraliste. C'est-à-dire que divers courants idéologiques et politiques y trouvaient un espace; ce journal permettait, et permet encore, d'apprécier un large éventail d'interprétations de la réalité nationale et internationale. C'est-à-dire qu'il offre une mosaïque de qualité des idéologies les plus représentatives de ce que l'on appelle la société civile mexicaine. Je crois que cela a été démontré par son passage opportun d'une condamnation lapidaire de l'EZLN (*remember* l'éditorial du 2 janvier) à l'analyse critique de ce qui se passait. *Mutatis mutando*, je crois qu'il en a été de même pour la société civile : elle est passée de la condamnation au désir de nous comprendre. Il y a dans *La Jornada* ce que l'on appelait autrefois la gauche, le centre et la droite, ainsi que les multiples subdivisions que fait et défait l'histoire. On y trouve une polémique saine et de haut niveau. Enfin, je crois que c'est un bon journal. Il est difficile de le classer à gauche, à droite ou au centre (bien que le Front anti-

2 – À l'approche des conversations de paix, l'EZLN, invitant certains médias nationaux ou étrangers, a refusé la présence de certains autres. Parmi ces derniers, Canal 13 et la puissante Televisa. Le propriétaire de cette dernière, Emilio Azcárraga, possède, d'après la revue *Forbes*, la plus grande fortune du Mexique. Bien que privée, Televisa est totalement au service du gouvernement et ses dirigeants ont toujours déclaré sans ambage leur adhésion au PRI et le soutien inconditionnel de toutes leurs chaînes aux Présidents succéssifs. Achetant et "inspirant" ses interviews, elle a été très critiquée par les intellectuels du pays pour sa couverture des événements du Chiapas. L'EZLN, quant à lui, justifie son refus d'accepter la présence de Televisa par le fait qu'*"elle n'a pas besoin de nouvelles, puisqu'elle les invente et les arrange à sa manière"*.

communiste mexicain le range dans la première catégorie). Je pense que cette mosaïque de courants tient une place importante dans le succès du journal (et lorsque j'étais journaliste, le « succès éditorial d'un journal » signifiait : être en mesure de sortir le numéro suivant). Pourtant, ce n'est pas cette mosaïque idéologique qui nous a incités à inclure *La Jornada* parmi nos destinataires. Les facteurs décisifs ont été le courage et l'honnêteté de ses reporters. Nous avons vu de brillantes pages de journalisme (« de terrain » comme on disait avant), dans des articles ou des reportages de ce journal. Pour une raison étrange, ces journalistes (et bien d'autres, je suis d'accord, mais là je parle de *La Jornada*) ne se cantonnent pas aux bulletins officiels. Ils sont irritants au possible (pour ceux qui font le sujet de leurs reportages) par leur soif d'apprendre ce qui se passe. De plus, quand il se passe une chose importante (à leur sens), ils ne se contentent pas d'envoyer un reporter, mais ils constituent une véritable section d'assaut qui se met à dévoiler divers aspects du fait qu'ils couvrent. Ils pratiquent ce que l'on appelait de mon temps le « journalisme total », comme s'il s'agissait d'un film dont les caméras ont pris le fait sous plusieurs angles, de plusieurs points de vue. Ce qui hypnotise au cinéma, pousse à la réflexion et à l'analyse dans la presse. Nous nous battions encore avec le plomb et le feu, mais nous avons pensé qu'ils voudraient peut-être connaître la face cachée derrière les cagoules. Je ne dis pas que d'autres ne le voudraient pas (y compris le Gouvernement fédéral), mais je parle, en l'occurrence, de ce média-là. Ce qui nous a amenés à décider d'ajouter *La Jornada* dans la liste de nos destinataires, c'est surtout son équipe de reporters. Il existe d'autres facteurs moins déterminants, comme les rubriques exceptionnelles (ou bien sont-elles régulières?) *La Doble Jornada*, *Perfil* et, *last but not least*, *Histerietas* (3).

– *El Financiero*. Quelqu'un m'a demandé pourquoi nous avions choisi parmi nos interlocuteurs un journal spécialisé en questions économiques. Dire que *El Financiero* est un journal sur la finance serait au mieux manquer à la vérité, et au pire avouer qu'on ne l'a pas lu. *El Financiero* possède à nos yeux une équipe de rédacteurs sérieux et responsables dans leur démarche journalistique. Leurs analyses sont

---

3 – *La Double journée*, *Profil*, et jeu de mots entre "histeria" (hystérie) et "historietas" (bandes dessinées). Suppléments de *La Jornada*. Ndt.

objectives et, surtout, très critiques. La pluralité idéologique que reflètent ses colonnes est aussi une richesse difficile à trouver dans d'autres journaux nationaux. Je veux dire que c'est une pluralité équilibrée. Sa politique éditoriale ne consiste pas à parsemer de-ci de-là quelques signatures critiques au milieu de toutes celles qui rampent devant le pouvoir, elle ouvre de réels espaces à l'analyse incisive de l'un ou l'autre camp (je doute qu'il n'y ait que deux camps, mais la formule littéraire est commode, je crois). Son équipe de rédacteurs a l'instinct de « disséquer » la réalité, ce qui en fin de compte distingue le journaliste de l'observateur. *El Financiero* semble nous dire qu'un fait de société se reflète (« se reflète »? je crois plutôt devoir dire « conditionne et est conditionné par ») dans divers aspects de l'économie, de la politique et de la culture. C'est comme un livre d'histoire en fait, mais d'histoire présente et quotidienne, la plus difficile à lire d'ailleurs. Lorsque j'étais jeune et beau, les intellectuels avaient tendance à se regrouper autour d'une publication, à s'y retrancher; de là, ils expédiaient des vérités au monde ignorant des mortels. En ce temps-là on les appelait « les élites de l'intelligence », et il en existait autant que de revues ou de courants idéologiques à la mode. Des publications vouées à être lues par ceux qui les faisaient. « *Une masturbation éditoriale* », dit Lucha. Si, innocent bipède, tu comptais parvenir à frôler ces tours d'ivoire, il te fallait suivre un parcours bien scabreux. S'il est un média qui semble s'éloigner de ce « journalisme d'élite » qui épure, sélectionne et élimine, c'est bien *El Financiero*. Ce journal national n'a pas réagi par la condamnation immédiate d'un mouvement que personne ne comprenait, il ne s'est pas précipité dans les élucubrations intellectuelles qui ont caractérisé, et caractérisent encore, d'autres médias. Il a attendu, et dans l'art de la guerre c'est la vertu la plus difficile à acquérir, il a enquêté, il a fait des recherches et, sur une base plus solide, il a commencé à tisser cette analyse interdisciplinaire que peuvent aujourd'hui apprécier ses lecteurs. Nous ne le savions pas jusqu'à ce que, bien plus tard, un exemplaire en tombe entre nos mains. Nous nous sommes félicités d'avoir bien choisi même si, il faut le reconnaître, nous n'avions rien à y perdre. Si dans le cas de *La Jornada*, c'est l'équipe de journalistes qui nous a décidés, pour *El Financiero* c'est l'équipe éditoriale (malgré monsieur Pazos).

– *Proceso*. Au sujet de cet hebdomadaire, il convient de renouveler nos excuses pour sa tardive apparition parmi nos destinataires. J'en ai expliqué la raison ailleurs. Je voudrais rappeler une anecdote, parmi toutes celles qui se promènent dans nos esprits et nos conversations, et qui remonte au 1er janvier 1994 : à la tombée de la nuit, la plupart des civils qui avaient oscillé entre la curiosité et l'indignation devant ce qu'ils voyaient, tandis que nous occupions le palais municipal de San Cristóbal de las Casas, avaient regagné leurs maisons et leurs hôtels, effrayés par la rumeur insistante selon laquelle l'Armée fédérale allait essayer, dans l'obscurité, de donner l'assaut à nos positions. De temps en temps, passaient des ivrognes ou des fêtards pour qui le réveillon avait duré vingt-quatre heures de plus. Essayant tant bien que mal de garder l'équilibre, ils nous interpellaient pour nous demander quelle était cette procession religieuse, puisqu'ils voyaient beaucoup d'« Indiens » sur la grand-place. Après qu'on leur avait expliqué de quoi il s'agissait, ils nous offraient en vain une gorgée d'une bouteille vide et repartaient, titubant et se demandant à haute voix si c'était une procession pour la Vierge de Guadalupe [(4)] ou pour la fête de Santa Lucía. Mais de nous s'approchèrent aussi des gens dotés de toutes leurs facultés, ou qui en avaient l'air. C'est alors qu'arriva l'inévitable : des stratèges guerriers et des conseillers militaires improvisés firent leur apparition, nous donnant d'imparables conseils sur la façon de fuir et d'éviter beaucoup de pertes lorsque les fédéraux nous attaqueraient, parce qu'ils étaient unanimement convaincus que nous nous ferions écraser.

Plus tard dans la nuit, alors que nos troupes se préparaient à gagner leurs nouvelles positions avant l'assaut de Rancho Nuevo, l'un d'eux s'approcha de moi et, d'un ton plus paternel que professoral, me dit : « *Marcos, tu as commis une erreur stratégique en déclenchant la guerre un samedi.* » En réajustant mon passe-montagne qui, avec mes paupières, commençait à me tomber sur les yeux, j'osai un craintif :

---

4 – La Vierge indigène, reine du Mexique, serait apparue en 1531 à un paysan indigène baptisé depuis peu. D'une seconde rencontre, celui-ci revint avec une miraculeuse image de la Vierge peinte sur son vêtement. La peinture fut abritée dans une église de la Ville de Guadalupe – ville qui avait été précédemment le sanctuaire de Tonantzín, mère des dieux. Cet édifice devint le lieu de pèlerinage préféré de tous les Indigènes mexicains. Le 12 décembre, jour anniversaire de la première apparition de la Vierge, marque la plus grande fête religieuse du pays.

« *Pourquoi ? – Voilà*, me dit mon conseiller d'un soir en stratégie militaire, *l'erreur c'est que* Proceso *boucle son numéro le samedi, et que les analyses et les reportages véridiques sur votre lutte ne paraîtront donc pas avant la semaine prochaine.* » Je continuai d'ajuster ma cagoule, plus pour me donner du temps que pour autre chose. Implacable, mon conseiller *coleto* ajouta : « *Tu aurais dû attaquer vendredi.* » Timidement, j'essayai de faire valoir pour ma défense qu'il y avait le réveillon du nouvel an, les pétards, la fête, et tout ce dont je ne me souviens plus à présent mais que j'ai sûrement dit. Mais le personnage devant moi ne me laissa pas continuer, m'interrompant d'un « *Qui sait maintenant si vous tiendrez jusqu'à la semaine prochaine ?* » Il n'y avait pas de regrets dans sa voix, juste une lugubre condamnation à mort. Il s'en alla, avec une tape compréhensive sur l'épaule, devant l'évidence de ma maladresse stratégique d'avoir attaqué un samedi. Je n'ai pas lu le *Proceso* de la semaine suivante, mais le stratège avait raison sur un point, c'est que dans *Proceso*, on trouve des analyses et des reportages véridiques. Je ne peux ajouter que peu de choses aux vertus que tous signalent dans le travail journalistique de cet hebdomadaire mondialement reconnu. Qu'il me suffise de souligner la profondeur toujours présente dans les articles de *Proceso*, les divers angles d'approche d'une problématique, nationale ou internationale.

– Les autres. Je suis d'accord avec vous pour dire qu'il y a quelques autres médias, aussi ou plus valeureux encore que les susnommés. Nous tâcherons d'accroître le nombre de nos destinataires, voire de nous adresser à la presse en général. Je crois qu'en fin de compte ce sera plus prudent, parce qu'en réalité il existe beaucoup de bonnes entreprises d'information qui font cela : informer.

– *El Sur* (Oaxaca). Je répète que nous ne le connaissions pas, je re-répète que nous ne disposons pas des avantages de l'Armée fédérale pour accorder des interviews ou donner des conférences de presse, je re-re-répète que nous sommes encerclés et en guerre. Mais je vous propose un marché : en attendant de pouvoir réaliser une interview personnelle, nous pourrions avancer un peu par correspondance. Je sais que l'entretien épistolaire n'est pas l'idéal du journaliste, mais nous pourrions avancer un peu. Je m'engage en plus à vous "décrocher" une interview d'autres officiers de l'EZLN, et celle-là, sans autre condition que de venir au

Chiapas chercher, dans les bureaux du Médiateur national, l'accréditation que vous donne l'EZLN en tant que correspondants de guerre.

Comme vous le savez sans doute, le dialogue n'a pas encore commencé. C'est peut-être vous que nous attendons.

Bon, mesdames et messieurs les journalistes de *El Sur* de Oaxaca, je pense vous avoir assez ennuyés comme ça. Quoi qu'il en soit, le grand avantage de cette longue lettre, c'est qu'aucun média ne va oser la publier. Tant mieux.

Salut et franche accolade sans rancœur… D'accord ?

Depuis les montagnes du Sud-Est mexicain.
Sous-commandant Insurgé Marcos.

PS – Pourriez-vous nous envoyer un exemplaire de votre journal ? Nous vous promettons solennellement de vous le payer le jour improbable où nous aurons de l'argent. (Vous accepteriez des lettres plutôt que du liquide ?)

Autre PS – Cet avion n'en finit pas de tomber et l'eau dans la marmite s'est évaporée en l'attendant. Que diriez-vous, lorsque vous viendrez, d'apporter un peu de ce fromage de Oaxaca que l'on dit si savoureux ? Nous apporterons les tortillas et la faim. Il n'y a pas de quoi.

À *Tiempo*, San Cristóbal de las Casas.
À *La Jornada*, Mexico DF.
À *El Financiero,* Mexico DF.
À *Proceso*, Mexico DF.

42 – Aux prétendants
à la candidature à la présidence

13 février

À la presse nationale et internationale.
Aux partis politiques nationaux reconnus [1].
Aux prétendants à la candidature à la présidence
de la République mexicaine.
À l'attention du PAN, du PRI, du PRD, du PFCRN,
du PT, du PARM, du PVEM, du PPS.

Messieurs :

C'est par cette voie que nous, le Comité clandestin révolutionnaire indigène - Commandement général de l'Armée zapatiste de Libération nationale, souhaitons vous dire ceci :

Premièrement. – Comme chacun le sait, dans quelques jours débuteront les Journées pour la paix et la réconciliation dans le Chiapas entre le Gouvernement fédéral et l'EZLN, avec la médiation de l'évêque Samuel Ruiz García.

Deuxièmement. – L'amorce du dialogue est une étape importante du processus de pacification s'il s'oriente, dès le départ, vers une paix digne, juste, dans la liberté et la démocratie. Pourtant, nous croyons que les accords auxquels il sera possible de parvenir avec le représentant du Gouvernement fédéral pourraient être limités dans leur concrétisation par l'imminence des prochaines élections et la relève prochaine de l'Exécutif fédéral.

Troisièmement. – C'est pourquoi nous souhaitons vous inviter à envoyer des délégués de vos directions nationales afin qu'ils vous tiennent informés de l'évolution du dialogue

1 – A partir de 1968, l'État mexicain accumule les réformes électorales visant à créer des conditions de pluripartisme apparent tout en s'assurant la conservation du pouvoir. Depuis la présidentielle de 1982 – la première avec des candidats de gauche autorisés – les partis souhaitant se présenter aux élections doivent avoir une autorisation officielle (" registro"), provisoire d'abord, puis obtenir au moins 5 % des suffrages pour que cette autorisation devienne définitive. Par ailleurs, les candidats indépendants, et les fronts électoraux sont interdits. Dans ces conditions, il est donc facile pour le PRI de créer et soutenir des petits partis auxquels il "prête" des voix et qui ne laisse pas beaucoup de place aux autres…

pour la paix et qu'ils nous donnent votre avis sur le cap que prend la concrétisation des accords si jamais il y en avait. Nous savons bien que le prochain chef de l'exécutif de notre pays sera l'un de vos candidats et que lui aussi devra appliquer ces accords.

Quatrièmement. – Nous espérons que notre invitation à participer au dialogue sera acceptée par les directions de vos partis et par les équipes de campagne des différents aspirants à la magistrature suprême du pays. Ce sera pour nous un grand honneur que de parler, le moment venu, avec les délégués que vous enverrez.

Respectueusement.

Depuis les montagnes du Sud-Est mexicain.
CCRI - CG de l'EZLN.

43 – Réponse à une interview déguisée

13 février

À Monsieur Amado Avendaño [1],
revue *De Par en Par*, Mexico DF.

Monsieur :

J'ai reçu votre lettre et l'interview déguisée en lettre que vous m'adressez. Je ne sais pas si vous avez l'intention de publier quelque chose à partir des questions et réponses que contient cette lettre ou s'il s'agit du désir, légitime d'ailleurs, de combler les lacunes que les médias ont laissées (et nous-mêmes aussi) à notre sujet. En tout cas, je me ferai un plaisir de répondre à vos questions.

Considérant que vous pouvez manquer d'espace dans la publication pour laquelle vous travaillez, au cas où vous compteriez publier quelque chose, je ferai une version courte de l'entretien (il n'y a pas de quoi). Voilà.

I. Version très courte.

1 – Quelle est votre opinion sur l'affaire des onze personnes arrêtées lors des premiers jours du conflit dans la commune d'Oxchuc, prétendument des Zapatistes repentis?

Réponse : Ce qui s'est passé à Oxchuc, et ailleurs, c'est que l'arrivée de l'Armée fédérale a ajouté des éléments de force en faveur du poids le plus lourd qui annule l'équilibre politique dans les communes du Chiapas. Si les fédéraux cherchent des Zapatistes, quel meilleur moyen pour se débarrasser de l'opposition que de l'accuser de « zapatisme »? Il s'agit donc de paysans accusés d'être des « Zapatistes » par le maire d'Oxchuc. Il est compréhensible qu'après avoir été torturés, ces paysans se soient déclarés Zapatistes « repentis » pour obtenir leur libération.

2 – Quelle a été la véritable situation des membres de la troupe qui portaient des armes de bois? Quelle a été leur mission dans l'assaut de Rancho Nuevo, et quel pourcentage de l'EZLN se trouvait, ou se trouve encore, dans cette situation?

Réponse : Les combattants zapatistes qui portaient des armes de bois ou qui étaient désarmés se trouvaient à des

1 – Voir note p. 367.

postes ou nous jugions peu probables les affrontements avec les forces fédérales. Ils constituaient ce qu'en termes militaires on appelle « le troisième échelon ». Aucun combattant désarmé ou muni d'une arme de bois n'a participé à l'assaut de Rancho Nuevo. Le pourcentage d'hommes de l'EZLN dans cette situation a été variable selon l'endroit où nous combattions. Je dis « a été » parce que, grâce à la « collaboration » des fermiers, de la police et de l'armée, ce pourcentage est à présent réduit. (Le chiffre concret du pourcentage en question appartient à ce que l'on appelle le « secret militaire »).

3 – Que pensez-vous du sublime repentir et de la confession d'un prétendu Zapatiste parlant pour la télévision privée dans une émission parrainée par la CIRT [(2)]?

Réponse : Que plus sublime encore est la maladresse de ceux chargés d'améliorer l'image du Gouvernement fédéral. Avec des programmes de ce genre, ce gouvernement n'a pas besoin que nous l'attaquions.

4 – Les impôts de guerre demeurent : envers qui et pourquoi?

Réponse : Dans les jours qui viennent, leur recouvrement sera suspendu; dans la mesure où la zone en conflit voit arriver la communication et le commerce, leur raison d'être disparaît. Ils touchent les personnes aisées : moyens et grands propriétaires terriens, du commerce et aux entreprises gouvernementales. Parce qu'en état de siège, la circulation de marchandises diminue radicalement dans les environs de la zone assiégée, et qu'il faut que s'installe un mécanisme économique pour pallier les carences des territoires contrôlés.

5 – De quelles ressources vit l'EZLN?

Réponse : Jusqu'au 1er janvier 1994, avec ce que nous donnait le peuple dans différentes parties du pays. Depuis le 1er janvier, avec ce que nous avons pu prendre au Gouvernement suprême et avec ce que le peuple continue de nous donner. En somme : nous sommes une armée pauvre.

6 – Attendiez-vous réellement cette ouverture des médias et cette réponse de la société civile?

Réponse : Non.

7 – Au cas où l'on arriverait, à court terme, à établir les conditions du désarmement, à quoi vous consacreriez-vous alors?

---

2 – Chambre de l'industrie de la radio-télévision, progouvernementale. Ndt.

Réponse : La question devrait parler d'« établir les conditions de la paix » (il est possible de parvenir à la paix sans désarmer). La réponse est la suivante : je me ferais fripier (comme le « monsieur Opossum » qui vend des fripes, celui de Gabilondo Soler, alias « Cri-cri [3] »).

8 – L'EZLN avait-il pensé à la crise qu'il provoquerait dans le système politique mexicain ?

Réponse : Nous l'avions rêvée, mais comme quelque chose de très lointain. À ce propos, la crise du système politique mexicain n'est pas due à l'EZLN. Nous sommes une partie, peut-être la plus petite, d'une inquiétude générale du pays. Rendons honneur à qui le mérite.

9 – Que pensez-vous du fait qu'il y ait neuf candidats à la présidence de la République ? Existe-t-il une véritable alternative ?

Réponse : Il s'agit, sans aucun doute, d'une stratégie de fragmentation de l'opposition. L'unique véritable alternative pour le pays, c'est entre la démocratie et le chaos.

10 – De quoi a besoin le Mexique pour parvenir à renforcer un système démocratique et de justice sociale ?

Réponse : D'une révolution.

11 – Comment allez-vous faire pour contrôler l'autoproclamée EP [4] ?

Réponse : Je vais tous les figer d'une phrase sublime et originale : « Déconnez pas ! ».

Voilà, Monsieur Avendaño Villafuerte, c'était la version abrégée de l'entrevue que vous voulez réaliser par correspondance. Je peux répondre de façon plus étendue à toutes les questions si vous faites preuve de patience en attendant le prochain courrier. D'ici là, peut-être que les courtes réponses ci-dessus vous seront utiles. Voilà.

Respectueusement.

Depuis les montagnes du Sud-Est mexicain.
Sous-commandant Insurgé Marcos.

---

3 – Cri-cri : auteur et interprète universellement connu de chansons pour les enfants.

4 – *Ejército de periodistas*, armée de journalistes. Ndt.

44 – À LA CONAC-LN

14 février

Aux organisations qui forment la CONAC-LN,
Coordination nationale d'action civique
pour la Libération nationale

Frères :

Nous avons reçu votre lettre du 9 février 1994. Grand est notre honneur et nos fronts s'inclinent en reconnaissant les mots de notre général Emiliano Zapata dans la bouche d'ouvriers, de paysans, d'étudiants, d'enseignants et d'intellectuels, hommes et femmes honnêtes qui constituent la Coordination nationale d'action civique pour la Libération nationale (Conac-LN).

Suivant les paroles de notre chef Zapata, nous avons appelé le peuple du Mexique à soutenir la juste cause qui anime le chant de nos fusils. Nous saluons avec respect la réponse à cet appel unificateur, venue d'autres parties de notre pays.

Frères ! Pendant des années et des années, nous avons récolté la mort des nôtres dans les champs du Chiapas, nos enfants mouraient victimes d'une force que nous ne connaissions pas, nos hommes et nos femmes marchaient dans la longue nuit de l'ignorance qu'une ombre maintenait au-dessus de nos pas, nos peuples marchaient sans vérité ni conscience. Nos pas allaient sans but, nous vivions et mourions seuls.

Les plus anciens parmi nos anciens nous ont dit des mots venus de très loin, du temps où nos vies n'étaient pas, où notre voix se taisait. Et la vérité habitait les mots des plus anciens parmi nos anciens. Et nous avons appris des mots des plus anciens parmi nos anciens que la longue nuit de douleur que vivaient les nôtres venait des mains et des mots des puissants, que notre misère faisait la richesse de quelques-uns, que sur les os et les cendres de nos ancêtres et de nos enfants on avait bâti une maison pour les puissants, et que nos pas ne pouvaient pas pénétrer cette maison, que la lumière qui l'inondait s'alimentait de l'obscurité des nôtres, que l'opulence sur ses tables était faite du vide de nos estomacs, que son luxe était le fruit de notre misère, que la solidité de son toit et de ses murs s'élevait sur la fragilité de nos corps, que la santé qui s'en dégageait reposait sur notre mort, que le savoir qu'on y trouvait se nourrissait de notre ignorance, que la paix qui y régnait signifiait la guerre pour nos gens, que des raisons venues de l'étranger la poussaient loin de notre terre et de notre histoire.

Mais la vérité qui teintait les mots des plus anciens parmi nos anciens n'était pas que douleur et mort. Dans les mots des plus anciens parmi nos anciens se trouvait aussi l'espoir pour notre histoire. Et dans leurs paroles apparut l'image d'un homme comme nous : Emiliano Zapata. Et nous y avons vu l'endroit où devaient aller nos pas pour devenir vrais, et notre histoire faite de lutte a regagné nos veines, et nos mains se sont emplies des cris des nôtres, et la dignité est revenue à nos bouches, et dans nos yeux nous avons vu un monde nouveau.

Alors nous nous sommes faits soldats, notre sol s'est couvert de guerre, nos pas ont repris la route, armés de plomb et de feu, la peur a été enfouie auprès de nos morts d'autrefois, et nous avons pensé comment porter notre parole jusqu'à la terre des puissants, et nous avons emporté notre vérité pour la semer au beau milieu de la terre où règne le mensonge, nous sommes arrivés à la ville portant nos morts pour qu'ils soient vus des yeux aveugles de nos compatriotes, les bons et les méchants, les savants et les ignorants, les puissants et les humbles, les gouvernants et les gouvernés. Nos cris de guerre ont ouvert les oreilles sourdes du Gouvernement suprême et de ses complices. Autrefois, pendant des années et des années, notre digne parole de paix n'a pu descendre de la montagne, les gouvernements ont élevé des murs hauts et épais pour se cacher de notre mort et de notre misère. Notre force a dû abattre ces murs pour que nous pénétrions à nouveau notre histoire, qu'on nous avait arrachées en même temps que la dignité et de la raison de nos peuples.

Lors de ce premier coup porté aux murs sourds de ceux qui ont tout, notre sang, généreux, a coulé pour laver l'injustice que nous vivions. Pour vivre, nous sommes morts. Nos morts se sont remis à marcher dans la vérité. La boue et le sang ont été le prix de notre espoir.

Mais les mots des plus anciens parmi nos anciens de nos villages ne se sont pas arrêtés. La vérité a parlé pour dire que nos pas ne pouvaient aller seuls, que dans la chair et le sang de frères d'autres terres sous d'autres cieux, notre histoire de douleur et de peine se répétait et se multipliait.

« *Portez votre voix à d'autres oreilles démunies, portez votre lutte à d'autres luttes. Il est un autre toit d'injustice par dessus celui qui recouvre notre douleur.* » Ainsi parlèrent les plus anciens parmi nos anciens. Nous avons vu dans ces paroles que si notre lutte était une fois de plus solitaire, elle serait à nouveau inutile. C'est pourquoi nous avons dirigé notre sang et les pas de nos morts sur le chemin des autres pas qui marchent dans la vérité. Nous ne sommes rien si nous marchons seuls, nous serons tout si nos pas marchent aux côtés d'autres pas dignes.

Frères ! Ainsi est arrivée notre pensée à nos mains et à nos lèvres. Et ainsi avons-nous commencé à marcher. Que vos pas rejoignent les nôtres, frères de la Coordination nationale d'action civique pour la Libération nationale, notre cœur est déjà ouvert à votre parole et à votre vérité. Nous avons peu de choses à vous offrir parce que la misère de nos terres reste grande et que petite est notre place dans l'histoire du Mexique. Mais à vos côtés et à ceux de toutes les bonnes personnes de ce monde, nous devrons grandir et trouver enfin le lieu que méritent notre dignité et notre histoire.

Salut, frères de la Conac-LN !

Liberté ! Justice ! Démocratie !

Respectueusement.

Depuis les montagnes du Sud-Est mexicain.
CCRI - CG de l'EZLN.

45 – Au PDM et à l'UNO

15 février

Aux partis politiques nationaux reconnus :
Parti démocrate mexicain (PDM) et
Union nationale d'opposition (UNO).
À leurs candidats à la présidence.

Messieurs :

C'est par cette voie que nous, le Comité clandestin révolutionnaire indigène - Commandement général de l'Armée zapatiste de Libération nationale, souhaitons vous dire ceci :

Premièrement. – À la suite d'une lamentable erreur due à l'empressement et à l'inattention, les noms de vos organisations politiques ont été omis dans la liste des destinataires de l'invitation à envoyer des délégués aux Journées pour la paix et la réconciliation dans le Chiapas. Nous le regrettons réellement et espérons sincèrement que vous nous excuserez et nous honorerez de la présence de vos délégués à cet événement si important.

Deuxièmement. – L'amorce du dialogue est une étape importante du processus de pacification s'il s'oriente, dès le départ, vers une paix digne, juste, dans la liberté et la démocratie. Pourtant, nous croyons que les accords auxquels il sera possible de parvenir avec le représentant du Gouvernement fédéral pourraient être limités dans leur concrétisation par l'imminence de la prochaine période électorale et la relève prochaine de l'Executif fédéral.

Troisièmement. – C'est pourquoi nous souhaitons vous inviter à envoyer des délégués des directions nationales de vos partis politiques afin qu'ils vous tiennent informés de l'évolution du dialogue pour la paix et qu'ils nous donnent votre avis sur le cap que prend la concrétisation des accords si jamais il y en avait. Nous savons bien que le prochain chef de l'exécutif de notre pays sera l'un de vos candidats et que lui aussi devra appliquer ces accords.

Quatrièmement. – Nous espérons que notre invitation à participer au dialogue sera acceptée par les directions de vos partis et par les équipes de campagne des différents aspirants à la magistrature suprême du pays. Ce sera pour nous un grand honneur que de parler, le moment venu, avec les délégués que vous enverrez.

Respectueusement.

Depuis les montagnes du Sud-Est mexicain.
CCRI - CG de l'EZLN.

46 – Au sujet de la libération du général Castellanos [1]

15 février

À la presse nationale et internationale.
À Monsieur Samuel Ruiz García, Médiateur national.
À Monsieur Manuel Camacho Solís, Délégué à la paix et la réconciliation dans le Chiapas.

Messieurs :

Nous, Comité clandestin révolutionnaire indigène - Commandement général de l'EZLN, nous adressons de nouveau à vous pour vous dire ce qui suit :

Premièrement. – Afin de favoriser l'ouverture prochaine du dialogue pour une paix digne que souhaitent tous les Mexicains, et en témoignage des dispositions sincères de notre EZLN, nous vous informons que le 16 février 1994 sera libéré monsieur le Général de division Absalón Castellanos Domínguez.

Deuxièmement. – Monsieur le Général de division Absalón Castellanos Domínguez sera remis au Délégué à la paix et la réconciliation dans le Chiapas, Manuel Camacho Solís, et au Médiateur Samuel Ruiz García, dans le village de Guadalupe Tepeyac, de la commune de Las Margaritas, Chiapas. L'état de santé du général de division Absalón Castellanos Domínguez au moment de sa libération devra être constaté par le personnel médical du Comité international de la Croix-Rouge.

Troisièmement. – Afin de favoriser l'apaisement des tensions dans la zone en conflit pendant le déroulement du dialogue pour une paix digne, le CCRI - CG de l'EZLN annonce aussi son intention de suspendre le recouvrement d'impôts de guerre dans les territoires contrôlés par nos troupes à partir du 17 février 1994.

Respectueusement.

Depuis les montagnes du Sud-Est mexicain.
CCRI - CG de l'EZLN.

1 – Voir note p. 101.

47 – « Dernier communiqué »

16 février [1]

À l'hebdomadaire national *Proceso*.
Au quotidien national *La Jornada*.
Au quotidien national *El Financiero*.
Au quotidien local de SCLC, Chiapas, *Tiempo*.
À la presse nationale et internationale.

Messieurs :

Bon, je vous envoie le communiqué du CCRI - CG de l'EZLN qui définit, en termes généraux, la position qu'il soutiendra lors du dialogue avec le Délégué à la paix, dès le 21 février prochain.

Ici, on s'affaire pour que les délégués arrivent à temps aux endroits où l'on viendra les chercher.

J'ignore si la noble ville de San Cristóbal les recevra bien, mais enfin, ce sont des risques à courir.

En attendant que le CCRI - CG de l'EZLN décide de ma présence ou non au dialogue, je suis bien ennuyé car je ne sais pas quoi me mettre (si j'y vais). Je parcours avec scepticisme l'immense garde-robe que contient mon sac à dos et me demande angoissé si la mode actuelle est encore hivernale ou bien s'il faut que je porte quelque chose de plus coquet pour le printemps. Je me décide enfin pour une chemise couleur marron (la seule), un pantalon noir (le seul), un gai foulard rouge (le seul), une paire de bottes sales (les seules) et le passe-montagne d'un noir discret (le seul). Quoi qu'il en soit, que j'y aille ou pas, le CCRI - CG m'a ordonné le silence écrit, c'est pourquoi je rangerai ma puissante machine à « faire des communiqués » (un stylo) après celui-ci.

---

1 – La libération, ce jour, en zone neutre, devant 270 journalistes, du général Castellanos (voir note p. 101), constitue un geste permettant l'ouverture sans cesse remise du dialogue entre gouvernement et Zapatistes. En présence de la Croix-Rouge, l'ancien gouverneur est "remis" à M. Camacho et à Mgr Ruiz, et laissé – selon une déclaration de l'EZLN – avec *"la peine et la honte, jusqu'à ses derniers jours, d'avoir reçu le pardon et la bonté de ceux qu'il a si longtemps humiliés, enlevés, volés et assassinés"*. Cette brève cérémonie marque le premier contact direct entre l'EZLN et le Délégué à la paix et à la réconciliation.

Salut et prenez garde au *cannibalisme* journalistique ! (Attention : laissez quelque chose aux plus petits. Prenez l'initiative politique et lancez le *Pronasol* [2] de la communication, c'est-à-dire créez un *pool*.)

Depuis les montagnes du Sud-Est mexicain.
Sous-commandant Insurgé Marcos.

Section du « post-scriptum mercantile ».
PS – Quelle est la cotation en dollars d'un passe-montagne sale et puant ? Combien met la PGR [3] ?

PS du PS. – Combien pouvons-nous obtenir si une marque de boissons gazeuses apparaît sur la table du dialogue ?

PS avec des taux d'intérêts en hausse – Que diriez-vous d'un *streap-tease* (ça s'écrit comme ça ?) de passe-montagne ? *How much for this show ?* C'est-à-dire, combien de pognon pour ça ?

PS en baisse à la Bourse des valeurs – Combien pour une minute à dire des âneries ? Combien pour une demi-minute de vérités ? (Rappelez-vous que les vérités sont toujours plus amères que les mensonges et qu'elles se vendent donc moins bien.)

PS machiste mais coté en Bourse – Combien pour le portrait-robot au-dessous de la ceinture ?
PS du krach boursier – Combien pour un *close-up* exclusif du nez prononcé ?

PS dévalué à la suite de pressions « extérieures » – Et la « machine à faire des communiqués » ? Combien pour qu'elle continue ? Combien pour qu'elle se taise ?

PS sans valeur monétaire – Et pour payer nos morts, combien de douleur ? Combien de lumière pour leur remplir les poches ? Combien de sang encore pour que leur silence ne soit pas inutile ? Qui veut l'exclusivité de leur peine ? Personne ? D'accord...

---

2 – Voir note p. 44.
3 – Voir note p. 111.

PS qui se retire du marché des actionnaires – Au revoir… Merci à ceux qui ont dit la vérité. Mes plus sincères regrets à ceux qui ont suivi le chemin du mensonge.
Voilà.

El « Sup » en ostracisme.
(Lui-même).

48 – Disposition au dialogue

16 février

« Ceux qui combattent avec honneur,
parlent avec honneur. »

Au peuple du Mexique.
Aux peuples et gouvernements du monde.
À la presse nationale et internationale.

Frères :

Le Comité clandestin révolutionnaire indigène - Commandement général de l'EZLN a l'honneur de s'adresser respectueusement à vous afin de vous faire savoir ce qui habite son cœur et sa pensée :

Lundi 21 février 1994 s'ouvrira le dialogue entre le Gouvernement fédéral et l'EZLN, afin de trouver une issue politique juste et digne au conflit actuel. Honorant la parole qu'il avait donnée, le CCRI - CG de l'EZLN a libéré le général Absalón Castellanos Domínguez et nommé les délégués qui le représenteront à la table du dialogue avec le Médiateur national, monsieur Samuel Ruiz García et le Délégué à la paix et la réconciliation dans le Chiapas, monsieur Manuel Camacho Solís. Nos représentants, passant outre les risques encourus pour leur vie, se rendront au lieu indiqué et représenteront dans l'honneur et la vérité, la pensée et le cœur des hommes qui marchent dans la vérité.

La parole de vérité qui vient du plus profond de notre histoire, de notre douleur, des morts qui vivent parmi nous, luttera avec dignité dans la bouche de nos chefs. La voix de nos fusils se taira pour que notre vérité parle à tous, ceux qui se battent avec honneur, parlent avec honneur, il n'y aura pas de mensonge dans notre cœur, à nous, hommes vrais.

Notre voix portera celle du plus grand nombre, de ceux qui n'ont rien, des condamnés au silence et à l'ignorance, de ceux qui ont été arrachés à leur terre et à leur histoire par la souveraineté des puissants, de tous les hommes et les femmes de valeur qui sillonnent ce monde de douleur et de rage, des enfants et des anciens morts de solitude et d'abandon, des femmes humiliées, des petits hommes. Par notre voix parleront les morts, nos morts, si seuls et oubliés, si morts et pourtant si vivants dans notre voix et dans nos pas.

Nous n'irons pas demander pardon ou supplier, nous n'irons pas demander l'aumône ou recueillir les restes qui tombent des tables abondantes des puissants. Nous irons exiger ce qui est le droit et la raison de tout être : liberté, justice, démocratie, tout pour tous, rien pour nous.

Pour tous les Indigènes, pour tous les paysans, pour tous les travailleurs, pour tous les enseignants et les étudiants, pour tous les enfants, pour tous les anciens, pour toutes les femmes, pour tous les hommes, tout pour tous : liberté, justice, démocratie.

Pour nous, les plus petits de ces terres, les sans-visage et sans-histoire, armés de vérité et de feu, qui venons de la nuit et de la montagne, hommes et femmes vrais, morts d'hier, d'aujourd'hui et de toujours… rien pour nous. Tout pour tous.

Si le mensonge revient à la bouche des puissants, notre voix de feu parlera à nouveau, tout pour tous.

Recevez notre sang, frères, que tant de morts ne soient pas vaines, que la vérité regagne nos terres. Tout pour tous.

Liberté ! Justice ! Démocratie !

Respectueusement.

Depuis les montagnes du Sud-Est mexicain.
CCRI - CG de l'EZLN.

49 – AU SUJET DES INDIGÈNES EXPULSÉS

17 février [1]

Aux expulsés de San Juan Chamula [2].
À tous les Indigènes expulsés de leur terre et de leur histoire,
San Cristóbal de las Casas, Chiapas.

Frères :

Nous avons reçu votre lettre du 15 février 1994. C'est avec grand honneur que nous avons accueilli vos propos. Recevez notre humble parole de vérité.

Voici plusieurs jours, le Comité clandestin révolutionnaire indigène - Commandement général de l'Armée zapatiste de Libération nationale s'est réuni afin d'établir la liste des revendications qu'il présentera au Gouvernement suprême. Depuis, les compagnons du CCRI - CG de l'EZLN ont conclu que grande est l'injustice qui habite le cœur des caciques et qu'il est vrai que tous les hommes et les femmes méritent la liberté et le respect de leurs pensées et leurs croyances. C'est pourquoi l'exigence du retour inconditionnel de *tous* les expulsés à leurs terres légitimes et le châtiment de ceux qui oppriment leur propre race et saignent leurs frères occupe une place importante parmi nos revendications, et sur le chemin du monde de justice et de vérité qui devra naître de notre mort.

Votre voix, frères, et *celle de tous les expulsés* parlera à travers la nôtre. Tous les hommes et les femmes ont droit à la liberté, la justice et la démocratie. Lorsque nous aurons obtenu cela, le monde sera devenu monde, et aura cessé d'être cette longue chaîne d'injustices qui lie et opprime notre histoire.

Salut, frères expulsés ! Votre exigence de justice et de respect est notre exigence !

Respectueusement...

Depuis les montagnes du Sud-Est mexicain.
CCRI - CG de l'EZLN.

1 – M. Manuel Camacho annonce que le dialogue entre gouvernement et guérilla commencera le dimanche 20 février, dans un lieu encore non révélé.

2 – En 1974, plusieurs milliers d'Indigènes ont été expulsés de leurs villages, dans la région de San Juan Chamula, pour avoir voulu s'opposer à la suprématie des caciques et à leur religion officielle, bizarre mélange de catholicisme, priisme et syncrétisme indien. Les expulsés, devenus évangélistes, ont perdu tous leurs droits et leurs terres, et n'ont jamais pu revenir. Le conflit se poursuit, plus de vingt ans après. Ils n'y sont jamais revenus.

50 – Hommage aux ONG

20 février

À toutes les Organisations non gouvernementales
du Mexique.

Frères et sœurs :

Le Comité clandestin révolutionnaire indigène - Commandement général de l'Armée zapatiste de Libération nationale s'adresse respectueusement à vous tous pour vous faire parvenir sa parole sincère.

Comme chacun le sait, l'EZLN est réellement disposé à un dialogue juste et vrai. Ce dialogue a lieu dans une zone en conflit, ce qui implique des risques de provocations qui pourraient l'empêcher de se tenir. Il est aussi possible que les délégués des deux parties subissent des attentats à leur liberté ou à leur vie. Afin de réduire les risques, il a été nécessaire de recourir à des personnes honnêtes et vraies pour qu'elles nous aident en formant autour du lieu du dialogue une « ceinture de sécurité » ou « ceinture de paix ».

Nous savons que les nommées Organisations non gouvernementales sont devenues un élément fondamental du mouvement pour une paix digne pour nous qui n'avons rien et qui nous sommes vus obligés de prendre les armes pour qu'on nous considère comme des êtres humains. Les ONG sont restées neutres, leurs efforts de défense des Droits de l'homme pour tous, même quand c'étaient des membres de notre EZLN qui se livraient à des violations de ces droits, constituent pour elles un véritable brevet. Elles se sont en plus sans cesse appliquées à soulager les graves conditions de vie de la population civile.

Si nous avons décidé de confier notre vie et notre liberté aux Organisations non gouvernementales, autant lors du trajet aller et retour que pendant notre présence sur les lieux du dialogue, c'est que nous avons vu en elles l'avenir auquel nous aspirons. Un avenir dans lequel la société civile, avec sa force de justice au service la vérité, rendra inutiles non seulement les guerres mais aussi les armées, et un avenir où les gouvernements, quelle que soit leur tendance politique, seront soumis à la vigilance constante et rigoureuse d'une société civile libre et démocratique.

Notre arrivée sains et saufs sur les lieux du dialogue, nous la devons à la protection et aux précautions de toutes ces bonnes personnes qui, sans rétribution aucune, nous dédient leur temps, leurs efforts et leur travail et qui, au péril de leur propre vie, de leur propre liberté et de leur propre bien-être nous protègent nous, les plus petits de tous les Mexicains.

Pour tout cela, nous vous demandons respectueusementz d'accepter l'hommage qu'adresse l'EZLN à votre labeur. Quel que soit le résultat de ce processus, l'histoire de notre patrie ne retiendra pas tant la voix de nos fusils et de nos morts que l'attitude courageuse des femmes et des hommes, vous tous, qui, sans rien demander en échange et avec pour seule satisfaction le sentiment du devoir accompli, ont tout donné.

Salut, frères des ONG !

Respectueusement.

Depuis les montagnes du Sud-Est mexicain.
CCRI - CG de l'EZLN.

51 – Au PRD

25 février

À Messieurs Mario Saucedo,
Samuel del Villar et Alejandro Encinas,
représentants du Comité exécutif national du PRD [1].

Messieurs :

Je viens de recevoir votre lettre légitimement indignée. Imaginez ma joie de pouvoir, pour la première fois depuis longtemps, répondre immédiatement, sans avoir à attendre que me parvienne votre lettre et que vous revienne ma réponse.

Je comprends votre consternation. Bon, vous étiez (ou du moins certains d'entre vous) présents lorsque nous avons reçu la visite des représentants des partis politiques. Vous avez entendu comment au moins deux d'entre eux se sont lancés dans un concours de réthorique de parti [2], avec l'approbation de leurs coreligionnaires et à notre grande surprise, car nous pensions naïvement qu'ils étaient venus nous écouter, pas nous « discourser » (joli, ce mot-là !).

Lorsque nous avons enfin réussi à échapper à la douce « magie » des paroles de ces messieurs, nous nous sommes retirés en disant ceci : « *Ne nous laissez pas seuls. Et tâchez d'apprendre à écouter.* » Quiconque était présent sur place sait quels ont été les représentants des partis politiques à s'emparer de la « tribune » de la cathédrale. Par interdiction expresse du CCRI - CG de l'EZLN, je ne peux faire d'allusion favorable ou défavorable à AUCUN parti politique, c'est pourquoi, en commentant l'incident lors d'une interview, j'ai parlé « des partis politiques ».

Vous savez qui a agi de la sorte, et vous savez aussi que ça n'était pas vous, alors pourquoi s'angoisser? J'accepte la

---

1 – Voir note p. 65.

2 – Le 22 février, 6 représentants de partis politiques mexicains ont rencontré les Zapatistes, à l'intérieur de la cathédrale. Parmi eux ne figuraient ni le PRI ni le Parti d'action nationale (PAN), opposition de droite.
Réthorique de parti : au Mexique, l'art de faire des discours convainquants est enseigné, dans les écoles, et il y a des concours de réthorique, dont les gagnants se voient aussitôt offrir par "Le Parti" (le PRI) d'alléchantes perspectives de carrière politique.

colère justifiée de votre lettre, mais comprenez que je ne puisse pas désobéir à mes supérieurs, et je ne peux donc pas dire publiquement quels partis politiques ont laissé libre cours à leurs élucubrations. Cependant, je crois pouvoir dire qui ne l'a pas fait : vous.

Salut et plus de post-scriptum, parce qu'ils peuvent avoir des effets inattendus et que nous sommes légèrement fatigués, *c'est-à-dire* (3), on en a plein les bottes.

Respectueusement.

Depuis les montagnes du Sud-Est mexicain.
Sous-commandant Insurgé Marcos.

3 – En français dans le texte. Ndt.

52 – Sur la demande de démission du président CSG (Carlos Salinas Gortari)

26 février [1]

Au peuple du Mexique.
Aux peuples et gouvernements du monde.
À la presse nationale et internationale.

Frères :

Le CCRI - CG de l'EZLN a l'honneur de s'adresser à vous tous avec respect pour dire son mot, ce qu'il a au cœur et dans ses pensées.

Lorsque l'EZLN n'était qu'une ombre furtive dans la brume et l'obscurité de la montagne, lorsque les mots justice, liberté et démocratie n'étaient que cela : des mots. Tout juste un rêve que les anciens de nos communautés, véritables gardiens de la parole de nos morts, nous avaient confié au moment précis où le jour doit laisser place à la nuit, quand la haine et la mort commençaient à gonfler nos poitrines, quand n'y avait plus que le désespoir. Les temps se répétaient, sans issue, sans la moindre porte, sans lendemain, lorsque tout était si injuste, les hommes vrais parlèrent, les sans-visage, ceux qui vont dans la nuit, ceux qui sont montagne, et ils dirent :

« *C'est la raison et la volonté des femmes et des hommes bons que de chercher et de trouver le meilleur moyen de gouverner et de se gouverner, ce qui est bon pour le plus grand nombre est bon pour tous. Mais que ne soient pas*

---

1 – Cinquante-deux jours après le début du conflit, les négociations entre 19 délégués du CCRI – dont 4 femmes – et le commissaire du gouvernement, Manuel Camacho Solís, assisté de plusieurs experts, avec la médiation de Mgr Samuel Ruiz García, ont débuté, le 21 février, dans la cathédrale de San Cristóbal de las Casas. La sécurité des Zapatistes – tous arrivés avec leur sac à dos, le visage couvert par un foulard rouge ou un passe-montagne de laine – est assurée par 500 soldats désarmés, 400 membres de la Croix-Rouge et 300 membres d'ONG. Les Zapatistes, M. Manuel Camacho et Mgr Samuel Ruiz font à présent une déclaration commune dans laquelle ils constatent que le dialogue *"se trouve dans une phase très critique"*. Au cœur des difficultés : la demande de démission du président Carlos Salinas de Gortari, présentée par l'EZLN.

étouffés les voix du petit nombre, qu'elles restent à leur place, à attendre que la pensée et le cœur communient dans la volonté des plus nombreux et avec les avis des moins nombreux ; c'est ainsi que les peuples des hommes et des femmes vrais se développent au-dedans et grandissent, et il n'est pas de force extérieure qui puisse les briser ou détourner leurs pas vers d'autres chemins.

« *C'est notre voie depuis toujours de faire que la volonté du grand nombre s'unisse dans le cœur des hommes et femmes d'autorité. C'est cette volonté majoritaire qui traçait le chemin que devait suivre celui qui commandait. Si ces pas s'écartaient de ce que décidait la raison de nos gens, il fallait changer le cœur qui commandait pour un autre plus obéissant. Ainsi naquit notre force dans la montagne, celui qui commande obéit s'il est vrai, celui qui obéit commande par le cœur commun des hommes et des femmes vrais. Un autre mot est venu de loin pour nommer ce gouvernement, et ce mot a nommé "démocratie" ce chemin qui était le nôtre avant que ne marchent les mots.* »

Ceux qui vont dans la nuit parlèrent :

« *Et nous voyons que le chemin du gouvernement que nous avons nommé n'est plus chemin pour la majorité, nous voyons que ce sont les moins nombreux qui commandent à présent, et qu'ils commandent sans obéir, ils commandent en commandant. Et ces moins nombreux se passent le pouvoir de commander sans écouter les plus nombreux, ils commandent en commandant, les peu nombreux, sans obéir au commandement des plus nombreux. Le peu commande sans raison, le mot venu de loin dit qu'ils commandent sans démocratie, sans mandat du peuple, et nous voyons que l'absence de raison de ceux qui commandent en commandant est celle qui trace la voie à notre douleur, celle qui alimente la peine de nos morts. Et nous voyons que ceux qui commandent en commandant doivent partir au loin pour que la raison et la vérité reviennent sur notre sol. Et nous voyons qu'il faut que ça change et que commandent ceux qui commandent en obéissant, et nous voyons que ce mot venu de loin pour nommer ce mode de gouvernement, la "démocratie", est bonne pour le grand nombre et pour le petit nombre.* »

Les hommes sans visage poursuivirent :

« *Le monde est un autre monde, la raison et la volonté des hommes vrais ne gouvernent plus, nous sommes peu et oubliés, sur nous marchent la mort et le mépris, nous sommes petits, notre parole s'éteint, le silence habite depuis trop longtemps nos maisons, l'heure est venue de parler pour nos cœurs et pour d'autres cœurs, de la nuit; de la montagne, doivent venir nos morts, les sans-visage, ceux qui sont montagne, qu'ils s'habillent de guerre pour que leur voix soit entendue, et puis que leur parole se taise ensuite et qu'ils reviennent à la nuit et à la terre, qu'ils parlent à d'autres hommes et femmes qui vont par d'autres terres, que leur parole soit porteuse de vérité, qu'elle ne se perde pas dans le mensonge. »*

« Qu'ils cherchent les hommes et les femmes qui commandent en obéissant, ceux dont la force est dans la parole, pas dans le feu; une fois qu'ils les auront trouvés, qu'ils leur parlent et leur remettent le bâton de commandement, que retournent à la terre et à la nuit les sans-visage, ceux qui sont la montagne, que se taise la furie du feu si la raison revient sur ces terres, que ceux qui sont la montagne, les sans-visage, ceux qui vont dans la nuit reposent enfin parmi la terre. »

Ainsi parlèrent les hommes sans visage, il n'y avait pas de feu dans leurs mains et leur parole était claire et sans détours. Avant que le jour ne l'emporte à nouveau sur la nuit, ils partirent, et dans la terre sont restés ces seuls mots :

« ÇA SUFFIT ! »

Les hommes et les femmes de l'EZLN, les sans-visage, ceux qui vont dans la nuit, ceux qui sont montagne, ont cherché des mots que les autres hommes pourraient comprendre, et les voici :

Premièrement. – Nous demandons la convocation d'élections véritablement libres et démocratiques, dans l'égalité des droits et des devoirs entre les organisations politiques qui luttent pour le pouvoir, dans la liberté authentique de voter pour l'une ou l'autre proposition, et dans le respect de la volonté majoritaire. La démocratie est le droit fondamental de tous les peuples, indigènes ou pas; sans démocratie, il ne peut y avoir de liberté ni de justice ni de dignité, et sans dignité il n'y a rien.

Deuxièmement. – Pour qu'aient lieu des élections véritablement libres et démocratiques, il faut que le chef de l'Exécutif fédéral se retire, ainsi que les responsables de l'exécutif des États arrivés au pouvoir par fraude électorale ; leur mandat ne provient pas du respect de la volonté des majorités mais de l'usurpation. Par conséquent, il est nécessaire que se forme un gouvernement de transition pour que règnent l'égalité et le respect entre toutes les tendances politiques ; les pouvoirs législatifs fédéraux ou fédérés, librement et démocratiquement élus, doivent assumer leur véritable fonction, celle de faire des lois équitables pour tous et de veiller à leur application.

Troisièmement. – Une autre façon de garantir la tenue d'élections réellement libres et démocratiques serait de concrétiser, dans les grandes lois de la nation et au niveau local, la légitimité de la présence et de l'action de citoyens et de groupes de citoyens qui, sans être membre d'un parti, surveilleraient l'ensemble des élections, sanctionneraient leur légalité et leur résultat, et garantiraient, en tant qu'autorité suprême réelle, la légitimité de tout le déroulement du processus électoral.

Telle est la parole de l'EZLN. Avec la démocratie, la liberté et la justice deviennent possibles. Rien ne fleurit dans la tromperie, tout est possible dans la vérité.

Liberté ! Justice ! Démocratie !

Respectueusement.

Depuis les montagnes du Sud-Est mexicain.
CCRI - CG de l'EZLN.

53 – Liste de revendications de l'EZLN

1er mars

Au peuple du Mexique.
Aux peuples et gouvernements du monde.
À la presse nationale et internationale.

Frères :

Le Comité clandestin révolutionnaire indigène - Commandement général de l'EZLN a l'honneur de s'adresser avec respect à vous tous pour porter à votre connaissance la liste des revendications présentées à la table du dialogue lors des Journées pour la paix et la réconciliation au Chiapas.

« *Nous ne demandons pas l'aumône et ne voulons pas de cadeaux, nous voulons le droit de vivre dans la dignité humaine, l'égalité et la justice, comme nos ancêtres et nos grands-pères.* »

Au peuple du Mexique :

Les communautés indigènes de l'État du Chiapas, soulevées et en armes au sein de l'Armée zapatiste de Libération nationale contre la misère et le mauvais gouvernement, présentent les raisons de leur lutte et leurs principales revendications :

Les causes et les motivations de notre mouvement armé tiennent au fait que le gouvernement n'a jamais apporté de solution réelle aux problèmes suivants :

1 – La faim, la misère et la marginalisation dont nous souffrons depuis toujours.

2 – Le manque absolu de terres à cultiver pour notre survie.

3 – La répression, les expulsions, l'incarcération, la torture et l'assassinat qui sont les réponses du gouvernement aux légitimes demandes de nos communautés.

4 – Les injustices insupportables et les violations répétées des Droits de l'homme commises envers nous, Indigènes et paysans démunis.

5 – L'exploitation brutale dont nous souffrons dans la vente de nos produits, dans nos journées de travail et à l'achat de produits de première nécessité.

6 – L'absence de tous les services indispensables pour la grande majorité de la population indigène.

7 – Les mensonges, tromperies, promesses et arbitrarités des gouvernements depuis plus de soixante ans. L'absence de liberté et de démocratie pour décider de notre destin.

8 – Les lois constitutionnelles n'ont pas été respectées par ceux qui gouvernent le pays ; en revanche, on nous fait payer, à nous, Indigènes et paysans, jusqu'à la plus petite erreur et on fait peser contre nous tout le poids d'une loi que nous n'avons pas faite et que ses auteurs sont les premiers à violer.

L'EZLN est venu dialoguer avec des paroles de vérité. l'EZLN est venu dire son mot sur les conditions qui ont engendré sa juste guerre et demander, à tout le peuple du Mexique, la résolution de toutes ces conditions politiques, économiques et sociales qui nous ont amenés à prendre les armes en défense de notre existence et de nos droits.

Nous demandons par conséquent :

Premièrement. – Nous demandons la convocation d'élections véritablement libres et démocratiques, avec égalité de droits et d'obligations entre les organisations politiques qui luttent pour le pouvoir, avec la liberté réelle de choisir l'une ou l'autre proposition dans le respect de la volonté de la majorité. La démocratie est le droit fondamental de tous les peuples, indigènes ou pas ; sans démocratie, il ne peut y avoir de liberté ni de justice ni de dignité, et sans dignité il n'y a rien.

Deuxièmement. – Pour qu'aient lieu des élections véritablement libres et démocratiques, il faut que le chef de l'Exécutif fédéral se retire ainsi que les chefs des exécutifs des États de la fédération arrivés au pouvoir par fraude électorale ; leur légitimité ne vient pas du respect de la volonté des majorités mais de l'usurpation. Par conséquent, il est nécessaire que se forme un gouvernement de transition pour que règnent l'égalité et le respect entre toutes les tendances politiques ; les pouvoirs législatifs fédéraux ou fédérés, librement et démocratiquement élus, doivent assumer leur véritable fonction, celle de faire des lois équitables pour tous et de veiller à leur application.

Une autre façon de garantir la tenue d'élections réellement libres et démocratiques serait de concrétiser, dans les grandes lois de la nation et au niveau local, la légitimité de la présence et de l'action de citoyens et groupes de citoyens qui, sans être membres d'un parti, surveilleraient l'ensemble des élections, sanctionneraient leur légalité et leur résultat, et garantiraient, en tant qu'autorité suprême réelle, la légitimité de tout le déroulement du processus électoral.

Troisièmement. – Reconnaissance de l'Armée zapatiste de Libération nationale comme force belligérante et de ses troupes comme combattants à part entière et application de tous les traités internationaux régulant les conflits armés.

Quatrièmement. – Nouveau pacte entre les membres de la fédération mettant un terme au centralisme et permettant aux régions, aux communautés indigènes et aux villages de s'auto-administrer, dans l'autonomie politique, économique et culturelle.

Cinquièmement. – Élections générales dans tout l'État du Chiapas et reconnaissance légale de toutes les forces politiques de l'État.

Sixièmement. – Producteur d'énergie électrique et de pétrole, l'État du Chiapas paye un tribut à la fédération sans rien recevoir en échange. Nos communautés n'ont pas l'électricité, les rentrées économiques liées aux exportations pétrolières et aux ventes intérieures n'apportent aucun bénéfice au peuple du Chiapas. Par conséquent, il est primordial que toutes les communes du Chiapas disposent des bienfaits de l'énergie électrique et qu'un pourcentage des revenus de la commercialisation du pétrole du Chiapas soit attribué à des travaux d'infrastructure industrielle, agricole, commerciale et sociale pour le bénéfice de tous les habitants du Chiapas.

Septièmement. – Révision du Traité de libre commerce signé avec le Canada et les États-Unis, puisque en l'état il ne prend pas en considération les populations indigènes et les condamne à mort, faute de toute qualification professionnelle.

Huitièmement. – L'article 27 de la Constitution doit respecter l'esprit originel d'Emiliano Zapata : la terre est aux Indigènes et aux paysans qui la travaillent. Pas aux gros propriétaires terriens. Nous voulons que les grandes quantités de terres entre les mains des fermiers et des propriétaires terriens nationaux ou étrangers, et d'autres qui occupent beaucoup de terre sans être paysans, passent aux mains de nos villages qui en manquent cruellement, ainsi que l'établit notre Loi agraire révolutionnaire. La dotation des terres doit inclure les machines agricoles, les fertilisants, les insecticides, les crédits, l'assistance technique, les semences améliorées, le bétail, des prix justes pour les produits des champs comme le café, le maïs et les haricots. La terre redistribuée doit être de bonne qualité et dotée de routes, de transports et de systèmes d'irrigation. Les paysans qui possèdent déjà des terres ont aussi droit à tous les moyens mentionnés ci-dessus afin que leur soit facilités le travail et l'amélioration de la production. Que soient attribués de nouveaux *ejidos* [1] et que se forment de nouvelles communautés. La réforme saliniste de l'article 27 de la Constitution doit être annulée et le droit à la terre doit réintégrer notre Carta Magna.

Neuvièmement. – Nous voulons que soient construits des hôpitaux dans les chefs-lieux et qu'il y ait des médecins spécialisés et suffisamment de médicaments pour traiter les patients, et des dispensaires dans les campagnes, ainsi qu'une formation et une rémunération dignes pour le personnel médical. Que là où existent déjà des hôpitaux il soit procédé dès que possible à leur réhabilitation, comprenant l'installation d'un service complet de chirurgie. Que l'on construise des dispensaires dans les grandes communautés, et qu'elles soient aussi dotées de médecins et de médicaments pour prêter une assistance plus proche au peuple.

Dixièmement. – Que l'on garantisse aux Indigènes le droit à l'information véridique sur ce qui se passe au niveau local, régional, de l'État, national et international, avec une station de radio indigène indépendante du pouvoir, dirigée par des Indigènes et animée par des Indigènes.

Onzièmement. – Nous voulons que soient construits des logements dans toutes les communautés rurales du Mexique et qu'ils disposent de tous les services nécessaires tels que : l'électricité, l'eau potable, des voies d'accès, l'évacuation, le téléphone, les transports, etc. Et qu'on y trouve aussi les avantages de la ville comme la télévision, le radiateur, le réfrigérateur, la machine à laver, etc. Les communes doivent disposer de centres récréatifs permettant la saine distraction des habitants : sports et culture qui rendent de la dignité à la condition humaine des Indigènes.

Douzièmement. – Nous voulons venir à bout de l'analphabétisme dans les populations indigènes. Pour cela, il nous faut de meilleures écoles primaires et secondaires dans nos communautés, qu'elles disposent de matériel pédagogique

---

1 – Voir note p. 31.

gratuit, et d'enseignants formés diplômés qui soient au service du peuple au lieu de défendre seulement les intérêts des riches. Que dans les chefs-lieux il y ait des écoles primaires, secondaires et préparatoires [2] gratuites, que le gouvernement fournisse aux élèves des uniformes, des chaussures, des repas et tout le matériel nécessaire, gratuitement. Dans les grandes communautés très éloignées des chefs-lieux, il faut des internats du secondaire. L'éducation doit être totalement gratuite, de la maternelle à l'université, et il faut la mettre à disposition de tous les Mexicains, quels que soient leur race, religion, âge, sexe ou appartenance politique.

Treizièmement. – Que les langues de toutes les ethnies soient officielles et que leur enseignement soit obligatoire dans toutes les écoles primaires, secondaires, préparatoires et universitaires.

Quatorzièmement. – Que soient respectés nos droits et notre dignité en tant que peuples indigènes, considérant notre culture et nos traditions.

Quinzièmement. – Nous ne voulons plus être l'objet des discriminations et du mépris que nous, Indigènes, endurons depuis toujours.

Seizièmement. – En tant que peuple indigène, qu'on nous laisse nous organiser et nous gouverner de façon autonome, parce que nous ne voulons plus être soumis à la volonté des puissants du pays ou de l'étranger.

Dix-septièmement. – Que la justice soit administrée par les populations indigènes elles-mêmes, selon leurs coutumes et leurs traditions, sans l'intervention de gouvernements illégitimes et corrompus.

Dix-huitièmement. – Nous voulons un travail digne payé le juste prix pour tous les travailleurs des campagnes et des villes de la République du Mexique, pour que nos frères n'aient pas à se consacrer pour survivre à de mauvaises activités, comme le trafic de drogues, la délinquance et la prostitution. Que soit appliquée la Loi fédérale du travail pour les travailleurs des campagnes et des villes, avec prime de fin d'année, des prestations, des congés payés et un réel droit de grève.

---

2 – Les écoles "préparatoires" couvrent l'équivalent de nos deux années de bac (première et terminale) et préparent à entrer à l'Université. Au Mexique, les élèves de l'école publique portent un uniforme, qui n'est pas fourni.

Dix-neuvièmement. – Nous réclamons un prix juste pour nos produits de la campagne. Pour cela, nous devons pouvoir chercher ou disposer d'un marché où vendre et acheter, sans être soumis aux intermédiaires exploiteurs.

Vingtièmement. – Qu'on en finisse avec le pillage des richesses de notre Mexique et, surtout, du Chiapas, l'un des États les plus riches de la République, mais où la misère et la faim se répandent chaque jour un peu plus.

Vingt et unièmement. – Nous voulons l'annulation de toutes les dettes liées à des crédits, des prêts et des retards d'impôts à gros taux d'intérêt parce qu'ils ne peuvent plus être remboursés, à cause de la grande misère du peuple mexicain.

Vingt deuxièmement. – Nous voulons venir à bout de la faim et de la malnutrition parce qu'elles ont causé à elles seules la mort de milliers de nos frères des campagnes comme des villes. Dans chaque communauté rurale, il doit y avoir des magasins coopératifs, soutenus économiquement par le Gouvernement fédéral, de l'État ou municipal, et où les prix pratiqués soient justes. Il devra en plus y avoir des véhicules, propriétés de la coopérative, pour le transport des marchandises. En outre, le gouvernement devra envoyer de la nourriture gratuite pour tous les enfants de moins de quatorze ans.

Vingt troisièmement. – Nous demandons la libération immédiate et sans condition de tous les prisonniers politiques et des pauvres injustement arrêtés, de toutes les prisons du Chiapas et du Mexique.

Vingt quatrièmement. – Nous demandons que l'Armée fédérale, la Sécurité publique et la Police judiciaire ne pénètrent plus dans les zones rurales, parce qu'elles n'y font qu'intimider, déloger, voler, réprimer et tirer sur les paysans qui s'organisent pour défendre leurs droits. C'est pourquoi nos populations sont fatiguées de la présence des soldats, de la Sécurité publique et de la Police judiciaire, qui sont trop abusifs et répressifs. Que le Gouvernement fédéral renvoie au gouvernement suisse les avions *Pilatus* utilisés pour le bombardement de notre peuple et que l'argent ainsi recueilli soit attribué à des programmes d'amélioration de la vie des travailleurs des campagnes et des villes. Nous demandons aussi que le gouvernement des États-Unis d'Amérique du Nord reprenne ses hélicoptères, parce qu'ils servent à réprimer le peuple mexicain.

Vingt cinquièmement. – La population paysanne indigène s'est soulevée en armes parce qu'il ne lui restait que ses humbles baraques, mais lorsque l'Armée fédérale bombarde les populations civiles, elle détruit ces pauvres maisons et les quelques biens qui s'y trouvent. C'est pourquoi nous demandons et exigeons du Gouvernement fédéral qu'il indemnise les familles ayant subi des dégâts matériels à cause des bombardements ou de l'action des troupes fédérales. Nous demandons aussi que soient indemnisés les veuves et les orphelins de guerre, qu'ils soient civils ou zapatistes.

Vingt sixièmement. – Nous, paysans indigènes, voulons vivre dans la paix et la tranquillité, et qu'on nous laisse vivre selon notre droit à la liberté et à une vie digne.

Vingt septièmement. – Que soit abrogé le Code pénal de l'État du Chiapas parce qu'il ne nous permet pas de nous organiser autrement que par les armes, puisque toute lutte pacifique légale est punie et réprimée.

Vingt huitièmement. – Nous demandons et exigeons que cessent les expulsions d'Indigènes de leur communauté par les caciques soutenus par l'État. Nous exigeons que soit garanti le retour libre et volontaire de tous les expulsés à leur terre d'origine, ainsi que leur indemnisation pour la perte de leurs biens.

Vingt neuvièmement. – Pétition des femmes indigènes : Nous, les femmes indigènes, demandons une solution immédiate à nos besoins urgents, auxquels le gouvernement n'a jamais apporté de solution :

a – Des maternités avec des gynécologues, afin que les femmes indigènes reçoivent les soins médicaux nécessaires.

b – Que l'on installe des garderies dans les communautés.

c – Nous demandons au gouvernement qu'il envoie suffisamment de nourriture pour les enfants dans toutes les communes rurales : du lait, de la maïzena, du riz, du maïs, du soja, de l'huile, des haricots, du fromage, des œufs, du sucre, de la soupe, de l'avoine, etc.

d – Que l'on construise des cuisines et des réfectoires pour enfants dans les communautés, disposant de tous les services.

e – Que soient installés des moulins à maïs et des machines à tortillas dans les communautés, en fonction du nombre de familles qui y habitent.

f – Qu'on lance des projets d'élevage de poulets, de lapins, de moutons, de porcs, etc., et qu'on mette à notre disposition l'assistance technique et vétérinaire nécessaire.

g – Qu'on nous aide à monter des boulangeries, avec les fours et le matériel nécessaire.

h – Nous voulons que soient construits des ateliers d'artisanat disposant des machines et des matières premières.

i – Pour l'artisanat, qu'il y ait un marché où l'on puisse vendre au juste prix.

j – Que l'on construise des écoles où les femmes pourront recevoir une formation technique.

k – Qu'il y ait des crèches et des écoles maternelles dans les communes rurales, où les enfants pourront s'amuser et grandir sains de corps et d'esprit.

l – Qu'en tant que femmes, nous disposions des transports nécessaires à nos déplacements et pour transporter les produits des projets que nous monterons.

Trentièmement. – Nous exigeons les procès politiques de messieurs Patrocinio González Garrido, Absalón Castellanos Domínguez et Elmar Setzer M.

Trente et unièmement. – Nous exigeons qu'on respecte la vie de tous les membres de l'EZLN et qu'on leur garantisse qu'ils n'y aura ni procès pénal ni d'action répressive contre eux, qu'ils soient, combattants, sympathisants ou collaborateurs de l'EZLN.

Trente deuxièmement. – Que tous les groupes et commissions de défense des Droits de l'homme soient indépendants, c'est-à-dire non gouvernementaux, parce que ceux qui dépendent du gouvernement ne servent qu'à cacher les injustices de ce gouvernement.

Trente troisièmement. – Que soit constituée une Commission nationale de la paix dans la justice et la dignité, majoritairement composée de personnes n'appartenant pas au gouvernement ni à quelque parti politique que ce soit. Et que cette Commission nationale de la paix dans la justice et la dignité soit chargée de surveiller le respect des accords auxquels parviendront l'EZLN et le Gouvernement fédéral.

Trente quatrièmement. – Que l'assistance humanitaire aux victimes du conflit soit acheminée par l'intermédiaire d'authentiques représentants des communautés indigènes.

Tant que ces justes revendications de nos populations n'auront pas trouvé de solution, nous sommes disposés et déterminés à poursuivre notre lutte jusqu'à atteindre notre objectif.

Pour nous, les plus petits de ces terres, les sans-visage et sans-histoire, armés de la vérité et du feu, nous qui venons de la nuit et de la montagne, les hommes et femmes vrais, les morts d'hier, d'aujourd'hui et de toujours… rien pour nous. Tout pour tous.

Liberté ! Justice ! Démocratie !

Respectueusement.

Depuis le Sud-Est mexicain.
CCRI - CG de l'EZLN.

54 – Remerciement aux ONG

1er mars [1]

Au peuple du Mexique.
Aux peuples et gouvernements du monde.
Aux organisations non-gouvernementales.
À la presse nationale et internationale.

Frères :

Le Comité clandestin révolutionnaire indigène - Commandement général de l'EZLN a l'honneur de s'adresser à vous avec respect pour dire son mot :

À maintes reprises, nous avons expliqué la grande importance que nous donnons au travail honnête et désintéressé de ce qu'on appelle les Organisations non gouvernementales. Nous voudrions vous parler de nouveau, pour vous remercier d'être restés si longtemps autour de nous dans la ceinture de paix; des personnes bonnes et vraies, venues de diverses parties du Mexique et du monde, ont sacrifié leur temps, leur travail et leur repos pour nous accompagner dans cette première étape du chemin vers la paix juste et digne.

Dans nos rêves, nous avons vu un autre monde. Un monde vrai, un monde radicalement plus juste que celui dans lequel nous vivons à présent. Nous avons vu que ce monde n'avait pas besoin d'armées, qu'y régnaient la paix, la justice et la liberté de façon si naturelle qu'on n'en parlait pas comme de choses lointaines, mais comme qui parle du pain, des oiseaux, de l'air et de l'eau, comme qui dit livre et voix; c'est ainsi que l'on nommait les bonnes choses de ce monde-là. Et dans ce monde régnaient la raison et la volonté de la majorité, et ceux qui commandaient étaient des gens réfléchis, ils commandaient en obéissant; ce monde véritable n'était pas un rêve du passé, il ne nous venait pas de nos ancêtres. C'était un monde avenir, c'était le prochain pas que nous accomplissions. C'est ainsi que nous nous sommes mis à marcher, pour amener ce rêve à notre table, qu'il illumine notre maison, qu'il grandisse dans nos champs, qu'il baigne

1 – Les membres des 80 ONG présentes ont interloqué les témoins : tous volontaires, bénévoles, ils ont été capables de surmonter leurs difficultés budgétaires d'hôtel ou de restaurant, alors que les négociations traînaient en longueur.

le cœur de nos enfants, qu'il éponge notre sueur, qu'il assainisse notre histoire et soit pour tous.

C'est cela que nous voulons. Ni plus ni moins.

À présent, nous allons suivre nos pas jusqu'au fond de notre cœur pour lui demander ce que nous devons faire. Nous retournerons à nos montagnes pour parler la même langue et en même temps que les nôtres.

Merci aux frères qui nous ont protégés tous ces jours, leur pas est déjà parmi les nôtres. Au revoir.

Liberté ! Justice ! Démocratie !

Respectueusement…

Depuis le Sud-Est mexicain.
CCRI - CG de l'EZLN.

55 – Bilan des journées de dialogue

1er mars

Au peuple du Mexique.
Aux peuples et gouvernements du monde.
À la presse nationale et internationale.

Frères :

Le Comité clandestin révolutionnaire indigène - Commandement général de l'EZLN s'adresse à vous avec honneur et respect pour dire son mot :

Premièrement. – L'Armée zapatiste de Libération nationale est venue à cette table avec l'intention réelle de se faire entendre et d'expliquer toutes les raisons qui nous ont obligés à prendre les armes pour ne pas mourir dans l'indignité. Nous sommes venus dialoguer, c'est-à-dire que nous sommes venus parler et écouter. Nous avons dit notre mot au Gouvernement suprême et à toutes les personnes bonnes et honnêtes du monde. Nous avons aussi parlé aux mauvaises gens pour qu'elles entendent la vérité. Certaines ont reçu notre parole, d'autres ont persisté sur le chemin du mépris de nos voix et de notre race.

Deuxièmement. – Nous avons trouvé des oreilles attentives et disposées à écouter la vérité qui sortait de nos bouches. Le dialogue de San Cristóbal a été un vrai dialogue. Il n'y a pas eu de mensonges ni d'hypocrisie, on n'a rien caché à nos cœurs ni aux gens de raison et de bonté. Il n'y a pas eu de vente ni d'achat de dignité. Il y a eu équité pour parler et pour écouter. Il y a eu un dialogue bon et franc.

Troisièmement. – Nous disposons à présent de réponses qui reflètent la volonté réelle de monsieur le Délégué de trouver la paix. Nous avons maintenant l'obligation de bien réfléchir à ce que disent ses paroles. Il nous faut à présent laisser parler le cœur collectif qui nous gouverne. Il nous faut écouter sa voix avant de reprendre le chemin. De là, des nôtres, des Indigènes des montagnes et des vallées, viendra le signal de faire le pas suivant sur ce chemin qui mène à la paix juste et digne, ou ne mène nulle part.

Quatrièmement. – Nous avons trouvé en la personne du Délégué à la paix et la réconciliation dans le Chiapas un homme disposé à écouter nos motivations et revendications.

Il ne s'est pas contenté de nous écouter et de nous comprendre, il a cherché en outre les solutions possibles aux problèmes posés. Nous saluons l'attitude du délégué Manuel Camacho Solís [1].

Cinquièmement. – Nous avons vu chez monsieur le Médiateur national, l'évêque Samuel Ruiz García, le souci sincère et permanent d'aplanir tous les obstacles qui se dressaient sur le chemin de la paix. Avec lui, des hommes et des femmes généreux ont travaillé jour et nuit pour que rien n'interrompe le déroulement du dialogue. Au sacrifice de leur sécurité personnelle, de leur confort et de leur santé, les médiateurs ont fait leur travail, pas entre la guerre et la paix, mais entre deux voix qui tentaient, qui tentent toujours, de se trouver dans la paix et pour la paix. Ces hommes et ces femmes nous ont reçus ; si la tranquillité fleurit sur ces terres, cela se devra, par-dessus tout, à leur travail pacificateur. Nous saluons le sacrifice et le dévouement du groupe de la Commission nationale de médiation, et en particulier monsieur l'évêque Samuel Ruiz García.

Sixièmement. – Cette étape du dialogue est à présent terminée, et le cap est bon. Écartons tous les obstacles afin de poursuivre notre chemin.

Liberté ! Justice ! Démocratie !

Respectueusement.

Depuis le Sud-Est mexicain.
CCRI - CG de l'EZLN.

---

1 – Depuis sa nomination, Manuel Camacho, qui semble avoir noué amitié avec l'évêque de San Cristóbal, a progressivement conquis les délégués zapatistes et créé un climat de sincérité assez exceptionnel dans une négociation. Mais en même temps, la qualité de ce dialogue l'a mis peu à peu en porte-à-faux avec les instances officielles qui le légitiment (la présidence de la République, le PRI, les ministères, la police et l'armée fédérale) … D'autant que sa popularité monte dans le pays, et que l'on reparle de lui pour se présenter… contre le candidat officiel du PRI aux prochaines présidentielles.

56 – Pour qu'il n'y ait plus besoin de soldats

6 mars 1994

À l'enfant Miguel A. Vásquez Valtierra,
La Paz, Basse-Californie du sud.

Miguel :

Ta maman m'a remis ta lettre et la photo où tu es avec ton chien. Je profite que ta maman est sur le chemin du retour pour t'écire ces lignes empressées que, peut-être, tu ne pourras pas comprendre encore. Pourtant, je suis sûr qu'un jour comme celui où je t'ai écrit ce que je te mets ici, tu comprendras qu'il est possible qu'existent des hommes et des femmes comme nous, sans visage et sans nom, qui abandonnent tout. Même la vie, pour que d'autres (des enfants comme toi qui ne sont pas come toi) puissent se lever tous les matins sans avoir de mots à taire ni de masques à mettre pour affronter le monde. Lorsque ce jour viendra, nous, les sans-visage et sans-nom, pourrons nous reposer, enfin, sous terre… bel et bien morts, ça oui, mais contents.

Notre profession : l'espérance.

Le jour se meurt presque déjà, obscur quand il s'habille de nuit et qu'il vient faire naître le jour suivant, d'abord avec son voile noir puis avec le gris ou le bleu, selon que le soleil aura envie ou pas d'éclairer la poussière et la boue sur notre chemin. Le jour se meurt presque déjà dans les bras nocturnes des grillons, et alors me vient l'idée de t'écrire pour te dire quelque chose au sujet de cette histoire de « professionnels de la violence » qu'on nous a tant jetée à la tête.

Il se trouve que c'est vrai, nous sommes des professionnels. Mais notre profession, c'est l'espérance. Nous avons décidé un beau jour de devenir des soldats pour qu'un jour il n'y ait plus besoin de soldats. C'est-à-dire que nous avons choisi un métier suicidaire parce que c'est un métier dont l'objectif est de disparaître : des soldats qui sont soldats pour qu'un jour plus personne n'ait besoin d'être soldat. C'est clair, non? Alors il se trouve que nous, ces soldats qui veulent cesser de l'être, nous avons quelque chose que les livres et les discours appellent « patriotisme ». Parce que cette chose qu'on appelle patrie n'est pas une idée qui erre parmi les lettres et les livres, mais ce grand corps de chair et d'os, de honte et de souffrance, de douleur et d'espoir que tout change, enfin, un beau jour. Et la patrie que nous voulons devra naître aussi de nos erreurs et maladresses. De nos cadavres et de nos corps brisés devra s'élever un monde nouveau. Le verrons-nous? Est-ce important de savoir si nous le verrons? Je crois que ça n'est pas aussi important que d'avoir la certitude qu'il naîtra et que pour ce long et douloureux accouchement de l'histoire nous avons tout donné : vie, corps et âme. Amour et douleur, qui ne font pas que rimer [1], mais qui fraternisent et marchent ensemble. C'est pour cela que nous sommes des soldats qui veulent cesser d'être des soldats. Mais il se trouve que, pour qu'il n'y ait plus besoin de soldats, il faut se faire soldat et prescrire une quantité discrète de plomb, du plomb chaud qui écrit liberté et justice pour tous, pas pour un seul ou quelques uns, mais pour tous, tous, les morts d'autrefois et de demain, les vivants d'aujourd'hui et de toujours, tous ceux que nous appelons peuple et patrie, les sans-rien, les éternels perdants toujours avant demain, les sans-nom, les sans-visage.

Et il est très simple d'être un soldat qui veut qu'il n'y ait plus besoin de soldats, il suffit de répondre avec fermeté au petit bout d'espérance qu'en chacun de nous déposent les plus nombreux, ceux qui n'ont rien, ceux qui auront tout. Pour eux et pour ceux restés en chemin, pour une raison ou une autre, toutes injustes. C'est pour eux qu'il faut essayer vraiment de changer et d'être meilleurs chaque jour, chaque soir, chaque nuit de pluie et de grillons. Accumuler la haine et l'amour avec patience. Cultiver l'arbre féroce de la haine de l'oppresseur avec l'amour qui combat et libère. Cultiver l'arbre puissant de l'amour qui est vent qui nettoie et assainit, pas l'amour petit et égoïste, le grand, oui, celui qui améliore et grandit. Cultiver entre nous l'arbre de la haine et de l'amour, l'arbre du devoir. Et mettre dans cette culture toute la vie, le corps et l'âme, le souffle et l'espérance. Grandir, donc, grandir et se grandir pas à pas, échelon après échelon. Et dans ces montées et descentes de rouges étoiles, ne rien redouter, ne rien redouter si ce n'est de se rendre, de

1 – En espagnol bien-sûr.

s'asseoir sur une chaise pour se reposer tandis que d'autres continuent, de reprendre son souffle tandis que d'autres se battent, de dormir tandis que d'utres veillent.

Abandonne, si tu en as, l'amour de la mort et la fascination du martyre. Le révolutionnaire aime la vie sans craindre la mort, et il cherche une vie digne pour tous, et s'il doit pour cela payer par sa mort il le fera sans drames ni hésitations.

Reçois ma meilleure accolade et cette tendre douleur qui sera toujours espérance.

Salut, Miguel.

Depuis les montagnes du sud-est mexicain.
Sous-commandant insurgé Marcos.

PS Ici, nous vivions plus mal que les chiens. Nous avons dû choisir : vivre comme des animaux ou mourir en hommes dignes. La dignité, Miguel, est la seule chose qu'il ne faut jamais perdre… jamais.

57 – Aux « Authentiques » [1]

15 mars [2]

« Il est douloureux de voir que
l'on corrompt les authenticités. »

À la presse nationale et internationale.

Messieurs :

Je vous ai manqué ? Eh bien me voici de nouveau, quoique pas si nouveau que ça. Il est difficile de procéder à des consultations sur la paix avec les ombres menaçantes qui planent sur San Cristóbal. Nous sommes attentifs, davantage à la voix qui partage nos objectifs qu'à celle de ceux qui veulent d'éternels privilèges et injustices. Il est douloureux de voir que l'on corrompt même les « authenticités ». Vous voulez plus de guerre pour faire entendre la paix ? Admettez-le, *coletos*, vous étiez plus heureux avec nos troupes dans les murs de votre orgueilleuse cité royale, qu'à présent que vous vous armez de peur. Tirez les leçons de cette lutte armée de honte...

Salut et bonne chance pendant les Ides de mars [3].

Depuis les montagnes du Sud-Est mexicain.
Sous-commandant Insurgé Marcos.

---

1 – Les "authentiques" sont les habitants de San Cristóbal qui se considèrent comme uniques véritables *coletos* (voir note p. 45), par opposition aux Indigènes et autres fauteurs de troubles "venus d'ailleurs". Excédés par les événements, ils ont exigé, lors de violentes manifestations, que l'on agisse contre la guérilla, l'exil de Mgr Ruiz et la fermeture du journal *Tiempo*.

2 – Les négociations se sont clôturées le 2 mars 1994. Après lecture, par un délégué zapatiste des trente-quatre points présentés dans leur première version, M. Salcedo Aquino (l'un des assistants de Manuel Camacho) a lu le "consensus" auquel, d'après lui, est parvenu le dialogue. Au petit matin du 3, avant le lever du jour, les délégués zapatistes repartaient en trois caravanes, accompagnés par M. Camacho et Mgr Ruiz, escortés par des voitures de journalistes pour garantir la sécurité du retour.

3 – Un oracle avait averti Jules César de se méfier des "Ides de Mars". A cette date, en effet, il fut assassiné. S'ensuivirent des années de guerre civile. Cette allusion de Marcos, quelques jours avant l'assassinat de Luis Donaldo Colosio et le regain de violence dans le pays, a beaucoup intrigué, voire impressionné, les éditorialistes mexicains. Ndt.

PS de la nostalgie immédiate (?)

Section : Images d'hier (?) de la guerrilla.

I. Mon travail avait déjà des reflets de « transcendance historique » : Je prenais soin d'un petit *saraguato* [4] qui, comme devraient le faire TOUS les petits, ne respectait aucune autorité. Ignorant ma fière allure militaire et l'étoile rouge qui avait déjà perdu un peu de sa couleur sur ma poitrine (et qui disait au reste du déjà puissant EZLN, c'est-à-dire les six autres, qu'il y avait là un lieutenant d'infanterie), le petit *saraguato* (nous avons toujours soupçonné que c'était « une » et pas « un ») s'appliquait toujours à monter par ma poitrine jusqu'à mon épaule droite où il chiait à chaque fois que l'envie lui en prenait. Raúl, le plus grand d'entre nous dans tous les sens, nous instruisait. Lucha chantait des tangos en veux-tu, en voilà, toute l'après-midi, des heures de tango et de cigales. Les provisions s'épuisaient. Nous marchions en sachant ce qui allait venir. Nous étions déjà invincibles et petits. Janvier était encore loin… L'année ? 1984 (Ça vous rappelle quelque chose ?) Le Chapelier fou et le Lièvre de Mars chantaient :

> « Je te souhaite un Joyeux non-anniversaire,
> à toi, à toi,
> Puisque aujourd'hui n'est pas ton anniversaire
> Il nous faudra donc le fêteeeer
> *et cetera* (bis)… »

Alice a réussi à sortir. Nous sommes encore ici…
Nous chantons toujours…

II. C'était en 1987 et j'étais capitaine en second d'infanterie, et, entre nous, il y avait la Patrie qui pouvait être, par exemple, un poème :

PROBLÈMES

> « Cette histoire de Patrie
> C'est difficile à expliquer,
> Mais il est plus difficile de comprendre
> Cette histoire d'amour de la Patrie.

---
4 – Petit singe. Ndt.

« Par exemple,
on nous a appris que l'amour de la Patrie c'est,
par exemple,
saluer le drapeau,
se lever en entendant l'Hymne national,
se saouler à volonté quand perd la sélection
nationale de football
à volonté se saouler quand gagne la sélection
nationale de football

et quelques *et cetera* qui changent si peu
de sexennat en sexennat.

« Et, par exemple,
on ne nous a pas appris que l'amour de la Patrie
pouvait être
par exemple,
siffloter comme quelqu'un qui s'éloigne,
mais,
derrière cette colline il y a aussi
la Patrie
et personne ne nous voit
et nous nous affranchissons
(parce que l'on ne s'affranchit que lorsque personne
ne nous voit)
et nous lui disons
(à la Patrie),
par exemple,
à quel point nous la haïssons,
et à quel point nous l'aimons
et ça, il vaut toujours mieux le dire,
par exemple,
à coups de feu et avec le sourire.

« Et, par exemple,
on nous a appris que l'amour de la Patrie c'est,
par exemple,
porter un chapeau de *charro*, [5]
connaître les noms des *niños héroes*, [6]

5 – Chapeau folklorique à larges ailes et clous dorés.
6 – "Enfants-héros", six cadets de l'école militaire mexicaine qui perdirent la vie lors de l'assaut du château de Chapultepec par les troupes américaines, le 13 septembre 1847. Ndt.

crier « *Viva – Arriba México!* »
même si le Mexique est À-bas – Mort.
et d'autres *et cetera* qui changent si peu de sexennat
en sexennat.

« Et, par exemple,
on ne nous a pas appris que
l'amour de la Patrie
peut être,
par exemple,
de se taire comme celui qui se meurt,
mais non,
sous cette terre il y a aussi la Patrie
et personne ne nous entend
et nous nous affranchissons
(parce qu'on s'affranchit toujours alors que
personne ne nous entend)
et nous lui racontons
(à la Patrie)
l'histoire petite et dure
de ceux qui toujours moururent pour l'aimer
et qui ne sont pas là pour me donner raison,
mais ils me la donnent sans être là,
ceux qui nous ont appris
que la Patrie doit être aimée,
par exemple,
à coups de feu et avec le sourire. »

PS qui se retire sous une agréable bourrasque – Ce mois de mars, comme tout le reste, est déconcertant. Prenez soin de vous, si c'est possible. Voilà.

Subc. I. Marcos.

58 – Il n'y a pas eu d'accord, juste un dialogue

15 mars

Au peuple du Mexique.
Aux peuples et gouvernements du monde.
À la presse nationale et internationale.

Frères :

Le Comité clandestin révolutionnaire indigène - Commandement général de l'EZLN a l'honneur de s'adresser respectueusement à vous pour dire son mot :

Premièrement. – Le Gouvernement fédéral, usurpateur hier de la volonté populaire, se remet à mentir sur ce qui s'est passé lors du Dialogue de San Cristóbal de las Casas, Chiapas. Le mauvais gouvernement parle d'« accords », là où il n'y a eu que dialogue. Les puissants usurpent à présent la vérité et tentent de tromper le peuple en disant que la paix ne dépend plus que d'une signature.

Deuxièmement. – On cherche à escamoter les causes fondamentales de notre soulèvement en remplaçant la réalité du Dialogue par le mensonge sur les « accords ». Le CCRI - CG de l'EZLN n'est parvenu à aucun accord avec le Gouvernement fédéral. Il n'a rien négocié si ce n'est pas les modalités du Dialogue. Et il n'a passé aucun accord avec le mauvais gouvernement qui ment depuis si longtemps.

Troisièmement. – Le CCRI - CG de l'EZLN indique que conclure la première étape du Dialogue par des mensonges est le meilleur moyen de faire échouer la paix. Nous n'aurons pas confiance en un gouvernement qui, même lorsqu'il ne s'agit que de faire des propositions, ment. Si le Gouvernement suprême veut présenter les documents de San Cristóbal comme des « accords », qu'il prenne alors la liste des revendications de l'EZLN comme « accord » et que, par la démission du chef de l'Exécutif fédéral, soit garantie la démocratie lors des prochaines élections.

Quatrièmement. – Le CCRI - CG de l'EZLN demande respectueusement à la presse honnête nationale et internationale de ne pas se prêter à ce jeu truqué par l'usurpateur et qu'elle rende compte, dans la vérité et l'objectivité, de ce qui a lieu dans la phase actuelle du Dialogue.

LIBERTÉ ! JUSTICE ! DÉMOCRATIE !

Respectueusement.

Sous-commandant Insurgé Marcos.
Depuis les montagnes du Sud-Est mexicain.
CCRI - CG de l'EZLN.

59 – Sur l'assistance juridique à l'EZLN

15 mars

Au peuple du Mexique.
Aux peuples et gouvernements du monde.
À la presse nationale et internationale.

Frères :

Le Comité clandestin révolutionnaire indigène - Commandement général de l'Armée zapatiste de Libération nationale a l'honneur de s'adresser respectueusement à vous pour dire son mot :

Depuis la phase préalable au Dialogue de San Cristóbal, le CCRI de l'EZLN a sollicité une assistance juridique pour consultation au sujet de divers problèmes posés à notre armée par le processus de guerre et le processus de paix. Nous n'avons pas reçu de réponses immédiates. Le bien-fondé de notre cause se noyait dans les calomnies et les méfiances. Seule, une réponse nous est parvenue à ce moment, celle des frères de la Coordination nationale d'action civique pour la Libération nationale (CONAC-LN), qui nous a offert le soutien de sa commission juridique.

Nous avons salué ce geste et accordé notre confiance à ces gens. Ils feront tout leur possible pour nous appuyer dans les aspects juridiques. Nous en avons grand besoin. Nous saluons le dévouement et le désintérêt des frères de la CONAC-LN et nous nous adressons au peuple mexicain pour confirmer ce que nous leur avons déjà écrit, à savoir que toutes les affaires juridiques et légales de notre Armée zapatiste de Libération nationale sont confiées au cabinet juridique de la Coordination nationale d'action civique pour la Libération nationale.

LIBERTÉ ! JUSTICE ! DÉMOCRATIE !

Respectueusement.

Depuis les montagnes du Sud-Est mexicain.
Sous-commandant Insurgé Marcos.
CCRI - CG de l'EZLN.

60 – Le gouvernement se remet à mentir

15 mars

« Ombres d'une tendre fureur,
nos pas vêtiront ceux qui n'ont rien. »

Au Conseil Chiapanèque des Organisations
indigènes et paysannes (CEOIC).
Au peuple du Mexique.
Aux peuples et gouvernements du monde.
À la presse nationale et internationale.

Frères :

Le Comité clandestin révolutionnaire indigène - Commandement général de l'EZLN a l'honneur de s'adresser respectueusement à vous pour dire son mot :

Le Gouvernement fédéral, usurpateur hier de la volonté populaire, se remet à mentir sur ce qui s'est passé lors du Dialogue de San Cristóbal de las Casas, Chiapas. Le mauvais gouvernement parle d'« accords », là où il n'y a eu que dialogue. Ne vous laissez pas conduire au mensonge. Frères : les puissants détournent à présent la vérité et tentent de nous tromper en prétendant que la paix n'est plus qu'une question de signature.

Comment pourra-t-il y avoir de paix si les responsables de la guerre continuent à revendiquer la perpétuation de nos misères ? La superbe qui habite les palais du gouvernement et les maisons des seigneurs du grand commerce et de la terre continue de crier à la guerre et à la mort de notre race. Ils ne tolèrent pas que le sang indigène soit égal à celui des blancs, nous cherchons à entrer dans le pays et ils nous en empêchent, payant à présent de mépris et de moqueries la marche de nos morts.

S'ils parlent avec mépris, comment pourra-t-il y avoir de paix sur ces terres ? S'ils font taire et assassinent nos frères, comment pourrons-nous demander à notre cœur collectif s'il est temps que la paix passe, tenant la dignité par la main, la porte de nos terres démunies ? On veut nous acculer à nouveau pour nous soutirer une reddition; sur la mort dc notre dignité, ils veulent nous ramener à la paix qui est une guerre pour les nôtres. Nous ne le ferons pas, nous ne nous rendrons pas. S'ils nous refusent une paix juste et digne, nous, hommes et femmes de l'ombre, revêtirons à nouveau les habits de la guerre; notre fureur naîtra cette fois de la tromperie, les machettes justicières s'aiguisent à nouveau, nos terres se remettent à sentir la poudre.

Nous sommes des ombres d'une tendre fureur, nos pas couvriront à nouveau le ciel, et vêtiront de leur manteau protecteur les dépossédés et les hommes et les femmes bons, qui savent que la justice et la paix peuvent aller main dans la main. Si l'on nous refuse nos droits, alors notre tendre fureur pénétrera les fières demeures, il n'y aura pas une muraille infranchie, pas une porte qui ne cède, pas une fenêtre qui ne se brise, pas une cloison qui ne s'écroule. Notre ombre sera porteuse de douleur pour ceux qui appellent à la guerre et à la mort de notre race. Il y aura davantage de pleurs et de sang pour que la paix prenne place à notre table avec la bonté.

Nous, les ombres de tendre fureur, donnerons à nouveau de notre voix pour qu'elle soit entendue et que cessent une fois pour toutes les mensonges. Le « Ça suffit! » de notre premier appel n'a pas suffi, la terre ne parvient pas à refleurir du sang de nos morts. Les hommes et femmes de tendre fureur devront se remettre en marche, nos morts se relèveront, on entendra à nouveau l'histoire de notre cœur endolori, pour que prennent fin la tromperie et le mensonge, que périsse enfin la superbe sur ces terres mexicaines. Que reviennent à nous les hommes et les femmes-nuit et, revêtus du sombre manteau de la tendre fureur, qu'ils parlent de la voix de tous afin de faire taire tant de mensonges.

Que ne parle plus la bouche des puissants, il n'en sort que venin et pourriture, que se taisent le mensonge et ses détours.

Qu'à présent parlent nos frères qui vont par d'autres chemins, pour porter notre douleur sous de nouveaux soleils. Que s'élève la voix de nos frères du CEOIC, que tous les Indigènes de ces terres disent leur mot, que ne se taise pas le pauvre paysan, que crie l'ouvrier de la ville, que ce chant guerrier n'oublie pas la voix des enseignants et des étudiants, des employés et des petits à tous les sens du terme.

Ne laissez pas ce lourd drapeau entre nos seules mains. Que tous prennent en charge de le lever. Changeons tous la terre qu'il représente. Frères mexicains, n'oubliez pas cette voix des montagnes. Elle est encore toute petite, la lumière que donnent nos morts. Apportons tous nos lumières, brisons enfin cette nuit de honte. Il est temps que le jour se lève.

Que parle la vérité. Que s'exprime à présent sa voix, que son pas soit ferme. Nous, sans visage et sans passé, écoutons, le cœur et la parole ouverts. Que s'exprime la parole de tout un chacun, que se taisent encore nos hommes et femmes, que le silence demeure encore dans l'ombre de tendre fureur.

Que notre sommeil veille sur vos pas. Afin que rien de mauvais ne vous arrive, que de mauvaises ombres ne vous menacent pas, pour vous, frères, notre cœur et notre feu restent alertes, pour que vous alliez dans le bien, et pour que règne enfin cette furieuse tendresse sur ces terres.

La paix n'est pas possible dans le mensonge. La paix naît dans la liberté, grandit dans la justice et se montre digne pour tous dans la démocratie.

Salut, frères du CEOIC !

Salut, frères indigènes !

Salut, frères mexicains ! Marchez sans crainte, levez la tête et avancez. Nos armes protègent déjà votre chemin…

LIBERTÉ ! JUSTICE ! DÉMOCRATIE !

Respectueusement.

Depuis les montagnes du Sud-Est mexicain.
CCRI - CG de l'EZLN.
Sous-commandant Insurgé Marcos.

61 – Aux manifestants de Mexico

19 mars

Au Conseil des Organisations
indigènes et paysannes (CEOIC) :
À toutes les Organisations
indigènes et paysannes honnêtes du Mexique.
Au peuple du Mexique.

Frères :

Le Comité clandestin révolutionnaire indigène - Commandement général de l'EZLN vous demande respectueusement d'accepter cet humble salut de nos combattants, depuis les montagnes du Sud-Est mexicain.

Nous avons brandi nos armes et levé nos fronts pour dire au gouvernement usurpateur que nous sommes fatigués de tant de mensonges. On nous a servi une grande comédie ces dernières années, et voici qu'ils veulent la couronner du masque d'une paix humiliante. Nous n'en voulons pas, nous connaissons cette paix depuis cinq cents ans, nous en connaissons le prix et son maigre bénéfice pour notre sol et nos gens. À nos montagnes veut à présent arriver celui qui n'y est jamais venu ; ils veulent nous acheter en nous faisant l'aumône, en échange de quoi nous devrions laisser seuls nos frères d'autres terres et d'autres couleurs ; ils veulent acheter notre lutte et notre sang avec des simulacres de justice, des bribes de liberté et des promesses de démocratie.

Nous voulons saluer votre démarche, nous les plus petits, les sans-visage. Nous voulons vous demander, puisque vous êtes déjà là-bas devant le superbe palais de l'usurpateur et du mauvais gouvernement, de lui dire, s'il vous plaît, que les Zapatistes ne sont pas à vendre, que les Zapatistes ne trahissent pas, que les Zapatistes ne se rendent pas. Expliquez vous-mêmes au mauvais gouvernement en quoi consiste le fait d'être zapatiste, éclaircissez-lui l'esprit, criez la vérité avec nous. Prenez notre voix, frères, pour parler à tous les Mexicains. Dites-leur qu'à nos dispositions pour la paix, le Gouvernement suprême répond par des messages de guerre, qu'à notre vérité il oppose le mensonge, qu'il continue de nous arrêter injustement. Qu'il continue de remplir ses prisons de chair indigène, que notre sang continue d'abreuver ces terres. Le gouvernement ment ! Il continue de faire la guerre à notre cause, la blancheur de ses mains est illusoire puisqu'elles sont tachées du sang de nos frères.

Frères indigènes de ces terres mexicaines, paysans pauvres dans votre chair mais riches en honneur et en dignité, acceptez cette démarche si éloignée des villes et des oripeaux, recevez notre salut, emplissez vos cœurs de notre chant. Écoutez, frères, la montagne vous parle. Portez sa voix à ceux qui n'ont rien. Que se soulèvent toutes les terres du Mexique.

Salut, frères du CEOIC !

Salut, frères indigènes !

Salut, frères mexicains !

LIBERTÉ ! JUSTICE ! DÉMOCRATIE !

Respectueusement.

Depuis les montagnes du Sud-Est mexicain.
CCRI - CG de l'EZLN.
SCI Marcos.

62 – « Et quand ces orgueilleux comprendront ce qu'ils ont provoqué... »

19 mars

«... Ne sera-t-il pas trop tard ? »

À Concepción Villafuerte Blanco, directrice de *Tiempo* [1].
San Cristóbal de las Casas, Chiapas, Mexique.

De la part du Supmarcos.

J'aurais aimé, vraiment, discuter avec vous. Sans interview, sans magnétophones ni notes (cloisons féroces et infranchissables). Nous pourrions, simplement, parler de la chaleur qu'il fait, de la façon dont ces fourmis s'obstinent (nous ?) à suivre leur chemin, du soleil qui assèche les espoirs de paix, de l'angoisse qui se loge à présent sous l'ongle du petit doigt de la main droite, du désespoir qui se niche sous l'ombre de cet arbre à présent dressé devant vous. Nous pourrions aussi rire, faire comme si nous nous connaissions depuis longtemps, nous souvenir de personnages dont, n'ayant pas de relations communes, nous inventerions l'existence... Vous souvenez-vous de ce fripier qui arriva, avec au visage à peine un sourire perdu entre toutes ces croûtes, et le chagrin ? Vous souvenez-vous de son chant ? Vous souvenez-vous de ce qu'il criait ? Et de ce qu'il disait ? Non ? Voici... c'était quelque chose comme... « Voici venir le temps des petits ! Vendez vos vêtements usés ! J'échange vieux habits contre espoir ! Petits bouts de lendemain contre chaussettes trouées ! »... Ça n'était pas ça ?... Je pourrais presque le jurer... Bon, eh bien, inventons un autre personnage commun... oui, quelqu'un qui n'ait pas de visage... oui, comme tous ces Indigènes qui déambulent sans le moindre espoir dans les rues tordues de San Cristóbal... Vous vous en souvenez ? Ils continuent de marcher sans espoir ? Vous avez remarqué cette nouvelle lueur dans leur regard ? Vous voyez à quel point ils ressemblent au fripier ?... Bon, d'accord... asseyons-nous un moment...

1 – Voir note p. 142.

Dites-moi, sincèrement : Cela a-t-il valu la peine? Est-ce qu'il a valu la peine d'effacer nos visages, nos noms et notre passé? A-t-il valu la peine de mourir comme nous sommes morts?... A-t-il valu la peine de tout laisser derrière nous pour nous remplir l'âme de vert et de marron? Vous savez une chose?... Nous le referions... tout... tout pour cette nouvelle lueur qui habitait hier le fripier et que partagent aujourd'hui tant de visages gris, tout neufs à présent.

Oui, je sais qu'il est temps de partir... C'est ça, à chacun son devoir... oui, je sais que c'est pareil... Prenez grand soin de vous et, dès que ce sera possible, venez faire un tour par ces terres ou ce qu'il en restera. Asseyez-vous à l'ombre d'un arbre quelconque et attendez le soir. J'arriverai avec les premières ombres, je m'assoirai devant vous et nous ne dirons rien... vous verrez, ce ne sera pas nécessaire... parfois les paroles dérangent et parfois elles aident. Qu'il en soit ainsi.

Bon, saluez toute l'équipe de *Tiempo* et ses annexes.

Montagnes du Sud-Est mexicain.
Sous-commandant Insurgé Marcos.

PS – Permettez-moi de vous faire un premier et peut-être dernier cadeau. Quelque chose qui explique, sans le moindre doute, la relation entre...

BOTTES ET SOLDATS

Une botte peut parfaitement ressembler à une botte.
Surtout si on la regarde de face, du dessous et de côté.
Mais,
si on la regarde de l'intérieur,
alors...
une botte est une chaussure
qui a voulu embrasser la jambe
ou un morceau de pantalon
dur et obscur
qu'elle a oublié.
Une botte est un morceau
de sol qui s'est collé
sur les chemins

ou à peine un lambeau
de souvenirs d'une botte.
Une botte est parole,
crayon et gomme féroce
sur le sol.
Une botte est une barque,
mer et voiles comprises.
Une botte est cœur entraînant
courant derrière une autre botte.
Une botte est histoire à raconter
entre pieds endoloris.
Une botte est un escalier
qui regarde toujours vers le bas
et c'est aussi un nuage
qui se traîne somnolent.
Une botte est une chanson
qui va diminuant.
Une botte peut être
une chaîne cruelle pour tant
de pauvre chair
ou un petit bout d'espoir
qui croît du dessous
jusqu'à demain.
Une botte peut toujours être une botte,
mais la vérité c'est que
une botte est une botte
qui s'est trompée de chemin
et qui rêve d'être un jour
ce que toute botte doit être :
un pied nu.
Et nous,
comme les bottes,
sommes soldats par la nécessité de voir
qu'un jour
les hommes n'auront plus besoin de soldats,
et que les bottes redeviennent
ce que toute botte doit être :
un pied nu.

PS « authentique » – Et lorsque ces arrogants seigneurs comprendront ce qu'ils ont provoqué… ne sera-t-il pas trop tard ?

63 – Lettres à des enfants et l'histoire de Paticha

20 mars

À l'hebdomadaire national *Proceso*.
Au journal national *La Jornada*.
Au journal local de SCLC, Chiapas, *Tiempo*.

Messieurs :

J'ai vu l'autre jour que vous avez publié une lettre que j'ai envoyée à un enfant de Basse-Californie méridionale. Je me demande si vous pourriez m'aider à faire en sorte que la lettre ci-jointe parvienne à ses destinataires dans les États de Chihuahua et du Chiapas. Je sais que vous manquez de place et que vous croulez sous les lettres anonymes menaçantes, c'est pourquoi je ne vous demande pas de la publier : avancez-moi seulement quelques timbres et quelques enveloppes et un peu d'encre pour écrire le nom et l'adresse des destinataires sur l'enveloppe protectrice et discrète. Ne mettez pas d'expéditeur, rappelez-vous que nous n'existons pas, nous sommes « en formation ». Je promets solennellement de rembourser le montant de cette importante dépense en vous demandant encore d'autres timbres et d'autres enveloppes. Enveloppes? Attention : toujours mettre sur l'enveloppe « Expéditeur en formation ».

Salut, merci et, pourquoi pas?, encore une lettre anonyme, histoire que vous ne perdiez pas l'habitude.

Depuis les montagnes du Sud-Est mexicain.
SCI Marcos.

PS – Pas de post-scriptum aujourd'hui. De rien.

PS – **Si, quand même** – Il y a une lettre où sont « compactées » (c'est comme ça qu'on dit aujourd'hui?) les trois lettres, c'est celle qui servira aux archives-donnée insolite-publication éventuelle, etc. Séparément, il y a une lettre pour chacun des destinataires, ce sont celles qui doivent (je vous en supplie) être enterrées dans la boîte aux lettres, après inhumation dans l'enveloppe, qui portera la lapidaire mention du destinataire (ne pas oublier ce qui concerne l'expéditeur expliqué plus haut), et arborant un timbre délicatement collé, (timbre postal, parce que les autres, il vaut mieux pas).

Jorge Antonio :

J'ai reçu ta lettre et le poème que tu m'as envoyé. Tu me dis que quand tu auras quinze ans tu comptes venir rejoindre l'Armée zapatiste de Libération nationale. Tu as aujourd'hui dix ans, ce qui, d'après ton livre de mathématiques, veut dire qu'il reste cinq ans. Si dans cinq ans il est nécessaire dans ce pays que les jeunes de quinze ans prennent une arme pour faire valoir leurs droits plutôt que d'étudier, cela voudra dire qu'on nous aura laissés seuls pendant cinq ans, c'est-à-dire : aujourd'hui. J'ai beaucoup aimé le poème que tu as écrit.

Román :

J'ai reçu aujourd'hui ta lettre du 28 février. Nous aussi apprécions trop tous les enfants du Mexique. Pour eux, pour toi, nous luttons. Merci pour le soutien que, selon toi, nous accorde toute (? !) la capitale de l'État de Chihuahua.

Jeunes étudiants du secondaire de Chihuahua :

Je crois qu'il est difficile de vous appeler « les enfants ». En troisième année de secondaire [1], on est tout sauf un « enfant ». Quoi qu'il en soit, le plus adéquat sera de dire « étudiants ». Bon. Étudiants de Chihuahua, j'ai reçu votre lettre composée d'extraits de lettres particulières que vous m'avez écrites. Tous ceux qui vont dans ces montagnes vous remercient pour ce que vous nous écrivez. Il n'y a pas grand-chose, voire rien, que nous puissions faire pour vous rétribuer des points de vue que vous exprimez.

À vous tous, à Jorge Antonio, à Román, aux élèves de troisième année de secondaire à Montesinos, aux autres enfants qui liront cette lettre, nous voulons vous raconter une histoire, une de toutes celles qui cherchent à sortir pour exister. Cette histoire est celle de « Paticha ». La voici donc :

1 – Quatrième.

PATICHA

L'histoire de Paticha a été et reste celle de beaucoup de garçons et de filles de ces terres. Paticha s'appelait « Patricia », mais à cinq ans, le monde est aussi petit que les mots. Lorsque nous passions notre vie à traverser les fossés et les plaines, nous franchissions toujours une rivière particulièrement agitée lors du redoutable mois de septembre. Sourde, il n'y avait pas de lit qui la contienne. Marron, comme notre poitrine, elle emportait des arbres entiers, des animaux pattes en l'air, de la boue et, de temps en temps, le corps d'un homme que l'alcool et le malheur avaient amené à défier une telle force imprévisible. En avril, par exemple, cette même rivière était un vrai bonheur; à certains endroits, on pouvait la traverser à pied puisque l'eau n'y arrivait qu'à peine à la ceinture. Pendant ces mois-là, le soleil et quelques complices peignaient de vert cette rivière qui, le reste de l'année, était un fouet marron lézardant le vert de la jungle. À chaque fois que nous traversions la rivière pendant les mois de pluie, il nous fallait faire appel à l'aide d'un compagnon milicien habile au maniement du *cayuco* [2]. À cet endroit dont je vous parle, celui qui nous faisait traverser était un jeune sergent de milice dont le nom de lutte était « Artemio ». Artemio était le père de Paticha et il arrivait avec elle à notre rencontre pour convenir de la manière et de l'heure de notre traversée.

En général, Paticha apportait une petite casserole de café et quelques assiettes creuses. Tandis que nous discutions avec Artemio, Paticha regardait fixement la fumée qui sortait de ma pipe. J'avais déjà appris l'art difficile qui consiste à fumer, mordiller la pipe tout en conversant. Les premières fois, Paticha restait prudemment à l'abri des jambes de son père, d'où elle observait la pipe et les volutes de fumée qui, de temps en temps, s'en échappaient.

Après quelques rencontres qui la mirent en confiance, Paticha s'approcha timidement mais pas trop. Elle attendit le moment où elle me supposait le plus occupé à discuter avec son père et – enfin! – s'assit à côté de moi sans quitter du regard la fumée qui m'entourait. Elle finit par approcher sa petite main droite et tenta de toucher le foyer de la pipe… elle se brûla bien sûr, mais resta assise à côté de moi. Dans sa

2 – Sorte de canoë.

langue maternelle je lui demandai son nom : – « *Paticha* », répondit-elle, et son père de s'empresser de préciser que c'était « *Patricia* », mais qu'elle ne savait encore pas bien parler.

Bon. Paticha voulait être zapatiste quand elle serait grande. Cette date probable était, pour Paticha, très proche puisque, d'après ses calculs, à six ans on est assez grand pour traverser la frontière de la rivière et partir avec ces hommes et ces femmes qui marchent la nuit, transportant des armes et des nuages pour protéger leur chemin.

Un après-midi, alors que nous tentions seuls la traversée de la rivière parce que personne n'était venu nous aider, Artemio apparut les yeux embués de larmes. Paticha était malade et la fièvre commençait à l'emporter loin de nous. Nous renonçâmes à cette traversée hasardeuse et nous rendîmes à la cabane d'Artemio. Paticha brûlait de tremblements fiévreux. Ses yeux brillants trouvèrent à nouveau la pipe entre mes lèvres, et elle y risqua de nouveau sa petite main. Cette fois, la chaleur du foyer ne la brûla pas puisqu'elle était déjà brûlante des derniers tremblements. Je lâchai la pipe dans sa main qui reposa le long de son corps. Nous fîmes tout ce qui était possible sur place, sans médicaments, sans docteur, sans rien, et la nuit tombée, les chiffons mouillés sur le corps de Paticha séchaient rapidement ; nous la baignâmes plusieurs fois tout habillée et la pipe dans la main. En quatre heures, elle avait quitté nos mains et la vie… Elle cessa de trembler, ferma les yeux et, finalement, se mit à refroidir, refroidir… La fièvre l'abandonnait en même temps que la vie. Sa petite main resta accrochée à la pipe, et c'est avec elle que nous l'enterrions le lendemain.

Paticha n'a jamais existé aux yeux de ce pays, elle n'est jamais morte parce que sa naissance n'a été inscrite sur aucun registre. « *Non nato* », c'est-à-dire « non né », telle serait plus tard la mention sur un document perdu parmi tant de bureaux et de fonctionnaires. Des enfants comme Paticha, il y en a eu et il y en a beaucoup qui partagent ces peines et ces douleurs. Ils ne sont jamais morts parce qu'ils ne sont jamais nés. Ce sont des morts qui ne valent rien et ne comptent pas lors de l'assignation de budgets, ou lors d'élections avec une « époustouflante majorité » pour les candidats « des majorités » ni lors de la signature de traités internationaux de commerce.

Je me suis trouvé une autre pipe, mais le petit morceau de cœur qui s'est enfui avec Paticha, je n'ai pu le remplacer d'aucune façon.

Il est douloureux de savoir que l'histoire de Paticha n'est pas une fable, que c'est une réalité courante dans notre Patrie. Mais ça n'est pas le plus terrible : ce qui est sinistre, c'est que nous soyons obligés de prendre les armes contre le Gouvernement suprême pour que vous, enfants d'autres terres, connaissiez cette histoire et constatiez que ce qu'il se passe n'est pas juste. Les « Patichas » qui ne naissent jamais et meurent toujours, pullulent sous les cieux du Mexique. Je vous demande si nous pouvons continuer de connaître ces injustices et faire comme si de rien n'était, comme si personne n'était né et personne n'était mort. Je vous demande si, sachant cela, nous devons nous contenter de la montagne de promesses avec laquelle le mauvais gouvernement compte nous arracher nos armes et notre dignité. Je vous demande si, avec ce gros poids sur la poitrine, nous devons nous rendre. Je suis sûr que non. Ne l'oubliez pas, ne nous oubliez pas.

Salut et bonne chance pour vos examens. Appliquez-vous en histoire, sans elle tout est inutile et dépourvu de sens. Voilà.

Montagnes du Sud-Est mexicain.
SCI Marcos.

PS – Ça ne sera pas une question à la fin de l'année, mais je suis sûr que ce sera au programme pour l'examen du début de la vie. Avez-vous compris ce qui se passe au Mexique ?

64 – Sur l'assassinat du candidat Colosio

24 mars

Au peuple du Mexique.
Aux peuples et gouvernements du monde.
À la presse nationale et internationale.

Frères :

Le Comité clandestin révolutionnaire indigène - Commandement général de l'Armée zapatiste de Libération nationale s'adresse à vous pour dénoncer ce qui suit :

Premièrement. – Le 23 mars 1994, au cours de la nuit et par transmission radiophonique, nous avons pris connaissance du lâche assassinat de monsieur Luis Donaldo Colosio Murrieta [1], candidat du Parti révolutionnaire institutionnel à la présidence de la République.

Deuxièmement. – Une fois encore, le CCRI - CG de l'EZLN condamne explicitement le recours au terrorisme quel qu'en soit le but.

---

1 – Évolution inattendue de la situation politique, l'assassinat du candidat officiel aux élections présidentielles, M. Luis Donaldo Colosio, le 23 mars, déplace l'intérêt national et international et fait quelque peu oublier le soulèvement indigène. Âgé de quarante-trois ans, économiste ayant fait de longues études en Pennsylvanie, ancien ministre du Développement social, il était considéré comme le garant de la continuité de la politique de "modernisation" économique du président Salinas. Il fut responsable du programme Solidarité – dont on a vu le peu d'effet – dans le Chiapas. Si elle n'a pas été démontrée depuis, la thèse du complot semble prévaloir, complot dû à une lutte inexpiable entre deux factions du PRI. Dans sa campagne, M. Colosio avait appelé à la séparation entre parti (PRI) et État, et acceptait la présence d'observateurs étrangers – jusque-là récusée au nom de la souveraineté nationale –, pour veiller au bon déroulement du scrutin. Il dérangeait jusque, et surtout, dans son propre camp. Profitant du désordre créé par cet événement, des membres conservateurs du PRI et de l'armée invoquent à nouveau l'utilisation de la manière forte pour mater la rébellion de l'EZLN, allant jusqu'à appeler à l'"extermination des insurgés". L'auteur physique du meurtre de M. Colosio, Mario Aburto Martínez, a été condamné le 31 octobre 1994 à quarante-deux ans de prison.

Troisièmement. – Le CCRI - CG de l'EZLN regrette profondément que la classe gouvernante soit incapable de résoudre ses luttes internes sans ensanglanter le pays. La ligne dure et la tendance militariste au sein du Gouvernement fédéral, ont forgé et mené à son terme cette provocation pour étouffer toute tentative pacifique de démocratisation de la vie politique nationale.

Quatrièmement. – Le CCRI - CG de l'EZLN déclare que monsieur Colosio s'est toujours référé à notre mouvement avec prudence et respect. Ses dernières déclarations révélaient de sa part un clair engagement à concourir sur un pied d'égalité avec les autres forces politiques. Il a reconnu que le pays abritait de grandes injustices et a nettement pris ses distances avec le régime saliniste et sa politique économique et sociale. Les forces provocatrices sont opposées à l'espoir de paix et de digne justice né lors du Dialogue de San Cristóbal. Elles ont choisi en monsieur Colosio Murrieta la figure dont le sacrifice révèle leur volonté d'éviter toute transition pacifique vers la liberté, la démocratie et la justice.

Cinquièmement. – L'Armée zapatiste de Libération nationale sait que le lâche crime qui bouleverse aujourd'hui le pays n'est que le prélude d'une grande offensive militaire du Gouvernement fédéral contre nos positions et nos forces, et le départ d'une guerre sale contre tous ces honnêtes gens qui cherchent, par divers chemins, le même drapeau que nous.

En prétendant qu'il faut endurcir le régime pour éviter les incidents du genre de l'assassinat de monsieur Colosio, on entend donner un cadre politique et idéologique à la répression aveugle et à l'injustifiable rupture du cessez-le-feu pour finir par mettre un terme au dialogue pour la paix.

Sixièmement. – Des signes clairs laissent apparaître que le Gouvernement suprême prépare une tentative de résolution militaire du conflit actuel : le 19 mars 1994, au lever du jour, des avions du mauvais gouvernement ont procédé au bombardement des alentours de la route de Comitán à Altamirano, vers l'*ejido* La Mendoza. Quatre bombes incendiaires ont été larguées par ces avions, provoquant de considérables incendies, et émettant des gaz étranges qui font penser à une guerre chimique. Sans jugement préalable, et sur la seule base d'une liste de noms fournie par des délateurs, les fédéraux ont arrêté et fait disparaître, dans les chefs-lieux d'Ocosingo et Altamirano, des civils soupçonnés de sympathie pour notre juste cause. Depuis le 20 mars, l'augmentation du nombre de troupes gouvernementales et de l'armement dans la zone en conflit, jusqu'au double de celles qu'il y avait en janvier, est manifeste. Les fédéraux parlent d'une rotation des effectifs, mais personne ne s'en va. Des officiers fédéraux en profitent pour en tirer des bénéfices et se font rétribuer par de grands fermiers pour faire spécialement surveiller leurs propriétés. Les troupes fédérales ne sont pas dans leurs casernes, en-dehors des villes, mais elles déambulent dans une attitude provocante au sein des zones urbaines sous leur contrôle. Le déploiement des troupes qui encerclent notre territoire dans les communes de Las Margaritas, Altamirano et Ocosingo est presque achevé. Puis viendra l'offensive si souvent caressée par le courant dur du gouvernement. C'est ce même courant qui anime, en sous-sol, le sabotage auquel se livrent les grands propriétaires de la terre et du commerce contre le processus de paix. Ce même courant qui fait obstruction aux efforts de paix dans la région. Ce même courant qui menace les médias et l'évêque Samuel Ruiz García [(2)]. Ce même courant qui s'oppose à une réforme politique radicale et démocratique. Ce courant est celui qui commande l'assas-

---

2 – Dans le courant du mois de février, accusées d'être "zapatistes", les religieuses des "Sœurs de la Charité", qui s'occupent de l'hôpital d'Altamirano, ont été menacées par des éleveurs, des commerçants et par le président local du PRI. La campagne des secteurs réactionnaires et racistes prend de l'ampleur lorsque le tout récent Front civil de San Cristóbal, menace de brûler le palais épiscopal si le médiateur, Mgr Ruiz, accusé de faire partie de la guérilla, n'abandonne pas la ville. Le 7 mars, 2000 *coletos "authentiques"* (voir p. 210) réclament la tête de l'*"évêque rouge"*. Le Lyon's Club, le Rotary, des éleveurs et des grands propriétaires, sous la présidence du maire, dénoncent *"l'agression constante de groupes subversifs commandés par l'évêque Samuel Ruiz, adepte de la théologie de la libération"*. Le Front civil exige également la fermeture de *Tiempo,* journal de San Cristóbal, imprimé de façon assez artisanale, appartenant à Amado Avendaño et Concepción Villafuerte, défenseurs passionnés des Indigènes. À l'approche des élections présidentielles se développera une campagne de menaces de mort contre les religieux engagés aux côtés des pauvres et des Indigènes, notamment dans le Chiapas. Des journaux, tels que *Summa* ou *Tabasco Hoy* accuseront les jésuites de diriger l'EZLN, et des tracts surgiront, sur lesquels on pourra lire : *"Jésuites, ça suffit! Au Salvador, des milliers d'Indigènes sont morts avant les jésuites, responsables du massacre. Au Mexique, ce sont les jésuites qui mourront d'abord."*

sinat du candidat du Parti révolutionnaire institutionnel, et qui prétend à présent couronner ses infâmes agissements de la rupture du cessez-le-feu et de la reprise de la guerre.

Septièmement. – L'Armée zapatiste de Libération nationale a multiplié les signes de sa disposition sincère à trouver une paix juste et digne. Le Gouvernement suprême a répondu par des mensonges, des enlèvements, des disparitions, des menaces, des bombardements, et à présent par le condamnable sacrifice d'un homme public. Ses troupes s'apprêtent à rompre le cessez-le-feu. Nos forces étaient en train de procéder à la consultation des communautés pour décider de l'étape suivante du Dialogue pour la paix et la réconciliation. Nous voici à présent obligés d'interrompre cette consultation pour nous préparer à défendre notre cause et notre drapeau, celui de la démocratie, de la liberté et de la justice.

Huitièmement. – L'Armée zapatiste de Libération nationale est déjà en état d'alerte rouge. Nos troupes sont prêtes à défendre jusqu'au dernier homme le territoire zapatiste, les accès ont été minés et nos combattants attendent l'attaque du mauvais gouvernement. Le libre accès sans discrimination de la presse, élément de notre politique qui consiste à ne rien cacher aux yeux de notre peuple, a été suspendu. En raison de l'imminente agression gouvernementale, seul sera autorisé, éventuellement, le passage de « correspondants de guerre » dûment accrédités par le Commandement général de notre EZLN. Toute personne étrangère à nos forces qui pénètre sur notre territoire sera arrêtée et fera l'objet d'une enquête approfondie. Notre drapeau vigilant flotte déjà sur le sol. Les tranchées des Zapatistes seront désormais celles de tous ceux qui veulent la démocratie, la justice et la liberté.

Neuvièmement. – Notre juste lutte se poursuit. Nous sommes encore disposés à suivre le chemin de la paix et on prétend le contraire. La guerre veut revenir sur les terres mexicaines par la main de l'usurpateur et de ses serviteurs.

Dixièmement. – L'Armée zapatiste de Libération nationale confirme au monde entier son engagement à respecter le cessez-le-feu offensif, et à ne pas entraver le déroulement pacifique des prochaines élections, ainsi qu'à n'entreprendre aucune action militaire offensive sur tout le territoire national contre les forces gouvernementales, selon les conditions établies par notre communiqué du 12 janvier 1994. Si l'on nous attaque, nos forces feront valoir, jusqu'au dernier homme, la justice des aspirations de tous les Mexicains.

Si l'histoire nationale réclame encore sa part de sang et de morts parmi les nôtres pour aspirer à une véritable paix juste et digne, nous n'hésiterons pas à les lui payer. Les sans-visage défendront avec dignité et courage la terre où reposent nos morts. Nous ne retournerons plus jamais à la terre dans la honte, nous ne parlerons plus jamais sans que la dignité n'accompagne nos paroles. Notre pas continuera d'avancer dans la vérité, même si la mort doit nous attendre en chemin.

LIBERTÉ ! JUSTICE ! DÉMOCRATIE !

Respectueusement,

Depuis les montagnes du Sud-Est mexicain.
CCRI - CG de l'EZLN.
Sous-commandant Insurgé Marcos.

65 – Qui anime la main « pacifiste » qui rouvre la porte de la guerre ?

24 mars

À l'hebdomadaire national *Proceso.*
Au journal national *La Jornada.*
Au journal national *El Financiero.*
Au journal local de SCLC, Chiapas, *Tiempo.*

À la presse nationale et internationale.

Messieurs :

Eux… Pourquoi a-t-il fallu qu'ils fassent cela ? Qui punissent-ils par cette ignominie ? S'ils essayent de justifier une action militaire contre nous et notre drapeau, pourquoi ne pas avoir plutôt tué l'un d'entre nous ? Le pays perdrait moins de sang qu'avec cette infamie qui nous fait à présent frémir. À qui nuisait cet homme ? Qui avait peur en le voyant s'éloigner du groupe qui pensait se perpétuer à travers lui ? Qui profite de son sang versé ? Où étaient ceux censés veiller sur lui ? Qui anime cette main « pacifiste » qui rouvre l'immense porte de la guerre ? C'est bien ça, l'idée ? Attribuer un crime à la paix pour ainsi nier la possibilité de paix ? À qui le tour maintenant ? Combien d'autres encore pour laisser émerger, enfin, la démocratie, la liberté et la justice ?

Nous avons bien compris le message que ce crime dessine dans le ciel de la nation. Faut-il encore de notre sang ? Bon… nous le savions. Mais lui, non. Venez. Nous sommes là où nous sommes nés et où nous avons grandi, où se trouve le grand cœur qui nous soutient, où demeurent nos morts et l'histoire. Nous sommes là, dans les montagnes du Sud-Est mexicain… venez nous chercher… nous saurons recevoir chacun comme il le mérite… bien ou mal…

Prenez soin de vous. Plus rien n'est en sécurité, et encore moins de la paix les espoirs. Voilà.

Depuis les montagnes du Sud-Est mexicain.
Sous-commandant Insurgé Marcos.

PS – Pour ceux que personne ne voit.

Salut à vous tous, frères-taupes zapatistes. Nous avons brillé grâce à votre travail obscur et patient. Voici que revient la nuit noire de l'infamie. La fin de notre cycle approche. Nous vous promettons de briller intensément, jusqu'à éblouir le soleil, avant de définitivement disparaître. Jusqu'à la dernière heure, nous saluerons la face obscure qui a soutenu notre éclat, lumière INTÉRIEURE qui a filtré à travers nous pour illuminer ce petit bout d'histoire. Nous serons au front, comme ceux qui nous ont précédés. Nous ferons honneur à la dignité de nos morts… Frères-taupes, nous voici presque au bout du chemin… Ce sera ensuite votre tour, taupes bien-aimées. N'oubliez pas quel fut notre parcours. Nous avons sincèrement cherché à voir si d'autres portes s'ouvraient à notre timide lueur. Tirez dès à présent les leçons de toute cette triste histoire. N'oubliez jamais les mots qui nous ont grandis ne serait-ce qu'un moment : **TOUT POUR TOUS, RIEN POUR NOUS**. Adieu, taupes bien-aimées, tenez vous prêtes à reprendre le drapeau et préparez déjà, et sans relâche, ceux qui devront vous succéder. Votre tour approche de vous effacer le visage, effacez déjà vos noms, reniez votre passé, préparez votre tendre fureur. Veillez les armes car la paix s'éloigne aussi vite qu'elle était venue. D'abord, permettez-nous, taupes lointaines, en guise de salut final, la main gauche à la tempe et en plus…

UN CADEAU ET UN COURS DE POLITIQUE

Un petit morceau de lune… /Mais en vérité ce n'est pas un/mais deux petits morceaux : /Le morceau de la face obscure de la lune/et le morceau de la face brillante de la lune. /Et ce qu'il faut ici comprendre/c'est que le petit morceau qui brille/brille parce qu'il y a une face obscure./ C'est la face obscure de la lune/qui rend possible la face brillante/de la lune. Comme pour nous/si c'est notre tour d'être la face obscure de la lune/nous ne sommes pas moins pour autant,/c'est parce que nous sommes prêts/à être la face obscure/que tout le monde peut voir la lune/en fin de compte/la face obscure vaut plus/parce qu'elle brille pour d'autres cieux/et parce que, pour qu'on puisse la voir/il faut apprendre à voler très haut/Et c'est ainsi que/peu nombreux sont ceux qui veulent bien souffrir/pour éviter à d'autres la douleur/et mourir/pour que d'autre vivent et c'est ainsi/puisque les bottes et la lune *et cetera* et point.

Voilà, taupes de toujours, nous vous reverrons sous terre…

66 – L'EZLN SE RÉSERVE LE DROIT D'ADMISSION SUR SES TERRITOIRES

24 mars

À la presse nationale et internationale.

Messieurs :

Le Comité clandestin révolutionnaire indigène - Commandement général de l'Armée zapatiste de Libération nationale a l'honneur de s'adresser respectueusement à vous tous pour établir les conditions requises pour obtenir l'accréditation de correspondant de guerre et pouvoir pénétrer le territoire contrôlé par l'EZLN.

Premièrement. – La situation actuelle de notre pays oblige le CCRI - CG de l'EZLN à considérer comme révolue sa politique d'ouverture totale et sans discrimination pour les médias qui couvrent le conflit des terres du Chiapas dans les zones sous contrôle de nos forces.

Deuxièmement. – À partir du 25 mars 1994 à 0h00 heure, seuls pourront accéder à notre territoire les travailleurs des médias qui auront été accrédités comme correspondants de guerre par le Commandement général de l'Armée zapatiste de Libération nationale.

Troisièmement. – Pour obtenir l'accréditation de correspondant de guerre, les demandeurs devront produire une lettre signée du directeur du média en question sur laquelle devront figurer les précisions suivantes concernant le journaliste :

a – Que le média concerné confirme que le demandeur est bien celui chargé de la couverture médiatique du conflit dans nos territoires.

b – Qu'aucun paiement ni en nature ni en espèces n'est intervenu pour permettre le travail du dit journaliste sur notre territoire, que ce soit dans un sens ou dans l'autre, ni de l'EZLN en faveur de l'organe de presse, ni à l'inverse.

c – Que le travail sur notre territoire est effectué par le reporter pour le compte et aux risques du média pour lequel il travaille, ainsi qu'aux siens propres.

d – Que le dit reporter accepte de se soumettre aux lois et règles internes en vigueur sur nos territoires et nos positions de combat. Que tout manquement à ces règles signifiera le retrait de son accréditation.

e – Que le média et le journaliste s'engagent, à tout moment, à dire la vérité sur ce qui se passe.

Quatrièmement. – Le Commandement général de l'Armée zapatiste de Libération nationale se réserve le droit d'accréditer ou non tout média et ses journalistes.

Cinquièmement. – Tous les demandeurs devront présenter un document avec photo récente, prouvant leur appartenance au média qu'ils représentent.

Respectueusement,

LIBERTÉ ! JUSTICE ! DÉMOCRATIE !

Depuis le Sud-Est mexicain.
Sous-commandant Insurgé Marcos.
CCRI - CG de l'EZLN.

67 – Aux compagnons de l'EZLN

10 avril [1]

Aux Bases de soutien de l'EZLN.
Aux combattants zapatistes réguliers et irréguliers des différentes armes et services de l'EZLN.

Compagnons :

Ce jour, 10 avril 1994, marque le soixante-quinzième anniversaire de l'assassinat du général Emiliano Zapata et le centième jour de notre juste guerre contre le mauvais gouvernement mexicain.

Comme en 1919, nous, Zapatistes, devons payer de sang notre cri de « Terre et Liberté ! ». Comme en 1919, le Gouvernement suprême nous tue pour mettre fin à notre révolte. Comme en 1919, la terre n'appartient pas à celui qui la travaille. Comme en 1919, les armes sont le dernier recours que laisse le mauvais gouvernement aux sans-terre.

C'est pourquoi nous avons pris les armes. C'est pourquoi nos compagnons sont morts au cours des cent jours de notre guerre. C'est pourquoi aujourd'hui nous rendons hommage de notre mieux aux héros et martyrs de la lutte zapatiste, aux morts de toujours qui vivent en nous. C'est pourquoi nous répétons aujourd'hui que nous ne capitulerons pas, que nous ne rendrons pas les armes, qu'il n'y aura pas de paix tant qu'elle ne sera pas juste et digne, que nous ne cesserons pas de lutter tant que tous les villages du Mexique ne jouiront

---

1 – Tandis que plusieurs dizaines de milliers d'opposants au PRI manifestent, à Mexico, pour célébrer le 75e anniversaire de l'assassinat de Zapata par les forces de l'ordre, l'EZLN a invité de nombreux journalistes accrédités. Interviews, conférences de presse, célébration du drapeau, histoire du mouvement, parade militaire, chansons de guerre et de clandestinité, bal paysan… Mais le climat se détériore : encerclement militaire et augmentation patente des effectifs laissent à penser que le président Salinas joue sur plusieurs tableaux. Les Zapatistes ont été amenés à miner les abords de leurs secteurs. Les zones franches sont rarement respectées par l'armée qui bloque, en outre, les convois de secours sanitaires ou alimentaires. Des provocateurs envahissent les terrains de petits fermiers avec, éventuellement, violences physiques – *"et ce ne sont ni des paysans sans terre ni des migrants sans logements"* (*Dial*, n° 1881). Ces exactions sont ensuite attribuées à l'EZLN. Le jeudi 7 avril, un propriétaire agricole d'Altamirano a assassiné un dirigeant de la guérilla et a blessé une autre personne de la bourgade de Venustiano Carranza.

pas de la démocratie, de la liberté, de la justice, de l'indépendance, d'un toit digne, d'un travail bien payé, de la terre, d'une bonne alimentation, de la santé et de l'éducation. Tant que cela ne sera pas, nous resterons armés et notre drapeau continuera de flotter sur les montagnes mexicaines.

Salut, frères zapatistes !
Mort au Gouvernement suprême !
Vive l'Armée zapatiste de Libération nationale !

Depuis les montagnes du Sud-Est mexicain.
CCRI - CG de l'EZLN.

68 – Zapata ne mourra pas par décret

10 avril

Au peuple du Mexique.
Aux peuples et gouvernements du monde.
À la presse nationale et internationale.

Frères :

Le Comité clandestin révolutionnaire indigène - Commandement général de l'Armée zapatiste de Libération nationale s'adresse à vous pour dire ce qui suit :

Aujourd'hui, 10 avril 1994, marque le soixante-quinzième anniversaire de l'assassinat du général Emiliano Zapata. Par la trahison de Venustiano Carranza [1], on a voulu étouffer son cri « Terre et Liberté ! ». Aujourd'hui, l'usurpateur Salinas de Gortari, qui s'autoproclame « président de la République mexicaine », ment au peuple du Mexique lorsqu'il dit que les réformes qu'il a apportées à l'article 27 de la Constitution reflètent l'esprit du général Zapata. Le Gouvernement suprême ment ! Zapata ne mourra pas par un décret arrogant. Le droit à la terre pour celui qui la travaille est irrévocable et le cri « Terre et Liberté ! » n'a toujours pas trouvé de répit sur ces terres mexicaines. Sous la couverture néolibérale qui assombrit notre sol, on emprisonne et on assassine tous les paysans qui luttent pour leurs droits agraires. Les réformes salinistes de l'article 27 de la Carta Magna constituent un cas de trahison de la Patrie, et en tant que responsable de ce délit il faut juger celui qui usurpe le pouvoir exécutif fédéral au Mexique.

Frères, cela fait aujourd'hui cent jours que notre voix s'est réveillée; par la gueule des fusils d'hommes et de femmes sans visage s'est élevée la parole des paysans sans terre, des ouvriers agricoles, des petits propriétaires, des Indigènes

---

1 – À mi-chemin entre le mouvement paysan qu'emmenaient Villa et Zapata, et la bourgeoisie intransigeante, Porfirio Díaz puis plus tard Huerta, Venustiano Carranza, tout comme Francisco Madero ou Alvaro Obregón, appartenait à la bourgeoisie réformiste et modérée. Après l'entrée triomphale de Villa et de Zapata dans Mexico (6 décembre 1914), Carranza dressera les populations urbaines contre les armées paysannes et finira, en 1919, par faire assassiner Zapata.

mexicains. La voix de ceux qui n'ont rien et méritent tout a dû suivre le chemin des plus petits parmi les siens, les plus humiliés, les plus persécutés, les plus oubliés. Par la voix des hommes vrais s'est exprimée la voix des Mexicains dépossédés de leur terre, de leur dignité et de leur histoire. Tout semblait perdu dans la longue nuit des nôtres. La terre ne donnait rien qui ne fût souffrance et mort. Mais dix ans avant ce jour, quelques bonnes personnes semèrent sur nos terres désolées l'espoir de voir revenir les hommes vrais à la vie. La graine de leur parole trouva dans la montagne un bon terrain pour germer. On cultiva leur silence. Les pas étaient nocturnes, l'aube viendrait plus tard.

À l'aube de notre « Ça suffit! », la terre donna les fruits de ces semailles. La souffrance fit place à la rage, à l'humiliation succéda la dignité, et plutôt que les lamentations on récolta les armes. Des milliers d'hommes et de femmes déterrèrent, du sol même qui ne leur donnait que pauvreté, le tendre feu qui habiterait leurs mains, ils se couvrirent le visage, effacèrent leur passé, laissèrent derrière eux leur nom et leurs terres et prirent le chemin de la guerre. Aucun d'entre nous, hommes et femmes aux pas nocturnes, n'aura de lendemain. Nos angoisses ne connaîtront plus jamais de paix. Nos os et notre sang n'auront plus jamais de répit.

Pour qui marchent ces hommes et ces femmes? Qui s'abreuve de leur sang? Pour qui, la lumière de leurs paroles? Qui vit de leur mort? Cent jours. Dix ans. Qui brandira à présent, rejoignant les mains de ces hommes et femmes qui ne peuvent être ici avec vous aujourd'hui, le drapeau que leur sang a arraché des mains des puissants? Qui ajoutera son pas à leur marche digne? Qui avec eux, nous, juste le regard, la voix et une tendre fureur, parle? Qui crie avec nous? Qui ne nous abandonne pas? Qui lutte avec nous? Qui écoute nos morts?

Pas l'usurpateur, qui donne libre cours à son orgueil au Palais national. Pas celui qui nous vend. Pas celui qui nous assassine. Pas celui qui nous dépouille. Pas celui qui nous humilie.

Vous oui, frères. Pour vous notre sang. Pour la nuit de tous notre timide lumière. Pour votre vie, notre mort. Notre guerre pour votre paix. Pour vos oreilles, notre parole. Votre souffrance, frères, cherchera l'apaisement dans notre lutte. Tout pour vous, frères, rien pour nous.

Frères, devant vous, dans ce palais où règne à présent le mensonge vit aujourd'hui celui qui nous refuse tout et à qui personne n'a demandé de se trouver là. Le puissant seigneur qui chaque jour nous arrache la vie tout entière doit sortir de là. Qu'il s'en aille, frères. Que sa voix ne soit pas pour nous un commandement. Rien de bon ne sort de ses portes. Le mensonge occupe son visage et la tromperie habite sa parole. Qu'il s'en aille, frères. Voilà le cri qui vient des montagnes, voilà ce que dit notre sang, voilà ce que demandent nos morts. Qu'il s'en aille. Dites-lui cela, frères : Qu'il s'en aille !

Que plus personne ne parvienne à ce palais que vous avez devant vous sans mandat des autres, que celui qui s'assoit sur ce fauteuil commande en obéissant, que celui qui parle à ce balcon dise la vérité, que celui qui se dit notre chef le soit en obéissant. Dites-lui cela, frères, c'est ce que nous voulons.

Nous ne pouvons pas être parmi vous aujourd'hui, frères, notre pas demeure dans la nuit de la montagne, notre visage reste camouflé, notre parole, lointaine. Prenez-la un instant, frères mexicains ! Prêtez-nous un moment votre voix et laissez par votre bouche parler notre parole. En ce moment précis, dans les montagnes du Sud-Est mexicain, des milliers d'hommes et de femmes au visage renié, sans nom et sans passé, rechargent leur poitrine du premier cri de l'année. Notre cœur se réjouit parce qu'Emiliano Zapata est de retour, à travers vos pas, au Zócalo de Mexico. Nous, petits et oubliés, élevons l'image de Zapata dans l'autre cœur de la Patrie, celui des montagnes du Sud-Est mexicain.

Salut, frères mexicains ! Que notre cri soit le vôtre :
Vive Emiliano Zapata !
Mort au Gouvernement suprême !
Liberté ! Justice ! Démocratie !
Respectueusement.

Depuis les montagnes du Sud-Est mexicain.
CCRI - CG de l'EZLN.

69 – VOTÁN ZAPATA[1] VIT DANS NOS MORTS

10 avril

Au peuple du Mexique.
Aux peuples et gouvernements du monde.
À la presse nationale et internationale.

Frères :

Le Comité clandestin révolutionnaire indigène - Commandement général de l'Armée zapatiste de Libération nationale s'adresse à vous pour dire son mot :

En ce moment, des dizaines de milliers d'hommes, de femmes, d'enfants et de vieillards, tous Indigènes mexicains, sont réunis dans des centaines d'*ejidos*, de bourgades, de localités et de communautés de la campagne mexicaine. Nos mains s'étendent aussi jusqu'au cœur d'asphalte. Tous, nous partageons, devant un drapeau tricolore au centre duquel se trouve l'image d'un aigle dévorant un serpent, la même misère, l'oubli collectif dans lequel on nous a plongés depuis cinq cent un ans, la mort inutile que nous récoltons, l'absence de visage, de nom, le fait d'avoir misé nos vies et nos morts toutes entières sur l'avenir d'autrui. Tous, nous partageons le même vœu pour ce drapeau : changer une fois pour toutes les cieux et le sol qui l'oppriment aujourd'hui. Pour ce faire, nous, les sans-nom et sans-visage, les autoproclamés « professionnels de l'espoir », les plus mortels que jamais « transgresseurs de l'injustice », nous qui sommes la montagne, au pas nocturne, nous qui sommes sans-voix dans les palais, étrangers sur leur propre terre, ceux de la mort éternelle, les dépossédés de l'histoire, les sans-patrie et sans-lendemain, ceux de la tendre fureur, ceux de la vérité démasquée, ceux de la longue nuit du mépris, les hommes et femmes vrais… Les plus petits… Les plus dignes… Les derniers… Les meilleurs… Il nous faut à nouveau ouvrir la porte du cœur fraternel pour qu'il reçoive nos paroles.

Il faut que la vérité sorte de nos bouches, il faut que nous mettions notre cœur entre nos mains. Frères, nous voulions que vous sachiez qui est derrière nous, qui nous manipule, qui marche avec nos pieds, qui domine nos cœurs, qui chevauche

---

1 – Nom d'un dieu " bon " des anciens Mayas du Chiapas, aujourd'hui identifié au fantôme de Zapata qui, dit-on, galope encore dans les montagnes de la région.

sur nos mots, qui vit dans nos morts. Nous voulions que vous sachiez enfin la vérité, frères, et la voici :

Aux premières heures de cette longue nuit qui nous a vus mourir, disent nos plus anciens ancêtres, il y eut quelqu'un pour recueillir nos souffrances et notre oubli. Il y eut un homme qui, apportant sa parole de loin, parvint à notre montagne et parla la langue des hommes et femmes vrais. Son chemin était et n'était pas de ces terres, de la bouche de nos morts, de la voix des plus sages anciens, sa parole toucha notre cœur. Il y eut et il y a, frères, quelqu'un qui, en étant et n'étant pas graine de ce sol parvint à la montagne, mourant; pour revivre, frères, il sacrifia le cœur de son passé personnel d'étranger en faisant sa maison dans la montagne au toit nocturne. Son nom était et demeure parmi les choses nommées. Il s'arrête et ses tendres paroles vont dans notre souffrance. Il est et n'est pas sur ces terres : *Votán* Zapata, gardien et cœur du peuple.

Votán Zapata, lumière venue de loin qui naquit ici de notre terre. *Votán* Zapata, nom à nouveau prononcé et toujours parmi les nôtres. *Votán* Zapata, feu timide qui vécut dans notre mort pendant cinq cent un ans. *Votán* Zapata, nom changeant, homme sans visage, tendre lumière qui nous protège. *Votán* Zapata vint en venant. La mort était toujours à nos côtés. L'espoir mourait en mourant. *Votán* Zapata vint en venant. Nom sans nom, *Votán* Zapata regarda par Miguel, marcha par José María, fut Vicente, se nomma par Benito, vola par le petit oiseau, chevaucha par Emiliano, cria par Francisco, s'habilla de Pedro [2]. En mourant il vécut, nommé sans nom, sur notre terre. Nom sans nom, en étant là vint *Votán* Zapata sur notre terre. En parlant, il tut sa parole dans nos bouches. En venant il est là. *Votán* Zapata, gardien et cœur du peuple.

Il est et n'est pas tout en nous… En allant, il est là… *Votán* Zapata, gardien et cœur du peuple. Maître de la nuit… Seigneur de la montagne… Nous… *Votán*, gardien et cœur du peuple. Il est un et plusieurs. Aucun et tous. En étant là il vient. *Votán* Zapata, gardien et cœur du peuple.

Telle est la vérité, frères. Vous devez la savoir, il ne mourra plus dans notre vie, il vit déjà et à jamais dans notre mort. *Votán*, gardien et cœur du peuple. Sans nom on le nomme,

---

2 – Prénoms des héros du panthéon mexicain : Hidalgo, Morelos, Guerrero, (Insurrection et guerre d'Indépendance 1810 - 1821), Juarez, (guerre contre les français et restauration de la République, 1860) Zapata, Villa (Révolution mexicaine, 1910 - 1921).

face sans visage, tous et aucun, un seul et plusieurs, vivant mort. *Votán*, gardien et cœur du peuple. Oiseau *Tapacamino* [3], toujours devant nous, derrière nous il va. *Votán*, gardien et cœur du peuple.

Il prit nom de notre absence de nom, prit le visage des sans-visage, il est le ciel dans la montagne. Et notre chemin innomé et sans visage prit un nom en nous : Armée zapatiste de Libération nationale.

Par ce nouveau nom sont nommés tous les sans-nom. Par ce drapeau qui nous bâillonne le visage, nous avons tous un visage. Par ce nom se nomme ce qu'on ne peut nommer : *Votán* Zapata, gardien et cœur du peuple.

Armée zapatiste de Libération nationale. Tendre fureur qui s'arme. Nom innommable. Paix injuste qui se fait guerre. Mort naissante. Angoisse faite espoir. Souffrance qui rit. Cri silencieux. Notre présent pour un avenir aux autres. Tout pour tous, rien pour nous. Nous, les innommables, les morts de toujours. Nous, dignité têtue, recoin oublié de notre patrie. Nous, Armée zapatiste de Libération nationale. Nous, drapeau rouge et noir sous l'aigle tricolore. Nous, étoile rouge enfin dans notre ciel, jamais l'étoile unique, mais une parmi les autres, oui, la plus petite. Nous, regard et voix seulement. Nous, Armée zapatiste de Libération nationale. Nous, *Votán*, gardien et cœur du peuple.

Telle est la vérité, frères. D'ici nous venons. Là nous allons. En étant il vient. Mourant la mort il vit. *Votán* Zapata, père et mère, frère et sœur, fils et fille, grand et petit, nous, en venant nous sommes là…

Recevez en dansant notre vérité au cœur. Zapata vit, aussi et pour toujours, sur ces terres.

Salut, frères mexicains !
Salut, paysans de cette patrie !
Salut, Indigènes de toutes les terres !
Salut, combattants zapatistes !
Zapata, en étant là, vient !
En mourant, il vit !
Vive Zapata !
Démocratie !
Liberté !
Justice !

Depuis les montagnes du Sud-Est mexicain.
CCRI - CG de l'EZLN.

---

3 – Engoulevent.

70 – Histoire de Durito
et la déroute du néolibéralisme

10 avril

À Mariana Moguel.

Sous-commandante Mariana Moguel :

Je vous salue avec respect et vous félicite pour le nouveau grade que vous avez gagné avec votre dessin. Permettez-moi de vous raconter une histoire qu'un jour peut-être vous comprendrez. C'est l'histoire de…

Durito

Je vais te raconter une histoire qui m'est arrivée l'autre jour. C'est l'histoire d'un petit scarabée qui porte des lunettes et fume la pipe. Je l'ai connu un jour que je cherchais mon tabac pour fumer et ne le trouvais plus. Soudain, je vis qu'un peu de tabac était tombé à côté de mon hamac et formait une petite traînée. Je la remontai pour voir où était passé mon tabac et savoir qui diable l'avait pris et le répandait par terre. Quelques mètres plus loin, derrière une pierre, je trouvai un scarabée assis à un petit bureau, qui lisait des papiers et fumait une petite pipe.

– « *Hum, hum* », dis-je, pour que le scarabée s'aperçoive de ma présence, mais il n'en fit aucun cas.

Alors je dis :

« *Dites, ce tabac est à moi.* »

Le scarabée ôta ses lunettes, me regarda de haut en bas et me dit, très contrarié :

« *S'il vous plaît capitaine, je vous prie de ne pas m'interrompre. Vous ne voyez pas que je suis en train d'étudier ?* »

Je m'étonnai un peu et m'apprêtai à lui donner un coup de pied, mais je me calmai et m'assis dans un coin en attendant qu'il finît d'étudier. Après un petit moment, il ramassa ses papiers, les rangea dans le bureau et, mordillant sa pipe, me dit :

« *Bon, maintenant d'accord. Que puis-je pour vous, capitaine ?*

– *Mon tabac*, lui répondis-je.

–*Votre tabac ? Vous voulez que je vous en donne un peu ?* »

Je commençai à me fâcher, mais le scarabée me tendit de sa petite patte la blague à tabac et ajouta :

« *Ne vous fâchez pas, capitaine. Comprenez qu'ici on ne peut trouver du tabac et que j'ai dû prendre un peu du vôtre.* »

Je me calmai. Je trouvais ce scarabée sympathique et je lui dis :

« *Ne vous en faites pas. J'en ai encore.*

– *Hmmm*, répondit-il.

– *Et vous, comment vous appelez-vous?*, lui demandai-je.

– *Nabuchodonosor*, dit-il, avant d'ajouter :

– *Mais mes amis m'appellent Durito. Vous pouvez m'appeler Durito, capitaine.* »

Je le remerciai de cette attention et lui demandai ce qu'il étudiait.

« *J'étudie le néolibéralisme et sa stratégie de domination pour l'Amérique latine*, me répondit-il.

– *Et en quoi cela peut-il bien être utile à un scarabée ?* », lui demandai-je.

Et lui, de me répondre, très en colère :

« *Comment ça, en quoi ? Je dois savoir combien de temps va durer votre lutte et si vous allez gagner ou pas. En plus, un scarabée doit se soucier d'étudier le monde dans lequel il vit, vous ne pensez pas, capitaine ?*

– *Je ne sais pas*, lui dis-je. *Mais pourquoi voulez-vous savoir combien durera notre lutte et si nous allons gagner ?*

– *Bon, vous n'avez rien compris* », me dit-il en mettant ses lunettes et en rallumant sa pipe. Après avoir lâché une bouffée de fumée, il reprit :

« *Pour savoir combien de temps, nous scarabées devrons faire attention à ne pas nous faire écraser par vos grosses bottes.*

– *Ah!*, fis-je.

– *Mmm*, dit-il.

– *Et à quelle conclusion êtes-vous parvenu dans vos études ?* », lui demandai-je.

Il ressortit ses papiers du bureau et se mit à les feuilleter.

« *Hmmm... mmmh* », répétait-il en les parcourant.

Après en avoir fait le tour, il me regarda dans les yeux et me dit :

« *Vous allez gagner.*

– *Ça, je le savais déjà*, lui dis-je. Et j'ajoutai : *Mais combien de temps cela prendra-t-il ?*

– *Beaucoup*, me dit-il dans un soupir résigné.

– *Ça aussi, je le savais… Mais vous ne savez pas combien de temps exactement ?*, lui demandai-je.

– *On ne peut le savoir avec exactitude. Il faut prendre en compte beaucoup de choses : les conditions objectives, le degré de maturité des conditions subjectives, le rapport des forces, la crise de l'impérialisme, la crise du socialisme*, et cetera, et cetera.

– *Mmh*, dis-je.

– *À quoi pensez-vous, capitaine ?*

– *À rien*, lui répondis-je. *Bon, monsieur Durito, je dois me retirer. C'est un grand plaisir pour moi de vous avoir rencontré. Sachez que vous pouvez prendre tout le tabac que vous voulez quand vous le voulez.*

– *Merci, capitaine. Tu peux me tutoyer si tu veux*, me dit-il.

– *Merci Durito. À présent, je vais dire à mes compagnons qu'il est interdit d'écraser des scarabées. J'espère que ça vous aidera.*

– *Merci, capitaine, ton ordre nous sera très utile.*

– *Quoi qu'il en soit, faites bien attention parce que mes gars sont très distraits et qu'ils ne regardent pas toujours où ils mettent les pieds.*

– *Compte sur moi, capitaine.*

– *À bientôt.*

– *À bientôt. Viens quand tu veux et nous discuterons.*

– *Compte sur moi* », dis-je, et je retournai à l'intendance.

C'est tout, Mariana. J'espère vous rencontrer personnellement un jour et que nous pourrons échanger des passe-montagnes et des dessins. Voilà.

Salut, et pourvu que tu obtiennes d'autres feutres parce qu'avec tes dessins tu as sûrement dû les épuiser.

Sous-commandant Insurgé Marcos.
Depuis les montagnes du Sud-Est mexicain.

71 – L'EZLN DÉMENT AVOIR ENLEVÉ LA FAMILLE D'UN FERMIER

Au peuple du Mexique.
Aux peuples et gouvernements du monde.
À la presse nationale et internationale.

Frères :

Le Comité clandestin révolutionnaire indigène - Commandement général de l'Armée zapatiste de Libération nationale s'adresse à vous pour dénoncer ce qui suit :

Premièrement. – Le jeudi 7 avril 1994, alors qu'il se préparait à débroussailler pour les récoltes, le compagnon Francisco Mena López a été lâchement assassiné par des fermiers armés. Le crime a été commis près de l'*ejido* Venustiano Carranza, dans la commune d'Altamirano, Chiapas.

Deuxièmement. – Francisco Mena López a été abattu de deux coups de feu – l'un à la tête, l'autre dans la bouche – tirés d'une arme à feu de type revolver, de calibre 38 spécial.

Troisièmement. – Sont accusés de cette agression les fermiers nommés Arturo Espinoza, Juan Espinoza et Jorge Espinoza, propriétaires du ranch El Miradero, commune d'Altamirano, Chiapas.

Quatrièmement. – Le compagnon Francisco Mena López était, au moment de sa mort, le responsable du comité local de notre EZLN et avait été menacé de mort par des fermiers d'Altamirano, avant le 1er janvier 1994, pour sa participation à la lutte pour la justice agraire.

Cinquièmement. – Après l'assassinat, les accusés ont pris la fuite et se sont retranchés dans les propriétés de leurs complices éleveurs d'Altamirano, pour échapper à la justice zapatiste. Ils sont encore en fuite à ce jour.

Sixièmement. – Avec la complicité des autorités gouvernementales, les arrogants éleveurs d'Altamirano ont menti en affirmant que la famille Espinoza aurait été séquestrée par des éléments appartenant à notre EZLN. Habitués à manier l'arbitraire et à jouer de leurs prérogatives, les éleveurs et le gouvernement pensent que notre EZLN agit avec l'injustice même que nous combattons. Ils essayent d'ébrécher le prestige de nos forces parmi le peuple, et nombre de petits propriétaires veulent rompre le processus déjà fragile du dialogue et donner prétexte à une action militaire contre nous.

Septièmement. – L'EZLN, contrairement au mauvais gouvernement, ne pratique pas les détentions arbitraires. Le CCRI - CG de l'EZLN a porté l'affaire devant le Tribunal de justice zapatiste afin que soit menée une enquête approfondie qui établisse les responsabilités du ou des auteurs de ce crime. Aucune action judiciaire zapatiste ne sera entreprise avant que ne soient connus les résultats véritables de l'enquête en cours.

Huitièmement. – Nous répétons que la maigre argumentation visant à justifier une action militaire à notre encontre ne nous impressionne pas. Nous sommes prêts à répondre à n'importe quelle attaque et à résister jusqu'au dernier d'entre nous à l'agression que prépare le Gouvernement suprême.

Neuvièmement. – Le processus de consultation demeure suspendu. Nous ne parlerons pas de paix tant que subsisteront des signes de guerre.

Dixièmement. – L'EZLN renouvelle au peuple du Mexique son engagement à se conduire avec dignité, franchise et honnêteté, armes que le gouvernement usurpateur ne pourra jamais acquérir.

Respectueusement.

Depuis les montagnes du Sud-Est mexicain.
CCRI - CG de l'EZLN.

72 – Aux anciens combattants zapatistes

10 avril

Aux signataires de la Déclaration du Morelos [1].
À l'attention du lieutenant-colonel Estanislao Tapia Sánchez.

Frères :

Nous avons reçu le document historique intitulé Déclaration du Morelos, émis le 27 mars 1994 sur le territoire mexicain en lutte.

Nous, hommes et femmes petits et oubliés, avons vu vos paroles ouvrir nos cœurs avec vérité et dignité. Dans la plus grande tradition des luttes paysannes mexicaines, la Déclaration du Morelos poursuit librement et dignement le Plan de Ayala [2] et le Plan de Cerro Prieto qui, en d'autres temps, firent la gloire de notre chef historique principal et général suprême Emiliano Zapata et du général Rubén Jaramillo [3]. C'est pourquoi nous tenons à ce que vous acceptiez les grades militaires que notre armée vous reconnaît de tout cœur.

Notre pas se fait plus léger et notre drapeau flotte plus haut à la lecture de vos paroles de soutien à notre *Déclaration de la jungle Lacandone*. Pendant des années, le Gouvernement suprême que dirige aujourd'hui l'usurpateur du Palais national a noyé dans la prison et le sang la juste parole de tous les paysans et les Indigènes réunis. On nous a dépossédés des terres et de l'eau; même l'air n'appartient déjà plus aux nôtres. Notre mort est muette par les temps qui courent. Zapata et Jaramillo meurent à nouveau par les réformes salinistes de

---

1 – Fervente déclaration de soutien d'anciens combattants zapatistes de l'État du Morelos à l'EZLN, le 27 mars. Ndt.

2 – C'est à partir de sa signature, le 25 novembre 1911, alors que Zapata, déçu par Madero, a repris les armes, que la revendication de la réforme agraire va devenir une constante de la révolution mexicaine. Par le Plan de Ayala, Zapata promet cette réforme agraire et la confiscation du tiers des propriétés des *hacendados*.

3 – Rubén Jaramillo a été l'un des dirigeants paysans les plus importants du Mexique. Tout jeune, il a participé à la révolution aux côtés de Zapata, avant de diriger pendant un demi-siècle les luttes paysannes de l'État de Morelos d'où il lance le plan de Cerro Prieto, qui reprend l'exigence de Terre, Eau, Liberté, Démocratie. Il fut assassiné avec toute sa famille en 1962.

l'article 27 de la Constitution. L'espoir que nous laissèrent les nôtres d'une vie meilleure où nous nous gouvernerions nous-mêmes ne trouve pas de repos. Notre pas est étranger sur notre sol premier. Des pas étrangers offensent notre terre. Des papiers de mensonge tachent notre histoire légitime. Notre dignité est emprisonnée dans des statues et des musées. Des intérêts étrangers prennent notre parole et leur venin tue notre vérité. Nous étions seuls, loin des nôtres et oubliés les uns des autres. Notre mort allait sourdement parmi la pauvre vie qui nous habite.

Ils pensaient, ceux du double visage, qu'ils avaient fait taire nos cris à jamais. Ils pensaient, eux, les usurpateurs de lumière et les porteurs d'ombre, que nos morts étaient morts. Ils fêtaient déjà, dans l'orgueilleuse solitude de leurs palais, notre défaite et leur victoire. Leur mensonge dansait sur la vérité piétinée. Le monde regardait sans regarder. Dans un coin se tenaient la Patrie et ses espoirs. Rien ne bougeait sous telle oppression. On mourait en silence, en silence on vivait.

Mais dans ce néant, notre pas allait dans la montagne et la nuit. Tendrement, nous veillions sur la furie de notre parole. En silence, nous parlions. La nuit était une patiente compagne, la montagne, une amante complice. Petits, nous grandissions, à nouveau nous étions nouveaux. Notre pas était en bonne voie, muet et croissant. Pendant dix ans, il se tut, l'espoir brisé mûrissait lentement, sans un mot parlait notre voix.

À l'aube de l'année, sans nom, nous retrouvâmes un nom, sans visage, nous eûmes à nouveau un visage.Emiliano Zapata notre père nous donna son nom. Notre frère Emiliano Zapata nous donna l'exemple armé. Notre fils Zapata nous demanda un nouvel avenir. C'est le drapeau qui habille notre pas guerrier. Emiliano Zapata, sol de notre terre, dignité de notre histoire, lumière de notre nuit, matin toujours clair de nos espoirs.

Frères, le mauvais gouvernement reste sourd à notre voix. D'autres voix seront nécessaires pour ouvrir ses oreilles. Vos paroles renforcent notre cri :

Vive Emiliano Zapata !
Mort au Gouvernement suprême !
Salut, frères zapatistes et jaramillistes du Morelos !
Démocratie ! Justice ! Liberté !
Respectueusement.

Depuis les montagnes du Sud-Est mexicain.
CCRI - CG de l'EZLN.

73 – Pour une représentation indigène au parlement

12 avril

Au peuple du Mexique.
Aux peuples et gouvernements du monde.
À la presse nationale et internationale.

Frères :

Le Comité clandestin révolutionnaire indigène - Commandement général de l'Armée zapatiste de Libération nationale s'adresse à vous pour dire ce qui suit :

Premièrement. – Le 8 avril 1994, nous avons eu connaissance du document appelé « Proposition politique des organisations indigènes du Mexique » signé par une série d'organisations indigènes, authentiques représentantes de différents peuples indigènes du Mexique.

Deuxièmement. – Ce document réclame le droit pour les Indigènes à une représentation directe au sein des Chambres fédérales des députés et des sénateurs, proportionnelle au pourcentage de la population mexicaine indigène à l'échelon national. Ces organisations sœurs revendiquent à juste titre le droit pour les peuples indigènes de compter dix pour cent de représentants indigènes dans les Chambres des députés et des sénateurs.

Troisièmement. – L'Armée zapatiste de Libération nationale exprime son soutien à cette initiative qui cherche à rendre aux habitants originels de notre patrie leur droit à gouverner et à se gouverner. La participation indigène dans les différentes instances gouvernementales est une aspiration juste et légitime. La nation doit reconnaître ce droit.

Démocratie ! Justice ! Liberté !

Depuis les montagnes du Sud-Est mexicain.
CCRI - CG de l'EZLN.

74 – Désactivation partielle de l'alerte rouge

20 avril

Au peuple du Mexique.
Aux peuples et gouvernements du monde.
À la presse nationale et internationale.

Frères :

Le Comité clandestin révolutionnaire indigène - Commandement général de l'Armée zapatiste de Libération nationale s'adresse à vous pour déclarer ce qui suit :

Premièrement. – L'EZLN reconnaît les efforts honnêtes et décidés du Délégué à la paix et la réconciliation au Chiapas, le *licenciado* Manuel Camacho Solís, et du Médiateur, l'évêque Samuel Ruiz García, pour créer les conditions favorables à la reprise du dialogue dont l'objectif est d'aboutir à une paix juste et digne. Ces derniers jours, tant le Délégué que le Médiateur se sont consacrés à lever différents obstacles qui s'opposent au processus de paix. L'EZLN salue la véritable volonté de ces deux Mexicains.

Deuxièmement. – L'EZLN salue la libération de certains civils prisonniers, injustement accusés d'appartenir à nos troupes, et y voit un bon signe pour aller vers une reprise du dialogue pour une paix juste et digne.

Troisièmement. – A son tour, le CCRI - CG de l'EZLN ordonne la désactivation partielle de l'alerte rouge sur son territoire et le retour d'une partie de ses troupes à ses communautés et *ejidos*, à compter du 23 avril 1994.

Quatrièmement. – Si le climat favorable au dialogue se maintient, l'EZLN reprendra la consultation de sa base, de façon échelonnée, en commençant par les territoires les moins vulnérables, aussi rapidement que possible.

Cinquièmement. – L'EZLN rappelle sa réelle volonté d'une résolution politique aux justes revendications qui animent sa lutte et salue l'effort sincère de la société civile et de personnalités mexicaines pour trouver des solutions dignes aux grands problèmes nationaux par la raison et non par la force.

Nous maintenons haut et fort l'exigence populaire de liberté, justice et démocratie pour tous les Mexicains.

Liberté ! Justice ! Démocratie !

Respectueusement,

CCRI - CG de l'EZLN.
Montagnes du Sud-Est mexicain, Chiapas.

75 – Nous sommes cernés

21 avril

À l'hebdomadaire national *Proceso*.
Au journal national *La Jornada*.
Au journal national *El Financiero*.
Au journal local de SCLC *Tiempo*.
À la presse nationale et internationale.

Messieurs :

Ci-joint un communiqué sur les libérations, l'alerte rouge et les consultations.

La stupidité de ceux qui déclarent, solennellement et sans réserve, que nous retardons volontairement la reprise du dialogue, est touchante. Cherchant des prétextes, disent-ils, nous compterions faire traîner la résolution du conflit. C'est peut-être pour cela que nous saluons avec complaisance l'assassinat de notre compagnon sur les terres « pacifiques » d'Altamirano [(1)]; peut-être nous réjouissons-nous des détentions arbitraires de civils qui ont lieu aux barrages militaires d'Ocosingo; ce sont peut-être les fédéraux et le gouvernement, pas nous, qui sont cernés; peut-être aimons-nous manquer de nourriture et de médicaments, et des moyens d'en obtenir; peut-être sommes-nous ravis de l'inexorable asphyxie des habitants civils de nos territoires (que le Gouvernement suprême empêche de recevoir l'assistance humanitaire. Les fédéraux, conscients de leur devoir, prétendent que les aliments ne sont pas pour les civils mais « pour engraisser des *Marquitos* » [(2)]) ; peut-être notre incrédulité devant le prétendu retrait des troupes gouvernementales de la région est-elle sans fondement; peut-être l'avion nocturne est-il des nôtres (Aviation zapatiste ?), et veille-t-il en fait à ce que rien ne nous arrive ?

J'ai le regret d'informer de si brillants analystes que nous sommes cernés. Mais pour ne pas vous contrarier, nous avons décidé de continuer à copier « les modèles de la guérilla d'Amérique centrale » et à prendre exemple sur un

---

1 – Voir p. 250.
2 – Diminutif fabriqué à partir de Marcos : des petits Marcos.

« étranger », « transgresseur de la loi » et « professionnel de la violence » de naguère nommé José María Morelos y Pavón [3]. À son sujet, et sur ses troupes, le « légal » et général Félix María Calleja del Rey [4] a écrit :

« Si la constance et l'activité des défenseurs de Cuautla était morale et vouée à une juste cause, elle mériterait un jour une place de choix dans l'histoire. Serrés par nos troupes et en proie à la nécessité, ils manifestent de la joie en toute occasion. Ils enterrent leurs cadavres avec des couplets célébrant leur mort glorieuse, et fêtent dans le chahut, la danse et l'ivresse le retour de leurs fréquentes sorties, quel qu'en ait été le succès, punissant de la peine de mort quiconque parle de malheur ou de reddition… » La citation est tirée du livre *Siglos de Caudillos. Biografía política de México [1810-1910]*, éditions Tusquets, février 1994. L'auteur de ce livre est suspect d'« apologie de la violence », Enrique Krauze [5], que je lis avec le même esprit critique, et sain, que lui-même manifeste à notre égard.

En somme, nous confirmerons qu'il s'agit bien de « la dernière guérilla d'Amérique centrale » et nous célébrerons les cent jours de notre siège militaire et les cent-douze de guerre par un grand bal auquel, bien entendu, vous n'êtes pas invités (tenue-de-soirée-passe-montagne-de-marque-exigés-droit-de-démission-réservé). Il n'y aura pas de dîner, pas à cause du siège mais parce que nous sommes au régime. L'« orchestre zapatiste » regorge de guitares sans cordes, de tambours et d'harmonicas, et compte quelques violons. Son répertoire est « délicieusement étranger », il inclut la *Marche de Zacatecas* ainsi que ça :

---

3 – L'un des leaders historiques de la révolution d'indépendance. Il croyait à l'égalité des races, à l'abolition des privilèges, au morcellement des grandes *haciendas* et à leur distribution en petits domaines familiaux.

4 – Général de l'armée espagnole qui, en 1810, défit Hidalgo, le curé de Dolorès, à la bataille de San Gerónimo Aculco. Plus tard, en février 1812, il livra également bataille à Morelos qui, après de brillantes campagnes, était retranché dans Cuautla. Réduits à la famine, Morelos et ses hommes mangèrent des rats, du savon, de l'écorce, mais ne se rendirent pas, car ils attendaient la saison des pluies; celle-ci devait gêner les assaillants, peu habitués au climat semi-tropical. Mais la pluie ne vint pas. Le 2 mai, Morelos organisa une sortie et Calleja ne s'empara que d'une ville vide. En fin d'année, Morelos devait la réoccuper.

5 – Enrique Krauze : historien mexicain, auteur de *Siglo de caudillos* (Prix Comillas 1993) et intellectuel influent de la droite démocrate et libérale

« *Pour un cabot, deux* reales
pour un sergent, un gros sou
pour mon général Morelos
je donne mon cœur tout entier. » [6]

C'est tout. Je vous promets d'envoyer la chronique pour la rubrique mondaine. Voilà.

Salut et histoire, souvenir qui montre l'avenir.

Depuis les montagnes du Sud-Est mexicain.
Sous-commandant Insurgé Marcos.

---

6 – Les brillantes campagnes de l'armée de Morelos, dans les années 1812-1813, se faisaient au son de cet hymne.

76 – Aux enfants

30 avril

À l'hebdomadaire national *Proceso*.
Au journal national *La Jornada*.
Au journal national *El Financiero*.
Au journal local de *SCLC Tiempo*.

Messieurs :

Ci-joint un communiqué sur le 1er Mai et une lettre de nous, les enfants d'ici, pour les enfants de là-bas.

Notre célébration sera double : nous sacrifierons d'abord un enfant (pour qu'il n'y ait plus de doute sur notre barbarie) non pas aux dieux mayas mais à ceux de l'Olympe (pour qu'il n'y ait plus de doute sur notre soutien au TLC); moi, je suis un peu malade, mais on me dit qu'on a reçu de merveilleux ballons de couleur, alors qu'une voix cynique demande si on est sûrs qu'il s'agit de ballons et pas de capotes. *El Beto* [1] est resté pour s'occuper de moi, dit-il, et voilà qu'il veut enfiler mon passe-montagne à son chien. Pour qu'on ne puisse pas l'identifier sur les photos, dit *el Beto*. Après, nous fêterons le 1er Mai avec une cérémonie un peu solennelle, puis un bal qui le sera nettement moins. Je serai absent des deux, mon passe-montagne est en grève, et ici on respecte les droits des travailleurs.

Attention : ne finissez pas les bonbons. Voilà.

Salut, et cessez donc de jouer avec les ballons ou vous allez casser le pot de fleurs.

Depuis les montagnes du Sud-Est mexicain.
Sous-commandant Insurgé Marcos.

PS symptomatique. – Le chien du *Beto* a refusé de porter le passe-montagne, *Beto* l'a supplié d'un coup de pied et le chien « *s'en est enfui* », comme dit *Beto* en ramassant la rallonge du générateur pour aller l'attraper au lasso. Ici, tout le monde passe son temps à courir après ce qu'il aime le plus. Mon « infirmier » parti sur les traces du chien est revenu sans le canin rebelle, mais avec un sac de ballons, et nous voilà en train de faire un concours à celui qui en fera exploser le plus. Et après on prétend que je suis à bout de souffle !...

1 – Alberto, en langage infantilisé.

DES ENFANTS ZAPATISTES AUX ENFANTS DU MEXIQUE ET DU MONDE

Aux enfants du Mexique et du monde.

Garçons et filles :

Nous avons demandé au Sous-commandant Insurgé Marcos de chercher des mots que vous compreniez pour vous faire connaître notre pensée.

On est les enfants zapatistes. On est des Indigènes chiapanèques. On est pauvres. On est les NON-NÉS [(2)]. Pour notre gouvernement, pour nos compatriotes, pour les associations de droits des enfants, pour l'ONU, pour les journaux, pour la télévision, pour la radio, pour les budgets gouvernementaux, pour le Traité de libre commerce, pour le monde entier. NOUS N'EXISTIONS PAS avant le 1er janvier 1994. On n'avait jamais existé puisque personne ne tenait le registre de notre naissance ni de notre mort. Le pire de tout, c'est qu'on n'existait pas plus à vos yeux, garçons et filles du Mexique et du monde, avant le début de l'année.

On ne connaissait ni les bonbons, ni les jouets ni les médicaments ni l'hôpital ni l'école ni les livres ni le lait ni la viande ni les légumes ni les œufs et, pour la plupart d'entre nous, pas même les vêtements. À présent, au beau milieu de cette guerre, de bonnes gens (qui ne sont pas du gouvernement) nous ont envoyé des choses pour nous soigner, nous habiller, manger et jouer. Nos parents et nos grands frères ont dû mourir au combat pour qu'on découvre ces choses. Ils sont sortis dans la dernière nuit de 1993 et beaucoup ne sont plus revenus. D'après ce qu'on nous a dit, certains sont morts en se battant. On ne connaissait pas cette façon de mourir. On connaissait la mort de fièvre, de diarrhée, de maladies qui tuent sans avoir de nom. Mais on ne connaissait pas la mort que l'on trouve au combat. D'autres, parmi nos pères et frères et mères et sœurs, oncles et tantes et cousins et cousines, ne sont pas revenus, mais ils ne sont pas morts. On nous dit qu'ils sont restés dans cette montagne, grande et bleue, qui se dresse même la nuit. D'après ce qu'on nous a dit, ce sont des guerriers. Quelquefois on les a vus. Ils portent d'autres vêtements et des armes dans les mains. Ils ont la

2 – Voir p. 228.

même tête qu'avant, mais ils ont l'air plus beaux. Parce qu'en ce moment ils rigolent beaucoup. Dès qu'ils nous voient ils se mettent à rire, alors ils rient et nous aussi, et personne ne demande pourquoi on rit. Puis ils s'en vont. On demande aux grands pourquoi ils rigolent, les nôtres qui viennent de la montagne, ils nous répondent que c'est à cause de la guerre.

Nous, on demande si on gagne quelque chose à la guerre, parce qu'on dirait que oui parce que sinon, pourquoi ils rigolent? Ils nous répondent qu'eux ne gagnent rien, mais que nous, les enfants de cette terre, on va y gagner. On a vu ce que le gouvernement nous a amené pendant cette guerre, on a vu les avions et les hélicoptères et on a vu qu'ils tiraient des balles tout près d'ici et là-bas dans la montagne où il y a les nôtres. Nous, on a eu un peu peur mais pas trop, parce qu'on nous avait déjà appris par où il fallait courir et où nous cacher pour qu'il ne nous arrive rien; on nous a aussi appris à saluer le drapeau du Mexique et à chanter l'hymne national et à marcher au pas, mais il y en a qui ne le font pas bien. On en a vu dans l'autre village qui ne marchaient pas en cadence, et ça se voit clairement qu'ils ne marchent pas en cadence. Nous, on voit que nos aînés marchent en cadence, et on veut aussi marcher en cadence.

Nous, on a dix, douze, huit, cinq, neuf, onze, six ans. Les grands disent que ça y est, on est « arrivés », parce que quand on a moins de cinq ans, on meurt plus facilement [3]. Aussi loin qu'on puisse se souvenir, le gouvernement n'est jamais venu nous voir. La première fois qu'il est venu, c'est après le 1er janvier de cette année, et c'est avec des avions, des hélicoptères, des balles, des tanks et des soldats. C'est comme ça qu'on a connu le visage du gouvernement, nous, garçons et filles du Mexique et du monde. Avant on ne le connaissait pas et personne ne venait nous prendre en photo et nous demander si on mangeait ou si on étudiait, ou si on avait des jouets. Nos aînés se sont réunis un jour et se sont mis à parler et parler. Ici, on est majeur si on a plus de douze ans, parce qu'on peut déjà bien penser et qu'on peut porter un *tercio* [4] de bois et défricher et récolter le maïs et le moudre s'occuper des plus petits. Les grands se sont réunis et ont pensé à la guerre. Ils ont tous parlé de la peur et de la

3 – Mortalité infantile du Mexique : 46,6 ‰ (1988).

4 – Gros fagot.

mort. Ils se sont tous tus. Ils ont tous parlé de nous. Ils ont tous rigolé. Chacun a dit son mot et on a décidé à la majorité qu'on commencerait la guerre et on nous a appris à ne pas mourir à la guerre. On a demandé pourquoi, et ils nous ont répondu qu'ils se battaient pour que la mort soit une chose de grandes personnes et plus pour les enfants. C'est ce qu'ils nous ont appris. Ils nous ont appris à ne pas mourir. À nous battre pour que ne meurent pas les enfants comme nous.

Nous ne savons pas si c'est mal d'apprendre à nous protéger et à nous défendre à la guerre, nous ne savons pas si c'est mal d'apprendre à ne pas mourir. Il y en a qui disent qu'il ne faut pas apprendre la violence aux enfants et ils nous ont même dit qu'on devait vivre comme les autres enfants de la ville, qui apprennent le karaté et ont des pistolets jouets et des avions et des hélicoptères à piles, pleins de lumières, mais ici la terre tremble, les grands tremblent et on ne sait pas si là-bas, là où vous jouez à la guerre avec ces jouets, la terre ne tremble pas, et ici, où on ne joue pas, elle tremble quand même. Alors on apprend à ne pas mourir. C'est peut-être mal et il vaut peut-être mieux qu'on meure sans apprendre à ne pas mourir.

On a vu les photos. Nous, on disait déjà que certains ne marchent pas en cadence, et là on voit bien que *el Beto* marche de travers. On a demandé au *Sup* si ça se voit sur la photo que c'est parce qu'il est malade de la poitrine et qu'il va bientôt mourir, mais le *Sup* dit que ça ne se voit pas sur la photo. Alors, on a pensé à vous écrire, garçons et filles du Mexique et du monde, pour vous expliquer pourquoi *el Beto* ne marche pas en cadence et que vous ne pensiez pas qu'il ne marche pas en cadence parce qu'il ne veut pas, mais parce qu'il est malade de la poitrine et qu'il va bientôt mourir et qu'il a voulu marcher à tout prix. Et nous, on ne veut pas que vous pensiez du mal de nous parce qu'on ne marche pas en cadence. On veut que *el Beto* ne meure plus et qu'on puisse tous marcher en cadence, et c'est pour ça qu'on apprend à ne pas mourir. Et *el Beto* est furieux parce que les photos ne le laissent pas parler, et que c'est pas bien juste que la photo s'en va parler à d'autres qui la regardent, mais *el Beto* qui est sur la photo, ne peut pas aller là où va la photo pour expliquer pourquoi il marche de travers, et la photo va à plein d'endroits, et *el Beto* reste ici, avec sa douleur dans la poitrine et en train de mourir, et la photo ne vient pas lui demander pourquoi il marche de travers, et *el Beto* reste furiex, et il n'a plus mal à la poitrine parce qu'il est en train de mourir, il dit qu'il a mal à cause de la colère, el Beto. Et *el Beto* s'en va avec le *Sup* parce qu'il est fâché, et que quand il est fâché, *el Beto*, il se met à lancer des pierres et le *Sup* s'est déjà caché derrière une table et *el Beto* ne trouve plus de pierres, et le *Sup* dit à *Beto* de remonter sa braguette, que c'est pas la peine de frimer, et *el Beto* lui raconte l'histoire de la photo qui parle pour *el Beto* et qui vole la parole de *Beto,* et alors le *Sup* se met à réfléchir et commence à raconter à *Beto* l'histoire d'un homme qui faisait des photos, là-bas à Mexico dans un endroit qui s'appelle « l'Alamedas [5] » et qui allait de maison en maison pour les vendre et qu'après, cet homme est parti marcher au pas avec d'autres, et le *Sup* dit que ça fait beaucoup d'années et que cet homme est mort, et on ne se souvient plus si le *Sup* a raconté s'il avait finalement pu vendre ses photos, et *el Beto* lui a demandé si les photos de cet homme laissaient parler les enfants qu'elles montraient et expliquaient pourquoi ils ne marchaient pas en cadence, et le *Sup* dit qu'il ne sait pas, que c'est peut-être ce que voulait vérifier le photographe quand il est parti marcher au pas avec les autres, et l'histoire a fini là parce que *el Beto* a oublié les photos et sa douleur à la poitrine et qu'il a pris la pipe du *Sup* et qu'il est parti en courant et que le *Sup* ne va jamais le rattraper avec toute cette ferraille sur le dos et qu'en plus *el Beto* a déjà grimpé sur un arbre, et le *Sup* dit qu'il va chercher la tronçonneuse et *el Beto* lui dit que d'accord mais qu'il n'y a plus d'essence et le *Sup* nous dit d'aller chercher les machettes; alors on va prendre les machettes pour abattre l'arbre, et *el Beto* a eu peur alors il est descendu et il a rendu la pipe au *Sup* et on s'est mis à regarder les photos et on a tous vu que c'est vrai, que les photos ne nous laissent pas parler et qu'elles ne nous demandent pas pourquoi on ne marche pas en cadence, et qu'elles ne nous laissent pas dire que tout ce qu'on veut, c'est apprendre à ne pas mourir et *el Beto* et le *Sup* se sont mis à regarder les photos des femmes nues et ils se sont mis à rire tous les deux.

Le *Sup* nous a dit qu'aujourd'hui c'est le jour des enfants, ici, au Mexique; alors, on voudrait aussi féliciter tous les garçons et les filles, et leur dire de s'amuser et d'être contents. Nous, on ne peut pas beaucoup jouer parce qu'on

---

5 – Grand parc au centre de Mexico.

doit aussi apprendre à ne pas mourir. Et le *Sup* a dit qu'aujourd'hui des gentilles personnes vont venir et qu'elles vont apporter des tas de vessies pour jouer, et le *Sup* dit qu'à la ville on n'appelle pas ça des « vessies » mais des « ballons ». *El Beto* dit que les vessies ont été envoyées par son oncle pour qu'on puisse jouer, et nous on lui dit que son oncle est mort à Ocosingo et *el Beto* répond que c'est pour ça qu'il a envoyé les vessies pour qu'on puisse jouer.

Alors on va jouer avec les vessies et le *Sup* nous dit qu'on doit signer cette lettre qu'on envoie aux garçons et aux filles du Mexique et du monde, et nous on lui dit qu'il la signe lui-même parce qu'on sait bien que c'est pas vrai qu'il a vingt-cinq ans et qu'en réalité on sait que c'est un enfant comme nous, parce que si c'est pas un enfant, qu'est-ce qu'il fait là avec nous ? Le *Sup* dit que quand il sera grand, il redeviendra enfant.

Bon, garçons et filles du Mexique et du monde, voilà tout ce qu'on avait à vous dire et on vous dit franchement que le *Sup* parle pas bien le dialecte et *el Beto* s'est moqué de lui parce que le *Sup* voulait dire « *ojo* » (attention) et qu'il s'est trompé et qu'il a dit « *culo* » (cul) et le *Sup* a rigolé aussi, mais on ne sait pas pourquoi il rigole, le *Sup*, quand il nous voit, et que si on lui prend sa pipe il ne se fâche pas ; et on veut aussi vous dire que le *Sup* ne sait même pas gonfler les vessies parce que ça en fait trois qu'il fait exploser à lui tout seul, et *el Beto* se moque de lui, et le *Sup* dit qu'il va mettre son passe-montagne à une vessie… pour s'envoler, dit le *Sup*.

Au revoir.

Enfants zapatistes.
Armée zapatiste de Libération nationale.
Montagnes du Sud-Est mexicain, Chiapas.

77 – L'INJUSTICE PORTE UN NOUVEAU NOM : NÉOLIBÉRALISME

1er mai

Au peuple du Mexique.
Aux peuples et gouvernements du monde.
À la presse nationale et internationale.

Frères :

Le Comité clandestin révolutionnaire indigène - Commandement général de l'Armée zapatiste de Libération nationale s'adresse à vous pour déclarer ce qui suit :

Aujourd'hui, 1er mai 1994, on célèbre une fois de plus la Fête du travail. Dans le monde entier, les travailleurs des campagnes et des villes commémorent leur révolte contre l'oppression et réaffirment leur aspiration à un monde plus juste. Au Mexique, ce jour est un jour de lutte. Depuis que le mauvais gouvernement, qui nous opprime aujourd'hui du Zócalo de la ville de Mexico, a usurpé les justes aspirations de Flores Magón (1), une chaîne paralyse le meilleur des travailleurs mexicains. Des dirigeants faux et corrompus (2), dont l'un a plus de neuf décennies, traficotent sur les souffrances des travailleurs mexicains. Ils sont les piliers du Gouvernement suprême qui brade à présent notre histoire et notre sol à la monnaie étrangère. La lutte pour l'indépendance des travailleurs a clairement révélé la triple alliance

1 – Les frères Ricardo et Enrique Flores-Magón représentaient le courant socialiste radical, puis anarcho-syndicaliste, du mouvement révolutionnaire qui converge derrière Madero en 1910 et entreprend la Révolution. Sur l'histoire de la Révolution mexicaine de 1910-1917, voir A. Gilly, *La Révolution Interrompue*, ed. Syllepse.

2 – L'alliance historique entre l'État et le mouvement ouvrier plonge ses racines dans les premières années de la révolution. Jouant un rôle essentiel dans les mécanismes de contrôle politique et social, les syndicats ont grandement contribué à la stabilité politique du pays pendant soixante ans et sont affiliés au Parti d'Etat, le PRI. Mais ils ne servent le plus souvent qu'à étouffer les revendications de la base, en échange de privilèges considérables octroyés par le régime aux dirigeants, les *charros*. Fidel Velásquez, leader de la CTM depuis la fin des années quarante et dont l'appui aux présidents en place ne s'est jamais démenti, constitue la figure emblématique de ce syndicalisme dénaturé. Âgé de plus de quatre vingt-dix ans, il possède un pouvoir quasi absolu sur la centrale syndicale la plus importante du Mexique, critique la voie choisie par le gouvernement et réclame le retour de l'armée sur le champ de bataille.

entre le mauvais gouvernement, les dirigeants corrompus et les puissants seigneurs de l'argent.

L'allégresse de la mauvaise richesse a une nouvelle étiquette. Un nouveau masque cache nos souffrances à nos propres yeux. Un nouveau nom rassemble l'injustice, l'esclavage et l'usurpation : néolibéralisme. Trois blessures vident de leur sang les travailleurs qui bâtissent notre Patrie : les puissants les saignent par d'injustes salaires, des humiliations et des menaces. Les traîtres à la tête des grandes centrales syndicales gouvernementales les saignent par l'extorsion, les coups et la mort. Les vendeurs de la Patrie les saignent à leur tour, en rédigeant dans les bureaux de l'usurpation des lois dictées par leur trahison.

Par trois fois meurt le travailleur dans l'usine de l'histoire nationale : de pauvreté, puisque son nouveau travail n'est pas payé à sa juste valeur. D'humiliation, puisque ses mots de révolte sont étouffés par la trahison de ceux qui se prétendent ses amis. Il meurt aussi d'esclavage, puisque le mauvais gouvernement ignore sa volonté et son effort.

Par trois fois lutte l'ouvrier mexicain sur la terre et l'asphalte : pour la justice qui amènerait le pain et la vérité à sa maison et sur sa table. Il lutte aussi pour que soient libres sa parole et ses pas, afin que ses enfants n'héritent pas de la honte. Il lutte encore pour la démocratie, car s'il est en son pouvoir de transformer la matière, il faut aussi qu'il puisse gouverner et se gouverner.

Trois vies composent le futur que nous désirons tous pour toute la patrie. La vie de sa propre force reconnue entre frères de labeur. La vie de sa main dans la main paysanne. La vie de l'accolade qui réunit tout le peuple dans une marche collective vers un cap nouveau et meilleur.

Par trois fois sans visage vit et meurt l'ouvrier. Sans visage propre, à cause de la faim qui le souille. Sans visage libreà cause de la trahison qui l'assassine. Sans visage véritable à cause de sa volonté usurpée.

Trois fois il meurt, trois fois il lutte, trois fois il vit. Sans visage il va trois fois, celui qui fait des richesses de la Patrie quelque chose qui se palpe, se mesure et s'échange.

Frères :

Depuis une autre histoire semblable et différente, une autre vie sans visage voit ce jour avec espoir. Des montagnes du dernier recoin du Mexique, l'espoir sans visage, ceux qui marchent par la seule voix et le tendre feu, saluent les ouvriers.

Trois fois doivent tomber les faux masques qui nous volent aujourd'hui : l'injustice du travail et de sa rémunération doit tomber. La trahison qui nous laisse sans voix doit tomber. Le gouvernement qui usurpe notre volonté doit tomber.

Justice ! Liberté ! Démocratie ! Voilà les trois clés des trois chaînes. Justice dans le droit à un travail digne et bien payé. Liberté dans le droit à nous organiser indépendamment du puissant et de ses porte-parole. Démocratie dans le droit d'exiger que le gouvernement nous obéisse dans son mandat.

C'est ce que nous demandons, les plus petits de ces terres. C'est ce que nous voulons : trois droits, trois luttes, trois soleils. Un lendemain : celui du Mexique nouveau.

Ouvriers mexicains de la ville et de la campagne !

Que votre voix accompagne la nôtre. Que votre cri résonne fort et dur sur ce sol. Acceptez cette embrassade que vous offrent les plus petits de vos frères. Trois forces doivent unir leurs pas : la force des ouvriers, la force des paysans, la force populaire. Ces trois forces avec nous, rien ne nous arrêtera.

Notre sang se perd déjà dans l'histoire. Que le frère à la machine ne laisse pas mourir de peine son frère paysan. Que tout le peuple vienne tout réunir. Que la malédiction qui divise ne revienne pas sous nos cieux.

Accueillez notre parole, même venue de loin : salut ouvriers de la mer et de la terre ! Les Zapatistes vous suivent dans votre combat ! Avec vous, il y aura un jour une patrie et un lendemain pour tous. Sans vous, la nuit continuera de régner sur ces terres !

Liberté ! Démocratie ! Justice !

Respectueusement.

CCRI - CG de l'EZLN.
Montagnes du Sud-Est mexicain, Chiapas.

78 – Précisions sur quelques idées fausses

5 mai

À Marta Lamas, *La Jornada*.
De la part du Sous-commandant Insurgé Marcos (EZLN).

L'objet de la présente lettre est de commenter et de préciser une partie de votre article *Le Chiapas, le Vatican, l'avortement et l'État mexicain*, paru dans *La Jornada* du vendredi 29 avril 1994 (p. 25). Dans sa première partie, l'article comporte quelques erreurs sur l'EZLN, ses lois et ses revendications. Permettez-moi de les éclaircir une à une et, pour diverses raisons, pas dans l'ordre de leur apparition :

1 – L'article dit : « *Le troisième point de cette loi (la Loi révolutionnaire sur les femmes) disait : "Les femmes ont le droit de décider du nombre d'enfants qu'elles désirent et dont elles peuvent s'occuper" (...) Il en résulte que la formulation du troisième point de la Loi sur les femmes est en contradiction avec la revendication actuelle de l'EZLN : la pénalisation de l'avortement.* » (*La Jordana*, 24 avril.)

Bon, le troisième point de la Loi révolutionnaire sur les femmes ne le « disait » pas, mais le DIT encore, et il est appliqué sur nos territoires et au sein des communautés et des unités militaires zapatistes. Jamais l'EZLN n'a réclamé la pénalisation de l'avortement, nous n'avons présenté aucun projet de réforme du Code pénal de l'État et n'avons d'aucune façon pris part au débat sur les réformes en cours. Notre revendication par rapport au Code pénal du Chiapas est la suivante :

« *Vingt septièmement : Que soit abrogé le Code pénal de l'État du Chiapas parce qu'il ne nous permet pas de nous organiser autrement que par les armes, toute lutte pacifique légale étant punie et réprimée.* »

Il est clair que notre demande de réforme du Code pénal fait référence à l'absence de garanties politiques, ou pas ? Il se trouve que le gouvernement profite que nous soyons occupés à creuser des tranchées, à miner des accès et à effectuer des consultations pour présenter ses propres intérêts, ou ceux d'autres, comme « réponse aux revendications de l'EZLN ». L'EZLN a l'habitude d'émettre des communiqués pour faire connaître ses positions sur diverses questions.

Nous procédons de la sorte pour que le peuple mexicain, ce qu'on appelle aujourd'hui la « société civile », connaisse notre pensée par notre cœur **DIRECTEMENT**. Hélas, des déclarations de fonctionnaires, de médiateurs et de commissaires sont prises comme des déclarations de l'EZLN. Ce n'est pas bon, mais ce qui est encore pire, c'est que les médias ne précisent pas la provenance de la déclaration et qu'on y envoie donc des articles destinés à relever des contradictions qui n'existent pas. Le problème des fameuses réformes du Code pénal d'État en cours se retrouve dans la métamorphose de « propositions » en « accords », dans la signature « imminente » et « spectaculaire » de la « paix », ou dans les fastes programmes sociaux, ou encore dans les élections nationales ou municipales. Ce qui va se produire, c'est ce qui s'est déjà produit avant le 1er janvier 1994, lorsque personne ne s'est donné la peine de venir nous demander ce que nous pensions. Comme nous ne parlions pas (nous le faisions, mais personne n'écoutait), tous pensaient que nous allions bien. Ça n'était pas le cas, ça ne l'est toujours pas. C'est pourquoi nous avons fait parler le feu, et tout porte à croire que nous devrons le faire à nouveau.

2 – Dans le premier paragraphe de l'article, il est écrit : « *L'influence de l'Église catholique sur l'EZLN…* », et il est expliqué que c'est cette « influence » qui inspire cette « revendication actuelle de l'EZLN ». Je regrette, l'Église catholique n'a aucune influence sur l'EZLN. Les membres de la hiérarchie catholique peuvent eux-mêmes le constater, y compris ceux du diocèse de San Cristóbal, et vous pouvez vous-même venir discuter avec Ramona, Susana ou Ana María, membres du CCRI - CG de l'EZLN, ou avec les combattants pour le vérifier. Ne croyez pas ce qu'écrivent les autoproclamés « apologues de la paix » sur la supposée mainmise de l'Église catholique sur l'EZLN. Fiez-vous plutôt à ce que dit l'EZLN de sa propre voix ou alors consultez-nous.

Notre armée est en majorité analphabète, c'est dire si *La Jornada* n'est pas très lue par ici. Le procédé des prises de décisions concernant les revendications et les actions stratégiques est **DÉMOCRATIQUE**, c'est-à-dire que nous déterminons les majorités sur tel ou tel point et que **NOUS TENONS COMPTE** de cette opinion. Ici commande la majorité, pour le meilleur ou le pire. Pour ces deux raisons, l'analphabétisme et la confiance de la base en sa direction, votre article ne pose aucun problème dans nos rangs. Mais *La Jornada* est lue par beaucoup de Mexicains et de **MEXICAINES** honnêtes et désireux de connaître la réalité de notre pays. C'est pour eux, véritables destinataires de notre parole et de notre obstination, que je me vois obligé d'éclaircir ces erreurs dans votre article. Je vous prie, avec respect, de faire la mise au point nécessaire dans votre journal. Nous ne sommes pas en mesure de le faire, notre voix s'éteint chaque fois plus, et de plus en plus rares sont ceux disposés à l'écouter; nos lettres n'obtiennent pratiquement plus de place dans le *Correo ilustrado*. Cela ne nous préoccupe pas beaucoup, nous avons déjà été seuls, d'autres ont déjà pris notre voix, parce que nous savons comment nous faire entendre à nouveau.

Nombreux et nombreuses sont ceux et celles qui vous lisent, nous vous demandons de faire cette mise au point et de faire le tri entre les mensonges du mauvais gouvernement et la voix, petite mais vraie, des insurgés zapatistes.

À propos, aucun des articles de la Loi révolutionnaire sur les femmes n'apparaît dans la liste des revendications de l'EZLN. Concernant les femmes **INDIGÈNES**, ce document indique :

« *Vingt neuvièmement : Pétition des femmes indigènes :*

Nous, les femmes paysannes indigènes, demandons une solution immédiate à nos besoins urgents, auxquels le gouvernement n'a jamais apporté de solution (...) »

Suivent une série de demandes d'aide économique, d'assistance médicale et alimentaire, *et cetera*.

Pourquoi? Pourquoi n'apparaît pas parmi les revendications au mauvais gouvernement la Loi sur les femmes que les **FEMMES** zapatistes **NOUS ONT IMPOSÉE** le 8 mars 1993? Les compagnes zapatistes ont répondu ainsi, à peu de chose près : « Certaines choses se demandent, d'autres s'imposent. Nous demandons les conditions matérielles minimum. Nous ne demandons pas que l'on nous donne la liberté et le respect. Notre liberté et notre dignité sont des choses que nous **IMPOSERONS**, qu'elles soient ou non reconnues par nos compagnons ou le gouvernement. » Ça fait frémir, non? Et croyez-moi, elles sont en train d'y parvenir, malgré les journaux, les Églises, les codes pénaux et, il faut bien le reconnaître, malgré notre résistance de mâles chassés de l'espace commode de domination dont nous avons hérité. Il reste beaucoup à faire, disent-elles, mais je ne décèle, chez elles, pas le moindre signe de fatigue. Nous, sur ce point, et ce point seulement, serions ravis de nous rendre.

Voilà. Prêtez plus d'attention à ce qui se passe et plus d'esprit critique à la lecture du journal.

Salut et un stylo correcteur,

Depuis les montagnes du Sud-Est mexicain.
Sous-commandant Insurgé Marcos (rubrique).

PS – À propos, ici les femmes indigènes avortent et pas par choix. « Malnutrition chronique », disent les statistiques.

PS – Les compagnes disent qu'elles ne demandent pas de cliniques d'avortement parce qu'elles n'ont même pas de maternités, et que la montée de côtes chargée d'un *tercio*, n'est prise en compte dans aucun code pénal (« ni dans aucun article de la presse », ajouterai-je).

79 – Invitation au candidat Cardenas

9 mai

À Cuauhtémoc Cárdenas Solórzano [1], candidat à la présidence de la République mexicaine.
Parti de la Révolution démocratique.

Monsieur Cárdenas :

Nous nous adressons respectueusement à vous par la présente pour vous inviter en un lieu de la zone zapatiste. D'après ce que nous savons, vous êtes l'un des candidats au Pouvoir exécutif fédéral pour le sextennat 1994-2000. Nous supposons que vous savez les raisons à l'origine du juste combat des Zapatistes pour les onze points de base et nécessaires pour que, dans notre pays, nous, Mexicains, redevenions des êtres humains : un toit, la terre, le travail, le pain, la santé, l'éducation, l'indépendance, la liberté, la démocratie, la justice et la paix. Nous voulons connaître votre opinion sur les revendications de l'EZLN et savoir quelle sera votre position sur leur satisfaction dans le cas où vous accéderiez à la présidence de la République.

Il est dans la procédure actuelle de l'EZLN de recevoir tout candidat à la présidence, la seule chose que nous vous demandons étant de déclarer publiquement que votre parti et vous-même ne percevez aucune rémunération pour cette visite, et que vous ne nous avez rien payé non plus, que ce soit en espèces ou en nature, et que vous entrerez, demeu-

1 – Tête de file d'un "courant démocratique", M. Cuauhtémoc Cárdenas, soixante ans, a été exclu du PRI. Fils de Lázaro Cárdenas (auteur de la nationalisation du pétrole), il a rapidement conquis une crédibilité politique auprès de l'électorat du centre et de gauche, attiré par son *Parti de la révolution démocratique* (PRD). Il s'est confronté à Salinas lors des élections de 1988, mais son ascension a été freinée par une… "avarie informatique". Officiellement, il est arrivé en deuxième place avec 31,12 % des voix. On peut légitimement parler de fraude électorale dans la mesure où le gouvernement n'a fait connaître les résultats que de la moitié des districts électoraux. Déclenchant une forte polémique, il se rendra le 15 mai dans la zone du Chiapas sous contrôle zapatiste et se réunira avec le sous-commandant Marcos – lequel, d'ailleurs, dans un discours public, ne se privera pas de critiquer le PRD. Il s'est à nouveau présenté aux présidentielles de 1994, sans succès.

rerez et sortirez de notre territoire pour votre compte et à vos risques.

Au cas où vous accepteriez la présente invitation, nous vous prions de désigner un membre de votre équipe pour en préciser le jour et le lieu.

Tout simplement.

Liberté ! Justice ! Démocratie !

Depuis les montagnes du Sud-Est mexicain.
CCRI - CG de l'EZLN.

80 – Remerciements au conseil « 500 ans »

26 mai

Au Conseil mexicain 500 ans
de Résistance indigène, noire et populaire.

Frères :

Nous avons reçu, par l'intermédiaire du Médiateur national, la plaquette de la « Médaille de Roque Dalton [1] 1994 ». Le jour où nous l'avons reçue, nous célébrions le premier anniversaire de notre baptême du feu.

Nous avions appris par vos paroles votre solitude première, nous avions eu vent de votre croissance et de votre renforcement, et nous avions salué le cri sorti de vos bouches en 1992. Nous, si petits parmi tant de grands hommes et femmes, avons reçu comme une heureuse surprise votre décision d'attribuer le prix « Médaille de Roque Dalton 1994 » à la petite étoile qui flotte au-dessus de notre sol. Encerclés, résistant à la faim sur laquelle ils comptent pour obtenir notre reddition, nous avons reçu votre présent comme la terre de mai reçoit les premières pluies qui feront pousser le maïs sur nos montagnes. Votre voix sans paroles est un soulagement à notre désespoir.

Nos morts chantent la parole triste et digne de la résistance. Sur notre chemin sans visage, plane la menace de la solitude et de l'oubli. Le sang de nos guerriers vit dans la prison de l'abandon. De grands seigneurs décrètent que notre mort sera la pire qui soit : notre effacement du cœur et de l'esprit de nos frères. Notre souffrance chante en *Votán* Zapata [2], notre triste solitude danse dignement. Dans la résistance, nos morts combattent aussi.

Notre chant de guerre résonne dans les montagnes, que notre vie ne s'éteigne pas dans la lutte des frères mexicains.

---

1 – Poète salvadorien, membre de l'Armée révolutionnaire du peuple (ERP), l'une des quatre composantes du FMLN. En 1975, accusé de "travailler pour la CIA", il fut assassiné sur ordre du leader du mouvement, Joaquím Villalobos. Aucun élément de preuve n'a jamais été apporté quant à son éventuelle culpabilité.

2 – Voir p. 244.

Le maïs auquel notre sang sert d'engrais dans la pauvreté ira à d'autres ; nous mourrons, témoins d'un passé douloureux, pour que la paix soit sur ces terres.

Salut, frères du Conseil mexicain 500 ans de Résistance indigène, noire et populaire !

Depuis les montagnes du Sud-Est mexicain.
CCRI - CG de l'EZLN.

81 – Fin de la consultation et début du décompte des voix

28 mai

Au peuple du Mexique.
Aux peuples et gouvernements du monde.
À la presse nationale et internationale.

Frères :

Le Comité clandestin révolutionnaire indigène - Commandement général de l'Armée zapatiste de Libération nationale s'adresse à vous pour dire ce qui suit :

Premièrement. – Le CCRI - CG de l'EZLN a terminé la consultation de toutes les communautés qui le constituent et le soutiennent, par l'intermédiaire d'assemblées réunies dans les différents villages, *ejidos*, bourgades et hameaux sympathisants qui appuient la juste cause de l'EZLN, les hommes, femmes, enfants et anciens Zapatistes ont analysé, discuté et exprimé leur décision concernant les 32 propositions du Gouvernement fédéral qui répondaient aux 34 revendications de la liste zapatiste de San Cristóbal.

Deuxièmement. – Les hommes, femmes, enfants et anciens qui ont voté le début de la guerre en 1993, plus tous ceux qui se sont ajoutés aux rangs zapatistes, ont donné au pays une leçon de liberté et de démocratie en faisant valoir leur droit à diriger, par leur vote libre et direct, notre EZLN.

Troisièmement. – Le CCRI - CG de l'EZLN a aussi reçu les avis et les consultations des secteurs sociaux les plus divers de tout le territoire national. La parole de nos frères indigènes, paysans, ouvriers, étudiants, enseignants, femmes au foyer, organisations non gouvernementales, Mexicains de l'étranger, intellectuels et artistes honnêtes, sera prise en compte par nous, selon la sagesse qui se dégage de leurs lettres.

Quatrièmement. – Le CCRI - CG de l'EZLN, à partir du 31 mai 1994, se déclare en assemblée permanente pour procéder au décompte des voix, à l'analyse des opinions reçues et à l'émission de sa réponse en tant que Commandement suprême des Forces militaires et civiles de l'EZLN.

Cinquièmement. – Tous les accès aux territoires sous contrôle de l'EZLN seront fermés à la presse nationale et internationale pendant le décompte et l'analyse du vote et la publication du communiqué par lequel nous répondrons au Gouvernement suprême.

Sixièmement. – Nous ferons connaître en temps voulu le lieu et la date d'une conférence de presse destinée à communiquer la parole de l'EZLN au peuple du Mexique et aux peuples et gouvernements du monde.

Démocratie ! Liberté ! Justice !

Respectueusement.

Depuis les montagnes du Sud-Est mexicain.
CCRI - CG de l'EZLN.

82 – Le conte d'Antonio

28 mai

À l'hebdomadaire national *Proceso*.
Au journal national *La Jornada*.
Au journal national *El Financiero*.
Au journal local de SCLC *Tiempo*.

Messieurs :

Ci-joint un communiqué sur la fin, enfin, des consultations. Plus quelques lettres destinées à diverses personnes.

Nous, ça va… bien cernés. Résistant « héroïquement » au tourbillon de réactions depuis l'événement du 15 mai. Aux avions vigilants se sont à présent ajoutés, depuis trois jours, les hélicoptères. Les cuisiniers se plaignent du fait qu'il n'y aura pas assez de casseroles si jamais ils tombent tous en même temps. Le surintendant dit qu'il y a assez de bois pour faire un *asado* (1), alors pourquoi ne pas inviter un journaliste argentin? – parce que ceux-là, ils savent faire les *asados*. À la réflexion, je m'aperçois que c'est inutile : les meilleurs Argentins sont des guérilleros (le Che, par exemple), ou poètes (Juan Gelman, par exemple), ou écrivains (Borges, par exemple), ou artistes (Maradona, par exemple), ou « cronopes » (Cortázar, à jamais), mais il n'y a pas d'Argentins grilleurs de zinc. Un naïf propose qu'on attende les improbables hamburgers du CEU (2). Hier, nous avons mangé la console et deux microphones de la radio XEOCH, ils avaient un goût rance, comme s'ils étaient pourris. Les Services de santé font passer des pages d'histoires drôles en guise d'analgésique; ils disent que le rire soigne aussi. L'autre jour, j'ai surpris Tacho et Moy en train de pleurer… de rire. « Pourquoi riez-vous? » demandai-je. Ils ne pouvaient pas répondre parce que le rire leur coupait le souffle. Une infirmière d'expliquer, attristée : « *C'est qu'ils ont très mal à la tête.* » Cent trente-sixième jour de siège… (Soupir)…

Pour couronner le tout, Toñita me réclame un conte. Je le lui raconte tel que me l'a raconté le vieux Antonio, le père

1 – Grillades à la braise, typiquement argentin. Ndt.
2 – Voir p. 146.

de l'Antonio de *Chiapas, le Sud-Est en deux vents, une tempête et une prophétie* [3] :

« Alors que le monde dormait sans intention de se réveiller, les grands dieux tinrent leur assemblée pour se mettre d'accord sur leurs travaux, et ils s'accordèrent pour faire le monde et créer les hommes et les femmes. Faire le monde et les hommes occupa alors la majorité des esprits des dieux. Ainsi, alors qu'ils pensaient à faire les gens, ils se dirent qu'ils les feraient très beaux et durables, et ils firent les premières personnes en or, ce qui les contenta parce que les gens qu'ils avaient faits étaient brillants et solides. Mais les dieux s'aperçurent alors que ces gens en or ne bougeaient pas, qu'ils restaient sans marcher ni travailler, parce qu'ils étaient très lourds.

Alors, la communauté des dieux se réunit pour convenir de la façon de régler ce problème, et ils s'accordèrent pour faire d'autres gens, qu'ils firent de bois, et ces gens avaient la couleur du bois, ils travaillaient beaucoup et marchaient beaucoup, et les dieux furent à nouveau contents parce que l'homme marchait et travaillait et ils s'apprêtaient à fêter cela lorsqu'ils s'aperçurent que les gens en or forçaient les gens de bois à les porter et à travailler pour eux.

Alors, les dieux virent que ce qu'ils avaient fait était mal, et ils cherchèrent un bon accord pour remédier à la situation et ils s'entendirent pour faire les gens de maïs [4], les bonnes gens, les hommes et femmes vrais, et ils allèrent se coucher, laissant les gens de maïs, les hommes et femmes vrais, arranger les choses eux-mêmes parce que les dieux étaient allés dormir. Et les gens de maïs parlèrent le langage de la vérité pour s'accorder entre eux et se rendirent à la montagne pour trouver une bonne voie pour tout le monde. »

Le vieil Antonio m'a raconté que les gens d'or étaient les riches, à la peau blanche, et que les gens de bois étaient les pauvres, à la peau brune, qui travaillaient pour les riches et les portaient toujours, et que les gens d'or et les gens de bois attendent la venue des gens de maïs, les premiers avec peur, et les seconds avec espoir. J'ai demandé au vieil Antonio de

---

3 – Voir p. 38.

4 – Référence sans doute aux Hommes de maïs, comme Miguel Angel Asturias a baptisé les descendants des Mayas. La culture du maïs, premier pas (et peut-être le plus décisif) vers la civilisation, naquit quatre millénaires environ avant Jésus-Christ, quelque part sur le plateau mexicain ou en Amérique centrale.

quelle couleur était la peau des gens de maïs, et il m'a montré plusieurs types de maïs, de différentes couleurs, et il m'a répondu qu'ils étaient de toutes les peaux mais que personne ne savait vraiment, parce que les gens de maïs, les hommes et femmes vrais, n'avaient pas de visage...

Le vieil Antonio est mort. Je l'ai connu voici dix ans, dans une communauté très enfoncée dans la jungle. Il fumait comme personne et, quand il n'avait plus de cigarettes, il me demandait du tabac et se faisait des cigarettes avec une feuille de maïs. Il regardait ma pipe avec curiosité et, lorsqu'une fois j'essayai de la lui prêter, il me montra la cigarette de maïs dans sa main, me disant sans un mot qu'il préférait sa façon de fumer. Voilà environ deux ans, en 1992, alors que je parcourais les communautés pour y tenir des réunions qui devaient décider le commencement de la guerre ou pas, j'arrivai au village du vieil Antonio. Antonio fils vint me trouver et nous traversâmes pâturages et plantations de café. Pendant que la communauté discutait à propos de la guerre, le vieil Antonio me prit par le bras et me mena jusqu'à la rivière, quelque cents mètres en contrebas du centre du village. On était en mai, et la rivière était verte et son cours était sage. Le vieil Antonio s'assit sur un tronc d'arbre et ne dit rien. Puis, après un moment, il parla : « *Tu vois ? Tout est calme et clair, on dirait que rien ne se passe... – Mmmhh* », lui dis-je, sachant qu'il n'attendait ni un oui ni un non. Puis il m'indiqua le sommet de la plus proche montagne. Les nuages reposaient, tout gris, sur la cime, et les éclairs fendaient l'azur léger des hauteurs. Un orage, des plus gros, mais qui semblait si lointain et inoffensif que le vieil Antonio entreprit de se rouler une cigarette et se mit à chercher en vain un briquet qu'il n'avait pas, le temps que je lui tende le mien. « *Lorsque tout est calme en bas, l'orage est dans la montagne, les ruisseaux commencent à se renforcer et à se diriger vers la vallée* », dit-il après une bouffée. À la saison des pluies, cette rivière est féroce, un fouet marron, bouillonnant hors de son lit, tout en force. Sa puissance ne lui vient pas de la pluie qui tombe sur ses berges, ce sont les ruisseaux qui descendent de la montagne qui l'alimentent. En détruisant, la rivière reconstruit la terre, ses eaux deviendront maïs, haricots et *panela* [5] sur les tables de la jungle.

5 – *Panela* : "douceur" en forme de pain, faite à partir de la canne à sucre.

« *Telle est aussi notre lutte* », me dit le vieil Antonio autant qu'il se le dit à lui-même. « *Dans la montagne naît la force, mais elle n'apparaît pas avant d'arriver tout en bas.* » Et, en réponse à ma question de savoir s'il estime ou pas le moment venu, il ajoute : « *Il est temps que la rivière change de couleur…* » Le vieil Antonio se tait et se redresse en s'appuyant sur mon épaule. Nous rentrons lentement. Il me dit : « *Vous êtes les ruisseaux et nous la rivière… Il faut que vous descendiez maintenant…* » Le silence s'impose à nouveau et nous arrivons à la cabane à la tombée de la nuit. Antonio fils revient à nous après un moment avec le texte de l'accord qui disait en substance :

« Les hommes, les femmes et les enfants se sont réunis dans l'école de la communauté pour voir au fond de leur cœur si l'heure est venue de faire la guerre pour la liberté et les trois groupes – hommes, femmes et enfants – se sont séparés pour discuter, puis nous nous sommes à nouveau rassemblés dans la petite école, et l'avis de la majorité a été qu'il est temps de commencer la guerre parce que le Mexique est en train de se vendre aux étrangers et que la faim, on peut supporter, mais ne plus être mexicains, ça non, et à cet accord sont parvenus 12 hommes, 23 femmes et 8 enfants en âge de réfléchir, et ceux qui savent ont signé et les autres ont mis la marque de leur doigt. »

Je m'en allai au petit matin, le vieil Antonio n'était pas là, parti très tôt à la rivière.

J'ai revu le vieil Antonio voici deux mois. Il n'a rien dit en me voyant ; je me suis assis à côté de lui et je l'ai aidé à égrener des épis de maïs. « *La rivière a gonflé* », m'a-t-il dit après un moment. « *Oui* », lui ai-je répondu. J'ai expliqué à Antonio fils la question de la consultation et je lui ai remis les documents où figurent nos revendications et les réponses du gouvernement. On a parlé de ce qui lui était arrivé, pendant la prise d'Ocosingo et, au petit matin à nouveau, je m'en allai. À un tournant du chemin m'attendait le vieil Antonio, je me suis arrêté à côté de lui et j'ai posé mon sac à dos pour y chercher du tabac à lui offrir. « *Pas maintenant* », m'a-t-il dit en repoussant la blague que je lui tendais. M'attirant hors du chemin, il m'amena au pied d'un fromager. « *Tu te souviens de ce que je t'ai raconté sur les ruisseaux dans la montagne et les rivières ?* », me demanda-t-il. « *Oui* », répondis-je dans le murmure avec lequel il avait formulé sa question. « *J'ai oublié de te dire quelque chose* », ajouta-t-il en regardant la pointe de ses pieds nus. Je répondis en silence. « *Les ruisseaux…* », mais il est interrompu par une quinte de toux qui lui prend le corps tout entier; il reprend un peu d'air et poursuit : « *Les ruisseaux… lorsqu'ils descendent…* »; une nouvelle quinte me fait appeler l'infirmier; il repousse à l'épaule le compagnon de la Croix-Rouge; l'insurgé me regarde et je lui fais signe de se retirer. Le vieil Antonio attend que se soit éloignée la trousse de pharmacie et, dans la pénombre, reprend : « *Les ruisseaux… lorsqu'ils descendent… n'ont pas de chemin de retour… sauf sous terre.* » Il m'embrasse vite, et s'en va aussi vite. Je reste un moment à regarder sa silhouette s'éloigner, j'allume ma pipe et reprends mon sac à dos. Une fois à cheval, je me remémore la scène. Je ne sais pas pourquoi, il faisait si sombre, mais le vieil Antonio… il me semble qu'il pleurait…

Je reçois à présent la lettre d'Antonio fils avec la déclaration du village et sa réponse aux propositions du gouvernement. Antonio me dit que le vieil Antonio est soudain tombé gravement malade, qu'il n'a pas voulu qu'on me prévienne et qu'il est mort la nuit même. Antonio fils me dit que quand on insistait auprès de son père pour qu'il accepte de me faire prévenir, il a seulement dit : « *Non, je lui ai déjà dit ce que j'avais à lui dire… Laissez-le, il a beaucoup de travail maintenant…* »

Une fois cette histoire achevée, Toñita, six ans et les dents clairsemées, m'a dit très solennellement qu'elle m'aime bien mais qu'elle ne va plus me donner de baisers parce que « *ça pique beaucoup* ». Rolando dit que, quand il doit se rendre à l'infirmerie, Toñita lui demande si le *Sup* y est. Si on lui dit que oui, alors elle ne va pas à l'infirmerie. « *Parce que ce Sup veut des gros bisous et qu'il pique beaucoup* », dit l'implacable logique des six ans et les dents clairsemées qui, de ce côté-ci du siège, portent le nom de « Toñita ».

Ici, les premières pluies commencent à s'annoncer. Ce n'est pas plus mal, nous pensions devoir attendre les lances anti-émeutes pour avoir de l'eau.

Ana María raconte que la pluie vient des nuages qui se disputent au sommet des montagnes. Ils agissent de la sorte pour que les hommes et les femmes ne voient pas ces disputes. Les nuages livrent leur combat sauvage, à coups de ce que nous appelons tonnerre et éclairs, au sommet. Armés d'une infinité de stratagèmes, les nuages se disputent le privilège de mourir sous forme de pluie qui alimentera la terre. C'est ainsi que nous sommes, sans visage comme les nuages, comme eux sans nom, sans rétribution aucune... Comme eux, nous nous battons pour avoir le privilège d'être une graine dans la terre...

Voilà. Salut et imperméable (pour les pluies et les émeutes).

Depuis les montagnes du Sud-Est mexicain.
Sous-commandant Insurgé Marcos.

PS MAJORITAIRE DÉGUISÉ EN MINORITÉ NON TOLÉRÉE. À propos de tout ce qui se dit sur l'éventuelle homosexualité de *Marcos* : *Marcos* est gay à San Francisco, noir en Afrique du Sud, asiatique en Europe, *chicano* (6) à San Isidro, anarchiste en Espagne, palestinien en Israël, indigène dans les rues de San Cristóbal, loubard à Neza (7), rocker dans la Cité universitaire, juif en Allemagne, *ombudsman* (8) à la Sedena (9), féministe dans les partis politiques, communiste dans l'après-guerre froide, prisonnier à Cintalapa, pacifiste en Bosnie, *Mapuche* (10) dans les Andes, professeur dans la CNTE (11), artiste sans galerie ni portefeuille, maîtresse de maison un samedi soir dans n'importe quel quartier de n'importe quelle ville de n'importe quel Mexique, guérillero dans le Mexique de la fin du XXe siècle, gréviste à la CTM (12), journaliste bouche-trous dans les pages intérieures, machiste dans le mouvement féministe, femme seule dans le métro à 22 heures, retraité qui fait le piquet au Zócalo, paysan sans terre, éditeur marginal, ouvrier au chômage, médecin sans cabinet, étudiant non conforme, dissident du néolibéralisme, écrivain sans livres ni lecteurs, et, pour sûr,

---

6 – Mexicain des USA. Ndt.

7 – Neza : immense quartier populaire qui champignonne dans la banlieue de Mexico.

8 – Ombudsman : médiateur.

9 – Défense nationale. Ndt.

10 – Mapuches : ethnie indigène du Chili.

11 – Coordination nationale des travailleurs de l'éducation, courant démocrate du Syndicat des enseignants. Ndt.

12 – Confédération des travailleurs mexicains, syndicat officiel affilié au PRI. Ndt.

Zapatiste du Sud-Est mexicain. Finalement, *Marcos* est un être humain quelconque de ce monde. *Marcos* est toutes les minorités non tolérées, opprimées, qui résistent, qui explosent et disent « Ça suffit ! ». Tout ce qui est minorité au moment de parler et majorité au moment de se taire et de subir. Tous les exclus qui cherchent la parole, leur parole, quelque chose qui rende la majorité aux éternels fragmentés, nous. Tout ce qui dérange le pouvoir et les bonnes consciences, tout cela est *Marcos*.
Il n'y a pas de quoi, messieurs de la PGR, je suis là pour vous servir... du plomb.

PS pour le PRD – Sur la logique des morts. Les compagnons ont lu : « *Nous comptons plus de morts que l'EZLN* [13] » et se sont tout de suite mis à faire des calculs. Ils additionnent, multiplient, depuis, voilà plus de dix ans déjà, qu'ils ont commencé à parcourir de nuit les chemins et sentiers, contournant les embuscades « contre les bandits », pour arborer nos quatre lettres. Les compagnons disent que personne ne les bat au jeu du décompte des morts. « *Pour ça oui, nous sommes bien entraînés* », dit Gabino. La discussion entre les « tendances » de l'EZLN s'anime : les plus radicaux veulent commencer les comptes lorsque les Espagnols commencèrent à les rejeter violemment vers de la jungle et les montagnes, alors que les plus prudents et discrets ne comptent qu'à partir de la formation de l'EZLN. Certains me disent de demander si vous incluez dans le calcul les morts des 136 jours et nuits de siège, si vous avez compté Amalia, vingt-cinq ans et 7 enfants, qui a commencé à se sentir « un peu mal » à 6 heures du 125ᵉ après-midi de siège, s'est mise à avoir de la fièvre, de la diarrhée, des vomissements et à saigner entre les jambes ; Amalia pour qui on nous a demandé de trouver une ambulance à minuit, et ceux de l'ambulance ont dit qu'ils ne pouvaient pas venir ; Amalia pour qui nous avons trouvé de l'essence à 4 heures du matin, ce qui nous a permis d'aller la chercher dans un camion de 3 tonnes en mauvais état ; Amalia que nous avons amenée à notre infirmerie, et qui, 100 mètres avant d'arriver auprès de notre *lieutenant Elena*

13 – Depuis les élections présidentielles que le parti a perdues dans des conditions plus que douteuses (il s'agit là d'un euphémisme), plus de 250 militants du PRD ont été victimes d'assassinats.

a dit : « *Je vais mourir* », et a tenu parole à 98 mètres du visage brun d'Elena; Amalia que le sang et la vie ont quittée par l'entrejambe, et j'ai demandé à Elena si elle était vraiment morte, et Elena m'a répondu que oui, qu'elle était morte « d'un coup », et, au 126e matin du siège, la deuxième fille d'Amalia a vu la mort dans son lit de bois et de joncs et dit à son papa qu'elle allait demander du *pozol* dans les maisons, « *parce que ma maman ne pourra plus le faire* ». Ils demandent si la fille d'Ibarra, morte « *comme ça, sans plus, comme si elle en avait eu assez de tousser* », compte aussi. Ils font tous des calculs, l'un d'eux utilise une calculatrice récupérée à la mairie d'Ocosingo. Ils en sont là, lorsque Juana vient demander qu'on n'oublie pas de compter le vieil Antonio, « *mort de peine* ». Puis vient Lorenzo, exigeant que l'on compte Lorenzo fils, « *qui est mort la nuit* ». Par radio, ils transmettent des noms de morts, morts « *d'un coup* ». Soudain, tous s'arrêtent, calculatrice-crayon-craie-règle-compas à la main et se regardent, confus : ils ne savent plus s'ils sont en train d'additionner… ou de soustraire…

Sur les pontifes et les pontificats. Magnifique, l'autocritique est toujours opportune.

En fin de compte, on pourra nous taxer d'inopportunité, nous accuser de ne pas avoir tenu compte du rapport des forces, de maladresse politique, de ne pas avoir de satellite pour voir le débat en direct, de ne pas être abonnés aux principaux journaux et revues pour nous tenir au courant des commentaires d'après-débat, de ne pas être aimables, d'être discourtois, de souffrir du « mal des montagnes », de ne pas reconnaître de possibles alliés, d'être sectaires, intransigeants, querelleurs. On peut nous accuser de tout sauf d'être inconséquents…

Voilà, souvenez-vous que **tout ce que nous avons fait, c'est donner une gâchette à l'espoir.**

Salut et laissez la rancœur aux nains oisifs.

Une accolade venue de ce côté-ci du siège.

El Sup inopportun et impertinent, *just like* un éternuement.

83 – Consultation indigène : la participation

1er juin

Au peuple du Mexique.
Aux peuples et gouvernements du monde.
À la presse nationale et internationale.
Aux Organisations non gouvernementales.

Frères :

Le Comité clandestin révolutionnaire indigène - Commandement général de l'Armée zapatiste de Libération nationale s'adresse à vous pour déclarer ce qui suit :

Premièrement. – Le CCRI-CG de l'EZLN a fini – ainsi qu'il l'a opportunément déclaré – de recueillir les opinions de différents secteurs sociaux, du pays tout entier, dans le cadre de la consultation nationale sur la proposition d'accord de paix présentée par le Gouvernement fédéral à l'EZLN à la table du dialogue de San Cristóbal de las Casas, Chiapas.

Deuxièmement. – Le CCRI - CG de l'EZLN a reçu à ce jour :

a/– 64 712 avis sur la proposition d'accord. Nous avons en outre reçu des critiques, des demandes de soutien, des conseils, des poèmes, des bandes vidéo, des chansons, des livres, des pièces de théâtre, des enregistrements musicaux, des œuvres graphiques, des demandes d'inscription, de l'aide financière et des adhésions, en quantité inestimables.

b/– L'EZLN a reçu ces 64 712 réponses par l'intermédiaire de la CONAC-LN, de la Commission nationale de médiation et par voie directe.

c/– Les réponses proviennent de divers secteurs sociaux : femmes au foyer, partis politiques, organisations non gouvernementales, organisations paysannes, groupes indigènes, syndicats, ouvriers, employés, étudiants, entreprises, ministères, enseignants, fermiers, artistes et intellectuels, organisations de Mexicains résidant à l'étranger, enfants, associations culturelles et citoyens ordinaires.

d/– Les réponses proviennent de : Basse-Californie septentrionale, Basse-Californie méridionale, Chiapas, Chihuahua, État de Mexico, District fédéral, Guerrero, Hidalgo, Jalisco, Morelos, Oaxaca, Puebla, Quintana Roo, Tabasco, Tlaxcala, Veracruz, Yucatán, Campeche, Sonora, Sinaloa, Coahuila, Tamaulipas, Zacatecas, Querétaro, Nayarit, Colima, Nuevo

León, San Luís Potosí, Aguascalientes, Guanajuato, Durango et Michoacán.

e/– La consultation nationale se décompose de la façon suivante par secteurs sociaux :

- 48 % des réponses viennent de paysans et d'Indigènes.
- 6 % viennent d'ouvriers et d'employés.
- 37 % viennent du secteur populaire (femmes au foyer, étudiants, enseignants, fermiers, organisations non gouvernementales).
- 1,9 % viennent d'artistes et d'intellectuels.
- 3 % viennent de Mexicains à l'étranger.
- 2 % viennent d'enfants.
- 0,08 % viennent du patronat.
- 0,02 % viennent de bureaux du gouvernement.
- 2 % viennent de partis politiques.

f/– Les réponses se décomposent de la façon suivante par régions de la République du Mexique :

- Du nord du Mexique : 10 %.
- Du centre du pays : 20 %.
- De l'Occident : 10 %.
- Des États du Golfe : 20 %.
- Du Sud, du Sud-Est et de la péninsule du Yucatán : 40 %.

Troisièmement. – Ont été également reçues des réponses venues d'autres pays : Allemagne, États-Unis, Canada, Espagne, Italie, France, Grande-Bretagne, Autriche, El Salvador, Suisse, Brésil, Hollande, Chili, Norvège, Japon, Puerto Rico, Panama, Afrique du Sud et Irlande.

La répartition des réponses par zones internationales est la suivante :

- D'Amérique du Nord : 80 %.
- D'Europe : 18 %.
- D'Amérique latine : 1,3 %.
- D'Asie : 0,5 %.
- D'Afrique : 0,2 %.

Quatrièmement. – Les opinions et propositions de nos frères mexicains seront prises en considération par le CCRI - CG de l'EZLN dans la décision de la réponse à faire au Gouvernement suprême.

Cinquièmement. – Le résultat de la consultation nationale sera rendu public le moment venu.

Liberté ! Justice ! Démocratie !

Respectueusement,

CCRI - CG de l'EZLN.
Quartier général.
Montagnes du Sud-Est mexicain, Chiapas.

84 – Affrontement des « tendances » de l'EZLN

1er juin

À l'hebdomadaire national *Proceso*.
Au journal national *La Jornada*.
Au journal national *El Financiero*.
Au journal local de SCLC *Tiempo*.

Messieurs :

Ci-joint un communiqué sur les premières évaluations des consultations. Le vent et la grisaille occupent déjà ce mois de juin, quelques séquelles de mai se feront sentir certains jours. Le vent, véritable capitaine du monde, commande à nouveau sur ces terres. Quant à nous, comme il se doit, nous lui obéissons.

Le passage du cinquième au sixième mois s'est fait sous une pluie et un vent mémorables. Je l'ignorais et je viens de le lire. C'était le dernier voyage de *Juntacadáveres*... (1)

Depuis les montagnes du Sud-Est mexicain.
Sous-commandant Insurgé Marcos.

PS AU SUJET DE TORRICELLI (2) – Nous nous demandions si nous allions le recevoir ou pas. Il se trouve que les « tendances » de l'EZLN se sont à nouveau affrontées : certains disaient qu'il fallait le recevoir pour ensuite l'échanger contre un porte-avions (rapport aux trombes d'eau des camions anti-émeutes); d'autres préféraient qu'il reste dans sa caserne et que le *lieutenant Serapio* aille le défier au tir au lance-pierres, pour voir combien de dollars il lui soutirait (cette tendance a été immédiatement battue, dès qu'on a demandé dans quelle succursale de quelle banque on irait changer les dollars); d'autres encore disaient qu'il fallait le

1 – Personnage du roman *Ramasse-Vioques* de Juan Carlos Onetti (Gallimard, 1986). Là où il passe, il n'y a que cadavres. Onetti est décéde la veille, cette mention est donc à prendre comme un hommage de Marcos Ndt.

2 – Torricelli : membre du Congrès des États-Unis qui a sollicité une entrevue avec Marcos.

laisser passer pour le retenir ici quelques années (mettons trente) afin qu'il voie ce que c'est que d'être cerné (ou sous blocus, ce qui, en l'occurrence, « n'est pas pareil, mais la même chose »); les moins nombreux voulaient qu'il reste pour, lorsque l'avion tombera, être le premier à goûter le zinc, des fois qu'il serait empoisonné. La discussion était à son point le plus savoureux (c'est-à-dire au moment où l'on commençait à nous servir la popote), lorsque, après avoir allumé ma pipe, l'allumette enflammée est tombée sur deux feuilles de fax, et devant ce feu, l'enthousiasme a atteint son comble : on a apporté des tortillas grillées à réchauffer, des biscuits rances et une guitare. On s'est mis à chanter et, bien entendu!, à danser. Les « tendances » se sont effacées en dansant la cumbia [3], et les premières gouttes des premières pluies ont défait les cendres… C'était la 133e nuit de siège et la lune était un grand trou rouge dans la blessure nocturne de mai. Je me suis écarté, c'était la dernière allumette sèche…

PS AU SUJET DE « L'AUTRE CONSULTATION » – J'ai parcouru la partie de la correspondance extérieure adressée à mon passe-montagne. Il y a de tout : caricatures, jeux de mots, injures (à tous les parfums), menaces de mort et provocations au duel. Voici les premiers résultats :
– 97,98 % des personnes consultées pensent que je suis un bel enfoiré; 2 % pensent que je ne suis pas un enfoiré, mais assez bouffon; 0,02 % n'ont pas répondu (ils racontent une histoire de Toto).
– 87,56 % pensent que je vais finir par me vendre au gouvernement; 12 % demandent pour combien. 0,44 % fouillent leur portefeuille en cherchant la monnaie.
– 74,38 % disent que je n'écris pas les lettres et communiqués, qu'avec ma tête (?) ils doutent que je puisse aligner deux idées cohérentes; 25 % disent que c'est moi qui les écris mais qu'on me les dicte; 0,62 % ont préféré se mettre à lire *El Chahuistle* [4].
– 69,69 % disent ce qu'ils disent. Le reste ne le dit pas, mais le pense. Plusieurs n'ont pas répondu, mais, les yeux mi-clos, ils haletaient ostensiblement.

---

3 – Cumbia : musique originaire de la côte caraïbe.
4 – Bimensuel satirique. Ndt.

– 53,45 % disent que je n'ai jamais été dans la montagne, que j'expédie tout ça d'un lieu public où l'on dactylographie les thèses et les lettres comme celle que m'a dictée Rutilio l'autre jour et qui disait : « *Ufemia : c'est clair, j'ai besoin que tu me dises si tu veux de mes pommes, et puis pourquoi croire ce que disent les petites bananes ou alors, c'est ni une ni deux, tu me les casquettes avec tes romans* »; 46 % disent que j'ai bien été à la montagne, mais que c'était celle de Vail, Colorado, *iouessèye* (5); 0,55 % font la queue devant les montagnes russes.
– 49,99 % disent que je n'ai jamais porté d'arme et que je suis un « soldat de bureau »; 50 % disent que la seule arme que j'aie brandi, c'est celle que le bon Dieu m'a donnée, et encore, allez donc savoir, disent-ils; 0,01 % se sont tenus à une distance respectable (Non ! n'éclaboussez pas !)
– 33,71 % disent que j'ai « perdu ma chemise » avec mes critiques du PRD et mon veto à « des journaux importants » (?); 66% disent que je n'ai jamais eu de chemise, qu'on m'avait sûrement déjà dépouillé; 0,29 % n'ont pas apporté leur ticket du pressing.
– 26,62 % disent que mon passe-montagne bâille déjà beaucoup et qu'on voit TOUT; 73 % me disent de remonter ma braguette; 0,38 % ont été chercher des jumelles.
– 13,64 % disent que je suis égocentrique; 86 % que je suis prétentieux; 0,36 % ont changé de journal et lisent à présent *Nexos*.
– 99,99999 % disent qu'ils en ont plein le dos des enquêtes et des consultations; 0,00001 % ont été aux toilettes, ils reviennent tout de suite (attention : ils ont emmené la feuille d'enquête, pourvu qu'ils ne la salissent pas !).

Voilà où on en est. Pour contrecarrer ces tendances adverses, ce dont j'ai besoin, c'est d'une entreprise « sérieuse », comme celles qui font les sondages de popularité de Zedillo, ou d'une liste électorale comme celle qu'on va utiliser en août, ou alors carrément d'un « carrousel » (6) organisé par les troupes les plus loyales. Benito dit qu'à la place des *tamales* (7) on pourrait lancer l'« opération tortilla grillée ». Mario arme son fusil et dit qu'on n'aura pas besoin

5 – USA.
6 – Technique de fraude électorale consistant à emmener voter plusieurs fois certains électeurs dans différents bureaux de vote. Ndt.
7 – Voir page suivante.

de jouer à la souris folle [8], parce qu'il s'occupera lui-même d'épurer les listes. Pure modernité, donc.

Voilà. Salut et – s'il vous plaît ! – un coup de main pour que « s'écroule » le système informatique (dépêchez-vous ! le Comité menace d'un communiqué « ad hoc » sur la *supconsultation*).

D'un laboratoire *supélectoral* du Sud-Est mexicain.
Le Sup, qui tente une de ces alchimies qui réveillent
aujourd'hui jusqu'aux dinosaures.

---

7 – Petit pâté de maïs fourré de viande, de poulet ou de légumes. Il s'agit ici d'une des techniques de fraude électorale pratiquées habituellement par le PRI, consistant à faire déposer par chacun de ses militants un paquet (tamal) de bulletins de vote dans l'urne, et non un seul.

8 – Mélange des listes d'inscrits entre différents bureaux de vote, de façon à forcer l'électeur à passer sa journée à chercher sa liste électorale, d'un bureau à l'autre. Ndt.

85 – Pluie, musique et poésie

3 juin

À l'hebdomadaire national *Proceso*.
Au journal national *La Jornada*.
Au journal national *El Financiero*.
Au journal local de SCLC *Tiempo*.

Messieurs :

Ci-joint des communiqués qui parlent de « représentants » et des données de la consultation. Ici les nuages se couchent paresseusement dans les jupes de la montagne. Le soleil est gris clair et somnolent. La journée est déjà un murmure humide qui se traîne dans la boue et les épines.

Voilà, salut et un réveil (pour que vous ne manquiez pas de vous réveiller).

Depuis les montagnes du Sud-Est mexicain.
Sous-commandant Insurgé Marcos.

PS pour Nuncio, Abraham. Le *rocket* a été abattu. L'unité antiaérienne que commande *el Beto* (huit lance-pierres et huit très fins tireurs) l'a détecté alors qu'il filait déjà vers le sol, 20 mètres avant que sa pointe ne l'atteigne. Huit pierres, cailloux, petits cailloux l'ont touché à mort au flanc droit. Comme s'il allait se coucher, le *rocket* est parti sur le côté. Les nôtres, comme c'est la règle, ont organisé un bal. Alors qu'on apportait le marimba, *el Beto* s'est approché du cadavre du *rocket* et a dit : *« C'est du papier, on ne peut pas le manger… pour l'instant.* » Personne ne l'a écouté, le marimba attaquait déjà *Carta marcada*, et les couples, prétextant la pluie, se serraient un peu plus. Il a fallu attendre le journal qui, de façon absurde, comme le reste ici, est arrivé par fax. La photocopie du *rocket* a été classée au « R » (comme *« Rocket* » et « Reproches »). Salut à Monterrey, terre de braves.

PS cinématographique.
Plan aérien. Il pleut. Le gris du ciel et l'humidité rendent leur vert à ces terres. Les incendies se sont éteints, quelque chose

de nouveau commence à s'insinuer parmi les pierres et les montagnes.

Travelling. Terre, joncs et pin (ce qu'ici on appelle " maison ". Des femmes au ruisseau lavent le linge soigneusement : « *Si tu y vas trop fort, le linge se déchire et il n'y a plus de trames pour raccomoder.* » Un enfant joue avec un paquet vide de cigarettes *Flip top*, comme si c'était un camion, il le charge de petites pierres : « *Ce sont des paquets de maïs* », explique-t-il au Zapatiste du camp qui essaye, sous la pluie, de recouvrir l'enfant d'une bâche : en vain, le camion s'éloigne du campement et la sentinelle doit rester à son poste. Toñita se lave la figure à l'eau de pluie qu'elle a recueillie dans une boîte de soda *light*. Dans une vieille construction de bois, la seule à posséder un toit de tôle ondulée (on l'appelle « l'école », ici), visages bruns, yeux noirs, bottes pleines de boue, vieilles chemises, foulards rouges, moustaches discutent de la guerre et de la paix. La garde du Quartier général zapatiste grelotte sous l'auvent de plastique rongé. Les porteurs arrivent mouillés, mi-sueur, mi-pluie, boue partout. Sur le feu, se regroupent des mains froides et des histoires de gros chapeaux, de petites boîtes parlantes et de femmes qui marchent la nuit. *el Beto* tire sur l'embout du ballon qu'il a empli d'eau et joue à faire pleuvoir; aux pieds du *Beto* tombe la pluie sur le sol mouillé. Moisés et Tacho regardent préoccupés la rivière gonflée, ils tentent de la traverser sur un radeau de troncs d'arbres; personne ne parle, ils regardent l'eau marron comme s'ils contemplaient la vie…

Plan large. Au détour du chemin, María fait son apparition. Trente ans et 8 enfants vivants (« 4 autres sont morts »), un fagot de bois sur le dos; le poids, le harnachement et la boue l'obligent à regarder le sol, elle a une hache dans la main droite. Elle est suivie par Josefa, quinze ans, qui porte aussi un *tercio* ballant; Josefa ne se soucie pas du sol boueux, elle fait plutôt attention à ce que les lanières n'abîment pas sa coiffure et ne lui arrachent pas les barrettes qu'elle a au nombre de huit sur sa frange. Encore un *tercio* derrière, un autre fagot de bois aux pieds nus, à peine quelques dizaines de centimètres au-dessus du sol. C'est Pedro qui doit être dessous, huit ans, une machette à la main et l'autre main sur le harnachement pour aider sa tête à supporter le poids…

Plan moyen. Hortensia, insurgée zapatiste et couturière, exhibe fièrement sa plus belle réussite : de cinq pantalons troués et déchirés, elle est parvenue à en tirer un. Lorsqu'elle le montre à la troupe, tout le monde se rappelle soudain qu'il avait quelque chose d'autre à faire. Hortensia reste le pantalon dans les mains : il a quatre couleurs et, « *par hasard* », dit-elle, une petite fleur à l'entrejambe.

Gros plan. À moitié enfouies sous les manches marron, les mains travaillent le poinçon et le gros fil, elles refont les coutures de bottes qui ont plus de cicatrices que le flanc de la baleine du *capitaine Achab* [1]. Le foulard rouge soulage les ampoules…

Contre-plongée. Les sourcils froncés, les yeux dansent d'un côté à l'autre, les lèvres bougent et, en silence, dessinent :

« Que s'élève ma voix dans la montagne
et descende à la terre et tonne,
voilà ce que demande ma gorge
dès à présent et depuis toujours. »

Plongée. Quelqu'un lit, le fusil au repos sur les cuisses, les lettres parlent, pleurent.

« Hier le peuple s'est levé
nu et sans rien à se mettre,
affamé et sans rien à manger,
et cette journée se lève
à juste titre tourmentée
et sanglante à juste titre.
Dans ses mains les fusils
veulent se faire lions
pour en finir avec les fauves
qui l'ont si souvent été.
Bien qu'il te manque les armes
peuple aux cent mille pouvoirs,
que tes os ne s'évanouissent pas,
punis celui qui te blesse
tant qu'il te reste les poings,
les ongles, la salive, et qu'il te reste
le cœur, les entrailles, les tripes,
les attributs du mâle et les dents. »

La main droite tourne la page du livre de Miguel Hernández [2]. La caméra fait le flou, hésite, fait le point à nouveau, trouve les lettres qui disent :

---

1 – Capitaine Achab : héros du roman de Herman Melville, *Moby Dick*, poursuivant obsessionnel de la Baleine blanche.

2 – Poète espagnol (1910-1942). Ndt.

« Je suis ici pour vivre
tant que l'âme résonne en moi
et pour mourir je suis ici
quand l'heure sera venue à moi,
dans les sources du peuple
désormais et à jamais.
La vie est plusieurs gorgées
et la mort n'en est qu'une. »

Voix off. « *Qui va là ? – La Patrie !* » L'écho danse parmi la pluie et la brume, le flic-flac des pieds dans la boue reprend.

Fade out. Il y avait du vert tacheté de marron et de rouge, comme s'il s'était caché derrière le gris et le dernier clin d'œil de l'objectif.

Voix off. Un avion lointain, en vain, s'essouffle en l'air…

Voilà. Le *Sup* derrière l'objectif pensant, maladroitement, que le *play* sur la caméra veut dire « jouer »…

86 – L'EZLN N'A PAS DE LIENS AVEC LE PROCUP [1] ET LE PARTI DU TRAVAIL

3 juin

Au peuple du Mexique.
Aux peuples et gouvernements du monde.

Frères :

Le Comité clandestin révolutionnaire indigène - Commandement général de l'Armée zapatiste de Libération nationale s'adresse à vous pour déclarer ce qui suit :

Premièrement. – Nous avons appris que certaines personnes qui disent militer dans l'organisation nommée Parti révolutionnaire ouvrier clandestin - Union du peuple (PROCUP) se sont présentées à certains endroits de l'Union américaine pour déclarer que le PROCUP a des liens avec l'Armée zapatiste de Libération nationale et que l'EZLN est « le bras armé » du PROCUP. Ces gens ont obtenu des fonds sur l'allégation « qu'ils sont pour l'EZLN ».

Deuxièmement. – L'Armée zapatiste de Libération nationale déclare qu'elle n'a aucune relation et aucun lien avec l'organisation Parti révolutionnaire ouvrier clandestin - Union du peuple. L'EZLN n'a jamais eu de contact avec le PROCUP, ne fait pas partie de sa structure et n'a aucun rapport avec lui. Les contributions financières obtenues par le PROCUP ne sont, d'aucune façon, pour l'EZLN.

Troisièmement. – Dans plusieurs communes de l'État du Chiapas, des militants de l'organisation nommée Parti du travail tentent de convaincre les paysans de voter pour le Parti du travail lors des prochaines élections d'août, alléguant que le PT est en contact avec l'EZLN et qu'il existerait

---

1 – Organisation révolutionnaire qui a revendiqué l'explosion de bombes à Mexico et Acapulco, en solidarité avec les Zapatistes. Prétend reprendre le flambeau des révolutionnaires mexicains et met en pratique la politique de "*Guerre révolutionnaire prolongée*" pour "*libérer le peuple de la bourgeoisie et de l'impérialisme nord-américain*". A défrayé la chronique chiapanèque lorsque deux de ses militants ont assassiné, en avril 1990, deux vigiles du journal de gauche *La Jornada*.

« un accord avec le *Sous-commandant Insurgé Marcos* » pour soutenir le Parti du travail au mois d'août.

Quatrièmement. – L'Armée zapatiste de Libération nationale déclare qu'elle n'a eu aucune relation ni rapport avec le dénommé Parti du travail, qu'il n'y a jamais eu de réunion entre les dirigeants du Parti du travail et le *Sous-commandant Insurgé Marcos* ou des membres du CCRI - CG de l'EZLN. Nous ne soutenons pas le Parti du travail aux prochaines élections d'août.

Cinquièmement. – Nous exhortons les différentes organisations à ne pas utiliser le nom de l'EZLN au service de leurs intérêts et à ne pas mentir au sujet des prétendues relations qui, ils le savent parfaitement, n'existent pas entre nous.

Sixièmement. – Nous appelons le peuple du Mexique et les peuples du monde à ne pas se laisser tromper. Lorsque l'EZLN noue des contacts ou passe des accords avec une organisation, il le fait savoir par la publication d'un communiqué, comme il l'a fait pour le CEOIC et la CONAC-LN.

Démocratie ! Liberté ! Justice !

Respectueusement.

CCRI - CG de l'EZLN.
Quartier général.
Montagnes du Sud-Est mexicain, Chiapas.

87 – Consultation de l'EZLN : la procédure

3 juin

Au peuple du Mexique.
Aux peuples et gouvernements du monde.
Aux Organisations non-gouvernementales.

Frères :

Le Comité clandestin révolutionnaire indigène - Commandement général de l'Armée zapatiste de Libération nationale s'adresse à vous pour déclarer ce qui suit :

Premièrement. – Le CCRI - CG de l'EZLN, comme cela a déjà été dit, a mené à son terme la consultation de tous les villages, bourgades et hameaux qui constituent l'EZLN.

Deuxièmement. – Afin d'informer le peuple du Mexique des détails des consultations à l'extérieur comme à l'intérieur sur les propositions concernant les accords de paix présentées par le Gouvernement fédéral à la table du dialogue de San Cristóbal, le CCRI - EZLN livre les données suivantes sur la consultation interne :

– La consultation a été effectuée dans tous les villages, *ejidos*, bourgades et hameaux où se trouvent des membres de l'EZLN.

– L'étude, l'analyse et la discussion des accords de paix se sont effectuées au sein d'assemblées démocratiques. Le vote a été direct, libre et démocratique.

– Après le vote, des actes de séance ont été rédigés précisant :

- La date et le lieu de l'assemblée.
- Le nombre de personnes présentes : hommes, femmes et enfants de plus de douze ans.
- Opinions et principaux points du débat.
- Quantification du vote.

– Sur l'ensemble de la population zapatiste consultée nous savons que :

- 100 % sont indigènes.
- 49,54 % sont des hommes adultes.
- 42,13 % sont des femmes adultes.
- 8,32 % sont des enfants de plus de douze ans.

– Après étude, analyse et discussion des propositions d'accord, il fallait voter l'un des points suivants :
– Vote favorable à la signature des accords de paix.
– Vote défavorable à la signature des accords de paix.
– En outre, après le vote favorable ou défavorable aux accords de paix, des propositions ont été effectuées sur la marche à suivre.

Troisièmement. – Nous sommes actuellement en train d'effectuer le comptage des voix de la consultation interne et d'analyser les résultats de la consultation externe. Nous continuerons d'informer le peuple du Mexique des résultats.

Démocratie ! Liberté ! Justice !

Respectueusement.

CCRI - CG de l'EZLN.
Quartier général.
Montagnes du Sud-Est mexicain, Chiapas.

88 – Deuxième déclaration de la jungle Lacandone

10 juin

Armée zapatiste de Libération nationale.
Mexique.
Deuxième Déclaration de la jungle Lacandone.
Aujourd'hui, nous disons :
« Nous ne nous rendrons pas ! »

«... il n'y a pas que ceux qui portent l'épée, font couler le sang et projettent des éclairs fugaces de gloire militaire qui sont voués à désigner le personnel du gouvernement d'un peuple qui veut se démocratiser ; ce droit appartient aussi aux citoyens qui ont lutté dans la presse et à la tribune, qui se sont identifiés aux idéaux de la Révolution et ont combattu le despotisme qui viole nos lois ; parce que ce n'est pas seulement en tirant des projectiles sur les champs de bataille que l'on balaie les tyrannies ; c'est aussi en lançant des idées rédemptrices, des phrases de liberté et des anathèmes terribles sur les bourreaux du peuple que s'effondrent les dictatures, que s'effondrent les empires (...) et si les faits historiques nous démontrent que la destruction de toute tyrannie, que le renversement de tout mauvais gouvernement est l'œuvre conjointe de l'idée et de l'épée, c'est une absurdité, c'est une aberration, c'est un despotisme inouï que de vouloir faire une ségrégation entre les éléments sains pleinement conscients de leurs droits, que ce soient des civils ou des personnes accidentellement armées, mais qui aiment la liberté et la justice et œuvrent pour le bien de la Patrie. »

Emiliano Zapata par la voix de Paulino Martínez, délégué zapatiste à la Souveraine Convention révolutionnaire, Aguascalientes, Mexique, 27 octobre 1914.

Au peuple du Mexique.
Aux peuples et gouvernements du monde.

Frères :

L'Armée zapatiste de Libération nationale, sur le pied de guerre contre le mauvais gouvernement depuis le 1er janvier 1994, s'adresse à vous pour faire connaître sa pensée :

I

Frères mexicains !

En décembre 1993, nous avons dit « ÇA SUFFIT ! ». Le 1er janvier 1994, nous avons appelé les Pouvoirs législatif et exécutif à assumer leur responsabilité constitutionnelle, afin d'empêcher la politique génocide que le Pouvoir exécutif fédéral impose à notre peuple, et nous nous reposions alors sur notre droit constitutionnel à appliquer l'article 39 de la Constitution politique des États-Unis du Mexique :

« La souveraineté nationale réside essentiellement et originellement dans le peuple. Tout pouvoir public émane du peuple et ne s'institue qu'au profit de celui-ci. Le peuple possède, de tout temps, le droit inaliénable de transformer ou modifier la forme de son gouvernement. »

À cet appel, il a été répondu par la politique de l'extermination et du mensonge, les pouvoirs de l'Union ont ignoré notre juste revendication et permis le massacre. Mais ce cauchemar n'a duré que douze jours puisqu'une autre force, supérieure à tout pouvoir politique ou militaire, s'est imposée aux parties en conflit. La Société civile a assumé le devoir de préserver notre Patrie, elle a manifesté son désaccord avec le massacre et forcé au dialogue ; nous avons tous compris que les jours de l'éternel parti au pouvoir, qui recèle à son bénéfice le produit du travail de tous les Mexicains, ne pouvaient encore se prolonger ; que le présidentialisme sur lequel il repose empêche la liberté et ne doit pas être autorisé, que la culture de la fraude est la méthode par laquelle il s'impose et empêche toute démocratie, que la justice n'existe que pour les corrompus et les puissants, qu'il nous faut faire en sorte que celui qui commande le fasse en obéissant, qu'il n'y a pas d'autre chemin.

Cela, tous les Mexicains honnêtes et de bonne foi, la Société civile, l'ont compris ; seuls s'y opposent ceux qui ont fondé leur succès sur le pillage du Trésor public, ceux qui protègent, en prostituant la justice, les trafiquants et les assassins, ceux qui usent de l'assassinat politique et de la fraude électorale pour s'imposer.

Seuls, ces fossiles politiques prévoient à nouveau de faire machine arrière dans l'histoire du Mexique et d'effacer de la conscience nationale le cri que tout le pays a repris à son compte depuis le 1er janvier 1994 : ÇA SUFFIT !

Mais nous ne laisserons pas faire. Aujourd'hui, nous n'en appelons pas aux pouvoirs déchus de l'Union, qui n'ont pas su accomplir leur devoir constitutionnel, et ont laissé l'Exécutif fédéral les contrôler. Si cette législature et les magistrats ont manqué de dignité, d'autres viendront qui comprendront qu'ils doivent servir leur peuple et pas un individu; notre appel dépasse le sexennat ou l'élection présidentielle qui approche. C'est en la SOCIÉTÉ CIVILE que réside notre souveraineté, c'est le peuple qui peut, à tout moment, altérer ou modifier notre forme de gouvernement et il l'a déjà assumé. C'est à lui que nous lançons un appel dans cette

DEUXIÈME DÉCLARATION DE LA JUNGLE LACANDONE

pour lui dire :

Premièrement. – Nous avons mené nos actions belliqueuses sans manquement à l'observation des conventions sur la guerre établies à niveau mondial; cela nous a valu une reconnaissance tacite au niveau national et à l'étranger comme force belligérante. Nous continuerons d'observer lesdites conventions.

Deuxièmement. – Nous ordonnons à nos forces régulières et irrégulières sur tout le territoire national et à l'étranger la **PROLONGATION UNILATÉRALE DU CESSEZ-LE-FEU OFFENSIF.**

Nous maintiendrons le respect du cessez-le-feu **POUR PERMETTRE À LA SOCIÉTÉ CIVILE DE S'ORGANISER SOUS LES FORMES QU'ELLE JUGERA PERTINENTES POUR PARVENIR À UNE TRANSITION DÉMOCRATIQUE DANS NOTRE PAYS.**

Troisièmement. – Nous condamnons la menace exercée sur la Société civile par la militarisation du pays, avec du personnel et des équipements modernes de répression, à la veille du déroulement des élections fédérales. Il ne fait aucun doute que le gouvernement saliniste compte s'imposer par la fraude. **NOUS NE LE PERMETTRONS PAS.**

Quatrièmement. – Nous proposons à tous les partis politiques indépendants de reconnaître dès à présent l'état d'intimidation et de privation de droits politiques dont a souffert notre peuple au cours des dernières soixante-cinq années et de se déclarer prêts à assumer la composition d'un gouvernement de transition politique vers la démocratie.

Cinquièmement. – Nous dénonçons la manipulation et la tentative de dissociation de nos justes revendications de celles du peuple mexicain. Nous sommes mexicains et nous ne déposerons ni nos revendications ni nos armes si l'on ne se résout pas à la Démocratie, la Liberté et la Justice pour tous.

Sixièmement. – Nous réaffirmons notre disposition à une solution politique pour la transition du Mexique vers la démocratie. Nous appelons la Société civile à reprendre le rôle de premier plan qu'elle a joué pour mettre un terme à la phase militaire de la guerre, et à s'organiser pour conduire l'effort pacifique vers la Démocratie, la Liberté et la Justice. Le changement démocratique est la seule alternative à la guerre.

Septièmement. – Nous appelons les éléments honnêtes de la Société civile à un Dialogue national pour la Démocratie, la Liberté et la Justice pour tous les Mexicains.

C'est pourquoi nous disons :

II

Frères !

Une fois la guerre lancée, en janvier 1994, le cri organisé du peuple mexicain a interrompu l'affrontement et l'on a appelé les parties adverses au dialogue. Aux justes revendications de l'EZLN, le Gouvernement fédéral a répondu par une série de propositions qui ne touchaient pas à l'essentiel du problème : l'absence de justice, de liberté et de démocratie sur les terres mexicaines.

La limite du respect des propositions du Gouvernement fédéral aux revendications de l'EZLN est celle que se fixe lui-même le système politique du parti au pouvoir. Ce système est celui qui a rendu possible le fait que dans la campagne mexicaine subsiste et se superpose au pouvoir constitutionnel un autre pouvoir dont les racines permettent le maintien du parti en place. C'est ce système de complicité qui rend possibles l'existence et la belligérance de féodalités, l'omnipotence des éleveurs et des commerçants et la pénétration du trafic de drogues… La simple énonciation des *Propositions pour une Paix digne au Chiapas* a provoqué de grands remous, et le défi déclaré de ces secteurs. Le système politique à parti unique tente de manœuvrer dans l'horizon étroit que lui impose son existence en tant que tel : il ne peut s'empêcher de toucher à ces secteurs sans attenter à lui-même, et il ne peut laisser les choses en l'état sans voir croître le bellicisme des paysans et des Indigènes. En définitive : l'application des propositions implique, nécessairement, la mort de l'actuel système du parti-État. Que ce soit par suicide ou par fusillade, la mort du système politique mexicain actuel est une condition nécessaire, quoique pas suffisante, à la transition démocratique dans notre pays. Le Chiapas ne connaîtra pas de réelle solution sans solution pour le Mexique.

L'EZLN a compris que le problème de la pauvreté mexicaine n'est pas le seul manque de ressources. Plus encore, son apport fondamental est de comprendre et d'établir que tout effort, dans un sens ou dans tous les sens, ne fera que repousser le problème si ces efforts ne se font pas dans un cadre nouveau de relations politiques nationales, régionales et locales : un cadre de Démocratie, Liberté et Justice. Le problème ne consistera pas à savoir qui est titulaire du pouvoir, mais qui l'exerce. Si le pouvoir est exercé par la majorité, les partis politiques se verront forcés de se confronter à cette majorité et pas entre eux.

Reposer le problème du pouvoir dans ce cadre de Démocratie, de Liberté et de Justice obligera à l'émergence d'une nouvelle culture politique au sein des partis. Une nouvelle classe de politiciens devra naître et, sans aucun doute, des partis politiques d'un nouveau genre également.

Nous ne proposons pas un monde nouveau, tout juste une étape bien antérieure : l'antichambre du nouveau Mexique. En ce sens, cette révolution n'aboutira pas à une nouvelle classe, un nouveau fragment de classe ou un nouveau groupe au pouvoir, mais à un « espace » libre et démocratique de lutte politique. Cet « espace » libre et démocratique naîtra sur le cadavre malodorant du système de parti-État et de présidentialisme. Un nouveau rapport politique naîtra. Une nouvelle politique dont la base ne sera pas une confrontation entre organisations politiques, mais la confrontation de leurs propositions politiques avec les différentes classes sociales, car c'est du soutien RÉEL de celles-ci que dépendra la détention du pouvoir politique, pas son exercice. Dans cette nouvelle relation politique, les différentes propositions de système et d'orientation (socialisme, capitalisme, social-démocratie, libéralisme, démocratie chrétienne, etc.) devront convaincre la majorité de la Nation que leur programme est le meilleur pour le pays. Mais pas seulement cela, ils se sauront également « surveillés » par ce pays qu'ils conduiront de manière à être obligés de rendre des comptes réguliers, et dépendront du vouloir de la Nation concernant leur permanence au pouvoir ou leur remplacement. Le plébiscite est une forme réglée de confrontation Pouvoir-Parti politique-Nation et mérite une place significative dans la Loi suprême du pays.

La législation mexicaine actuelle est trop étroite pour ces nouveaux rapports politiques entre gouvernants et gouvernés. Il faut une **CONVENTION NATIONALE DÉMOCRATIQUE** dont émanera un **GOUVERNEMENT PROVISOIRE** ou de **TRANSITION**, que ce soit par démission de l'Exécutif fédéral ou par voie électorale.

LA CONVENTION NATIONALE DÉMOCRATIQUE ET LE GOUVERNEMENT DE TRANSITION doivent déboucher sur une nouvelle *Carta Magna* [1] dans le cadre de laquelle seront organisées de nouvelles élections. Les souffrances qu'un tel processus signifiera pour le pays seront toujours moindres comparées au tort que causerait une guerre civile. La prophétie du Sud-Est vaut pour tout le pays, nous pouvons déjà tirer les enseignements de ce qui s'est passé et rendre moins douloureux l'accouchement du nouveau Mexique.

L'EZLN a une idée d'un système et d'une direction pour le pays. La maturité politique de l'EZLN, sa majorité d'âge en tant que représentant du sentiment d'une partie de la Nation, réside dans le fait de ne pas vouloir imposer sa conception au pays. L'EZLN réclame ce qui est évident pour elle-même : la majorité d'âge du Mexique et le droit de décider, librement et démocratiquement, du cap à suivre. De cette antichambre historique, ne sortira pas seulement un Mexique plus juste et meilleur, mais aussi un Mexicain nouveau. Sur cela, nous misons notre vie : faire hériter les Mexicains d'après-demain d'un pays où l'on n'ait pas honte de vivre…

L'EZLN, dans un exercice démocratique sans précédent au sein d'une organisation armée, a consulté ses membres sur la signature ou le rejet de la proposition d'accords de paix du Gouvernement fédéral. Constatant que la question centrale de la Démocratie, la Liberté et la Justice pour tous n'était pas

1 – Constitution.

résolue, les bases de l'EZLN, majoritairement indigènes, ont décidé de rejeter la ratification de la proposition gouvernementale.

Soumis à un siège et à des pressions d'origines diverses nous menaçant d'extermination en cas de non-signature de la paix, nous, Zapatistes, réaffirmons notre décision d'obtenir une paix juste et digne et à y consacrer nos vies et nos morts. En nous, à nouveau, l'histoire de la digne lutte de nos ancêtres trouve sa place. Le cri de dignité de l'insurgé Vicente Guerrero, « Vivre pour la Patrie ou Mourir pour la Liberté », résonne à nouveau dans nos gorges. Nous ne pouvons accepter une paix indigne.

Notre chemin de feu s'est ouvert devant l'impossibilité de lutter pacifiquement pour les droits élémentaires de l'être humain. Le plus cher d'entre eux est le droit de choisir, dans la liberté et la démocratie, la forme du gouvernement. À présent, la possibilité d'une transition pacifique vers la démocratie et la liberté rencontre une nouvelle épreuve : le processus électoral d'août 1994. Certains, immobiles, misent sur la période post-électorale et prêchent l'apathie et le désabusement. Ils prétendent tirer profit du sang de ceux tombés au front de tous les combats, violents et pacifiques, à la ville et à la campagne. Ils fondent leur projet politique sur le conflit postérieur aux élections et attendent, sans rien entreprendre, que la démobilisation politique ouvre à nouveau la porte gigantesque de la guerre. Ce sont eux, disent-ils, qui sauveront le pays.

D'autres parient dès à présent que le conflit armé reprendra avant les élections, et comptent profiter de l'ingouvernabilité pour se perpétuer au pouvoir. Comme ils l'ont fait hier en usurpant la volonté populaire par la fraude électorale, aujourd'hui et demain, dans le tourbillon d'une guerre civile pré-électorale, ils comptent entretenir l'agonie d'une dictature qui, sous le masque du parti-État, dure déjà depuis des décennies. D'autres encore, apocalyptiques stériles, pensent que la guerre est d'ores et déjà inévitable, et s'assoient en attendant de voir passer le cadavre de leur ennemi… ou de leur ami. Le sectaire pense, à tort, que le seul son du fusil amènera le jour que notre peuple attend depuis que la nuit est tombée, avec la mort de Villa et Zapata, sur le sol du Mexique.

Tous ces voleurs de l'espoir supposent que derrière nos armes se cachent l'ambition et une volonté de jouer les premiers rôles, et que cela déterminera notre action dans le futur. Ils se trompent. Derrière nos armes à feu, il y a d'autres armes, celle de la raison. Et toutes sont animées par l'espoir. Nous ne nous en laisserons pas priver.

L'espoir armé a connu son heure au début de l'année. Il est à présent nécessaire qu'il attende. Il faut que l'espoir qui anime les grandes mobilisations reprenne la première place, qui lui revient en droit et à raison. Le drapeau est à présent entre les mains de ceux qui ont un nom et un visage, d'honnêtes et bonnes gens qui empruntent des voies qui ne sont pas les nôtres, mais dont la destination est la même que celle qui guide nos pas. Nous saluons ces hommes et ces femmes, nous les saluons et faisons le vœu qu'ils portent ce drapeau à l'endroit où il doit être. Nous attendrons, debout et dignement. Si ce drapeau tombe, nous saurons le relever…

Que l'espoir s'organise, qu'il aille maintenant dans les vallées et les villes comme il est allé hier dans les montagnes. Battez-vous avec vos armes, ne vous occupez pas de nous. Nous saurons résister jusqu'au dernier. Nous saurons attendre… et nous saurons revenir si toutes les portes se ferment à nouveau, pour que la dignité poursuive son chemin.

C'est pourquoi nous nous adressons à nos frères des Organisations non gouvernementales, des organisations paysannes et indigènes, aux travailleurs de la campagne et de la ville, aux enseignants et étudiants, aux femmes au foyer et aux habitants des quartiers populaires, aux artistes et aux intellectuels, aux partis indépendants du Mexique :

Nous vous appelons à un dialogue national sur le thème de la Démocratie, la Liberté et la Justice. C'est pourquoi nous lançons la présente convocation à la Convention nationale démocratique.

Nous, Armée zapatiste de Libération nationale, en lutte pour obtenir la Démocratie, la Liberté et la Justice que mérite notre Patrie, et considérant :

Premièrement. – Que le Gouvernement suprême a usurpé jusqu'à la légalité que nous avaient léguée les héros de la Révolution mexicaine.

Deuxièmement. – Que la *Carta Magna* qui nous dirige n'est plus le reflet de la volonté populaire des Mexicains.

Troisièmement. – Que le départ de l'usurpateur de l'Exécutif fédéral ne suffit pas et qu'il faut une nouvelle loi à notre nouvelle Patrie, celle qui devra naître de la lutte de tous les Mexicains honnêtes.

Quatrièmement. – Que toutes les formes de lutte sont nécessaires pour parvenir à une transition démocratique au Mexique.

Nous appelons à la réalisation d'une Convention démocratique nationale, souveraine et révolutionnaire, d'où sortiront les propositions d'un gouvernement de transition et une nouvelle Loi nationale, une nouvelle Constitution qui garantisse le respect réel de la volonté populaire.

L'objectif fondamental de la Convention Nationale Démocratique est d'organiser l'expression civile et la défense de la volonté populaire.

La Convention révolutionnaire souveraine sera nationale, puisque sa composition et ses représentants devront inclure tous les États de la fédération, plurielle en ce sens que les forces patriotes pourront y être représentées, et démocratique dans la prise de décisions, par le recours à la consultation nationale.

La Convention sera présidée, de façon libre et volontaire, par des civils, personnalités publiques au prestige reconnu, quels que soient leur appartenance politique, leur race, leur religion, leur sexe ou leur âge.

La Convention se formera à travers des comités locaux, régionaux et d'État dans les *ejidos*, les quartiers, les écoles et les usines par des civils. Ces comités de la Convention se chargeront de recueillir les propositions populaires pour la nouvelle Loi constitutionnelle et les missions du nouveau gouvernement qui en émanera.

La Convention doit exiger la tenue d'élections libres et démocratiques, et lutter sans relâche pour le respect de la volonté populaire.

L'Armée zapatiste de Libération nationale reconnaîtra la Convention démocratique nationale comme authentique représentante des intérêts du peuple mexicain dans sa transition vers la démocratie.

L'Armée zapatiste de Libération nationale se trouve déjà dans tout le territoire national, et est en mesure de se proposer au peuple du Mexique comme armée garante du respect de la volonté populaire.

Pour la première réunion de la Convention nationale démocratique, l'EZLN propose comme siège un village zapatiste et tous les moyens dont elle dispose.

La date et le lieu de la première session de la Convention nationale démocratique seront communiqués en temps voulu.

III

Frères Mexicains !

Notre lutte se poursuit. Le drapeau zapatiste continue de flotter sur les montagnes du Sud-Est mexicain et nous disons aujourd'hui : « Nous ne nous rendrons pas ! ».

Face à la montagne, nous avons parlé avec nos morts pour trouver dans leur parole le bon chemin que doit suivre notre visage couvert.

Les tambours ont résonné et par la voix de la terre, notre souffrance et notre histoire ont parlé.

« Tout pour tous », disent nos morts. Tant qu'il n'en sera pas ainsi, il n'y aura rien pour nous.

Que s'exprime la parole des autres Mexicains, trouvez l'écoute du cœur de ceux pour qui nous luttons. Invitez-les à suivre les pas dignes de ceux qui n'ont pas de visage. Appelez-les tous à la résistance, que personne ne reçoive quoi que ce soit de la part de ceux qui gouvernent en commandant. Faites de l'incorruptibilité le drapeau commun de ceux qui n'ont rien. Demandez autre chose que des encouragements pour nos souffrances. Demandez-leur de partager celles-ci, demandez-leur de résister avec vous, qu'ils refusent toute aumône venue des puissants. Que toutes les bonnes gens de ces terres organisent aujourd'hui la dignité qui résiste et ne se vend pas, que demain cette dignité s'organise pour exiger que la parole qui court au fond des cœurs de la majorité soit accueillie et honorée par ceux qui gouvernent, que s'impose le bon chemin par lequel celui qui commande, commande en obéissant.

Ne vous rendez pas ! Résistez ! Ne manquez pas d'honorer la parole de vérité. Résistez avec dignité sur les terres des hommes et des femmes vrais, que les montagnes abritent les souffrances des hommes de maïs. Ne vous rendez pas ! Résistez ! Ne vous vendez pas ! Résistez !

Ainsi a parlé la voix du cœur de nos morts de toujours. Nous avons vu qu'elle disait vrai, la parole de nos morts, qu'il y avait dignité et vérité dans son conseil. C'est pourquoi nous appelons tous nos frères indigènes mexicains à résister avec nous. Nous appelons tous les paysans à résister avec nous, les ouvriers, les employés, les habitants des quartiers pauvres, les femmes au foyer, les étudiants, les enseignants, ceux qui font de la pensée et de la parole leur vie, tous ceux qui ont quelque dignité et quelque scrupule, tous, nous vous appelons à résister avec nous, car le mauvais gouvernement veut qu'il n'y ait pas de démocratie sur notre sol. Nous n'accepterons rien du cœur pourri du mauvais gouvernement, pas la moindre pièce de monnaie, ni le moindre médicament, la moindre pierre, pas une graine de nourriture, ni une miette de l'aumône qu'il propose en échange de notre chemin de dignité.

Nous ne recevrons rien du Gouvernement suprême. Même si cela doit augmenter nos souffrances et notre peine, même si la mort doit rester à notre table, sur notre terre, dans notre lit, même si nous voyons que d'autres se vendent à la main qui les opprime, même si tout fait mal, même si le désespoir fait pleurer les cailloux. Nous n'accepterons rien, nous résisterons. Nous ne recevrons rien du gouvernement, nous résisterons jusqu'à ce que celui qui commande, commande en obéissant.

Frères : ne vous vendez pas. Résistez avec nous. Ne vous rendez pas. Répétez avec nous, frères, la phrase : « Nous ne nous rendons pas ! Nous résistons ! ». Qu'on ne l'entende pas seulement dans les montagnes du Sud-Est mexicain, qu'on l'entende au nord et dans les péninsules, qu'on l'entende sur les deux côtes, qu'on l'entende au centre, que dans les vallées et les montagnes cela devienne un cri, qui résonne dans la ville et les champs. Unissez vos voix, frères, criez avec nous, faites vôtre notre parole :

« Nous ne nous rendons pas ! Nous résistons ! »

Que la dignité brise le siège par lequel les mains sales du mauvais gouvernement nous asphyxient. Nous sommes tous cernés, ils ne laissent pas la Démocratie, la Liberté et la Justice entrer sur les terres mexicaines. Frères, nous sommes tous encerclés, ne nous rendons pas ! Résistons ! Soyons dignes ! Ne nous vendons pas !

Que fera le puissant de ses richesses s'il ne peut s'offrir ce qu'il y a de plus précieux sur cette terre ? Si la dignité de tous les Mexicains n'a pas de prix, à quoi servira le pouvoir du puissant ?

La dignité ne se rend pas !

La dignité résiste !

Démocratie !

Liberté !

Justice !

Depuis les montagnes du Sud-Est mexicain.

CCRI - CG de l'EZLN.

89 – L'EZLN NE SE REND PAS, IL RÉSISTE

10 juin

À l'hebdomadaire national *Proceso*.
Au journal national *La Jornada*.
Au journal national *El Financiero*.
Au journal local de *SCLC Tiempo*.

Messieurs :

Courez ! Prévenez les *Mazahuas*, les *Amuzgos*, les *Tlapanèques*, les *Nahuatlacas*, les *Coras*, les *Huicholes*, les *Yaquis*, les *Mayos*, les *Tarahumaras*, les *Mixtèques*, les *Zapotèques*, les *Mayas*, les *Chontales*, les *Seris*, les *Triquis*, les *Kumiai*, les *Cucapá*, les *Paipai*, les *Cochimi*, les *Kiliwa*, les *Tequistlatèques*, les *Pame*, les *Chichimèques*, les *Otomíes*, les *Mazatèques*, les *Matlatzincos*, les *Ocuiltèques*, les *Popoloca*, les *Ixcatèques*, les *Chochopopoloca*, les *Cuicatèques*, les *Chatinos*, les *Chinantèques*, les *Huaves*, les *Pápagos*, les *Pimas*, les *Tepehuanos*, les *Guarijios*, les *Huastèques*, les *Chuj*, les *Jalaltèques*, les *Mixes*, les *Zoques*, les *Totonaques*, les *Kikapús*, les *Purépechas* et les *O'odham* de *Caborca* !

Que les CEU-istes [1] et toutes les bandes le sachent ! Que le message parvienne aux oreilles des ouvriers et des paysans sans terre ! Qu'écoutent ceux du Barzón [2], les femmes au foyer, ceux des quartiers, les enseignants et les étudiants !

Que les Mexicains de l'étranger entendent ce message !

Que l'écoutent les banquiers et les dinosaures de Altacomulco ! Qu'il résonne dans les couloirs de la *Bolsa de Valores* [3] et dans les jardins de *Los Pinos* [4] !

Que ces paroles parviennent jusqu'aux *Mapuches* [5] et aux authentiques *Farabundos* [6] !

---

1 – Voir p. 146.

2 – Le groupe rural de propriétaires terriens El Barzón regroupe des fermiers de 14 États du Mexique. En signe de rejet de la politique agricole de Salinas et en appui au mouvement zapatiste, il a proposé de verser en nature aux zones de conflit ce qu'ils doivent au fisc et aux banques de crédit, soit la récolte de 400 hectares pendant cinq ans.

3 – La Bourse. Ndt.

4 – Le palais présidentiel. Ndt.

5 – Voir p. 284. (Note 6 voir page suivante.)

Que tous les frères de ces terres ouvrent un recoin de leur cœur à ce cri !

Que résonnent les tambours et les télex ! Que s'affolent les satellites !

Quoi ? Quel est ce message ? Un seul message :

Les Zapatistes. Stop.
Ne se rendent pas ! Stop.
Ils résistent ! Stop et fin.

Depuis les montagnes du Sud-Est mexicain.
Sous-commandant Insurgé Marcos.

PS sur l'imprudence – On nous conseille d'être prudents et de signer la paix, on nous dit que le gouvernement viendra à bout de nous en quelques heures, quelques jours s'il prend son temps, si nous ne signons pas la paix. On nous recommande de nous contenter des promesses exprimées et d'attendre. On nous demande d'avoir la prudence de nous rendre et de vivre… Qui pourrait vivre dans cette honte ? Qui échangerait la vie contre la dignité ? Des conseils aussi avisés ont été inutiles. Sur ces terres règnent depuis bien des années l'imprudence… et la dignité.

PS – Au sein du Comité nous avons discuté toute l'après-midi. Nous avons cherché dans les dialectes l'équivalent du mot « RENDRE » et nous ne l'avons pas trouvé. Il est intraduisible en tzotzil et en tzeltal, et personne ne se souvient de son existence en tojolabal ou en chol. Ça fait des heures qu'ils en cherchent des équivalents. Dehors, il pleut et un nuage compagnon vient se coucher auprès de nous. Le vieil Antonio attend que tous se taisent un à un et que seul demeure le multiple tambourinement de la pluie sur le toit de tôle. En silence, le vieil Antonio s'approche de moi, toussant sa tuberculose, et me dit à l'oreille : « *Ce mot n'existe pas dans la langue vraie, c'est pour ça que les nôtres ne se*

---

6 – Farabundo Martí : figure historique du mouvement paysan et ouvrier salvadorien qui, après avoir lutté au Nicaragua aux côtés de Sandino, rentra dans son pays et fonda le Parti communiste salvadorien. Il mourut exécuté lors des massacres organisés par le général Maximiliano Hernández, à la suite de l'insurrection paysanne de 1932. Il a donné son nom au Front Farabundo Martí pour la Libération nationale (FMLN).

rendent jamais et préfèrent mourir, parce que nos morts commandent que les mots qui n'ont pas cours ne soient pas vécus. » Puis il se dirige vers le feu pour faire voir la peur et le froid. Je raconte cela à Ana María, elle me regarde tendrement et me rappelle que le vieil Antonio est mort…

L'incertitude des dernières heures de décembre dernier revient. Il fait froid, les gardes se relèvent avec un mot de passe qui est un murmure. La pluie et la boue éteignent tout, les humains murmurent et l'eau crie. Quelqu'un demande une cigarette et l'allumette éclaire le visage de la combattante à son poste… un instant seulement… mais on arrive à voir qu'elle sourit… Quelqu'un arrive, la casquette et le fusil dégoulinants d'eau. « *Il y a du café* », informe-t-il. Le Comité, comme c'est l'usage sur ces terres, vote pour savoir si l'on boit le café ou si l'on continue à chercher l'équivalent de « **SE RENDRE** » en langue vraie. Le café l'emporte à l'unanimité. **PERSONNE NE SE REND**…

Resterons-nous seuls ?

90 – CONSULTATION : C'EST NON À 97,88 % !

10 juin

Tout pour tous. Rien pour nous.
Le Dialogue de San Cristóbal. Point à la ligne.

Au peuple du Mexique.
Aux peuples et gouvernements du monde.
Aux Organisations non gouvernementales.
Au Délégué à la paix et la réconciliation dans le Chiapas.
Au Délégué national à la médiation.
À la presse nationale et internationale.

Le Comité clandestin révolutionnaire indigène - Commandement général de l'Armée zapatiste de Libération nationale s'adresse à vous pour vous informer et déclarer ce qui suit :

Premièrement. – Le CCRI - CG de l'EZLN a terminé, comme il a déjà été signalé, la consultation de tous les villages qui le constituent et le soutiennent. Par l'intermédiaire de comptes rendus d'assemblées au sein des *ejidos*, bourgades et hameaux, nous avons pris connaissance du sentiment profond des nôtres.

Deuxièmement. – Le CCRI - CG de l'EZLN a fini de décompter les suffrages au sujet des propositions d'accords de paix avancées par le Gouvernement fédéral auprès de l'EZLN lors du Dialogue de San Cristóbal de las Casas, Chiapas.

Troisièmement. – Le résultat du vote libre et démocratique est le suivant :

En faveur de la signature des propositions d'accords de paix du gouvernement : **2,11 %** du total des voix.

Contre la signature des propositions d'accords de paix du gouvernement : **97,88 %** du total des voix.

Quatrièmement. – Concernant les options sur la marche à suivre au cas où il serait décidé de ne pas signer les propositions d'accords de paix du gouvernement, le vote a été le suivant :

Pour reprendre les hostilités : **3,26 %** du total des voix.

Pour la résistance et l'appel à un nouveau Dialogue national avec toutes les forces honnêtes et indépendantes : **96,74 %** du total des voix.

Cinquièmement. – Par conséquent, et suite à l'accord de la majorité zapatiste, le CCRI - CG de l'EZLN communique :

qu'il refuse la proposition d'accords de paix du Gouvernement fédéral;

qu'il considère clos le Dialogue de San Cristóbal;

qu'il appelle le peuple du Mexique à un nouveau Dialogue national comprenant toutes les forces progressistes du pays, avec pour thème central la démocratie, la liberté et la justice pour tous les Mexicains;

que, afin de ne pas faire marche arrière dans la recherche d'une issue politique au conflit et de ne pas interférer dans le processus électoral d'août prochain, le CCRI - CG de l'EZLN ordonne à ses forces régulières et irrégulières dans tout le territoire national et à l'étranger la prolongation unilatérale du cessez-le-feu offensif;

que l'EZLN garantit qu'il n'entreprendra aucune action militaire offensive contre l'Armée fédérale sauf s'il est attaqué;

que l'EZLN n'empêchera pas la tenue des prochaines élections dans les territoires qu'il contrôle et qu'il permettra l'installation de bureaux de vote sous surveillance des ONG et du Comité international de la Croix-Rouge,

et que l'EZLN n'acceptera strictement aucune aide venue du pouvoir fédéral, du pouvoir d'État ou municipal et qu'il résistera au siège par ses propres moyens et avec le seul soutien du peuple mexicain.

Sixièmement. – Le CCRI - CG de l'EZLN remercie le Délégué à la paix et la réconciliation au Chiapas, monsieur Manuel Camacho Solís, pour l'effort sincère qu'il a fourni dans la recherche d'une solution politique au conflit. Hélas, l'aveuglement historique du Gouvernement suprême l'empêche de voir que son refus de céder à la poussée démocratique mènera le pays à un douloureux affrontement aux conséquences imprévisibles.

Septièmement. – Le CCRI - CG de l'EZLN remercie le Délégué national à la médiation, l'évêque Samuel Ruiz García, et ses collaborateurs, pour leur effort et leur sacrifice dans l'action entre les parties en conflit, pour l'intégrité qui leur a permis de résister aux pressions et aux menaces, et leur disposition à écouter. Nous espérons, lors de la nouvelle étape du Dialogue à laquelle nous appelons aujourd'hui, qu'il apportera son concours honnête à la recherche de solutions politiques aux revendications nationales de démocratie, de liberté et de justice.

Huitièmement. – Le CCRI - CG de l'EZLN remercie les médias honnêtes et indépendants pour leur détermination à connaître la vérité et à la divulguer au peuple mexicain sans qu'aient aucun effet les menaces, les pressions et le chantage. Nous leur présentons des excuses publiques si, par la maladresse de notre politique médiatique, nous les avons blessés ou si nous avons mis en doute leur rigueur professionnelle. Nous espérons qu'ils comprendront que jamais auparavant nous n'avions fait de révolution et que nous apprenons. Nous répétons que, grâce à l'effort de la presse, il a été possible d'interrompre la phase militaire de la guerre. Nous espérons sincèrement qu'ils sauront comprendre les conditions difficiles dans lesquelles nous nous trouvons, ainsi que l'injuste sélection et la mise à l'écart de certains parmi les médias qui accèdent à nous. Nous souhaitons qu'ils poursuivent sur la même voie de vérité.

Neuvièmement. – Le CCRI - CG de l'EZLN remercie, spécialement, les organisations non gouvernementales, avant-garde de la société civile. Les ONG effectuent un travail désintéressé dans l'intention de parvenir à la paix juste et digne que désire notre peuple. L'étroitesse d'esprit du gouvernement empêche, pour le moment, tout espoir d'accord. Nous demeurons ouverts au dialogue et disposés à suivre le chemin que vous nous avez montré par votre acharnement : celui d'une voie politique pour la transition démocratique.

Dixièmement. – Le CCRI - CG de l'EZLN salue tous les hommes, les femmes, les garçons, les filles et les anciens, êtres sans visage de tout le pays et de l'étranger, qui nous ont fait parvenir l'expression de leur solidarité et de leur adhésion à notre juste cause. Pour vous, frères, nous luttons, pour vous nous mourons. Nous n'aurons pas de répit avant que tous les Mexicains, les Indigènes, les paysans, les ouvriers, les employés, les étudiants, les enseignants, les femmes au foyer, gens des quartiers, les artistes et intellectuels honnêtes, les retraités, les chômeurs, les marginaux, les hommes et les femmes sans voix et sans visage, aient obtenu tout ce qu'il faut pour mener une vie digne et vraie. Tout pour tous, rien pour nous.

Tant que le drapeau national ne flottera pas dans la Démocratie, la Liberté, et la Justice sur le sol mexicain, nous, la tendre furie, continuerons la lutte.

Démocratie ! Liberté ! Justice !

Respectueusement.

(Rubrique du Sous-commandant Marcos).

CCRI - CG DE L'EZLN.
Quartier général.
Montagnes du Sud-Est mexicain, Chiapas.

91 – Réponse à la proposition d'accords de paix du Gouvernement suprême

10 juin

Au peuple du Mexique.
Aux peuples et gouvernements du monde.
À la presse nationale et internationale.

Frères :

Le Comité clandestin révolutionnaire indigène - Commandement général de l'Armée zapatiste de Libération nationale a l'honneur de s'adresser respectueusement à vous tous pour vous communiquer son appréciation et sa réponse aux propositions d'accords de paix présentées par le Gouvernement suprême à la table du dialogue des Journées pour la Paix et la réconciliation au Chiapas.

Premièrement. – L'Armée zapatiste de Libération nationale, organisation belligérante mexicaine constituée d'une majorité d'Indigènes, a pris les armes contre le Gouvernement suprême le 1er janvier 1994. Les revendications de l'EZLN sont résumées dans les onze points que contient la *Déclaration de la jungle Lacandone* : travail, terre, toit, alimentation, santé, éducation, indépendance, liberté, démocratie, justice et paix. Ces revendications disposent du soutien de la majorité du peuple mexicain, et l'EZLN lutte pour qu'elles obtiennent une réponse pour tous les Mexicains.

Deuxièmement. – Après de sanglants combats entre nos troupes et les effectifs gouvernementaux de la police et de l'Armée fédérale, un mouvement national et civil nous a forcés à cesser les hostilités et à amorcer un dialogue avec le Gouvernement suprême, qui s'est tenu dans la ville de San Cristóbal de las Casas, Chiapas, à la fin février et début mars 1994.

Troisièmement. – À l'occasion du Dialogue de San Cristóbal, l'EZLN a présenté une liste de revendications en 34 points dont l'adoption apporterait une paix juste et digne.

Quatrièmement. – La liste des 34 revendications de l'EZLN contient des exigences au niveau national et au niveau des États, certaines impliquent toute la population, d'autres concernent les paysans et les Indigènes. Le Gouvernement suprême a tenté, en vain, de réduire l'importance de notre juste combat au secteur indigène local, essayant même de le restreindre à 4 municipalités du sud-est de l'Etat du Chiapas.

Cinquièmement. – Parmi les revendications nationales qui concernent tous les Mexicains :

A/– Élections libres et démocratiques, dans l'égalité de droits et de devoirs pour toutes les forces politiques.

B/– Pour garantir la liberté et la démocratie, nous exigeons la démission du chef de l'Exécutif fédéral et celle des chefs illégitimes des Executifs des États. Dès la démission du président de la République, un gouvernement de transition devra se former pour organiser des élections libres et démocratiques. Nous exigeons aussi des lois garantissant le droit des citoyens et des groupes de citoyens qui, sans appartenance politique particulière, participeront au processus électoral en tant que réelle autorité suprême.

C/– Nous exigeons un nouveau Pacte fédéral qui mette un terme au centralisme et permette l'autonomie des communautés indigènes et des communes.

D/– Nous exigeons la révision de l'Accord de Libre Echange signé avec le Canada et les États-Unis parce qu'il ne correspond pas à la réalité du Mexique.

E/– Nous exigeons du travail digne et justement payé pour tous les travailleurs de la campagne et de la ville, et que soit appliquée et respectée la Législation fédérale du travail au profit des *travailleurs de la campagne et de la ville*.

F/– Nous exigeons que soit mis un terme au pillage des richesses nationales.

G/– Nous exigeons l'annulation de toutes les dettes, qu'il s'agisse de crédits, de remboursement de prêts ou d'impôts.

H/– Nous exigeons des solutions au problème national de la faim et la malnutrition dans les campagnes et les villes du Mexique.

I/– Nous exigeons la libération immédiate et sans condition de tous les prisonniers politiques et des pauvres injustement détenus dans toutes les prisons du pays.

Sixièmement. – Le Gouvernement suprême a refusé de donner une réponse favorable à ces revendications nationales de l'EZLN soutenues par d'amples secteurs du peuple mexicain.

Les événements postérieurs au Dialogue de San Cristóbal ont donné raison aux demandes de démocratie de l'EZLN. Le lâche assassinat du *licenciado* Colosio, la désignation imposée de Zedillo [1] comme candidat du PRI et le regain d'allant de la ligne dure gouvernementale démontrent qu'il aurait mieux valu pour la nation que monsieur Salinas de Gortari renonce au titre de chef de l'Exécutif fédéral dès le 1er janvier. Son obstination à demeurer au pouvoir oblige le pays à vivre dans un climat permanent d'insécurité, et son entêtement à pratiquer la fraude électorale pour poursuivre son usurpation, à présent par l'intermédiaire de Zedillo, met la nation au bord de la guerre civile.

La réforme électorale a été, à l'évidence, incomplète. La subsistance de listes électorales truquées autorise la fraude électronique et renouvelle l'usurpation de la volonté populaire.

Le renforcement de l'arsenal répressif gouvernemental et la tentative de forcer l'Armée fédérale à accomplir des tâches policières laissent apparaître, très clairement, que le gouvernement saliniste ne mise pas sur une transition démocratique, mais sur la fraude et la contrainte.

L'Armée zapatiste de Libération nationale confirme ce qu'indique la réalité : il n'y a pas de réelle volonté démocratique au sein du Gouvernement suprême. Le système du parti-État doit être aboli. L'EZLN renouvelle les demandes exprimées dans les points 1 et 2 de la liste présentée à San Cristóbal :

1 – Élections libres et démocratiques.

2 – Déposition des usurpateurs aux commandes de l'Union et des États de la Fédération.

L'EZLN élargit ses revendications :

Il faut un gouvernement de transition démocratique et une nouvelle Constituante qui assurent, dans la loi et dans les faits, l'aboutissement des revendications fondamentales du peuple mexicain : demandes de Démocratie, de Liberté et de Justice, qui ont trouvé une voix chez les sans-voix, un visage chez les sans-visage, un lendemain chez les sans-lendemain, la vie dans notre mort.

---

1 – Ernesto Zedillo Ponce de Léon, aujourd'hui président élu, formé dans les universités nord-américaines, homme de confiance de Salinas, appartient au groupe de technocrates qui ont gouverné le pays. Il avait coordonné la campagne de Colosio. Avec sa nomination par le Président Salinas comme candidat "de remplacement" après l'assassinat de Colosio, le groupe garde le contrôle et assurent la continuité du modèle "saliniste".

Le mauvais gouvernement a voulu réduire la demande d'autonomie aux communautés indigènes et laisse intacte la structure centralisée du pouvoir qui magnifie, à un degré dictatorial, le Pouvoir exécutif fédéral. La demande d'autonomie réelle pour les communes a été esquivée dans les réponses gouvernementales.

La loi promise par le gouvernement sur la reconnaissance d'une autonomie politique, économique et culturelle des communautés indigènes suit le chemin habituel : un projet de loi qui ne résout pas le problème de fond, sur lequel on n'a consulté ni les Indigènes ni les spécialistes, et que l'on prétend faire approuver à la hussarde. Violant sa propre proposition de faire en sorte que la loi dite « Loi générale des Droits des Communautés indigènes » réponde « aux demandes, aux avis, aux préoccupations et aux consensus politiques des communautés indigènes », serait enrichie par « un groupe de spécialistes », le gouvernement s'en tient à une pure formalité, édicter un règlement d'application de l'article 4 de la Constitution, sans consulter aucun des secteurs intéressés.

Le gouvernement répond à la demande de révision de l'Accord de Libre Echange en s'obstinant à poursuivre son projet économique qui n'a fait qu'appauvrir notre pays et tromper les partenaires étrangers en leur offrant des assurances de stabilité économique et de paix sociale. Le gouvernement s'est engagé, dans un délai de quatre-vingt-dix jours, à procéder à « une évaluation soigneuse de l'impact de l'Alena ». Cette « évaluation » n'a pas été effectuée, mais le peuple mexicain peut s'épargner les dépenses de temps et d'argent d'une commission « d'évaluation de l'impact » : l'impact de l'Alena peut se vérifier sur la table de n'importe quel foyer du Mexique.

En réponse à l'exigence nationale de travail digne et de juste salaire, le gouvernement poursuit sa politique économique qui favorise l'augmentation du chômage et du sous-emploi, et la diminution du pouvoir d'achat des travailleurs. La mainmise sur les syndicats demeure le pilier du projet économique néolibéral.

L'exigence d'en finir avec le pillage des richesses nationales est ignorée et la réponse gouvernementale se limite au problème de l'écologie. Il n'existe pas de politique nationale de défense des richesses naturelles de notre pays.

À la demande d'annulation de toutes les dettes dont souffrent les secteurs pauvres de la nation, le gouvernement répond par la promesse, non tenue, d'une étude dont le résultat sera, à coup sûr, qu'il faut remettre à plus tard.

Comme pour les points précédents, on prétend circonscrire la question de l'éradication de la faim et de la malnutrition de notre peuple à quelques régions du Chiapas [2]. Comme si la faim et la malnutrition étaient le lot exclusif des Indigènes de Los Altos et de la Selva, et comme si les programmes étaient comestibles, le gouvernement répond par des promesses de programmes de nutrition infantile.

La revendication de libération de tous les prisonniers politiques [3] et des pauvres injustement détenus dans les prisons du pays est ridiculisée par la promesse de création de commissions d'étude des cas. Le système judiciaire mexicain, qui ne favorise que les puissants, demeurera intouché.

En somme, les justes exigences nationales de l'EZLN n'ont reçu en aucune façon de réponse satisfaisante du Gouvernement fédéral. Par conséquent, l'EZLN rejette les propositions gouvernementales d'accords de paix sur les points 1, 2, 4, 7, 18, 20, 21, 22 et 23.

Septièmement. – Parmi les revendications paysannes de l'EZLN, qui comprennent tous les paysans du Mexique figurent :

A/– L'exigence de voir l'article 27 de la Constitution respecter l'esprit d'origine d'Emiliano Zapata : la terre est à celui qui la travaille.

B/– La construction d'hôpitaux et de dispensaires de campagne dans toutes les communautés rurales du pays, avec médecins et médicaments.

C/– Un juste prix pour les produits de la campagne, suppression des intermédiaires et commercialisation directe par les paysans.

D/– Que les armées et la police cessent d'agir dans les villages pour le compte des caciques et des propriétaires terriens.

---

2 – Alors qu'un millier de familles accaparent 50 % de la richesse nationale, d'après la Banque mondiale, 32 millions des 85 millions de Mexicains vivent dans la pauvreté.

3 – D'après le Comité national indépendant pour la défense des familles de détenus disparus, il y aurait au Mexique près de 10000 prisonniers politiques, le gouvernement ne connaissant pour sa part que des détenus qui, "pour des raisons sociales ou politiques, ont enfreint la loi".

Huitièmement. – Le Gouvernement suprême a refusé de répondre de façon satisfaisante aux revendications nationales des paysans :

Le refus gouvernemental de revenir sur les réformes salinistes de l'article 27 de la Constitution et de rendre au droit à la terre la place qui lui revient dans la Carta Magna a été mal accueilli par d'amples secteurs paysans de tout le pays. Fondements de la politique néolibérale dans les campagnes mexicaines, les réformes de l'article 27 perpétrées par le groupe de Salinas doivent disparaître. La Constitution politique des États-Unis du Mexique doit reprendre la lutte d'Emiliano Zapata.

La réponse à la demande d'hôpitaux, de dispensaires, de médecins et de médicaments pour les campagnes mexicaines limite ses propositions à la zone en conflit uniquement. La campagne mexicaine demeurera oubliée en ce qui concerne le droit à la santé.

À la revendication de justes prix pour les produits de la campagne et de suppression des intermédiaires, le Gouvernement suprême répond en proposant les services de sa machine à acheter des voix, Procampo, dont l'efficacité dépend de la corruption de leaders paysans qui s'engagent à voter pour le parti-État. Des promesses de projets sont la solution du gouvernement aux problèmes d'un monde rural mexicain qui se débat déjà à la limite de la survie.

À l'exigence du départ des policiers et de l'armée des zones rurales, le gouvernement répond par la promesse de changements dans le fonctionnement de la justice, par l'augmentation du nombre de troupes et de moyens de guerre dans la zone en conflit, et par la tentative de forcer l'armée à accomplir des tâches policières. L'arrogance des grands éleveurs, soutenus économiquement par le gouvernement, agresse et harcèle les paysans *ejidatarios* et les Indigènes en général.

En somme, les justes revendications paysannes nationales de l'EZLN n'ont pas reçu de réponse sérieuse du Gouvernement fédéral. Certaines réponses ne laissent entrevoir que des promesses de solutions partielles et locales. Par conséquent, l'EZLN rejette les propositions d'accords de paix sur les points 8, 9, 19 et 24.

Neuvièmement. – Parmi les revendications indigènes nationales de l'EZLN figurent :

A/– Le droit des Indigènes à une information véridique et opportune par l'intermédiaire d'une station de radio indigène indépendante du gouvernement, dirigée et animée par des Indigènes.

B/– L'éducation complète et gratuite pour tous les peuples indigènes.

C/– Que les langues de tous les groupes indigènes soient officielles et leur enseignement obligatoire à tous les niveaux scolaires.

D/– Que soient respectées la culture et la tradition indigènes.

E/– Que soit mis un terme à la discrimination et au racisme à l'encontre des Indigènes.

F/– Autonomie culturelle, politique et judiciaire pour les peuples indigènes.

G/– Respect du droit des peuples indigènes à la liberté et à une vie digne.

H/– Soutiens économiques et sociaux pour les femmes indigènes.

Dixièmement. – Le Gouvernement suprême a répondu de façon partielle à ces revendications indigènes nationales de l'EZLN.

Bien que le gouvernement réponde par la promesse d'une station de radio indigène indépendante, sa réponse aux revendications sur l'éducation renvoie au système sélectif des bourses qui excluent beaucoup d'Indigènes qui ont droit à l'éducation à tous les niveaux. Le reste des réponses sur ces points se limite à des promesses d'études et de programmes, dans des délais qui, pour la plupart, sont déjà dépassés.

En somme, les réponses partielles du gouvernement à nos revendications nationales indigènes et le non-respect d'engagements antérieurs nous conduisent à rejeter les propositions d'accords de paix sur les points 10, 12, 13, 14, 15, 16, 17, 27, et 29.

Onzièmement. – Parmi les revendications de l'EZLN au niveau de l'État figurent :

A/– La tenue d'élections générales au Chiapas et la reconnaissance légale de toutes les forces politiques de l'État.

B/– Électrification de la campagne du Chiapas et établissement d'un pourcentage à prélever sur les revenus économiques de la vente du pétrole.

C/– Indemnisation des victimes de la guerre.

D/– Abolition du Code pénal de l'État du Chiapas en ce qui touche aux limitations de la lutte politique.

E/– Arrêt des expulsions, retour libre et volontaire des expulsés à leurs terres d'origine et indemnisation des dommages subis.

F/– Jugement politique de messieurs Patrocinio González Garrido, Absalón Castellanos Domínguez et Elmar Setzer M.

Douzièmement. – Le Gouvernement suprême a répondu de façon insatisfaisante aux revendications de l'EZLN sur l'État.

La réforme électorale au Chiapas ne permet pas à des groupes non partisans de s'organiser pour se présenter aux élections, les demandes d'électrification de la campagne du Chiapas n'ont obtenu que programmes et promesses, les expulsions continuent, et leurs responsables demeurent impunis, l'aide économique aux Indigènes de l'État se résume à des promesses, et si jamais elles se concrétisent, c'est toujours en échange de leur votes. Le jugement politique des trois anciens gouverneurs, coupables de nous avoir obligés à prendre les armes, n'est même pas mentionné.

En somme, les réponses insatisfaisantes et la méfiance que nous inspirent les promesses gouvernementales nous conduisent à rejeter les propositions gouvernementales d'accords de paix sur les points 5, 6, 25, 27, 28, 29 et 30.

Treizièmement. – Enfin, l'EZLN a demandé à être reconnu, par le gouvernement, comme force belligérante. Le peuple du Mexique, à travers diverses organisations, nous a déjà accordé cette reconnaissance.

À notre demande de reconnaissance comme force belligérante et celle de nos troupes comme constituées d'authentiques combattants, le Gouvernement suprême répond en offrant des garanties de traitement digne et respectueux des membres de l'EZLN et propose un statut de parti politique à l'EZLN.

Le mauvais gouvernement n'étant même pas capable de garantir pleinement la sécurité de ses propres membres, nous sommes loin de pouvoir croire qu'il traitera dignement et avec respect ceux qui, se faisant les interprètes des aspirations légitimes du peuple mexicain à la Démocratie, la Liberté et la Justice, ont pris les armes pour une juste lutte.

L'EZLN s'est constitué comme armée réclamant le respect de la volonté populaire. Ce respect continue d'être refusé et la volonté populaire demeure bafouée par le gouvernement usurpateur.

Les raisons qui ont donné naissance à l'EZLN persistent, l'EZLN restera armé jusqu'à ce que soit remplie l'exigence de Liberté, Justice et Démocratie pour tous.

L'EZLN s'est engagé à observer les traités internationaux qui réglementent les combats en temps de guerre. L'EZLN, lui, a respecté ces traités. Nous continuerons à le faire.

L'EZLN renouvelle sa demande de reconnaissance officielle en tant que force belligérante et de ses troupes comme étant constituées d'authentiques combattants. Pour cela, l'EZLN s'adressera aux diverses assemblées internationales, à qui il réclamera reconnaissance au nom des différents peuples et gouvernements du monde.

La reconnaissance de l'EZLN comme force belligérante est nécessaire pour offrir au processus du dialogue une base solide de développement.

Quatorzièmement. – Le Gouvernement suprême, lors du Dialogue de San Cristóbal, a présenté sa proposition d'accords de paix. L'EZLN a répondu en expliquant qu'il lui fallait consulter tous ses membres, puisque c'est du peuple qui nous constitue que nous vient l'ordre de faire la guerre et que de lui seul peut venir l'ordre de paix. Après de multiples contretemps, la consultation a pris fin; telle est notre réponse aux propositions gouvernementales.

Quinzièmement. – Pour ces raisons, et sur la base du vote libre et démocratique de ceux qui la constituent, l'Armée zapatiste de Libération nationale répond NON aux propositions de signature des accords de paix du Gouvernement suprême, considère que le Dialogue de San Cristóbal est clos, répète sa disposition à poursuivre la recherche d'une issue politique menant à une paix juste et digne, et appelle tous les secteurs progressistes et indépendants à un Dialogue national pour une paix dans la Liberté, la Justice et la Démocratie.

Nous ne nous rendrons pas !
Démocratie ! Liberté ! Justice !

Respectueusement,

Depuis les montagnes du Sud-Est mexicain.
CCRI - CG de l'EZLN.

93 [1] – L'EZLN salue la Convention démocratique du Chiapas [2]

1er juillet

À la Convention démocratique de l'État du Chiapas,
Tuxtla Gutiérrez, Chiapas.

Frères :

À la demande du Comité clandestin révolutionnaire indigène - Commandement général de l'Armée zapatiste de Libération nationale, je m'adresse à vous pour transmettre à cette Convention démocratique de l'État du Chiapas les sincères salutations des plus petits de la Patrie, des hommes et des femmes sans visage et sans nom, de ceux qui sont la montagne, des Zapatistes.

La Convention que vous tenez aujourd'hui revêt une importance régionale et nationale. Régionale, car elle est le point de départ des efforts pour jeter les bases libres et démocratiques sur lesquelles on pourra construire la paix dans le Sud-Est mexicain. En dépit du bellicisme renouvelé des secteurs les plus arriérés de la société du Chiapas que constituent les grands éleveurs et commerçants qui comptent sur l'approbation du gouvernement de l'État et sur la complicité de la branche régionale du parti-État, autodénommé Parti révolutionnaire institutionnel, une partie de ce qu'il y a de meilleur dans la société civile du Chiapas se réunit pour

1 – Le texte portant le numéro 92 a été extrait de la chronologie pour figurer en tant que préface à la p. 5.

2 – À deux mois des élections présidentielles, les relations entre Manuel Camacho Solís et le PRI sont devenues de plus en plus tendues. Six jours après le rejet, par l'EZLN, des propositions de paix du gouvernement (10 juin), M. Camacho, que le candidat du PRI à la présidence, M. Ernesto Zedillo, présentait comme le responsable de cette rupture, a brusquement démissionné de ses fonctions. Ce départ obscurcit la perspective d'une paix dans le Chiapas, d'autant qu'il est immédiatement suivi du retrait du médiateur, Mgr Samuel Ruiz qui annonce que son rôle, désormais, sera d'être un pont entre le mouvement indigène et la société civile. Par ailleurs, en vue de la future "Convention nationale démocratique", à laquelle a été conviée la société civile, une assemblée préparatoire nationale se tiendra le 2 juillet dans l'auditorium *Che Guevara* de la faculté de philosophie et de lettres de l'Université nationale de Mexico, tandis qu'une Convention démocratique de l'État du Chiapas se tiendra, elle, dans la capitale de l'État, Tuxtla Gutiérrez.

discuter et tenter de résoudre la question fondamentale qui se pose en ces jours de définition : Que faut-il faire pour obtenir une paix digne et juste dans ce recoin oublié de la patrie mexicaine? Votre Convention de l'État a une importance dont les répercussions seront nationales, car elle tracera une ligne de conduite pour les citoyens qui se préparent à la Convention nationale démocratique. Une fois de plus, notre pays pose sur le Chiapas un regard neuf, pas le regard de celui qui pille les richesses et impose le joug ni celui du touriste curieux ni celui du clientélisme électoral ni celui de l'empressement à chercher un nouveau cadre pour promouvoir des images « pacificatrices ». De nombreux groupes de citoyens se tournent vers le Chiapas et sa Convention démocratique de l'État avec espoir, avec l'espoir d'apprendre. Salut aux groupes de citoyens chiapanèques honnêtes qui se réunissent aujourd'hui en cette Convention, salut aux hommes et aux femmes qui, quelles que soient leur race ou leur croyance, marchent unis dans la lutte pour un changement démocratique, mais par-dessus tout, salut au paysan indigène chiapanèque, digne chemin de l'histoire, qui aujourd'hui rejoint les troupes du Conseil par États des Organisations indigènes et paysannes, le CEOIC, qui s'engage à présent sur les routes ouvertes de la lutte pour les conditions élémentaires de justice dans les campagnes du Chiapas et s'affronte à la triple alliance pour la guerre et l'oppression dans la région que forment le gouvernement, le parti-État, et les grands éleveurs et commerçants.

Je voudrais profiter de cette lettre de salutations, et du fait que sont ici réunis ceux qui représentent ce qu'il y a de meilleur parmi les Chiapanèques, et qui ont un visage et un nom, pour parler un peu plus de la Convention nationale démocratique que l'Armée zapatiste de Libération nationale a convoquée dans sa *Deuxième Déclaration de la jungle Lacandone*.

Rappelons d'abord qui convoque la Convention nationale démocratique, et pourquoi.

C'est l'EZLN qui convoque la Convention nationale démocratique, un groupe d'hommes et de femmes sans visage, armé, illégal et en état de rébellion contre le Gouvernement suprême, qui la convoque. Il la convoque après avoir pris les armes contre tout ce qui plonge notre Patrie dans ce cauchemar nocturne qui, pour certains, pour les peuples originels de ces terres, dure déjà depuis des centaines d'années. Il la convoque après avoir versé le sang de ses meilleurs combattants, il la convoque après avoir ratifié sa décision de continuer à payer, sans le moindre ménagement, la quote-part de morts que pourraient exiger la Démocratie, la Liberté et la Justice mexicaines. Il la convoque après avoir répondu NON aux tentatives de subornation et de chantage par lesquelles le mauvais gouvernement prétendait nous vaincre, nous les Zapatistes. Il la convoque après avoir réitéré, auprès du peuple mexicain et du monde entier, son cri : « Tout pour tous, rien pour nous ». Et l'EZLN la convoque après avoir compris que la justice, qui fait aujourd'hui des Indigènes mexicains des orphelins, ne sera possible que dans un pays libre et démocratique. Il la convoque, en comprenant que la démocratie et la liberté ne seront possibles que sur le cadavre du parti-État. Il la convoque en reconnaissant que sa propre marche sans visage et sans lendemain ne peut seule engendrer Démocratie, Liberté et Justice. Il la convoque avec la certitude qu'il est possible et nécessaire d'essayer la voie non armée pour hisser à nouveau le drapeau national, sans honte, dans la dignité. Il la convoque avec l'autorité morale de ses morts, de son sang versé pour tous, de ceux qui se sont fait soldats pour que d'autres aient un lendemain sans masques ni duplicité. Ce sont les Indigènes chiapanèques de l'EZLN, les plus petits, les plus oubliés, les plus méprisés, les plus dignes, les meilleurs, qui la convoquent.

Nous autres, nous reconnaissons quelque chose que la cécité historique du Gouvernement suprême l'empêche de voir : le rôle possible de la société civile mexicaine, du peuple du Mexique, dans cette transition vers la démocratie, vers la liberté, vers la justice. Vous, avec désintéressement et sacrifice, vous vous êtes obstinés à ouvrir cette porte que nous avons trouvée fermée et qui nous a obligés à marcher avec le feu : la porte du changement démocratique non armé. Vous avez accepté de prendre le drapeau de nos mains, le drapeau que des mains indigènes chiapanèques avaient arraché au Gouvernement suprême à l'aube de l'année. Nous marchons aujourd'hui derrière vous, pour nous assurer que ce drapeau ne suivra pas un cours qui l'éloigne à nouveau de la Démocratie, de la Liberté et de la Justice, pour le reprendre si la porte que votre persévérance essaie d'ouvrir venait à se refermer.

L'EZLN reste indigène en majorité, mais elle n'est plus seulement chiapanèque. De tous les recoins oubliés de la Patrie, d'autres hommes et femmes, oubliés mais dignes, ont décidé de marcher sous le drapeau zapatiste. Ils ont décidé de couvrir leurs corps de vérité et de feu, et de prendre le chemin douloureux de la guerre si le changement démocratique n'est pas possible par la voie électorale. L'EZLN est une armée, elle est zapatiste, elle est de Libération et elle est, plus que jamais, nationale. Si l'on reprend le chemin de la guerre, le drapeau zapatiste ne flottera pas uniquement dans ce coin de la patrie, pas uniquement dans les montagnes du Sud-Est mexicain. L'autre guerre, celle des opprimés et des oubliés, est prête à affronter la guerre que nous font les puissants. Mais nous avons vu, aussi, qu'il vaut la peine de tenter encore un autre chemin qui n'est pas celui de la guerre. C'est pour cela que nous nous sommes écartés, que nous ouvrons la voie et passons le drapeau à ceux qui aujourd'hui cherchent le chemin de la démocratie sans armes, et avec un visage.

Nous ne nions pas qu'il soit possible, sans plus de sang et sans plus de tirs, de construire le nouveau Mexique dont nous avons besoin. Mais il est essentiel qu'à votre tour vous vous souveniez quel est ce drapeau que nous vous remettons et dans quel but nous convoquons la Convention nationale démocratique. La *Deuxième Déclaration de la jungle Lacandone* signale, en ce qui concerne la convocation de la Convention nationale démocratique, qu'il y a un gouvernement usurpateur, que la légalité actuelle est insuffisante et que toutes les formes de lutte sont nécessaires à la transition vers la démocratie. La Convention nationale démocratique est convoquée pour élaborer une proposition pour un gouvernement de transition et une nouvelle Constitution.

On peut parvenir à un gouvernement de transition et à une nouvelle Assemblée constituante en combinant plusieurs formes de lutte. L'objectif de la Convention nationale démocratique est d'organiser l'expression civile de cette lutte pour le changement démocratique au Mexique, ce changement qui se concrétise par l'exigence d'un gouvernement de transition et une nouvelle Constitution. Nous convoquons la Convention nationale démocratique pour qu'elle organise la lutte pacifique vers la concrétisation de cette transition. L'exigence d'élections libres et démocratiques, ainsi que la défense de la volonté du peuple sont les conditions indispensables à cette lutte.

Nous voulons dire par là que l'EZLN lance cette convocation avec des objectifs précis. Il convoque ceux qui luttent ou qui veulent lutter pour le changement démocratique. Ceux qui ne veulent pas le changement démocratique *ne sont pas convoqués*. Il convoque ceux qui sont d'accord pour insister sur un changement démocratique pacifique. Ceux qui pensent que c'est par la seule lutte armée que l'on peut obtenir le changement démocratique *ne sont pas convoqués*. Il convoque ceux qui sont d'accord pour essayer d'aboutir à ce changement démocratique par la voie électorale aussi. Ceux qui ne sont pas d'accord pour essayer la voie électorale *ne sont pas convoqués*. Il convoque ceux qui acceptent l'idée qu'il faut un gouvernement de transition. Ceux qui ne sont pas convaincus de la nécessité d'un gouvernement de transition *ne sont pas convoqués*. Il convoque ceux qui acceptent la nécessité d'une nouvelle constitution. Ceux qui ne sont pas convaincus de la nécessité d'une nouvelle Constitution *ne sont pas convoqués*. Il convoque ceux qui reconnaissent que le parti-État est l'obstacle principal à la transition démocratique. Ceux pour qui cela n'est pas évident *ne sont pas convoqués*. C'est avec ces objectifs que l'EZLN a convoqué les citoyens honnêtes, les organisations et les partis indépendants de l'État à la Convention nationale démocratique.

Par conséquent, la Convention nationale démocratique n'est pas pour le parti-État, n'est pas pour ceux qui refusent le changement démocratique, n'est pas pour ceux qui refusent la liberté sur ces terres, n'est pas pour ceux qui lésinent sur la justice pour les Mexicains, tous les Mexicains. Ce n'est pas tout. La Convention nationale démocratique n'est pas le *bras civil* ou *politique* de l'EZLN, la Convention nationale démocratique ne consiste pas en *l'insistance sur la lutte armée ni son apologie*, la Convention nationale démocratique *n'est pas anti-électorale ou abstentionniste*.

La Convention nationale démocratique est, je le répète, l'effort civil et pacifique de la transition vers la démocratie, la liberté et la justice. L'effort pour obtenir un gouvernement de transition démocratique et une nouvelle *Carta Magna* pour notre Mexique.

Nous insistons sur une lecture attentive de la *Deuxième Déclaration de la jungle Lacandone*. Récemment est apparu un manifeste de l'Espace civil pour la paix (Espaz), qui proposait d'organiser une Convention nationale démocratique pour la Justice et la Paix. Dans sa proposition, Espaz énonce, entre autres, les objectifs suivants :

« *Élaborer un programme national et définir le type de gouvernement qui réponde le mieux aux justes revendications du peuple mexicain, ainsi que de nouvelles formes de relation entre le gouvernement et la société.* »

L'EZLN fait remarquer que « *définir le type de gouvernement* » provoquera une forte discussion qui au mieux s'embourbera, et au pire signifiera un éclatement de la Convention. Prévoyant cela, l'EZLN lance sa convocation sur l'accord préalable pour un gouvernement de transition, un gouvernement qui garantisse les conditions libres et démocratiques dans lesquelles les diverses forces politiques pourront définir le type de gouvernement qu'elles promeuvent et obtenir le soutien populaire qui le fera avancer.

Plus loin, Espaz note :

« *Discuter de l'opportunité pour la nation de convoquer une Assemblée constituante dans un avenir proche.* »

L'EZLN signale que l'opportunité d'une nouvelle Constitution n'est pas à débattre, et c'est pour cela qu'il convoque la Convention nationale démocratique avec, parmi les conditions préalables, un accord sur la nécessité d'une Assemblée constituante.

En résumé, nous ne rejetons pas la proposition d'Espaz, mais il est nécessaire d'établir qu'il s'agit d'une autre convention que celle convoquée par l'EZLN. Espaz signale que les résultats de sa convention seront présentés à la société dans son ensemble, « *y compris aux candidats présidentiels, pour en assurer la concrétisation nécessaire* ». L'EZLN signale qu'au moins un candidat à la présidentielle, celui du parti-État, est la garantie qu'il n'y aura pas de Démocratie ni de Liberté ni de Justice ni de dignité ni, sûrement, de paix pour les Mexicains.

Pour finir, en ce qui concerne la date et le lieu de la Convention nationale démocratique convoquée par l'EZLN, je répète ce que j'ai dit à certains membres d'Espaz lorsqu'ils proposaient que la Convention n'ait pas lieu dans le Chiapas. Nous ne nous y opposerons pas, mais devant les participants à cette convention, les organisateurs devront répondre aux questions suivantes :

Pourquoi ceux qui ont convoqué la Convention nationale démocratique ne sont-ils pas présents ? Pourquoi dans cette Convention ne peut-on entendre la voix de ceux qui ont versé leur sang, bâillonné leur visage, renoncé à leur passé et à leur avenir, et offrent, sans rien demander en échange, leur vie pour parvenir à la Démocratie, la Liberté et la Justice au Mexique ?

Je voudrais m'adresser, avec tout le respect qui lui est dû, à la Convention démocratique de l'État du Chiapas ici réunie pour lui demander, si elle en décide ainsi, de se prononcer clairement en faveur de la Convention nationale démocratique convoquée par l'EZLN sur les accords préalables de lutte pour un gouvernement de transition et une nouvelle Constitution, d'insistance sur une transition civile vers la démocratie, de réalisation d'élections libres et démocratiques, et de défense de la volonté populaire.

S'il en est ainsi, si la Convention démocratique de l'État du Chiapas souscrit à la convocation zapatiste à la Convention nationale démocratique, je demande, respectueusement, que parmi vos résolutions, vous envisagiez la création d'une commission organisatrice qui contribue à l'organisation de la Convention nationale démocratique.

Enfin, je crois que c'est tout pour le moment. Nous réitérons nos vœux de réussite pour votre Convention et souhaitons qu'elle serve d'exemple au reste du pays.

Voilà. Salut et sagesse, que l'histoire et la grandeur reviennent dans le patrimoine des citoyens mexicains.

Depuis les montagnes du Sud-Est mexicain.
Sous-commandant Insurgé Marcos.

94 – Invitation à Carlos Fuentes [1]

Juin 1994

À Carlos Fuentes, Mexique.

« *D'emblée, on perçoit plusieurs tensions. L'une d'elles est la continuité de la lutte sociale au Mexique : la Révolution mexicaine a commencé, en réalité, au lendemain de la chute des Aztèques* [2] *face au* conquistador *Hernán Cortés. La deuxième est la tension, à l'intérieur de cette continuité, entre la dynamique de la modernisation et les valeurs de la tradition, qui implique, à chaque étape de l'histoire du Mexique, une réconciliation entre le passé et le présent, dont le trait le plus original est l'acceptation de la présence du passé. Rien, dans le vécu mexicain, ne paraît être entièrement annulé par l'avenir : des modes de vie et des revendications légales qui datent de l'époque des Aztèques ou des siècles coloniaux sont encore pertinents de nos jours.*

« *(...) Près de soixante-dix ans après la mort de Zapata, le Mexique se trouve face à une nouvelle crise et à la nécessité d'un changement. Un énorme développement et une grande injustice ont avancé de pair. Une fois de plus, le Mexique doit rechercher les solutions à sa modernisation économique dans la modernisation politique. Comme en 1910, la société a dépassé les institutions. Mais, une fois encore, on ne peut atteindre la modernisation au prix du sacrifice des petites communautés rurales, le monde oublié de Villa et Zapata*

« *(...) si le Mexique doit réaliser une croissance continue, il doit, à tout le moins, permettre que l'État central tout-puissant comprenne le défi pacifique d'autogouvernement qui se pose à la base. L'aspect culturel redevient pertinent*

---

1 – Écrivain mexicain, appartient – en compagnie du responsable de la revue *Nexos*, Héctor Aguilar Camín, et du directeur de *La Jornada*, Carlos Payán – au Conseil de la Commission nationale des Droits de l'homme, dirigée par M. Jorge Madrazo, qui a enquêté sur les événements du Chiapas. Dernières parutions : *La Campagne d'Amérique*, *Le Miroir enterré*, *Christophe et son œuf* (Gallimard, 1994).

2 – Appelés de façon erronée Aztèques, car leur vrai nom est Mexica. Ils pénétrèrent dans la vallée de ce qui est aujourd'hui Mexico au cours de la deuxième moitié du XIIIe siècle. Sous l'impulsion de souverains énergiques et ambitieux, ils parvinrent en peu de temps à étendre leur hégémonie sur la plus grande partie du Mexique. La guerre de conquête menée par Hernán Cortés – qui débarqua le 12 mars 1519 – interrompit brutalement le cours d'une civilisation en plein essor.

puisque la continuité de l'histoire du Mexique implique un effort pour admettre la présence du passé, pour relier la tradition au développement. »
Carlos Fuentes. Préface à *El México revolucionario*, de John Mason Hart. *Alianza Editorial Mexicana*, México, 1990.

Je ne sais pas quand vous avez écrit ces lignes, mais elles s'appliquent bien à cette année qui nous poursuit.

Pour diverses raisons et à la suite de divers hasards, je me retrouve, moi, à vous écrire cette lettre. Je me retrouve, moi, à chercher les mots, les images, les pensées nécessaires à atteindre en vous ce qui, du passé et de l'avenir, synthétise votre labeur culturel et politique.

Je me retrouve dans l'effort de vous convaincre, vous, que cette nouvelle crise et cette nécessité de changement, caressantes et intimidantes dans l'air mexicain, ont besoin de votre regard, de votre parole. Je me retrouve, moi, sans visage, sans nom, laissant de côté mes armes et tout l'attirail militaire qui nous opprime, à essayer de vous parler d'homme à homme, d'espoir à espoir.

Je sais bien les peurs et les méfiances qu'arrachent nos pas depuis l'aube de l'année, je sais bien les scepticismes que provoquent notre discours maladroit et son anonymat, nos armes et l'absurdité d'avoir à nous forger, à coups de fusil, une place dans ce que les livres de texte scolaires ont parfois appelé la « **PATRIE** ».

Mais je dois faire tout mon possible pour vous convaincre, vous, que, pour que se taisent les armes, les idées doivent parler, et qu'elles doivent parler fort, plus fort que les fusils. Je ne dois pas seulement vous convaincre que nous ne pouvons pas, seuls, porter ce drapeau qui, par le sang des Indigènes, flotte à nouveau sur notre sol. Je dois en plus vous convaincre que nous ne voulons pas le porter seuls, que nous voulons que d'autres, meilleurs et plus sages, le hissent avec nous. Je dois vous convaincre que la longue nuit d'ignominie qui nous a opprimés toutes ces décennies (« *Où en est la nuit ?* », demande Macbeth, et Lady Macbeth de juger : « *À l'heure encore indécise de sa lutte avec le matin.* ») n'est pas forcément suivie d'un lever du jour, qu'une nuit peut bien être suivie d'une autre longue nuit si nous ne l'arrêtons pas, avec la force de la raison, maintenant.

Je sais que cela peut paraître paradoxal qu'une force armée, anonyme et illégale, appelle au renforcement d'un mouvement civil, pacifique et légal pour atteindre l'ouverture définitive d'un espace démocratique libre et juste dans notre pays. Je sais que cela peut paraître absurde, mais, et vous serez d'accord avec moi, s'il y a quelque chose qui distingue ce pays, son histoire et son peuple, c'est cet absurde paradoxe de contraires qui se rencontrent (dans une collision, mais se rencontrent tout de même) passé et avenir, tradition et modernité, violence et pacifisme, militaires et civils. Nous, plutôt que d'essayer de nier ou de justifier cette contradiction, nous l'avons assumée et l'avons reconnue, et nous essayons d'accorder notre marche à ses préceptes, qui ne sont pas si arbitraires.

Enfin, ce que je voulais c'était vous inviter à la Convention nationale démocratique. Oui, une Convention de civils convoquée par des militaires (révolutionnaires, mais militaires quand même). Oui, une Convention pacifique, convoquée par des violents. Oui, une Convention d'hommes et de femmes avec des noms et des visages, convoquée par des êtres privés de visage et de nom. Oui, une Convention paradoxale, cohérente avec notre histoire passée et future. Oui, une Convention qui hisse les drapeaux qui flottent déjà sur des terres étrangères et se refusent à notre sol, les drapeaux de la Démocratie, de la Liberté et de la Justice. C'est cela que je voulais faire : vous inviter à participer. Nous serions, nous autres, très honorés de vous recevoir et tous le seraient de vous entendre.

Nous ne pouvons pas dire grand-chose sur nous pour répondre à des doutes raisonnables; nous vous disons seulement que nous sommes mexicains (comme vous), que nous voulons la Démocratie (comme vous), que nous voulons la Liberté (comme vous), que nous voulons la Justice (comme vous). Quel mal y aurait-il à une telle rencontre entre Mexicains? Absurde et paradoxal? Je sais. Est-il quelque chose dans ce pays qui ne le soit pas?

Voilà, monsieur Fuentes, nous sentons que nous ne pouvons pas avancer sans avoir essayé, au moins, de le faire aux côtés de Mexicains tels que Carlos Fuentes. J'ignore si j'ai réussi à vous transmettre mon invitation, et encore davantage si j'ai réussi à vous convaincre. Je sais aussi que, même si vous en aviez le désir, vous n'auriez peut-être pas le temps d'aller faire un tour dans ce coin reculé du Mexique. Quoi qu'il en soit, salut à l'homme de lettres, au diplomate, à l'homme de sciences, mais surtout, salut au Mexicain.

Depuis les montagnes du Sud-Est mexicain.
Sous-commandant Insurgé Marcos.

95 – Lettre à Eduardo Galeano [1]
Sur le vedettariat

Juin 1994

À Eduardo Galeano, Amérique latine.

J'ai reçu le message oral que vous avez eu l'amabilité de me faire parvenir par le professeur Carlos Payán. Je me souviens qu'il disait à peu près : « Dieu a réussi parce qu'il ne se montrait pas », ou quelque chose dans le genre. J'ai répondu quelque chose comme : « C'est pour cela que le monde est dans l'état où il est », ou une ânerie équivalente. La présente a valeur de rectificatif. Je comprends que vous vous référiez à mon « vedettariat », ou à ma tendance à trop apparaître dans les médias. Je vous comprends, mais il se trouve que notre maladresse, lors de ce passage dans l'histoire qui est la nôtre, nous conduit à l'imprudence et, certes, à l'excès de paroles et aux redites. Peut-être aussi ne gesticulons-nous sans arrêt que pour attirer l'attention et, ce faisant, donner le temps à d'autres de se préparer et de prendre la parole comme il convient. Au bout du compte, ce qui ne sera pas écrit dans cette petite histoire, c'est que j'aurai fait beaucoup de choses qui ne me plaisaient pas. Enfin, que j'essaierai prudemment de contenir ma démarche maladroite. Recevez, comme un pont jeté entre votre grand sauvetage des voix perdues de l'histoire et ce bavardage embarrassé qui est le mien, le récit suivant, écrit il y a neuf ans, loin des caméras, des magnétophones et des gros titres, dans un camp de guérilla solitaire. Voici donc, sans anesthésie, les…

Anecdotes qui servent à sourire et à démontrer que nous sommes invincibles, etc.

I. Les éclaireurs sortent au petit matin, rentrent dans l'après-midi et me font leur rapport :

---

1 – Journaliste, écrivain uruguayen. Expulsé de son pays en 1973, il se voit obligé de quitter l'Argentine où il s'était réfugié et où il avait fondé la revue *Crisis*, en 1976. Il figurait sur la liste des Uruguayens condamnés à mort à Buenos Aires. Son œuvre la plus fameuse demeure *Les Veines ouvertes de l'Amérique latine* (Plon). Dernières parutions : *Les Visages et les masques*, *Les Naissances*, Gallimard, 1994; *La Découverte qui n'a pas eu lieu*, Messidor, 1992.

« *Nous avons trouvé un campement de paysans dans un vallon,* dit le responsable des éclaireurs. *Il date d'il y a environ deux ans et on voit bien que c'était un campement très peuplé, car il y a 15 ou 20 abris. Il y a beaucoup de bancs.*

– *C'est vrai*, interrompt celui qui l'accompagnait. *On voit bien qu'ils se sont arrêtés pour boire l'*atole [2] *et qu'ils ont fait la fête.* »

Résigné, j'en conviens et leur dis que c'est bien, qu'ils nettoient leur arme. Le lendemain, je pars en éclaireur. Nous trouvons ledit campement : il n'y a que 5 abris et un petit banc. J'ordonne que l'on aille dans les environs rechercher des sentiers, et je m'assieds sur le banc en attendant. C'est inutile : rien n'indique qu'on ait fait la fête ou bu de l'*atole*. J'ai beau m'efforcer et me concentrer, je ne parviens pas à me donner ne serait-ce qu'une petite envie de boire de l'*atole*. Nous revenons en silence.

II. Les éclaireurs repartent. Ils reviennent et me font le rapport suivant :

« *Nous avons trouvé un grand ruisseau. On voit bien qu'il ne s'assèche jamais.*

– *C'est vrai*, dit l'autre, qui l'accompagnait. *Il y a des mares et on peut s'y baigner.* »

Résigné, j'en conviens et leur dis que c'est bien, qu'ils nettoient leur arme. Le lendemain, je pars en éclaireur. Nous trouvons ledit ruisseau. Aux endroits les plus profonds, il a 5 centimètres d'eau; il s'écoule sur une vingtaine de mètres avant de disparaître. Je le remonte jusqu'à sa source et je vois qu'il s'agit de l'écoulement des eaux de pluie de la colline. Je leur dis :

« *Ce ruisseau sera bientôt à sec.*

– *Il ne se séchera pas* », me répondent-ils.

Nous revenons en silence.

Deux jours plus tard, les éclaireurs repassent à cet endroit, ils reviennent et me font leur rapport :

« *Le ruisseau est à sec. Mais nous en avons trouvé un autre plus grand qui ne s'asséchera pas.*

– *C'est vrai*, dit l'autre, qui l'accompagnait. *Il y a des mares où l'on peut se baigner.* »

Résigné, j'en conviens et leur dis que c'est bien, qu'ils nettoient leur arme.

---

2 – Boisson sucrée à base de purée de maïs. Ndt.

III. En somme, nous sommes une armée de rêveurs et, pour cette raison, nous sommes invincibles. Comment ne pas vaincre avec cette imagination qui emporte tout ?

Nous ne pouvons pas perdre.

Ou, plutôt, nous ne méritons pas de perdre…

Novembre 1985.
Montagnes du Sud-Est mexicain, Chiapas. Mexique.

Ciel couvert. 1 100 mètres d'altitude.
Voilà, monsieur Galeano, sachez que dans ces années d'espoir solitaire, vos écrits furent un soulagement et une tiède chaleur entre le froid de l'acier qui habitait nos mains et celui de nos nuits. Salut et plus d'histoire encore : c'est la seule façon par laquelle cette progression maladroite aspire à devenir futur.

Depuis les montagnes du Sud-Est mexicain.
Sous-commandant Insurgé Marcos.

96 – L'EZLN salue Madrazo [1], nouveau médiateur

8 juillet

Au peuple du Mexique.
Aux peuples et aux gouvernements du monde.

Frères :

Le Comité clandestin révolutionnaire indigène - Commandement général de l'EZLN a examiné attentivement la lettre datée du 1er juillet 1994 adressée au commandement de l'EZLN par le nouveau Délégué à la paix et la réconciliation, monsieur Jorge Madrazo Cuéllar. À ce sujet, le CCRI - CG de l'EZLN déclare :

Premièrement. – Qu'il salue la nomination de monsieur Jorge Madrazo en tant que nouveau Délégué à la paix et la réconciliation, et le reconnaît comme représentant officiel du Gouvernement fédéral.

Deuxièmement. – Qu'il sollicite monsieur l'Évêque Samuel Ruiz García, du diocèse de San Cristóbal de las Casas, Chiapas, pour qu'en compagnie d'autres personnalités, il fasse partie de la Commission nationale de médiation.

Troisièmement. – Que, bien que d'autres personnalités composent la Commission nationale de médiation, toutes les communications du Gouvernement fédéral et du Délégué à la paix devront être adressées au Comité clandestin révolutionnaire indigène - Commandement général de l'Armée zapatiste de Libération nationale par l'intermédiaire de monsieur l'Évêque Samuel Ruiz García, si toutefois celui-ci accepte de faire partie de la médiation.

Quatrièmement. – Que la fin du Dialogue de San Cristóbal ne signifie pas la fin de la volonté de dialogue de l'EZLN.

Cinquièmement. – Que le CCRI - CG de l'EZLN exhorte le Délégué à la paix, monsieur Jorge Madrazo, à faire tous les efforts possibles pour obtenir un climat favorable à ce que les

1 – Pour remplacer M. Camacho Solís, le gouvernement a nommé M. Jorge Madrazo, président de la Commission nationale des Droits de l'homme. Ce dernier connaît bien le Chiapas puisque, dès la seconde quinzaine de janvier, il avait enquêté, à la demande de M. Salinas de Gotari, sur les violations des Droits de l'homme commises par l'armée pendant l'insurrection zapatiste.

élections fédérales et locales se déroulent pacifiquement et que puisse reprendre bientôt le dialogue pour une paix avec justice, dignité et démocratie.

Démocratie ! Liberté ! Justice !

Depuis les montagnes du Sud-Est mexicain.
Le Comité clandestin révolutionnaire indigène -
Commandement général de l'Armée zapatiste
de Libération nationale.

97 – L'EZLN demande à Samuel Ruiz de poursuivre son travail de médiation

8 juillet

À Monsieur Samuel Ruiz García,
évêque de San Cristóbal de las Casas, Chiapas.
Commission nationale de médiation.

Monsieur l'Évêque :

Le Comité clandestin révolutionnaire indigène - Commandement général de l'Armée zapatiste de Libération nationale désire vous inviter à faire partie de la nouvelle Commission nationale de médiation, afin que ne cesse pas la recherche d'une solution politique au conflit.

Nous avions salué et reçu avec satisfaction votre accord pour faire partie de la Commission nationale de médiation qui a débouché sur le Dialogue de San Cristóbal de la fin du mois de février et du début du mois de mars 1994.

Comme nous l'avons expliqué précédemment, notre rejet des propositions d'accords avec le Gouvernement fédéral ne signifie pas un rejet de la poursuite du dialogue et d'une solution politique à nos justes revendications. Le Dialogue de San Cristóbal n'a été qu'un pas sur le chemin de la paix juste et digne. Nous avons été informés de la nomination de monsieur Jorge Madrazo Cuéllar comme Délégué à la paix. Nous nous adressons à lui pour l'informer que, dans le cas où vous accepteriez de faire partie à nouveau de la Commission nationale de médiation, les communications adressées à l'EZLN devront passer par le diocèse de San Cristóbal. Nous exhortons également le nouveau Délégué à la paix, monsieur Jorge Madrazo, à faire tout son possible pour recréer un climat favorable à la tenue pacifique des élections et à la reprise probable du dialogue pour la paix entre l'EZLN et le Gouvernement suprême.

Nous espérons sincèrement que vous accepterez de faire partie de la nouvelle Commission nationale de médiation et que les pas en direction d'un dialogue public, vrai et juste poursuivront leur chemin pour le bien de nos peuples.

Respectueusement.

Depuis les montagnes du Sud-Est mexicain.
Comité clandestin révolutionnaire indigène - Commandement général de l'Armée zapatiste de Libération nationale.

98 – DES FOURMIS ET DES ÉLÉPHANTS

10 juillet

A l'hebdomadaire national Proceso,
Au quotidien national *La Jornada*.
Au quotidien national *El Financiero*.
Au quotidien local de San Cristóbal de las Casas *Tiempo*.

Messieurs :

Ci-joint des communiqués sur les « financements étrangers » et sur le nouveau Délégué à la paix. En plus, complètement gratuitement, une préface de collection destinée aux éditions marginales et pirates des communiqués [1]. Je vous en prie, il n'y a pas de quoi… pas encore.

Je suis attendri aux larmes par les accusations des députés autoproclamés du (quelqu'un en doute-t-il?) PRI, Ramón Mota et Cuauhtémoc Sánchez. Quelqu'un pourrait-il avoir l'amabilité d'informer ces messieurs de ce qui suit? Si nous avions eu un financement de l'étranger, c'est nous qui serions en train de désigner le Délégué à la paix; messieurs Ramón Mota et Cuauhtémoc Sánchez seraient en prison, en passe d'être jugés pour illégitimité, fraude et malversation de fonds; le Dialogue de San Cristóbal aurait eu lieu sur l'Ajusco et nous serions en train de débattre, aujourd'hui, de la possibilité d'accorder au « Révolutionnaire institutionnel » le statut de « force politique en formation ». Enfin, il aurait été plus original de nous accuser d'avoir « créé le climat propice » à la *Batalla del Ángel* [2] et d'avoir facilité les penaltys (ça s'écrit comme ça?).

Voilà, salut et aspirines pour la gueule de bois due à un excès de Bulgares [3].

Depuis les montagnes du Sud-Est mexicain.
Sous-commandant Insurgé Marcos.

---

1 – Voir p. 5.
2 – Célébration populaire d'une victoire de l'équipe nationale de football lors de la Coupe du monde, qui a dégénéré en violentes échauffourées. Ndt.
3 – Les Bulgares sont, au Mexique, un genre de yaourt, et la Bulgarie a éliminé le Mexique de la Coupe du monde. Ndt.

PS qui range les fanions jusqu'à dans quatre ans. Moi, j'aurais mis Hugo. Ce n'est pas la faute à Miguel ; c'est à Emilio qu'il faut demander des comptes (« celui qui paye donne les ordres »). Cette histoire de Maradona a été un crime. La FIFA n'a plus qu'à attendre son 1er janvier.

PS qui dépose une motion à la présidence de séance – la présidence demande s'il s'agit d'une motion d'ordre ou de procédure. Le PS explique qu'en réalité, il s'agit d'une motion à la motion ; la présidence ouvre un débat pour savoir si elle est recevable. Dix-sept heures plus tard, le PS prend le micro d'assaut, secoue sa longue chevelure désordonnée, couvre l'assemblée de la lumière de son regard et dit, d'un ton pénétré : « *Le consensus, c'est la garantie dont dispose la minorité pour imposer sa volonté à la majorité.* »

PS qui, à la lumière du bûcher, explique pourquoi il faut faire la révolution et raconte une histoire pour enfants déguisés en adultes et pour adultes déguisés en enfants – L'histoire s'appelle : *Des éléphants, des fourmis et des révolutions.*

Julio Cortázar disait que Marcel Duchamp [4] disait que les éléphants sont contagieux, et Julio disait qu'il ajouterait, lui, que les révolutions sont contagieuses elles aussi.

Et les fourmis, Julio, il suffit d'aller dans mes quartiers où, avec patience et persévérance, elles se sont installées dans les murs, au sol et même au plafond. Nous pouvons manquer de nourriture, mais des fourmis nous en avons pour un moment ou, plutôt, ce sont elles qui nous ont, et la coexistence pacifique est notre seule garantie de survie. Les éléphants, c'est clair, nous confirment une fois de plus que la nature imite l'art, et cette lourde asymétrie vous réconcilie avec vous-même.

Je pense que l'histoire rendra un jour justice aux éléphants, surtout s'ils sont violets avec la trompe verte. Cet être noble et modeste et la fourmi ont beau entretenir des rapports, comme le diraient nos « brillants » politologues, de *guerre froide* (qui, dans notre Amérique, est aujourd'hui au bord de l'ébullition), ils ont néanmoins bien des choses en commun. Tu vois comme j'ai raison ? On a à peine

4 – Marcel Duchamp : surréaliste français (1887-1968).

commencé à parler d'éléphants et de fourmis que les services d'intelligence *made in* Fort Gullick [5] frappent déjà à la porte, ce qui laisse l'éléphant imperturbable; quant à la fourmi, n'en parlons même pas, elle a déjà assez de travail avec le sucre que j'ai renversé en prenant mon café.

Bon, mais j'essayais de dire que les fourmis et les éléphants présentent des similitudes suspectes. Par exemple, les enfants aiment les éléphants, mais il faut remarquer que les propriétaires des cirques et des parcs zoologiques ne partagent pas cet enthousiasme que l'on étouffe de plus en plus avec des groupes « de musique » et des *et cetera* vêtus à la mode galactique (du moins, le croient-ils), parce qu'autrement, je ne pourrais pas m'expliquer pourquoi ils obligent les pachydermes à voyager dans des camions aussi sombres et inconfortables. Tout compte fait, les éléphants sont des êtres incompris, comme les fourmis. Par exemple, l'autre jour un officier du Service de santé m'a fait un long discours expliquant combien elles étaient antihygiéniques, les fourmis, et le bien-être que nous procurerait leur extermination.

Je ne le pense pas. En plus de la sympathie qu'elles m'inspirent, ce sont elles qui finiraient par gagner cette petite guerre qui nous épuiserait au fur et à mesure qu'elles, elles se développeraient.

Tous les cours de contre-insurrection et toutes les manœuvres militaires ne suffiraient même pas à les intimider. Elles sont plus nombreuses et connaissent mieux le terrain. Moi, je suis en faveur d'une alliance ou, au moins, d'un pacte de non-agression, de coexistence pacifique. Je pense que cette dernière solution a fait ses preuves. Le camp a ses horaires. À l'intendance, par exemple, il y a des heures pour les hommes et les femmes qui doivent déambuler obstinément et il y a des heures pour que les fourmis viennent s'approvisionner ou se promener simplement sur les pierres parce que dehors il fait chaud ou il pleut. Tout compte fait, je pense que pendant ces quelques jours, nous avons été heureux. Je reconnais que s'il s'agissait d'éléphants, le

---

5 – Fort Gullick est l'une des bases militaires US de la zone du canal de Panama occupée part les États-Unis où l'École des Amériques, centre de formation militaire le plus important d'Amérique latine, a permis aux États-Unis d'entraîner et de former idéologiquement plus de 45000 officiers de 22 nations caraïbes et latino-américaines, depuis son origine (1949) jusqu'à sa fermeture définitive en septembre 1984.

problème grandirait démesurément, mais je crois que nous finirions pas nous arranger. Oui, d'accord, je sais bien que les officiers du Service de santé, furieux, s'apprêtent à écrire chacun une lettre sur la quantité de microbes que transportent les fourmis – et ne parlons pas des éléphants – mais je crois que je me fais comprendre. Les révolutions aussi sont anti-hygiéniques… pour le néolibéralisme. Surtout parce qu'elles sont contagieuses (comme les éléphants et les fourmis). Et de même qu'il faut apprendre à aimer les fourmis et les éléphants, il faut apprendre à aimer et à faire les révolutions.

Pour revenir aux rapports entre les fourmis et les éléphants, moi, je ne suis pas convaincu par cette apparente indifférence que les uns affichent à l'égard des autres. Je soupçonne une alliance secrète dans cette façon de s'ignorer mutuellement. Peut-être s'entraident-ils sans que nous le sachions; peut-être les fourmis se cachent-elles par millions derrière les grandes oreilles, pour y reprendre des forces, élaborer des conspirations et se préparer à contre-attaquer lorsqu'une campagne antihygiénique les a obligées à effectuer un repli tactique; peut-être les fourmis construisent-elles sous la terre d'immenses galeries pour abriter les éléphants le jour où les enfants auront fini par les oublier et qu'ils se trouveront entre les mains perverses des propriétaires de cirque. Où iraient-ils, sinon sous la terre, pour se cacher? Où pourraient-ils reprendre leurs forces sans que les trouvent de puissants chasseurs armés de napalm? Qui peut le nier? Après tout, peut-être bien…

Par exemple, quand je vois des éléphants, aux abords d'un cirque ou d'un parc zoologique, je suis presque immédiatement contaminé, et je sais qu'ils me regardent avec une secrète complicité, me faisant comprendre qu'ils préparent leur rébellion. Il est certain qu'ils ne seront retenus ni par les cages, ni par les chaînes qui les attachent. Un jour, ils les briseront et s'en iront, enfin heureux, batifoler dans les jardins et manger toute la barbe-à-papa qu'ils voudront (tout éléphant qui se respecte devient fou de plaisir lorsqu'il a une barbe-à-papa et qu'il peut batifoler dans les jardins, surtout s'il y a une fontaine).

C'est pour cela, et pour d'autres raisons, qu'il faut faire une révolution…

99 – L'EZLN NIE ÊTRE IMPLIQUÉ DANS LA MORT DE DEUX AGENTS D'IMMIGRATION [1]

10 juillet

Au peuple du Mexique.
Aux peuples et aux gouvernements du monde.
À la presse nationale et internationale.

Frères :

Le Comité clandestin révolutionnaire indigène - Commandement général de l'Armée zapatiste de Libération nationale déclare :

Premièrement. – Récemment, près de la ville de Tapachula, Chiapas, on a attaqué un poste d'immigration du Gouvernement fédéral et deux agents d'immigration sont morts lors de cette attaque. Certains secteurs officialisants des médias ont prétendu, de manière irresponsable, impliquer l'EZLN dans cette attaque.

Deuxièmement. – L'Armée zapatiste de Libération nationale confirme que, depuis le 12 janvier et jusqu'à ce jour, elle maintient le cessez-le-feu offensif et n'a porté aucune attaque contre aucune force gouvernementale, ni dans le Chiapas ni dans le reste du pays. Les troupes zapatistes ont reçu l'ordre, le 10 juin 1994, de maintenir le cessez-le-feu offensif et elles s'y sont parfaitement tenues.

Troisièmement. – Le parti-État, par la voix de certains députés s'autoproclamant représentants du peuple, a accusé l'EZLN d'avoir reçu un soutien économique de l'étranger par l'intermédiaire du diocèse de San Cristóbal. Les illégitimes députés désignent certaines organisations humanitaires allemandes comme ayant envoyé de l'argent à l'EZLN pour l'achat d'armement.

---

1 – Le 28 juin, les corps calcinés de deux agents des services de l'immigration ont été découverts à Mazapa de Madero, à quelque 150 kilomètres de la zone dans laquelle opère l'EZLN. Des tracts d'un mouvement inconnu – Mouvement populaire de Libération nationale (MPLN) – appuyant les revendications de l'EZLN ont revendiqué l'action. Dans des conditions aussi ambiguës, un poste de contrôle militaire de Tuxtla Gutiérrez avait été attaqué par des individus en civil, le 15 avril précédent, provoquant, au terme de deux heures d'affrontements, la mort d'un sergent.

Quatrièmement. – L'EZLN répète qu'il n'a jamais reçu et ne reçoit pas le moindre soutien économique pour l'achat d'armement, ni de Mexicains ni d'étrangers. Que le Gouvernement suprême prétend, une fois de plus, cacher la vérité : que le soutien principal qu'a reçu et reçoit encore l'EZLN provient de la politique néolibérale du mauvais gouvernement et des fraudes répétées contre la volonté du peuple.

Cinquièmement. – L'EZLN dénonce ces accusations irresponsables comme faisant partie de la stratégie du parti-État et de son candidat, pour obliger monsieur Carlos Salinas de Gortari à recourir à une solution militaire du conflit du Chiapas avant le 1er décembre 1994. De cette façon, on attribuerait à monsieur Salinas la responsabilité de mettre le pays à sang, et le candidat du parti-État pourrait procéder à la fraude qui le porterait au pouvoir sans avoir à « hériter » du problème de l'EZLN; c'est-à-dire, le problème d'avoir à satisfaire les revendications populaires de Démocratie, Liberté et Justice. La ligne dure du système du parti-État fait également pression sur le haut commandement de l'Armée fédérale pour qu'il abandonne la voie politique et donne l'assaut aux positions zapatistes.

Sixièmement. – L'EZLN réitère sa disposition à chercher une solution politique au conflit et sa décision de ne se rendre ni devant les menaces ni devant le Pouvoir militaire fédéral. Nous résisterons.

Démocratie ! Liberté ! Justice !

Depuis les montagnes du Sud-Est mexicain.
Comité clandestin révolutionnaire indigène -
Commandement général de l'Armée zapatiste
de Libération nationale.

100 – Aux bandes de jeunes, les *Bandas*

10 juillet

À toutes les bandes.

Banda :

Ils nous ont trompés. Tout ce temps, nous avons vécu dans un gigantesque mensonge, nous avons vécu au milieu d'une merde à l'odeur de laquelle ils voulaient nous habituer, qu'ils voulaient que nous prenions pour un parfum agréable. Ils nous ont trompés, ils nous ont vendu l'idée que nous supporterions tout, que n'avoir aucune dignité était synonyme d'être mexicains, que nous taire était la même chose qu'être pauvres, que ne rien avoir incluait ne pas avoir de voix, qu'ils pourraient nous humilier jusqu'à nous faire disparaître ou nous acculer dans la partie la plus honteuse et la plus indigne de ce pays, qu'obéir était obéir aux lois des moins nombreux, que désobéir était aller contre les plus nombreux, que nous serions heureux avec des habits étrangers, que nous pourrions marcher sans problème parmi la boue et le sang que ce système laissait sur son chemin, tel une empreinte pestilentielle, sur notre sol, qu'ils pouvaient tout faire, absolument tout, sans que personne dise rien, sans que personne crie le « *¡ Ya basta!* » qui ferait tout recommencer.

Ils se sont trompés. Pour les puissants le cauchemar ne fait que commencer, le rêve d'espoir des dépossédés n'est qu'à son début. Nous entamerons notre marche, les plus petits, les plus oubliés, les plus marginalisés, les plus méprisés, nous, vous.

Bon, mes frères et bandes sœurs. Salut et patience pour aiguiser la tendre pointe de l'espoir.

Depuis les montagnes du Sud-Est mexicain.
Sous-commandant Insurgé Marcos.

101 – À UN JEUNE MILITANT DU PRD SOUMIS À LA TORTURE

15 juillet

À Oscar Martín López Fernández.

Oscar :

J'apprends aujourd'hui la nouvelle de ta détention et de la torture à laquelle on t'a soumis. Je voudrais te donner quelque chose pour soulager tes blessures et pour te redonner courage face à l'humiliation que l'on t'a fait subir. Quelque chose qui te rende fort et te guérisse, quelque chose qui te rende alors indestructible. Quelque chose qui ressemble aux :

Instructions pour mesurer la vie.

Prendre de la ficelle à volonté et commencer à en remplir la poche droite de son pantalon jusqu'à ce qu'il arrive l'une des deux choses suivantes :

A – La poche s'emplit de ficelle.

B – On se lasse de mettre la ficelle dans la poche.

Une fois arrivée(s) l'une des deux choses susmentionnées, ou les deux, attendre un après-midi de pluie. Juste au moment où la pluie commence à se demander si elle doit tomber ou ne pas tomber sur la terre, sortir la ficelle et la lancer en l'air, le plus haut possible, d'un geste élégant de magicien et murmurer en même temps les paroles suivantes : « Je vois, je mesure, j'existe, la vie ». Si l'on a suivi les instructions au pied de la lettre, la ficelle restera suspendue en l'air quelques instants, avant de redescendre sur terre sous forme d'une poignée de fils. Vous avez là la mesure d'un morceau de vie. Si, après d'avoir suivi les instructions, on constate que la ficelle ne réagit pas comme nous venons de l'indiquer, ne pas s'inquiéter et essayer avec une autre ficelle. Il arrive que certaines ficelles refusent, avec une obstination déconcertante, de mesurer la vie de quiconque (elles ont assez de problèmes à attacher des bottes, des chaussures et d'autres choses, disent-elles).

Bon, Oscar. Salut et une calculatrice pour faire l'addition, au fur et à mesure, des factures que nous devrons présenter un jour.

Depuis les montagnes du Sud-Est mexicain.
Sous-commandant Insurgé Marcos.

102 – « Le Mexique que nous voulons »

17 juillet

Aux dialogues « Le Mexique que nous voulons ».
À l'attention de Primitivo Rodríguez Oseguera.
Académie mexicaine des Droits de l'homme.
Centre d'études éducatives.
Centre d'études du mouvement ouvrier et socialiste.
CIVICUS, alliance mondiale pour la participation des citoyens.
Fondation pour la promotion et la défense de la légalité.
Institut mexicain d'études politiques.

Monsieur Primitivo Rodríguez Oseguera :

J'ai lu, aujourd'hui seulement, votre aimable invitation, parue dans le *Courrier illustré* de *La Jornada*, à participer aux dialogues « Le Mexique que nous voulons ». Nous vous remercions de cette occasion qui nous est donnée, dans cet espace pluriel, de dessiner les grands traits du Mexique que nous, les Zapatistes, nous voulons.

Heriberto (trois ans, Tojolabal, enfant de Tojolabals) se fend d'un sourire édenté en consolant sa sœur (cinq ans, Tojolabal, fille de Tojolabals), réveillée en larmes parce qu'elle rêvait que le chat disait « maou » au lieu de « miaou ». Heriberto explique à Eva que c'est le *chuchito* (« chiot » pour les Chiapanèques) qui a chassé le chat et que c'est pour ça qu'il a dit « maou ».

Sa sœur a un doute, mais le sourire édenté d'Heriberto commence à lui raconter une histoire assez compliquée sur le *chuchito* qui est venu l'autre jour et qui avait, le *chuchito*, un bonbon dans la poche, et Heriberto, pour qu'il n'y ait pas de doute, sort un bonbon de la poche de son pantalon et l'offre à Eva qui, devant une preuve aussi rationnelle, s'éponge les larmes, se laisse convaincre et goûte le bonbon. Heriberto continue à parler et l'histoire du *chuchito* poursuit maintenant une fourmi qui, dit-il, veut emporter l'emballage du bonbon et Heriberto et sa sœur ont déjà oublié le *chuchito* et le chat qui fait « maou » au lieu de « miaou » et, se passant le bonbon à tour de rôle, ils observent la fourmi qui a déjà choisi un coin de cellophane. Le chat de l'histoire d'Heriberto est un petit chat, et pour dire *gatito* [1]. Heriberto dit *gatillo* [2]. Un pays ou « gâchette » voudrait dire « chaton », c'est celui-là, **LE MEXIQUE QUE NOUS VOULONS**.

Un éleveur déclare qu'il ne peut exister d'égalité, qu'il y aura toujours des riches et des pauvres; ses congénères applaudissent avec rage. « *Cette terre est en train de mourir* », dit Fidel, le Zapatiste, en émiettant avec les mains une motte de terre d'un champ de maïs maltraité. Dans un restaurant de luxe, des hommes politiques de haut vol découvrent qu'ils sont d'accord sur le fait que, dans ce pays, ce qu'il faut, c'est une main de fer et une bonne raclée pour calmer tous ces gens turbulents; satisfaits, ils sourient et font inscrire la note du repas sur les frais d'un ministère. Une patrouille de police séquestre une femme qui rentre seule chez elle, la nuit. La patrouille file vers un terrain vague. « *La modernité doit arriver de partout* », sourit le fonctionnaire avec d'un air entendu. « *L'achat massif de voix et le vol des urnes appartiennent à la préhistoire.* » Il s'arrange la cravate : « *Il est plus moderne d'agir sur les listes électorales, ainsi le "sale travail" l'est toujours, mais beaucoup plus hygiénique.* » PRONASOL est un programme gouvernemental moderne : il ne s'agit pas de remédier à la pauvreté, mais de l'optimiser, de la maquiller pour qu'elle soit acceptable aux yeux d'un marché qui, avec le nom mexicanissime de NAFTA [3], menace les cieux du Bravo au Suchiate [4]. L'optimisation de la pauvreté a montré son efficacité dans les campagnes mexicaines : les Indigènes meurent, comme depuis des siècles, de maladies curables apportées par les Blancs venus avec leurs croix et leurs épées pour « civiliser » ces sauvages qui pensent, naïvement, que les gens ont la capacité et le droit de gouverner et de se gouverner. Dans les montagnes du Sud-Est mexicain, il est moins cher de mourir que de guérir; l'une après l'autre, les portes se ferment.

Percevant le gémissement des leurs, les morts de toujours reviennent pour parler des paroles de guerre, ils écoutent les doyens et, pour les jeunes, ils traduisent la mission qu'apporte le vent d'en bas. Un pays où tout cela ne serait

1 – Chaton. Ndt.

2 – Détente (d'arme à feu). Ndt.

3 – Nafta (North-American Free-Trade Agreement) signifie aussi "essence", "combustible". Ndt.

4 – Fleuves des frontières nord et sud. Ndt.

que cauchemar et non une réalité, c'est celui-là, **LE MEXIQUE QUE NOUS VOULONS.**

À l'orée d'une année, une armée constituée d'Indigènes déclare la guerre au gouvernement, lutte pour des « utopies », c'est-à-dire, pour la démocratie, la liberté et la justice dans **LE MEXIQUE QUE NOUS VOULONS**. Sur le mur d'une mairie du Chiapas, palais de caciques, il reste un « ¡ YA BASTA! » peint du rouge terne du sang séché. Les employés tenteront en vain de l'effacer. « *Il faudrait raser le mur* », disent, se disent, les employés. Quelqu'un, dans n'importe quel endroit du pays, commence à comprendre… **DANS LE MEXIQUE QUE NOUS VOULONS.**

Heriberto n'a, pour tout habit, qu'un foulard rouge. À l'âge de trois ans, le foulard lui couvre le nombril et son petit doigt de sexe. Quand Heriberto tombe dans la boue, il se retourne rapidement pour vérifier si quelqu'un rit ou le regarde; s'il n'y a personne en vue, il se relève et va se baigner à la rivière; à sa mère, il dira qu'il s'est baigné parce qu'il est allé à la pêche. Si quelqu'un se moque de lui lorsqu'il trébuche, Heriberto va chercher une machette aussi grande que lui et, l'empoignant, il fonce sur tout ce qui l'entoure. Heriberto ne pleure pas parce que la chute lui a fait mal. C'est parce que la moquerie fait plus mal encore qu'Heriberto pleure.

Dans **LE MEXIQUE QUE NOUS VOULONS**, Heriberto aura de bonnes chaussures pour la boue, un pantalon pour les écorchures, une chemise pour que ne s'échappent pas les espoirs qui ont l'habitude de faire leur nid dans la poitrine, un foulard rouge ne sera qu'un foulard rouge, et pas un symbole de la rébellion. Il aura le ventre apaisé et propre et à l'esprit une grande faim d'apprentissage. Pleurer et rire ne seront que cela, et Heriberto n'aura pas à devenir adulte si tôt.

Un matin, après une longue nuit, pleine de cauchemars et de tendre douleur, s'éveillera **LE MEXIQUE QUE NOUS VOULONS**. Les Mexicains se réveilleront sans avoir à taire des mots, sans masques pour couvrir leurs peines. Ils auront aux pieds cette urgence inquiète qui fait danser et aux mains la démangeaison de serrer d'autres mains amies. Ce jour-là, être mexicain cessera d'être une honte. Ce jour-là, **LE MEXIQUE QUE NOUS VOULONS** sera une réalité et pas tout juste un thème pour les colloques de rêves et d'utopies.

Voilà, messieurs, j'en profite pour vous inviter à la Convention nationale démocratique.

Salut et encore des rêves, de ceux qui peuvent devenir réalité.

Depuis les montagnes du Sud-Est mexicain.
Sous-commandant Insurgé Marcos.

Copies à :
La Jornada.
Tiempo, San Cristóbal de las Casas, Chiapas.
Proceso.
El Financiero.

103 – AUX CHEFS D'ENTREPRISE HONNÊTES

26 juillet

Aux chefs d'entreprise honnêtes.

Mesdames et messieurs :

On cherche à nous vendre, à nous tous les Mexicains, un nouveau mensonge. Avec le renfort d'une gigantesque campagne publicitaire, ce mensonge commence à prendre des allures de vérité aux yeux de Mexicains importants. Le mensonge selon lequel la perpétuation du système de parti-État et du présidentialisme signifie stabilité et progrès, le mensonge qui prétend que le changement démocratique dans notre pays apportera l'instabilité économique, la méfiance des investisseurs, la fermeture des sources de l'emploi, l'augmentation des prix et l'appauvrissement social. Ces « entrepreneurs » du mensonge nous prennent peut-être pour des aveugles imbéciles, incapables de voir que, symbole de la stabilité économique qu'ils préconisent, la Bourse des valeurs monte et descend au rythme des déclarations et des « démissions » des membres du groupe au pouvoir, que le néolibéralisme n'a pas fait qu'atteindre les plus démunis, mais qu'il a mis sur la touche un nombre important de chefs d'entreprise mexicains; que, concevant ce pays comme un grand tiroir-caisse, ils persistent à se servir autant qu'ils le peuvent, à quelque coût que ce soit; que ceux qui ont le moins favorisé l'investissement productif et la création d'emplois sont les seuls bénéficiaires de cette avarice assassine qui, en termes de théorie économique, porte le nom de « néolibéralisme ». Non, ils se trompent, il se trouve que c'est la continuité, et non le changement, qui garantit l'instabilité, l'injustice et la misère.

Le mensonge prétend à présent se « radicaliser » et parle d'« alternance du pouvoir »; c'est-à-dire : « Nous sommes disposés à changer de nom mais pas de politique ». Les mensonges, c'est bien connu, se paient tôt ou tard, et plus tard ils sont payés, plus ils coûtent cher. Mais le problème, c'est que la dette que lègue ce mensonge au pays devra être payée par tous les Mexicains et pas par la poignée de puissants qui, sur la tromperie, bâtissent la prospérité qui leur permet de faire leurs valises pour émigrer à leur pays de toujours : celui de l'argent à tout prix, même au prix de la vie humaine.

Ce mensonge cache quelque chose, une vérité, la vérité qui dit que la continuité du système du parti-État et du présidentialisme amènera ce pays, le seul que nous ayons, à la guerre civile, une guerre non seulement militaire, une guerre aux fronts indéfinis, sans armées, une guerre sans fin.

Pour des raisons qu'il ne serait pas opportun de relever ici, je connais les mécanismes qui font « élire » les « porte-parole » et les « représentants » du patronat mexicain. Je sais bien que, lorsque s'expriment les chefs des Chambres syndicales, ce ne sont pas tous les entrepreneurs qui parlent; je sais qu'ils expriment une opinion qui n'est même pas la plus représentative du secteur; je sais que les dissidences ou les désaccords se cachent sous la couverture de la prétendue unité du patronat; je sais aussi les « punitions » que sont l'isolement, le discrédit, les insinuations et la moquerie dont use le panthéon patronal pour régler ses comptes avec ceux qui ne s'alignent pas sur les paroles et les actes de ceux qui « dirigent ».

Il existait autrefois, je ne sais pas ce qu'il en est aujourd'hui, une sorte d'« éthique de l'entrepreneur », une sorte de code moral qui l'empêchait de placer la patrie de l'argent au-dessus de la Patrie historique. J'ignore si cette éthique s'est perdue ou si on la trouve encore dans un recoin des bibliothèques des chefs d'entreprise qui ne se satisfont pas de ce mensonge inexorable que l'on veut nous vendre comme une vérité absolue. Peut-être faut-il la rechercher; peut-être pourrons-nous la dépoussiérer à temps; peut-être pourra-t-elle encore servir; peut-être permettra-t-elle de découvrir que non, que le métier de chef d'entreprise ne va pas de pair avec le cynisme, que la patrie ne se compte pas en dollars, que l'on peut être juste envers les autres comme envers soi-même, que l'on peut être honnête, que l'on peut être politicien sans que ce soit une tache, que l'on peut être patriote sans que le miroir nous renvoie une image grotesque.

Bon, mesdames et messieurs les chefs d'entreprise honnêtes (parce qu'il en reste encore), je voulais vous inviter, si vous êtes d'accord sur le fait que le Mexique, mon pays et votre pays, notre pays, a besoin d'un changement démocratique, d'un changement profond, à la Convention nationale démocratique. Si vous refusez cette invitation, nous le comprendrons. Si vous acceptez mais que vos engagements vous empêchent d'y assister personnellement, eh bien nous le comprendrons aussi. Mais si vous venez, vous verrez que seuls quatre mots rassemblent des gens aux origines et aux intérêts si différents : Démocratie, Liberté, Justice, Mexique.

Voilà, salut et dignité, le seul profit qui, croyez-moi, vaille la peine.

Depuis les montagnes du Sud-Est mexicain.
Sous-commandant Insurgé Marcos.

104 – Appel au groupe Santa Julia [1]

26 juillet

Au Groupe Santa Julia, Mexico DF.
À l'attention de Marcos Rascón.

Frères :

Des kilomètres nous séparent. Des tonnes de misère, de déception et de mépris nous rapprochent. On vous raconte que nous allons bien, que nous avons nos petits lopins de terre, nos petits animaux, que nous ne payons pas d'impôt sur le revenu, que nous ne connaissons pas le *smog*, que nous vivons à l'abri du *stress* citadin et que nous choisissons bel et bien notre gouverneur. On nous raconte que vous allez bien, que vous avez l'électricité, le téléphone, la télévision, la machine à laver, le réfrigérateur, que vous n'avez pas à marcher pour vous rendre au travail, que vous ne vous salissez pas de boue en marchant, que vous avez beaucoup d'hôpitaux et d'écoles, que vous mangez bien, que vous avez beaucoup de façons de vous amuser, et que vous n'avez pas besoin de vous embêter à élire un gouverneur puisque le régent est nommé par… le président. On vous raconte que nous allons mal, que nous n'avons pas d'éducation, que nous vivons à la merci des intempéries, que nous ne savons pas parler « castilla », que nous n'avons aucune hygiène, que nous sommes arriérés, que nous sommes ignorants, que la démocratie et le pays ne nous intéressent pas, que seules nous intéressent notre terre et notre famille. On nous raconte que vous allez mal, que vous gaspillez votre temps et votre vie à de sales manies, que vous êtes malfaisants, que la maison que vous habitez ne vous appartient pas, que vous n'allez pas à l'école parce que vous ne le voulez pas, que vous parlez un espagnol très différent, que vous êtes sales, que vous êtes immoraux, que la démocratie et le pays ne vous intéressent pas, que seules vous intéressent votre résidence secondaire et votre famille. On vous raconte que nous sommes nés pour perdre et vous vous en contentez. On nous

1 – Groupe de réflexion au nom tiré d'un quartier populaire de Mexico, par opposition au groupe d'intellectuels de San Ángel qui lui, tire son nom d'un quartier résidentiel. Ndt.

raconte que vous êtes nés pour perdre et nous nous en contentons.

Alors nous avons pensé que peut-être deux destins voués à la défaite ne font pas un destin voué à la défaite au carré, mais quelque chose qui ne se contente plus de la défaite, et que deux fatalismes pouvaient produire un grand non-conformisme. Alors, nous avons décidé de ne plus nous satisfaire de tout ça et nous avons appris que vous aussi aviez décidé de ne plus vous en contenter, et alors nous avons vu que nos mécontentements commencent à nous rapprocher, et que l'un d'eux était le refus du mensonge que l'on nous vend, à vous à notre sujet, à nous au vôtre. Et nous voyons qu'il serait très bon que les deux mécontentements, celui de la campagne et celui de la ville, s'assoient pour discuter de leur mécontentement et que, peut-être, nous pourrions organiser notre mécontentement et commencer d'ajouter et multiplier les mécontentements avec d'autres mécontents et faire en sorte que ce mécontentement national finisse une fois pour toutes par mécontenter ceux qui se contentent tant de leurs richesses et de leur cynisme, les 24 plus riches en contentement, que le contentement des puissants évalue chaque année.

Alors, nous voulions inviter votre mécontentement à rendre visite au nôtre parce qu'il se trouve que des dizaines de milliers de raisons vert-olive empêchent pour le moment notre mécontentement de rendre visite au vôtre. Le lieu où se donneront rendez-vous bon nombre de mécontentements venus de tout le pays sera celui qu'on appelle *Aguascalientes*, ainsi nommé en hommage à la réunion de mécontents de 1914, et les dates en sont du 6 au 9 août de l'année du mécontentement : 1994. Le nom de ce macromécontentement est : « Convention nationale démocratique ».

Désignez vos délégués mécontents et envoyez-les; ils seront reçus pour ce qu'ils sont, des frères de mécontentement.

Voilà, la Patrie et le mécontentement appartiennent à tout le monde, pas seulement aux 24 contents. Salut et bottes de caoutchouc, parce qu'ici, c'est la boue qui commande, même le mécontentement n'a plus qu'à obeir.

Depuis les montagnes du Sud-Est mexicain.
Sous-commandant insurgé Marcos.
CCRI - CG de l'EZLN. Quartier général.

105 – Les propositions de l'EZLN pour la Convention nationale démocratique

27 juillet

Aux Mexicains qui participeront à la première
session de la Convention nationale démocratique.
Au peuple du Mexique.
Aux peuples et gouvernements du monde.

Frères :

L'Armée zapatiste de Libération nationale, en accord avec sa politique de faire clairement connaître ses positions au peuple mexicain, présente publiquement le document qui contient les points principaux de la position que les délégués zapatistes défendront à la première session de la Convention nationale démocratique, qui se déroulera du 6 au 9 août 1994 dans le Chiapas, Mexique.

Nous invitons respectueusement les Mexicains et les organisations de Mexicains qui assisteront à la première session de la Convention nationale démocratique à analyser ces positions, à les critiquer, à les enrichir, à les rejeter ou, s'ils sont d'accord avec l'ensemble ou une partie d'entre elles, à les soutenir, aux côtés de l'EZLN, lors des tables rondes de la Convention nationale démocratique et lors de la session plénière de la CND.

Pourquoi, pour un changement démocratique au Mexique, un gouvernement de transition et une nouvelle Constitution sont-ils nécessaires ?

1 – Parce que nous sommes en train de rompre avec une dictature, avec un système politique dictatorial défini par un parti-État et par le présidentialisme, un système politique qui fonde son pouvoir sur l'usurpation de la volonté populaire et l'imposition d'un projet économique qui sacrifie les secteurs sociaux les plus importants du pays au bénéfice d'une poignée de familles, parmi lesquelles se trouvent les familles des ceux qui nous gouvernent.

2 – Parce que, une fois cette dictature détruite, il sera nécessaire de construire un nouvel espace de relations politiques.

3 – Parce que ce nouvel espace de relations politiques doit avoir comme fondements la justice, la garantie des condi-

tions d'une vie dans la dignité pour tous les Mexicains : un toit, la terre, du travail, de la nourriture, l'enseignement, la santé, l'indépendance, la Liberté, la Démocratie, la Justice et la paix.

Gouvernement de transition

1 – Un gouvernement de transition démocratique, **N'EST PAS** un gouvernement provisoire, **N'EST PAS** un gouvernement intérimaire, **N'EST PAS** un gouvernement d'exception.

2 – Un gouvernement de transition démocratique est un gouvernement avec un programme politique de démocratisation de la vie politique du pays. Un gouvernement qui s'engage à ouvrir tous les espaces de participation politique légale et pacifique pour que les différentes forces politiques, constituées ou non en parti, puissent se manifester, présenter leurs propositions à la société, et engager une compétition, à conditions égales, pour obtenir le soutien populaire. Sous un gouvernement de transition, la participation politique ne se limitera pas à son aspect électoral. Parce qu'il existe dans notre pays des réalités qui n'ont pas de forme légale pour que leur droit à l'existence soit reconnu. Des réalités telles que les diverses formes d'autogouvernement dans les communautés indigènes, telles que la participation politique croissante de groupes non constitués en partis, telles que la nécessité de consulter toute la société avant de prendre des décisions qui concernent les intérêts de la nation, telles que le travail des partis et des organisations non reconnus légalement parce que leur existence légale est confisquée par des résultats électoraux frauduleux.

3 – Un gouvernement de transition démocratique est un gouvernement avec un programme politique qui rompt avec le système politique du parti-État et avec le présidentialisme. Un gouvernement qui s'engage à rompre avec le ménage existant entre gouvernement et parti, et qui renforce tous les autres pouvoirs de l'Union de sorte que le Pouvoir exécutif remplisse exclusivement sa fonction exécutive, qui consiste à faire respecter les lois et les dispositions qui émanent du Pouvoir législatif, produit de la volonté populaire.

4 – Un gouvernement de transition démocratique est un gouvernement qui permet, au moyen de dispositions gouvernementales, la transition d'un système autoritaire et corrompu à un système fondé sur une nouvelle culture politique. Dans

un gouvernement de transition démocratique, on ouvre l'espace pour que puissent se manifester TOUS les courants politiques.

5 – Un gouvernement de transition démocratique est un gouvernement qui rompt avec la dictature du parti-État et du présidentialisme et jette les bases DÉMOCRATIQUES d'un nouveau système politique.

La Convention Nationale Démocratique doit se prononcer pour un programme de lutte, le programme de la Convention. Un programme qui, dans son volet politique, exige un gouvernement de transition démocratique.

Assemblée constituante

1 – Le cadre légal actuel est insuffisant pour contenir et canaliser les exigences populaires de Démocratie, Liberté et Justice. Les dernières réformes de la Constitution ne sont pas l'expression du rituel sexennal, elles constituent une véritable CONTRE-RÉFORME constitutionnelle. Par conséquent, la Constitution en vigueur en 1994 a perdu l'esprit social de celle de 1917 et se révèle, de plus, incapable d'embrasser les nouvelles réalités qui se présentent dans la vie politique du Mexique.

2 – Il est nécessaire qu'une Assemblée constituante analyse l'actuelle Loi suprême de la Nation à la lumière des revendications sociales du peuple mexicain et des diverses formes de participation des citoyens qui se sont développées face à l'autoritarisme du gouvernement.

3 – L'Assemblée constituante devra être représentative de toutes les entités fédératives, de la totalité des municipalités, des communautés indigènes, des diverses organisations sociales et civiques, des différentes organisations politiques nationales, régionales et locales; des experts en sciences sociales, techniques et juridiques doivent avoir une place dans l'Assemblée constituante.

4 – La Convention nationale démocratique N'EST PAS l'Assemblée constituante. La Convention nationale démocratique se prononce en faveur de la convocation d'une Assemblée constituante plurielle, représentative, nationale et populaire.

La Convention nationale démocratique doit se prononcer-pour un programme de lutte, le programme de la Convention. Un programme qui, dans son volet juridique, exige la convocation d'une Assemblée constituante.

Nouvelle Constitution

1 – Il est nécessaire de réviser notre Constitution actuelle. Elle ne comporte plus les principes essentiels qui animèrent l'Assemblée constituante en 1917.

2 – Il est nécessaire d'établir une nouvelle Constitution politique des États-Unis du Mexique qui, sur le fondement des principes de la Constitution de 1917, réintègre, avec les améliorations qu'exige notre réalité, les droits politiques et sociaux que le néolibéralisme a supprimés. Au-delà, la nouvelle Constitution et l'ensemble des lois du pays doivent donner une forme légale à de nouvelles réalités telles que le plébiscite, le référendum populaire, l'autonomie des communautés indigènes, les droits politiques des groupes de citoyens non constitués en partis, le droit à l'activité politique des petites organisations politiques régionales, locales ou nationales, l'application de la justice pour sanctionner la conduite délictueuse d'agents de la Fonction publique.

3 – La nouvelle Constitution politique des États-Unis du Mexique [1] devra incorporer les revendications populaires et le droit de tous les Mexicains à lutter pour leur satisfaction. Le droit à un logement digne, à la terre et aux moyens nécessaires de la faire fructifier, à un travail digne avec un salaire juste, à une bonne alimentation, à des services de santé efficaces et gratuits, à une culture démocratique et populaire, à l'indépendance nationale pour décider, hors de toute ingérence étrangère, des objectifs du pays, à l'application de la justice dans des conditions d'équité, de légalité et dans le plein respect des Droits de l'homme, à la liberté de s'exprimer et de se manifester dans les domaines politique, social et idéologique, à la démocratie pour élire, ou révoquer une forme de gouvernement et les agents de la Fonction publique de ce gouvernement, à une paix dans la justice et la dignité.

La Convention nationale démocratique devra se prononcer pour un programme de lutte, le programme de la Convention, un programme qui, dans son volet légal, exige une nouvelle Constitution qui reprenne les principes essentiels de la Constitution de 1917, qui reconnaisse les nouvelles réalités mexicaines et intègre le droit des Mexicains à un toit, à la terre, au travail, à la nourriture, la santé, l'enseignement,

1 – États-Unis du Mexique est le nom officiel de la République fédérale du Mexique.

l'information, la culture, l'indépendance, la démocratie, la liberté, la justice et la paix.

Voies pacifiques de la transition à la démocratie, élections, résistance civile et défense de la volonté populaire :

1 – La lutte pour la transition démocratique inclut la lutte électorale.

2 – Pour le processus électoral à venir, il faut exiger des autorités et des organisations politiques des élections propres, libres et pacifiques.

3 – Tous les citoyens doivent exercer leur droit au vote libre, direct, secret et pacifique. Les citoyens doivent participer au processus électoral en toute souveraineté, exigeant le plein respect du libre exercice du vote, et exigeant, avant, pendant et après la journée électorale, tous les moyens pour faire valoir l'exercice de ce droit.

4 – Tous les organes de l'autorité doivent respecter la liberté, la légalité, le secret et l'impartialité du processus et doivent s'abstenir de quelque activité qui, directement ou indirectement, empêche les élections d'être propres, légales et objectives.

5 – Tous les organes électoraux, partis politiques, observateurs nationaux et étrangers et citoyens, ont l'obligation de participer aux élections dans le respect de la loi et de la volonté populaire librement exprimée.

6 – L'absence d'élections démocratiques, propres, légales, impartiales et fiables représente une menace pour la paix.

7 – Le principal obstacle pour la démocratie au Mexique est constitué par le binôme parti-État/présidentialisme. Le système politique mexicain, fondé sur ce principe antidémocratique, est incapable de survivre et de garantir la stabilité de la nation. La lutte pour la démocratie au Mexique revêt, sous sa forme électorale, la forme du vote contre le parti-État. Lutter sur le plan électoral pour la démocratie au Mexique implique de voter contre les candidats du Parti révolutionnaire institutionnel et ses équivalents.

8 – La lutte pour la Démocratie, la Liberté et la Justice au Mexique ne commence ni ne finit par les élections. La lutte électorale n'est qu'un aspect de la lutte pour la démocratie. Le renforcement des organisations indépendantes, la lutte pour les revendications sociales, pour les droits des citoyens, la défense des acquis populaires, ne se limitent pas à la lutte

électorale, et ne s'en satisfont pas, et la défense de la volonté populaire ne se limite pas à la défense du vote.

9 – **La résistance civile** ne consiste pas à porter au pouvoir un élu ou un gouvernement, que ce soit par le vote, ou par la défense du vote en faveur de cette option. La résistance civile est la défense légitime de la volonté populaire face à l'autoritarisme du gouvernement. La résistance civile devient insurrection civile lorsque l'on mène la lutte, par tous les moyens possibles, en faveur de l'accomplissement des droits et de la satisfaction des revendications populaires. La lutte électorale n'est qu'un moment de l'insurrection civile, la défense du vote n'est qu'un moment de la défense de la volonté populaire. **L'insurrection civile** est la mobilisation autour d'un programme populaire et révolutionnaire qui dépasse un programme de gouvernement. Le problème de **l'insurrection civile** n'est pas de savoir qui est au gouvernement, mais comment garantir que celui qui commande, commande en obéissant.

La Convention nationale démocratique devra se prononcer pour un programme de lutte, le programme de la Convention, un programme qui, dans son volet préélectoral, appelle à exercer le droit de vote et à veiller à de l'exercice libre et démocratique de ce droit. Un programme qui, dans son volet électoral, appelle à voter contre le système de parti-État et en faveur du programme de la Convention, un programme qui, dans son volet postélectoral, appelle à la mobilisation civile et pacifique pour la défense de la volonté populaire. Un programme qui, dans son aspect révolutionnaire, comporte un plan d'action pour lutter pour le respect des accords de la Convention au-delà du processus électoral.

Telle est notre parole qui parlera à la Convention nationale démocratique. C'est notre pensée, ce n'est pas la seule, ni la seule vraie. Elle peut et doit être confrontée aux autres. Nous le ferons avec respect et tolérance.

Démocratie ! Liberté ! Justice !

Depuis les montagnes du Sud-Est mexicain.
(Rubrique du Sous-commandant Marcos).
Le CCRI - CG de l'EZLN.

106 – L'« ACCIDENT » D'AVENDAÑO [1] A DES ALLURES D'ATTENTAT

28 juillet

Au peuple du Chiapas.
Au peuple du Mexique.
Au Délégué à la paix et la réconciliation.

Frères :

Le Comité clandestin révolutionnaire indigène de Libération nationale - Commandement général de l'Armée zapatiste de Libération nationale déclare ce qui suit :

Premièrement. – Le 25 juillet 1994, dans le courant de la matinée et par la radio, nous avons appris ce qui est arrivé à monsieur Amado Avendaño Figueroa, candidat de la société civile au gouvernement de l'État du Chiapas. L'« accident » de monsieur Avendaño Figueroa et de ceux qui l'accompagnaient a toutes les allures d'un attentat; dans un État militarisé, où l'on trouve plus de soldats que d'écoles et plus de policiers que d'Indigènes alphabétisés, un véhicule sans plaques d'immatriculation, sans carte de circulation et sans la moindre identification traverse l'État, « apparaît » sur la route de monsieur Avendaño et l'emboutit de face. Comment les autorités expliquent-elles qu'un véhicule présentant ces caractéristiques puisse transiter librement sur les routes de l'État? Comment expliquent-elles toutes les contradictions et démentis des versions officielles de l'« accident »? Comment expliquent-elles la complicité d'agents de l'immigration dans la fuite du chauffeur? Pourquoi, sans avoir procédé à la

1 – Avocat, journaliste, directeur de *Tiempo*, Amado Avendaño Figueroa a posé sa candidature dans la perspective d'un gouvernement de transition au Chiapas. Candidat du PRD au poste de gouverneur, mandaté par le mouvement indigène, il propose qu'avant l'installation d'un gouverneur constitutionnel, il soit procédé au Chiapas à l'élection d'un Congrès constituant, chargé de rédiger une nouvelle Constitution. Le 27 juillet, il est sorti très gravement blessé d'un accident de la circulation au cours duquel un camion sans plaques d'immatriculation a violemment heurté, avant de prendre la fuite, la camionnette Chevrolet dans laquelle il voyageait. Non seulement l'hypothèse d'un attentat n'a pas été écartée, mais elle est hautement probable et a été dénoncée comme telle, entre autres par la Commission des Droits de l'homme de l'évêché de San Cristóbal.

moindre enquête, les autorités déclarent-elles qu'il s'agit d'un accident ?

Deuxièmement. – L'EZLN a exprimé sa disposition à poursuivre le dialogue avec le gouvernement dans un climat propice à la paix. Ce climat continue de se détériorer à cause du bellicisme des grands éleveurs, avec à présent la complicité des grands commerçants ; l'Armée fédérale continue de survoler à basse altitude le territoire zapatiste, en particulier au-dessus des travaux de construction du lieu où se tiendra la Convention nationale démocratique, à Aguascalientes, Chiapas, cherchant à provoquer nos troupes. L'attentat contre monsieur Avendaño marque la persistance du gouvernement sur la voie guerrière qu'il a prise. Tout en parlant de paix, le Gouvernement suprême prépare une guerre ouverte.

Troisièmement. – L'EZLN déclare qu'il est nécessaire que soient éclaircies les circonstances de cet événement et que l'on parvienne à un véritable climat de détente.

Quatrièmement. – Le climat de provocation et de guerre sale pourrait aboutir à l'échec des efforts de dialogue et précipiter une série de mesures de reprise des affrontements.

Démocratie ! Liberté ! Justice !

Depuis les montagnes du Sud-Est mexicain.
CCRI - CG de l'EZLN.

107 – La convention nationale démocratique se tiendra quoi qu'il arrive

28 juillet

Au peuple du Chiapas.
Au peuple du Mexique.
Aux délégués, invités et observateurs de la Convention nationale démocratique.

Frères :

Le Comité clandestin révolutionnaire indigène - Commandement général de l'Armée zapatiste de Libération nationale, après avoir analysé le climat de provocation à la guerre qui règne dans le pays et dans l'État du Chiapas, fait la déclaration suivante :

Premièrement. – Le dit « accident » de monsieur Amado Avendaño, candidat de la société civile au poste de gouverneur du Chiapas, présente les caractéristiques d'un attentat. Dans les médias officiels, il règne un climat de provocation et de terreur. Une fois de plus, les grands éleveurs et commerçants prêtent leur concours au bellicisme du gouvernement. L'Armée fédérale renforce sa vigilance aérienne et accroît ses moyens militaires dans la zone du conflit. On a fait courir la rumeur selon laquelle la Convention nationale démocratique dans les terres du Chiapas serait annulée.

Le but de tout cela, et des nouveaux éléments à venir, est d'empecher la réalisation de la Convention Nationale Démocratique en terre chiapanèque.

Deuxièmement. – L'EZLN tiendra ses engagements, il organisera et tiendra la Convention nationale démocratique ; celle-ci sera menée à bien, quoi qu'il arrive, puisqu'elle répond à un droit légal du peuple mexicain. La Convention se tiendra aux dates et aux lieux cités dans la convocation. Nous ne nous arrêterons pas !

Démocratie ! Liberté ! Justice !

Depuis les montagnes du Sud-Est mexicain.
CCRI - CG de l'EZLN.

108 – Accord sur la bonne tenue des élections

27 juillet (?)

Au peuple du Chiapas.
Au peuple du Mexique.
À la presse nationale et internationale.

Frères :

Le Comité clandestin révolutionnaire indigène - Commandement général de l'Armée zapatiste de Libération nationale déclare ce qui suit :

Premièrement. – Par communication écrite et à travers la Commission nationale de médiation et le Délégué à la paix et la réconciliation, le Comité clandestin révolutionnaire indigène - Commandement général de l'Armée zapatiste de Libération nationale a concrétisé sa volonté de ne pas faire obstruction au processus électoral à venir.

Deuxièmement. – Le système de l'installation de bureaux de vote et de la réalisation du scrutin dans la zone en conflit a fait l'objet d'un accord, au niveau de l'État et fédéral, entre le gouvernement de l'État, les autorités électorales, la Commission de médiation, le Délégué à la paix et l'Armée zapatiste de Libération nationale.

Troisièmement. – L'Armée zapatiste de Libération nationale a ainsi fait la démonstration de son désir de paix, l'éventuel échec du processus électoral au Chiapas ne sera imputable qu'au seul gouvernement.

Démocratie ! Liberté ! Justice !

Depuis les montagnes du Sud-Est mexicain.
CCRI - CG de l'EZLN.

109 – Auto-interview de Marcos

29 juillet

À l'hebdomadaire national *Proceso*.
Au quotidien national *La Jornada*.
Au quotidien national *El Financiero*.
Au journal local de San Cristóbal de las Casas, *Tiempo*.

Messieurs :

Ci-joint un communiqué sur les principales positions qui seront défendues par l'EZLN à la Convention nationale démocratique. De plus, complètement gratuite et sous l'aimable passe-montagne d'un post-scriptum, voici une interview exclusivissime avec *el Sup* (NB : promotion valable uniquement pour les abonnés).

Voilà. Salut et bonne chance pour les accréditations (toute réunion à le droit de capoter avant de commencer).

Depuis les montagnes du Sud-Est mexicain.
Sous-commandant Insurgé Marcos.

PS qui échoue dans le TLC – « Non, non et non », dis-je face à l'étonnement de celui qui essaie de me convaincre de signer une espèce de contrat d'exclusivité pour la publication des communiqués et des lettres de l'EZLN. « *Vous laissez passer là, une magnifique source de revenus* », insiste-t-il. « *Vous ne pouvez pas être si habiles en politique et si maladroits en économie* », dit l'autre. J'allume ma pipe, et j'en mâchouille le bec autant que mes paroles lorsque je lui dis : « *Nous écrivons parce que nous en avons envie, comme ça, pas pour gagner de l'argent, de même que nous luttons comme ça, parce que nous en avons envie.* »
Nous nous quittons en nous traitant de tous les noms. Moisés, qui est resté attentif et silencieux pendant toute la discussion, déplie une bâche pour nous protéger de la pluie. « *Qu'est-ce qu'ils voulaient, alors ?* », demande-t-il. Je lui réponds, après une bonne glissade dans la boue : « *Nous payer ce que nous écrivons.* » Moisés me regarde, étonné. Il cligne des yeux, et s'aventure : « *Parce que pour dire la vérité, on peut se faire payer ?* »

PS qui fait ses bagages pour se rendre à la grande fête – Lico propose que nous préparions une grande bannière qui dise : « Avándaro [1], c'est déjà baroque, Aguascalientes 94 ! »

PS qui doit se partager en deux – Au centre, on nous reproche d'avoir convoqué une convention d'extrémistes. Les extrémistes nous reprochent d'avoir convoqué une convention de réformistes. Ceux qui n'ont pas voulu, auparavant, prendre l'initiative de la Convention refusent de participer à une convention convoquée par un groupe armé. Le PRI dit – qui en douterait ? – que la Convention est illégitime. Le PAN, que c'est une folie. Madame Soto [2] nous désespère en déclarant qu'elle ne viendra pas. Le PRD craint que la Convention ne mène à l'abstentionnisme. Les abstentionnistes craignent que la Convention n'appelle à voter pour Cárdenas. Les personnes que nous n'avons pas invitées se déclarent prêtes à venir en tant qu'invités. Parmi les personnes que nous avons invitées, certaines déclarent qu'il est hors de question qu'elles répondent à l'appel des transgresseurs de la loi (où ai-je déjà entendu cela ?). Le « président provisoire » du Mexique est venu exiger que nous mettions sous son commandement les troupes de l'EZLN. Tacho dit qu'il n'y a plus d'argent. Le chapiteau n'arrive pas. Un milicien s'est blessé la main en travaillant sur les maisonnettes destinées aux visiteurs. Les avions militaires et « civils » effectuent à tour de rôle leurs vols en rase-mottes sur Aguascalientes. C'est la botte gauche qui est déchirée, maintenant. Le tabac s'épuise en même temps que l'encre. Je suis, à nouveau, trè-è-ès malade. Quelqu'un me demande comment ça avance, la Convention. Je n'hésite pas à lui répondre : « *Ce sera une réussite…* » Moy se gratte le passe-montagne et regarde le ciel… Sur le petit lecteur de cassettes, Ray Charles dit qu'une certaine Mother Mary est venue à lui *speaking words of wisdom let it be* (bis)… Pour ce qui concerne la Convention j'en dis autant…

PS pour les médias rancuniers ayant essuyé un veto – Complètement gratuit et libre d'impôts ! Une interview

1 – Festival de musique qui s'est tenu en 1970.

2 – Candidate du Parti du Travail (lié financièrement au PRI) à la Présidence de la République.

exclusivissime avec le *Sub Marcos*! Authentifiée par la signature du très populaire (?) professionnel de la violence (NB : refusez la piraterie) [(3)].

La section du post-scriptum récurrent, profitant du temps lourd que l'on respire, a fait jouer toutes ses relations pour être agréable à tous les médias qui, à cause de l'intransigeance de l'EZLN et/ou du *Sup*, n'ont pas obtenu d'entretien exclusif avec le précité *Sup*. Aujourd'hui, c'est complètement gratuit! Vous pouvez monter votre propre interview avec *El Sup*. Votre tendance idéologique ou politique n'importe guère, vous pouvez faire répondre au *Sup* ce qui plaira le plus à votre rédacteur en chef et/ou à vos lecteurs. Moquez-vous des vetos zapatistes! Gagnez le temps que l'on perd aux méchants barrages des transgresseurs de la loi! Vous n'avez besoin que d'un crayon et du peu de vergogne qui vous reste! Il n'y a pas de quoi... ou, plutôt, si, mais mettez-vous en rang.

Titre :
Tout ce que vous avez toujours voulu savoir sur *El Sup* sans jamais oser le demander ou : Le plus grand journaliste du monde – Entretien exclusif avec le Sous-commandant Insurgé Marcos.
par... (mettez ici votre nom)
pour... (mettez ici le nom du support pour lequel vous travaillez).

1. Lieu (soulignez le lieu sélectionné pour l'interview) :
a) Quelque part dans la jungle Lancandone. b) Quelque part dans le Sud-Est mexicain. c) Quelque part sur le territoire zapatiste. d) Quelque part dans la salle de presse de la Casa Vieja [(4)]. e) Dans quelque bar du Sud-Est mexicain. f)... (mettez le lieu que vous préférez).

2. Amorce, au choix (soulignez votre choix) :
Après trois jours d'attente, nous avons enfin pénétré dans le territoire...
... zapatiste/rebelle/sans loi.

---

3 – Slogan d'une campagne nationale menée par voie d'affiche et de radio. Ndt.

4 – Hôtel de San Cristobal, très fréquenté par les journalistes.

… (laissez aller votre imagination, proposez toujours! Si c'est rejeté, choisissez un des trois qualificatifs ci-dessus).
mon (ma)…
… mon photographe/cadreur (euse)/souffleur (euse)/ guide/accompagnateur (trice)/nourrice/chaperon/nègre
et moi, nous avons…
… marché/couru/galopé/roulé/marché à quatre pattes/déambulé
à travers des…
… jungles/rivières/montagnes/salles d'attente/plantations de café/couloirs/mers/passages cloutés/déserts/tout ce qui précède
pendant des…
… heures/jours/semaines/mois/années/lustres/décennies/siècles (NB : N'exagérez pas, un peu de crédibilité s'impose).
Nous sommes enfin arrivés à…
… une vallée/une forêt/une clairière/une colline/un port/un bar/une montagne/un village/une station de métro/une salle de presse/un aéroport/un(e)…
Là, nous avons trouvé…
… *El Sup*/un transgresseur de la loi/un passe-montagne au nez prononcé/un professionnel de la violence.
En plus d'avoir un gros nez, El Sup *est un homme…*
… blanc/noir/marron/rouge/jaune/vert/bleu
et…
… il est imberbe/il a peu de barbe/il est très barbu/il a une barbe éparse.
Ses yeux sont…
… noirs/marron/verts/bleus/rouges/couleur miel/avoine/blé/ pétale de maïs/yaourt/muësli.
Il a l'air d'avoir…
… 15 ans/54 ans/25 ans/18 ans/46 ans/… ans.
Il allume sa pipe en s'asseyant sur…
… un trône/une chaise pivotante/une balançoire/le sol/un accoudoir/un tabouret de bar/un pupitre/un fauteuil de direction
et après avoir…
… salué/menacé/demandé l'heure/fait payer l'entretien/ proféré un chapelet d'injures/idem, mais avec d'autres injures/bâillé,
nous avons commencé l'entretien…

Journaliste… (mettez vos initiales ou votre nom complet. Rappelez-vous que le véritable tyran de la presse, c'est l'espace) :
Sup, quelle est votre opinion sur Cuba ?
Sup : C'est…
… un paradis/une dictature/le ciel/l'enfer/les quatre choses à la fois/aucune de ces choses-là.
… (initiales ou nom. NB : *remember* le problème de l'espace) :
Si le conflit…
… se terminait/s'achevait/se résolvait/s'embourbait/se dénouait/se nouait/se déroulait/se liquidait
…que deviendrait le Sup ?
Sup : Eh bien, je…
… partirais ailleurs/me retirerais pour élever des poules/publierais mes mémoires/serais candidat à l'assemblée/deviendrais fripier/m'inscrirais au chômage/cesserais d'écrire/me mettrais à écrire davantage/me retirerais pour mener une vie privée/ferais un film/irais voir un film.
… (initiales ou *et cetera*) :
Et que ressent-on quand on est…
… un professionnel de la violence/un symbole sexuel/un transgresseur de la loi/un rebelle/un clown/un leader charismatique/un enfoiré/un… ?
Sup : Eh bien…
… rien/tout/c'est moche/c'est beau/c'est presque l'orgasme/plus ou moins/plutôt plus que moins/plutôt moins que plus.
… (Oui, vous avez compris : les initiales) :
(Mettez la question que vous voulez) :
Sup : Eh bien… (mettez la réponse que vous voulez).
Signature authentifiant l'interview (NB : découpez selon les pointillés et collez très soigneusement à la fin de votre interview) :

Depuis les montagnes du Sud-Est mexicain.
Sous-commandant Insurgé Marcos.
Fin de l'entretien exclusif avec *El Sup*.

110 – L'EZLN RENOUVELLE LES GARANTIES POUR LES ÉLECTIONS [1]

15 août

Au peuple du Mexique.
Aux peuples et gouvernements du monde.
A la presse nationale et internationale.

Frères :

Premièrement. – Conformément à son engagement de ne pas interférer dans le déroulement des élections d'août sur les territoires rebelles, l'EZLN déclare qu'il n'empêchera d'aucune façon l'installation des bureaux de vote, ni la libre circulation du personnel de l'IFE [2], de la Commission électorale de l'État et des représentants des différents partis politiques, y compris celui qui malgouverne ce pays.

Deuxièmement. – Ordre est donné à toutes les troupes régulières et irrégulières d'engager, à partir du 18 août 1994, le repli de toutes les forces vers leurs positions de montagne. Il ne doit y avoir aucun personnel militaire dans les communes zapatistes du territoire rebelle à partir de 00h00, le 21 août 1994 jusqu'à 00h00, le 22 août 1994.

Troisièmement. – Ordre est donné qu'à partir du 21 août 1994 à 20h00, soient désactivés tous les piquets militaires de l'EZLN sur le territoire rebelle et qu'ils soient mis à disposition des civils pour leur permettre de contrôler les allées et venues lors de la journée électorale du 21 août 1994.

Quatrièmement. – À partir de la publication de ce communiqué, aucun membre du CCRI - CG de l'EZLN ou des troupes zapatistes ne fera de déclaration orale à la presse

1 – L'EZN a accepté l'organisation des élections fédérales et locales sur le territoire qu'elle administrait à l'époque. L'organisation du scrutin a été confiée à une commission indépendante, dirigée par Ofelia Medina et Juan Bañuelos. Beaucoup de villages ont vu pour la première fois de leur histoire l'installation de bureaux de vote. La légalité et les résultats du vote en zone zapatiste n'ont pas été contestés.
2 – Institut fédéral électoral. Ndt.

nationale et internationale. Nous donnons cet avertissement pour éviter à la presse les désagréments d'un rejet ou d'une immobilisation à un barrage zapatiste dans les jours précédant la journée électorale. Cette mesure restera en vigueur tant que le CCRI - CG de l'EZLN le jugera utile. Entretemps, nous ne ferons connaître nos positions qu'à travers les communiqués écrits.

Cinquièmement. – L'accès de la presse et des observateurs au territoire rebelle durant le processus électoral sera géré par les bureaux électoraux spéciaux sous la responsabilité de l'actrice Ofelia Medina et l'écrivain Juan Bañuelos, l'EZLN pour sa part n'empêchera l'accès d'aucun média.

Sixièmement. – Tout le personnel de l'IFE, les représentants de bureaux de vote, les observateurs et la presse devront avoir abandonné le territoire zapatiste le 22 août 1994, à 10h00 au plus tard.

Démocratie ! Liberté ! Justice !

Depuis les montagnes du Sud-Est mexicain.
CCRI - CG de l'EZLN.
Sous-commandant Insurgé Marcos.

111 – Au sujet des élections

15 août [1]

À l'hebdomadaire national *Proceso.*
Au journal national *La Jornada.*
Au journal national *El Financiero.*
Au journal local de SCLC *Tiempo.*

Messieurs :

Vous trouverez ci-joint un communiqué sur les prochaines élections. Nous, ça va, encore à ramasser les ordures et les souvenirs. Voilà, bon voyage. Salut, et faites attention à vous.

Depuis les montagnes du Sud-Est mexicain.
Sous-commandant Insurgé Marcos.

---

1 – Pour assister à la Convention nationale démocratique qui s'est ouverte le 6 août 1994 à San Cristóbal de las Casas, plus de 600 journalistes, 5000 délégués de centaines d'associations civiles, intellectuels, organisations syndicales, paysannes et étudiantes, plus les représentants d'un parti politique (le PRD) ont été transportés à bord de 150 cars qui ont mis vingt-six heures pour parcourir la distance séparant San Cristóbal de Guadalupe Tepeyac, l'un des bastions rebelles, symboliquement rebaptisé *Aguascalientes* (en souvenir de la Convention d'Aguascalientes du 10 octobre 1914 au cours de laquelle Pancho Villa, Emiliano Zapata et les leaders de la révolution mexicaine se réunirent en vue d'en terminer avec le *porfiriato* – règne de Porfirio Díaz – voir p. 17). Après qu'il eut été débattu des conditions de la transition démocratique au Mexique, la résolution finale de la CND s'est prononcée en faveur de la participation aux élections générales du 21 août, et a appelé les Mexicains à la résistance civile contre la fraude électorale. Reflétant le rejet du binôme PRI-PAN (mais sans se prononcer en faveur de Cuauhtémoc Cárdenas qui ne faisait pas l'unanimité), elle a appelé à voter contre ces deux formations, rejeté la politique néolibérale et l'Alena. La CND s'est terminé le 9 août, non sans s'être prononcée pour une nouvelle Constitution – reconnaissant entre autres le droit à l'autodétermination pour les peuples indigènes – et pour un gouvernement de transition ayant pour mission de créer les conditions nécessaires à l'établissement d'un régime démocratique. On notera que cette Convention s'inscrit parfaitement dans la plus pure tradition de l'histoire constitutionnelle du Mexique. Les principaux Congrès constituants de son histoire ont toujours été réunis à la suite de mouvements armés : celui de 1823-1824, après la révolution de l'Indépendance; celui de 1846-1847, après le mouvement anticentralisme de La Ciudadela; celui de 1856-1857, comme effet de la révolution d'Ayutla; la Convention révolutionnaire souveraine d'Aguascalientes – à laquelle se réfèrent explicitement les Zapatistes –, pendant la révolution; enfin, la Constituante de 1916-1917, en conséquence de cette même révolution.

PS qui agite le bras en adieu au navire qui s'éloigne. – Voilà que revient la nuit par le chemin des branches des arbres. Avec soulagement, nous retirons les cagoules de nos visages, nous redevenons nous-mêmes. Je parcours, seul au petit matin, le port qui luit comme une fin de fête marine : il y a dans les récifs de corail un cœur qui attend que sa solitude humide sèche au soleil, Heriberto joue aux petites voitures avec un phoque aux moustaches de *vaquero* [2], un milicien dit qu'un certain Neptune a perdu son trident dans la boue, une mouette plane sur les eaux calmes, quelqu'un fredonne «... *Je cherche encore dans le sable une pleine lune qui zébrait la mer* », un vieux galion s'est échoué à marée basse, la baleine égarée de Revueltas attend, en vain, un autobus. La flotte de boucaniers à été plus décimée qu'une flotille de microbus après contrôle anti-pollution. Sur mon magnéto, quelqu'un parle d'une lettre que «... *le vent emporte, dessinée sur ma voix, vers nulle part, vers aucune boîte aux lettres* », je laisse échapper un soupir et, d'un petit sparadrap, je cache la blessure qu'un doux souvenir a laissée dans les voiles.

Il nous reste un vieux bateau [3] plus troué que mes chaussettes. Il faudra le réparer. Mes braves marins préparent l'appareillage de notre brigantin si maltraité. Demain, nous partons pour regagner les montagnes. Marins perdus, boucaniers armés d'espoir, nous retournons à nos mers. Là-bas, nous continuerons nos courses, là-bas nous attendrons...

PS pour délégués à la paix et candidats en pleins meetings de fin de campagne. – Une partie du discours du CCRI - CG de l'EZLN pour inaugurer la CND, disait :

« *Nous tenons à dire, au cas où quelqu'un en douterait, que nous ne regrettons pas d'avoir pris les armes contre le Gouvernement suprême, nous répétons qu'on ne nous a pas laissé d'autre chemin, que nous ne renions pas notre parcours armé ni notre visage caché, que nous ne plaignons pas nos morts, que nous sommes fiers d'eux et que nous sommes prêts à mettre plus de sang et plus de mort si tel est*

---

2 – Vacher. Ndt.

3 – À la tribune de la Convention nationale démocratique, le sous-commandant Marcos comparait l'exploit logistique des Zapatistes pour organiser l'événement, à l'arche de Noé, la tour de Babel et le bateau de *Fitzcarraldo* (porté à l'écran par le cinéaste Werner Herzog). Il continue à l'évidence dans la même métaphore marine.

le prix du changement démocratique au Mexique, que nous laissent froids les accusations d'être les sacerdotes du martyrologe, d'être belliqueux, que nous ne sommes pas attirés par le chant des sirènes et des anges pour nous faire accéder à un monde qui nous considère avec mépris et méfiance, qui lésine sur la valeur de notre sang et nous offre la célébrité à défaut de la dignité, qu'il ne nous intéresse pas de vivre comme l'on vit en ce moment. »

En plus, le petit drapeau blanc sur les armes était là pour saluer les membres de la convention, pas les délégués ou le gouvernement.

Alors, ne l'oubliez pas, n'allez pas après crier à la tromperie.

PS pour les petites annonces. – À louer : voiles décousues par gros vent ingrat. Peuvent servir de bâche pour conventions. Gilets de sauvetage inclus. Instructions jointes. Prix modique. Expérience préalable non nécessaire. Manuel gratuit de survie dans les camps de concentration, les territoires de transgresseurs et de professionnels de la discourtoisie.

PS compréhensif et prévoyant qui distribue des conseils comme l'eau et la boue à *Aguascalientes* [4].

Conseil n° 1. Avant que d'embarquer à nouveau sur des navires à la réputation douteuse, apprendre les suivantes **définitions** :

La mer. Est vaste et humide, salée. Elle se regarde toujours en face, avec intégrité. On en sort finalement propre et invincible. Aimer reste difficile… marcher aussi. Dans la mer, il y a beaucoup de choses, mais il y a surtout de l'eau, de l'eau, toujours de l'eau. Souvenez-vous : aucune soif n'en viendrait à bout.

Le poète. Ses premiers poèmes sont toujours des malédictions (ceux qui suivent aussi). Il tombe régulièrement amoureux et trébuche tout autant. Il se relève lentement sur le papier et l'encre. Pour mieux rire, il pleure. Il est en voie d'extinction.

---

4 – Durant la Convention, la nuit du 8 août se transforma en un véritable chaos. L'énorme chapiteau de 100 mètres de long qui couvrait les gradins de bois construits sur la colline, fut jeté au sol par le vent et la pluie, couvrant de boue des centaines de personnes. Le manque d'abris obligea, cette même nuit, des centaines d'autres personnes à passer la nuit sous une pluie battante.

Le vent. Véritable capitaine du monde. Dirigeant la poussière et les chemins, il s'amuse avec nous et, dit-on, ne s'ennuie pas trop.

Conseil n° 2. Il est courant, lors de longs voyages, que surviennent des imprévus. C'est pourquoi il vaut mieux suivre, au pied de la lettre, les… **instructions pour oublier et se souvenir d'amours** :

Délivrez-vous lentement de cet amour qui vous fait mal lorsque vous respirez. Secouez-le un peu pour le réveiller. Lavez-le soigneusement, qu'il ne reste aucune impureté. Une fois qu'il est propre et qu'il sent bon, pliez-le autant de fois que nécessaire pour qu'il ait la taille de l'ongle du gros orteil du pied droit. Attendez le passage d'une fourmi, être noble et généreux, et remettez-lui ce lourd fardeau. Elle ira le ranger dans une profonde caverne. Une fois cela fait, allez remplir, pour la énième fois, la pipe de tabac devant la mer d'Orient. L'oubli arrivera dès que le tabac sera fini et que la mer s'approchera.

Si vous souhaitez récupérer cet amour à présent oublié, il suffit d'écrire une longue lettre qui parle de voyages inconnus, d'hydres, de moulins à vent, de bureaux et d'autres monstres tout aussi terribles. Par retour du courrier, vous retrouverez votre amour tel que vous l'aviez envoyé, avec peut-être un peu de poussière et de rêve sur le pont…

Voilà encore. Salut et… à bientôt ?

Le Sup en haute mer, la longue-vue en batterie, rajustant son cache-œil noir…
Au loin, un orage…

112 – Une histoire de hamacs et de marées

18 août

À l'hebdomadaire national *Proceso*.
Au journal national *La Jornada*.
Au journal national *El Financiero*.
Au journal local de SCLC *Tiempo*.

Messieurs :

Ci-joint un communiqué préélectoral. J'en profite quant à moi pour vous dire que nous n'arrivons pas à monter les tentes. En les démontant, nous avons séparé les tubes des bâches et nous voilà avec un tas de tubes et un tas de bâches. Au début, ce casse-tête était amusant, mais il y a eu un orage, à côté duquel celui du 8 n'était rien, et qui, cette fois oui, nous a cassé la tête ainsi que 9 toits. Lorsque vous aurez fini de compter les bulletins de vote, envoyez-nous une notice d'instructions ou un croquis comme ceux que fait Heriberto, qui me retourne à présent la plaisanterie que je lui avais adressée parce qu'il ne dessinait que des de jolis petits canards, alors que je lui avais dessiné un splendide char d'assaut. « *On va bien voir si ton dessin il flotte à la baraque 4, maintenant…* », me dit-il et, avec ses petits canards (des espèces de « 8 » difformes ornés de petits becs et de petites pattes), il joue aux petits canards qui attaquent *le Sup*, et moi, à bord, je dis au Monarque qu'il vaudrait mieux nous en aller et le Monarque me dit qu'il ne faut pas s'en faire, qu'il n'y a que 6 petits canards, 7 avec Heriberto, qui a pris les savates de sa maman et avance à la tête de son escadrille, alors je lui dis qu'il vaut mieux partir parce qu'on vient d'offrir un nouveau cahier et un nouveau crayon à Heriberto et que s'il se met à dessiner d'autres canards, alors c'est sûr que par consentement ou à la majorité, ils vont nous tailler en petits morceaux de transgresseurs de la loi et le Monarque comprend la situation puisqu'il déploie les voiles et souffle comme si sa vie en dépendait… Moi, j'ai contribué par un éternuement discret qui nous a expédiés en haute mer. À la longue-vue on peut voir Heriberto et ses petits canards faire de grands signes et j'ai même pu entendre quelque chose du genre *«... uuuuleros* [1] *»*. « *Qu'est-ce qu'ils disent?* », me demande Mario. « *Ils nous souhaitent bon vent* », lui dis-je avant de monter le volume du lecteur de cassettes pour que Amparo Ochoa m'aide à dire...

« *Ay!* les nuages étonnés
comme effrayés de nous regarder.
Comme effrayés de nous regarder,
Ay! les nuages étonnés.
Ils apportent un peu d'eau pour nous arroser
comme des petites plantes rares.
Comme des petites plantes rares,
ils apportent un peu d'eau pour nous arroser.
Venez vite, petite blanche basanée,
nous avons le temps de nous abriter. »

Voilà. Salut et une paire de rames, que plus rien ne s'arrête...

Depuis les montagnes du Sud-Est mexicain.
Sous-commandant Insurgé Marcos.

PS QUI FAIT NAUFRAGE MAIS, POURTANT, S'EN VA – À *Aguascalientes*, l'eau, lorsque je suis parti, avait déjà inondé 6 maisons. On pouvait « surfer » sans le moindre problème. « *C'est que la pleine lune arrive* », dit Mario alors que nous levons l'ancre. Nous perdons un peu de temps parce que l'ancre s'est prise dans un câble souterrain (tu vas voir qu'à cause de ça ils vont nous rendre responsables de la défaillance du système informatique de dépouillement électoral). *Moy* est arrivé avec une machette et il a coupé le câble avec un « *gare aux entourloupes. Elles sont partout* ». L'air était bon. Le sextant s'est oxydé, j'ai donc choisi de laisser le vent aux commandes. En hissant le féroce pavillon à la tête de mort, je me suis rappelé une histoire de mers plus anciennes, et qui tombe à pic pour un futur anniversaire, Monarque allume une cigarette en écoutant l'histoire, qui remonte à octobre 1984, et qui explique parfaitement la relation entre...

---

1 – De *culeros*, « dégonflés », insulte populaire habituellement adressée aux autorités, à la mode depuis les émeutes étudiantes de 1987. Ndt.

Hamacs et marées.

Vous n'allez pas me croire, mais mon hamac connaît des marées. C'est-à-dire que d'un coup, la mer arrive à la poursuite de la lune et, tout aussi soudainement, elle laisse dans mon hamac une odeur de sel, et des escargots et des étoiles, de mer ou pas, des arbres secs et les restes d'un naufrage et un bout de squelette de baleine, et même un vieux coffre de pirate tout moisi et, pourquoi pas? – une sirène ou deux. L'explication sur la relation entre la pleine lune et les marées se trouve dans tous les livres scientifiques qui se respectent et dit, *grosso modo*, que dans la mer d'Orient, la pleine lune se reflète mais poursuit son chemin vers l'ouest, chose qui désespère la mer qui tente de la suivre et se dit en route : « À quoi bon? Ça ne vaut pas la peine… » et décide de revenir, laissant alors sur le sable ce qu'elle gardait dans son coffre de cristal. Dans la mer d'Occident, c'est le contraire : en partant vers l'orient, la lune provoque la mer qui tente alors de l'attraper, mais se rend compte presque aussitôt que ça n'en vaut pas la peine, que la lune finira bien par venir jusqu'à elle, *et cetera*. Les livres scientifiques regorgent de photos où l'on peut voir la mer tendre ses mains blanches vers une lune plutôt indifférente. Bon, le fait est qu'en me réveillant je trouve mon hamac plein de ces choses que la mer oublie dans les marées, et me voilà en train de creuser un fossé pour enfouir les coffres aux trésors, les quilles de galions, les innombrables bouteilles aux innombrables messages, et même une poupée cassée. Et me voilà cachant le tout à mon gré pour que personne ne s'en rende compte, parce que sinon, lors de la séance de critiques et d'autocritiques, il va me pleuvoir dessus, et pas précisément des fleurs. Mais les marées viennent quand bon leur semble et tout est un éternel recommencement. Je peux aussi vous raconter que ma casquette prend l'eau et d'autres choses absurdes. « *Syndrome de celui qui vient d'arriver* », dit Raúl à *Alicia*. « *Choses inévitables* », je soupire, avant de passer à des choses plus sérieuses, c'est-à-dire, plus ennuyeuses (…).
Mario, toujours aussi opportun, informe : « *Il n'y a plus de tabac.* » Cette traversée promet d'être longue…

113 – L'EZLN S'INTERDIT TOUTE ACTION ARMÉE EN CAS DE FRAUDE

18 août

Au peuple du Mexique.
Aux peuples et gouvernements du monde.

Frères :

Le Comité clandestin révolutionnaire indigène - Commandement général de l'Armée zapatiste de Libération nationale, après la tenue de la première session de la Convention nationale démocratique et à la veille des élections, déclare ce qui suit :

Premièrement. – L'Armée zapatiste de Libération nationale reconnaît la Convention nationale démocratique comme authentique représentante d'une partie importante de la Nation mexicaine, et les résolutions de sa première session, tenue sur le territoire du Chiapas, comme véritable effort de recherche d'un changement pacifique pour la Démocratie, la Liberté et la Justice au Mexique.

Deuxièmement. – L'Armée zapatiste de Libération nationale fait siennes les résolutions de la première session de la Convention nationale démocratique et ordonne à toutes ses troupes, régulières et irrégulières, sur tout le territoire national, de se tenir à ces résolutions, de n'entreprendre aucune action offensive immédiate en cas de fraude électorale et de favoriser toute manifestation pacifique et civile de lutte pour la démocratie, la liberté et la justice.

Troisièmement. – L'Armée zapatiste de Libération nationale appelle respectueusement toutes les organisations armées révolutionnaires du Mexique à reconnaître la Convention nationale démocratique en tant qu'effort organisé, civil et pacifique, dans la lutte pour la Démocratie, la Liberté et la Justice, et les exhorte fraternellement et révolutionnairement, à ne pas mener d'action militaire qui entraverait l'organisation et la manifestation de la résistance civile en cas de fraude sur la volonté populaire, à céder le pas aux organisations civiles et à rester en alerte au cas où la porte du changement pacifique se refermerait.

Quatrièmement. – L'Armée zapatiste de Libération nationale appelle le peuple du Mexique à participer à la lutte civique électorale, qui n'est pas la seule mais en tout cas la plus immédiate, en répondant à l'appel de la Convention nationale démocratique : voter contre le système de parti-État, veiller en permanence à la propreté du processus électoral et s'organiser pour défendre la volonté populaire.

Cinquièmement. – L'Armée zapatiste de Libération nationale appelle tous les participants à la Convention à se manifester de façon civile et pacifique, le 22 août 1994 [1], aux quatre coins du Mexique et, en accord avec l'appel de la présidence de la CND, à respecter les résolutions de la première session de la Convention nationale démocratique, la défense de la volonté populaire et pour la démocratie, la liberté et la justice au Mexique.

Sixièmement. – L'Armée zapatiste de Libération nationale demande à la présidence de la Convention nationale démocratique de se déclarer, à partir du 21 août 1994, en assemblée permanente, d'organiser et de diriger la défense civile et pacifique de la volonté populaire, et de convoquer, aux lieu et moment opportuns, la seconde session de la Convention nationale démocratique, afin d'analyser les résultats du scrutin, d'élaborer un plan de résistance civile et de poursuivre le programme de lutte de la Convention nationale démocratique.

Septièmement. – À partir du 22 août 1994, le Comité clandestin révolutionnaire indigène - Commandement général de l'Armée zapatiste de Libération nationale se tiendra en assemblée permanente afin d'analyser les résultats électoraux et de faire connaître au peuple du Mexique sa position sur la question.

Démocratie ! Liberté ! Justice !

Depuis les montagnes du Sud-Est mexicain.
CCRI - CG de l'EZLN.

1 – Le lendemain des élections présidentielles.

114 – Appel à la mobilisation pacifique au Chiapas

24 août

Au peuple du Mexique
Aux peuples et gouvernements du monde

Frères :

Le Comité clandestin révolutionnaire indigène - Commandement général de l'Armée zapatiste de Libération nationale, après le scrutin électoral du 21 août 1994, *et concernant exclusivement l'élection au poste de gouverneur* [1], déclare ce qui suit :

Premièrement. L'Armée zapatiste de Libération nationale a tenu sa promesse de n'intervenir d'aucune façon dans la tenue des élections du 21 août. L'installation des bureaux de vote s'est déroulée sans la moindre opposition de nos forces, ainsi que la circulation des autorités électorales, des représentants des partis politiques et de la presse, lors de la journée électorale.

Deuxièmement. Après s'être repliées sur leurs positions dans la montagne, les troupes insurgées de l'EZLN ont maintenant repris position en territoire rebelle. Aucun membre des forces combattantes zapatistes n'a pris part au vote, mais tout a été fait pour que la population civile qui habite dans la zone en conflit parvienne normalement aux bureaux de vote. Comme ont pu le constater les observateurs et les médias, les élections sur le territoire zapatiste se sont tenues dans une

---

1 – Dans l'État du Chiapas, où les électeurs devaient également élire un nouveau gouverneur, le candidat du PRI, M. Eduardo Robledo Rincón, l'a emporté avec 50,46 % des voix, déclenchant de vigoureuses protestations du PRD et des organisations sociales qui appuyaient M. Amado Avendaño, crédité de 39,40 % (rappelons qu'aux présidentielles de 1988, le Chiapas avait "voté" pour le candidat du PRI avec… 89 % des voix, le pourcentage le plus haut du pays. À Ocosingo ce pourcentage atteignait 95 %!). D'après des observateurs invités par Alliance civique, de nombreuses irrégularités ont entaché le scrutin du 22 août : interdiction faite aux observateurs de se déplacer (Altamirano), aide apportée aux votants par des inconnus indiquant où inscrire la croix : dans l'espace réservé au PRI (Comalpa), achat de votes et procédure qui ont empêché la participation d'un nombre notable de personnes déplacées.

tranquillité parfaite, chose que ne peut pas dire le gouvernement au sujet de certaines capitales d'État.

Troisièmement. Concernant l'élection du gouverneur du Chiapas, et jusqu'à cette heure, 24 août 1994, à 22 heures, le Comité clandestin révolutionnaire indigène - Commandement général de l'EZLN continue de recevoir les rapports de ses observateurs détachés aux différents bureaux de vote du milieu rural du Chiapas et qui comprennent les zones de la frontière, la côte, los Altos, le nord du Chiapas, la montagne, la Fraylesca et la jungle Lacandone, ainsi que Tuxtla Gutiérrez, San Cristóbal de las Casas, Comitán, Arriaga, Tapachula, Palenque, Ocosingo, Altamirano, Las Margaritas, Pichucalco, Cintalapa et Copainalá.

Quatrièmement. Avant, pendant et après la journée électorale, de sérieuses irrégularités ont été signalées, comme celles que nous détaillons ci-dessous.

– Le service de transmissions de l'Armée zapatiste de Libération nationale a intercepté les communications entre les chefs-lieux et la capitale de l'État et a pu, de ce fait, confirmer que dans l'élection au poste de gouverneur, le candidat de la société civile, Amado Avendaño Figueroa dépassait à deux contre un le candidat du Parti Révolutionnaire institutionnel.

– Dans la commune de Palenque, on a repéré une camionnette de Pronasol qui contenait des urnes pleines de bulletins de vote en faveur du PRI, avec lesquelles on a remplacé les vraies moyennant l'achat pour 1 500 nouveaux pesos du silence des témoins de la fraude.

– Il s'est produit dans les zones indigènes de los Altos des événements similaires à celui qui précède, et on a relevé que les bulletins où étaient cochés d'autres partis que le PRI étaient à nouveau cochés afin de provoquer leur annulation [2]. Lorsque les fonctionnaires des bureaux de vote s'apercevaient que le vote semblait pencher contre le PRI, ils fermaient les bureaux en alléguant qu'ils étaient à court de bulletins.

– Malgré le désir du peuple chiapanèque d'exprimer sa volonté par voie électorale, la quantité réduite de bulletins dans les bureaux spéciaux [3] et la monopolisation de ces

2 – La procédure de vote consistait à barrer d'une croix le logotype du parti choisi sur un bulletin qui les présentait tous. Ndt.

3 – Bureaux installés pour les personnes qui se trouvent, le jour de l'élection, loin de leur domicile légal. C'est le cas des militaires, mais aussi, entre autres, dans le Chiapas, des réfugiés et expulsés.

bulletins par des militaires fédéraux et des policiers ont empêché un grand nombre de citoyens d'exercer leur droit d'élire pacifiquement leurs gouvernants.

– Dans la région de la Sierra Madre, des « promoteurs » spontanés des élections, le jour même de la consultation, ont harangué des Indigènes, les incitant à marquer leur rejet du PRI... en cochant le logotype de ce parti sur le bulletin.

– À la frontière, des autorités de l'immigration ont autorisé des émigrés d'Amérique centrale à voter pour le PRI, en échange de la régularisation de leur situation ou de la promesse de faciliter leur passage aux États-Unis.

– Dans les refuges, les personnes déplacées ont été sommées de voter pour le PRI, faute de quoi elles ne recevraient plus d'aide alimentaire.

Cinquièmement. La fraude a commencé dès avant le vote ; lorsque le gouvernement s'est rendu compte qu'il n'arriverait pas malgré tout à obtenir la victoire, on a eu recours aux tactiques de remplacement d'urnes, de votes forcés, de doubles listes, et à celles connues sous les appellations de « souris folle », de « carrousel » et de « vote tamal » (4). Ces manœuvres n'ont pas suffi à renverser la tendance défavorable aux candidats du PRI, et il a encore fallu truquer les rapports des bureaux de vote et altérer le comptage informatique pour pouvoir, avec la complicité des médias officiels du gouvernement de l'État, présenter monsieur Robledo Rincón comme le candidat victorieux (5).

Sixièmement. L'EZLN appelle les aux citoyens du Chiapas à défendre leur volonté, à ne faire aucun cas des mensonges des médias officiels et à entreprendre des manifestations civiles et pacifiques marquant leur refus de la fraude.

Septièmement. L'armée fédérale connaît les proportions et la nature de la fraude, elle a intercepté toutes les communications sur le territoire du Chiapas et constaté les accords entre la capitale de l'État et les chefs-lieux pour contrecarrer le vote défavorable au PRI, c'est pourquoi elle a intensifié son travail de fortification de ses positions et repris les survols de nuit et de jour des positions zapatistes. Elle attend une réaction zapatiste.

---

4 – Voir notes p. 291 et 292.

5 – Candidat "victorieux" du PRI, Eduardo Robledo – surnommé "Custer" en souvenir du général US massacreur d'Indiens – fut secrétaire de l'ancien gouverneur Absalón Castellanos Domínguez.

Huitièmement. Si les élections avaient été aussi « propres » et « transparentes » qu'ils le prétendent, pourquoi les fédéraux s'inquiètent-ils tant des mouvements zapatistes ? Pourquoi tant d'insistance des médias officiels sur la « légalité » des élections ? Le gouvernement suprême a de nouveau misé sur un grand mensonge pour démobiliser. Il sera défait d'une manière ou d'une autre.

LIBERTÉ ! DÉMOCRATIE ! JUSTICE !

Depuis les montagnes du Sud-Est mexicain.
CCRI - CG de l'EZLN.

115 – LE VIEIL ANTONIO ET LE LION

24 août [1]

À l'hebdomadaire national *Proceso*.
Au quotidien national *La Jornada*.
Au quotidien national *El Financiero*.
Au quotidien local de SCLC *Tiempo*.

Messieurs :

Ci-joint un communiqué post-électoral. Cette histoire des 50 % et du « tableau complet » [2], il n'y a que les *gringos* pour y croire (c'est pour ça que leurs affaires vont si mal en politique internationale). Allons ! Ne vous dégonflez pas ! Leur tactique consiste à répéter un gros mensonge jusqu'à ce qu'il devienne réalité. Ils vont se tromper à nouveau, tout va s'écrouler comme en janvier. Il faut juste un petit souffle…

Voilà. Salut et une bonne paire de poumons.

Depuis les montagnes du Sud-Est mexicain.
Sous-commandant Insurgé Marcos.

PS QUI DIT « NON » – N'écoutez pas les éditorialistes. N'écoutez pas les caricaturistes. N'écoutez pas ce que dit la télévision. N'écoutez pas ce que dit la radio. Ne vous affolez pas. Ne vous vendez pas. Ne vous rendez pas. Ne vous laissez pas faire. N'ayez pas peur. Ne vous taisez pas. Ne vous asseyez pas pour vous reposer.

---

1 – Destinées à renouveler le président de la République, la Chambre des députés, le Sénat et l'Assemblée des représentants du District fédéral, les élections présidentielles du 21 août 1994, les plus "surveillées" de l'histoire du Mexique, ont donné une courte victoire à M. Ernesto Zedillo (PRI) – 48,77 % des voix (50,18 % si l'on ne comptabilise pas les votes blancs ou nuls), devant le PAN (25,94 %) et le PRD (16,60 %). Quatre petits partis "révolutionnaires" également présents ont obtenu les résultats suivants : Parti du travail (PT) : 2,8 % ; Front cardéniste de reconstruction nationale (PFCRN), Parti authentique de la révolution mexicaine (PARM) et Parti populaire socialiste (PPS), moins de 1 %. Le Parti vert écologiste (PVEM) a arraché environ 1 % et le très conservateur Parti démocratique mexicain (PDM) moins de 0,5 %. À la Chambre des députés, majorité écrasante pour le PRI : 278 sièges, contre 17 au PAN et 5 au PRD. (… suite page suivante)
2 – Voir page suivante

PS pour les candidats qui ont près de 50 % des voix – Sur le lecteur de cassettes on entend : « *Que la vie est curieuse, Mariana. Que la vie est curieuse. Plus nous volons haut, Mariana, plus la chute nous fait mal.* »

PS insurgé pour chasseur de *mapaches* [3] – Le coup du virus de Carpizo, c'est pour détourner l'attention et « réajuster » les ordinateurs [4], pour qu'il n'y ait rien d'anormal après le comptage.

PS qui répond à la question : « Et maintenant? » – Lisez le chapitre XIV (ou bien c'était le XXIV?) de la deuxième partie de *L'Ingénieux Hidalgo Don Quijote de la Mancha*. Oui, celui de l'aventure avec le chevalier aux miroirs. De rien.

PS qui raconte une histoire à Toñita, qui frime avec le petit lapin en peluche que lui ont envoyé les participants à la Convention et « *qui ne pique pas, lui au moins* », me dit-elle…

(…) Au Sénat, le PRI obtient 95 sièges; le PAN, 25; le PRD, 8.
Ces élections ont été généralement considérées par les observateurs et les médias comme ayant été plus "régulières" qu'à l'accoutumée, malgré les réserves de la principale organisation indépendante d'observation, Alliance civique, qui a dénoncé de nombreuses fraudes – anomalies dans la constitution des listes, votes multiples, pressions sur certains électeurs, etc.
Ces élections se sont par ailleurs déroulées dans le contexte tout à fait habituel des privilèges dont a toujours bénéficié le PRI : contrôle des médias et de l'appareil électoral, chantage au chaos, utilisation des ressources de l'État et débauche de dépenses – d'après l'Institut mexicain d'opinion publique (IMOP), le PRI aurait dépensé un total de 1250 millions de dollars pour la campagne (vingt-cinq fois plus que pour celle de Clinton aux États-Unis!).
Cuauhtémoc Cárdenas, pour sa part, dénonce une "fraude hors du commun".
Une participation exceptionnelle, atteignant quasi 78 % (48 % en 1988) a, en tout état de cause, permis de constater que, même dans ces conditions, quasi la moitié du Mexique a voté contre le PRI – donne tout à fait nouvelle qui marque une spectaculaire évolution dans la vie politique du pays.
2 – C'est la formule par laquelle les PRIistes annoncent traditionnellement leur intention d'obtenir tous les sièges à pourvoir, puis l'heureuse réalisation de cet objectif.
3 – Littéralement "blaireaux", truqueurs d'élections. Ndt.
4 – Une enquête menée sur une tentative de sabotage des ordinateurs de l'Institut fédéral électoral semble à l'origine de la lenteur du dépouillement. Ce fait aggrave la suspicion sur la propreté du processus lorsqu'on sait que des erreurs dans le routage des procès-verbaux ont affecté environ 11000 bureaux de vote sur 96000.

Moi, je fais celui qui n'a pas compris et je commence à raconter, comme ça, une histoire de 1985, année de tremblements, d'urgences et d'émergences civiles [5] :

« Le vieil Antonio avait chassé un lion de montagne (qui ressemble beaucoup au puma américain) avec son vieux mousquet (fusil à silex). Je m'étais moqué de son arme quelques jours auparavant : "*On se servait de ces armes quand Hernán Cortés a conquis le Mexique*", lui avais-je dit. Il s'était défendu : "*Oui, mais regarde entre quelles mains elle se trouve maintenant.*" Il arrachait à présent les derniers bouts de viande de la peau avant de la tanner. Il me montre fièrement la peau. Pas le moindre trou. "*En plein dans l'œil*", se vante-t-il. "*C'est le seul moyen de préserver la peau intacte*", ajoute-t-il. "*Et qu'allez-vous faire de la peau ?*", je lui demande. Le vieil Antonio ne me répond pas, il continue de racler la peau du lion avec sa machette, silencieux. Je m'assieds à côté de lui et, après avoir bourré ma pipe, je lui confectionne tant bien que mal une cigarette avec une feuille de maïs. Je la lui tends sans un mot, il l'examine et la défait. "*C'est pas encore ça*", me dit-il en la refaisant. Nous nous asseyons pour procéder ensemble à cette cérémonie de fumeurs.

Entre deux bouffées, le vieil Antonio tisse son histoire :

"*Le lion est fort parce que les autres animaux sont faibles. Le lion mange la viande des autres parce que les autres se laissent manger. Le lion ne tue pas avec ses griffes ou ses crocs. Il tue par le regard. D'abord, il s'approche lentement… en silence, parce qu'il a des nuages aux pattes qui tuent le bruit. Puis il saute et renverse sa victime, d'un coup de patte qui l'abat plus par la surprise que par la force.*

"*Puis il continue de la regarder. Il regarde sa proie. Comme ça…* (et le vieil Antonio de froncer les sourcils et de me voiller ses yeux noirs). *Le pauvre petit animal qui va mourir ne peut que regarder, il regarde le lion le regarder. Le petit animal ne se voit plus lui-même, il regarde ce que regarde le lion, il regarde l'image du petit animal dans le*

---

5 – Le tremblement de terre du 19 septembre 1985, à Mexico, fit de 25000 à 30000 victimes, selon les diplomates occidentaux. Prenant au dépourvu les institutions officielles passablement inefficaces et corrompues, la catastrophe révéla au monde l'imagination, la solidarité et la capacité d'organisation de la "société civile". Ce tremblement de terre eut par ailleurs une conséquence inattendue, en mettant à jour certaines pratiques de la police mexicaine : le cadavre d'un avocat, Me Abarca, défenseur d'un dirigeant paysan, fut retrouvé dans ce qui restait des salles d'arrêt de la police judiciaire. L'homme était attaché, bâillonné et portait des traces de torture.

regard du lion, il regarde à quel point, dans le regard du lion qui le regarde, il est petit et faible. Le petit animal ne se demandait même pas s'il était petit et faible, il n'était qu'un petit animal, ni grand ni petit, ni fort ni faible. Mais maintenant qu'il se regarde dans le regard du lion, il voit la peur. Et voyant qu'on le regarde, le petit animal se convainc lui-même, tout seul, qu'il est petit et faible. Et, dans la peur qu'il voit que le lion voit, il a peur. Alors le petit animal ne regarde plus rien, ses os se figent, comme nous quand l'eau nous prend dans la montagne, la nuit, dans le froid. Alors, le petit animal se rend comme ça, il s'abandonne, et le lion le croque sans problème. Voilà comment le lion tue. Il tue en regardant. Mais il existe un petit animal qui ne fait pas comme ça, et qui, lorsque le lion l'attrape, n'y fait pas attention et continue comme si de rien n'était, et si le lion le frappe, il répond de ses petites mains, qui sont petites mais qui font mal lorsqu'elles font couler le sang. Et cet animal ne se laisse pas faire par le lion parce qu'il ne voit pas qu'on le regarde... il est aveugle. Des taupes, voilà comment on appelle ces petits animaux."

« On dirait que le vieil Antonio a fini de parler. Je risque un "*Oui, mais...*" Le vieil Antonio ne me laisse pas continuer, il poursuit son histoire en se roulant une autre cigarette. Il procède lentement, tournant souvent la tête pour s'assurer que je suis bien attentif.

"*La taupe est devenue aveugle parce que, plutôt que de regarder vers l'extérieur, elle s'est mise à regarder son cœur, elle s'est forcée à regarder au-dedans. Et personne ne sait pourquoi il lui est passé par la tête de regarder au-dedans. Et voilà cette taupe ignorante qui se regarde le cœur et ne se soucie donc pas de savoir qui est fort ou faible, qui est grand ou petit, parce que le cœur est le cœur et qu'on ne le mesure pas comme on mesure les choses ou les animaux. Et cette histoire de se regarder le cœur, seuls les dieux pouvaient le faire, alors les dieux ont puni la taupe en ne la laissant plus regarder au-dehors et, en plus, ils l'ont condamnée à vivre et marcher sous la terre. C'est pourquoi la taupe vit sous la terre, parce que les dieux l'ont punie. Et la taupe n'a même pas ressenti de chagrin parce qu'elle a continué à se regarder dedans. C'est pour ça que la taupe n'a pas peur du lion. Pas plus que n'a peur du lion l'homme qui sait se regarder le cœur.*

"*Parce que l'homme qui sait regarder son cœur ne voit pas la force du lion, il voit la force de son cœur, alors il regarde le lion, et le lion voit que l'homme le regarde et voit ce que l'homme regarde, et le lion voit, dans le regard de l'homme, qu'il n'est qu'un lion, et le lion voit qu'on le regarde, il prend peur et s'enfuit.*"

« Je l'interromps : "*Et vous, vous vous êtes regardé le cœur pour tuer ce lion?*" Il répond : "*Moi? Tu rigoles, moi j'ai regardé le viseur de mon mousquet et l'œil du lion, et j'ai tiré... Je n'ai même pas pensé au cœur...*" Je me gratte la tête comme, d'après ce que j'ai appris, on fait ici quand on ne comprend pas quelque chose.

« Le vieil Antonio se relève lentement, il prend la peau et l'examine soigneusement. Puis il la roule et me la tend. "*Tiens,* me dit-il, *je te la donne pour que tu n'oublies jamais que le lion et la peur, on les tue quand on sait où regarder...*" Le vieil Antonio fait demi-tour et rentre dans sa cabane. Dans la langue du vieil Antonio, cela veut dire "*J'ai fini. Au revoir*". Moi, j'ai mis la peau du lion dans un sac et je suis parti... »

Toñita fait de même et s'en va avec le précieux petit lapin en peluche « *qui ne pique pas* ». *El Beto* me dit, pour me consoler, qu'il a un opossum mort, que sa mère lui a déjà dit de s'en débarrasser et que lui, *el Beto*, me l'échange contre 5 ballons. Je refuse aimablement, mais un des cuisiniers a entendu la proposition et propose au *Beto* 3 ballons. *El Beto* hésite. Le cuisinier dit qu'un des ballons est vert, un autre est blanc et le dernier, rouge. *El Beto* insiste sur son offre initiale pour 5 ballons. Le cuisinier propose les 3 ballons plus deux préservatifs. *El Beto* hésite. Quand je suis parti, le marchandage n'avait encore rien donné.

Voilà l'histoire du vieil Antonio et du lion. Depuis, j'ai toujours emporté la peau du lion avec moi, elle servait d'étui au drapeau que nous avons remis à la Convention nationale démocratique. Vous voulez aussi la peau?...

Voilà encore, salut et une de ces lentilles de verre qui servent à se regarder au-dedans...

Depuis les montagnes du Sud-Est mexicain.
Sous-commandant Insurgé Marcos.

116 – Félicitations à Robledo pour avoir renoncé au triomphe

28 août

À Eduardo Robledo Rincón, candidat à l'usurpation du poste de gouverneur de l'État du Chiapas, Mexique.

Monsieur Robledo Rincón :

C'est avec grande surprise que j'ai lu un article (*La Jornada,* 26 août, p. 13) où vous déclarez souscrire aux 11 points que revendique notre Armée zapatiste de Libération nationale depuis le 1er janvier 1994. Je voulais vous féliciter pour l'intégrité et la droiture qui vous font ainsi renoncer au triomphe frauduleux dont les autorités électorales de l'État prétendent vous créditer. Nous ne pouvons pas faire moins que saluer le fait que, en accord avec nos revendications de Démocratie, Liberté et Paix, vous renonciez au profit du véritable vainqueur de ces élections au Chiapas. Par votre renoncement à occuper, de façon illégitime, une fonction que le peuple du Chiapas ne vous a pas confiée, vous épargnez à ces terres un bain de sang, celui que préparent vos éleveurs et vos commerçants dans la Ville de Tuxtla Gutiérrez, où l'on conduit des « déplacés » (1) pour leur donner une formation militaire et en faire des gardes blancs. Nous saluons votre renoncement à parrainer ces cogneurs de civils, parce que pour frapper des militaires il ne leur manque que l'essentiel.

Au passage, dites-leur que la somme qu'on leur offre (4500 nouveaux pesos pour quatre mois d'instruction) (2) est bien mince pour finir avec une balle zapatiste entre les yeux. Qu'ils demandent une augmentation de salaire et une assurance-vie (pour que la veuve ait droit à quelque chose).

En rétribution de votre renoncement, je promets d'écrire en votre faveur lorsque vous affronterez le tribunal pour délits électoraux, en plus d'intervenir personnellement pour vous lors du procès que le Tribunal zapatiste vous intentera pour complicité avec les régimes d'Absalón Castellanos

---

1 – Paysans non zapatistes ayant quitté la zone à cause de la guerre et dont les terres sont à présent occupées ; on accuse l'EZLN de les avoir contraints à partir. Ndt.

2 – Environ 6000 francs français.

Domínguez et de Patrocinio González Garrido, pour fraude, vol et détournement de la volonté populaire, plus tout ce qui correspondra à la fraude actuelle.

Entre transgresseurs, je peux vous avouer que ce que vous avez fait au cours de ces élections dépasse ce qu'avaient fait vos prédécesseurs. Félicitations. Lorsque vous serez sans emploi, trouvez-vous une chaire à Catemaco. Vous avez de l'avenir, à n'en pas douter.

Voilà. Salut et une bonne réserve de cigarettes (il paraît qu'on n'en trouve pas facilement en prison).

Depuis les montagnes du Sud-Est mexicain.
Sous-commandant Insurgé Marcos.

117 – Entraînement paramilitaire pour « déplacés [1] »

29 août

À l'hebdomadaire national *Proceso*.
Au journal national *La Jornada*.
Au journal national *El Financiero*.
Au journal local de SCLC *Tiempo*.

Messieurs :

Ci-joint une lettre pour un illustre *mapache* [2] chiapanèque, ne soyez pas radin (oui, sans « s » final puisqu'il est muet) et prêtez quelques timbres (mon fax est en panne, et en plus, il est sur écoute… des Russes, parce qu'ici on est trèèèès sourcilleux sur la légalité). Nous, ça va, et moi… je suis heureux. Toñita a fait tomber son lapin en peluche dans la boue et, à présent qu'il est sec, voilà qu'« *il pique beaucoup* ». L'histoire rend justice aux délaissés.

Toñita fête ses cinq ans le 31, c'est-à-dire qu'elle entre dans sa sixième année. Ici, on ne fête pas les années passées mais l'année dans laquelle on entre. Ainsi, quelqu'un qui fête ses vingt-sept ans arrive en réalité aux vingt-huit. En fait, on vit en avance ici, tout le monde a un an de plus qu'il n'a. C'est un peu comme les deux montres du *Sup*. Le 31 août, Toñita dira qu'elle a six ans, même si elle en fête cinq. Et si vous le lui contestez, Toñita menace de vous dénoncer au *Sup*. « Vote de la peur », disent les technocrates de l'alchimie électorale. Quand elle sera plus grande, Toñita ne dira pas dans quelle année elle « entre » mais bien celles qu'elle a derrière elle. Comme ça, elle sera plus grande ou plus petite selon la culture et les intérêts du moment… Quoi qu'il en soit, il est certain qu'Alice, le Lièvre de Mars et le Chapelier fou chanteront et prendront le thé pour fêter ça. (Et voilà que me revient cette chanson de Chava Flores qui dit «… *lo que quiero es tomar-té…* » [3] alors que s'annonce, indiscret, un…)

---

1 – Voir note p. 396.
2 – Voir note p. 392.
3 – "Ce que je veux, c'est prendre le thé", ou "te prendre". Ndt.

PS QUI, INDISCIPLINÉ, SE MET LÀ OU PERSONNE NE L'APPELLE, PUISQUE C'EST UN « POST-SCRIPTUM », ET QUI PREND À PRÉSENT D'ASSAUT LA MOITIÉ DE LA LETTRE – Sur le petit lecteur de cassettes, Jiménez, « José Alfredo » de son prénom, chante celle qui fait…

« *Que nous ne sommes pas pareils,*
disent les gens.
Que ta vie et ma vie
vont se perdre,
Que je suis une canaille
et que tu es décente.
Que deux êtres différents
ne peuvent s'aimer. »

Et de conclure…

« *Moi je ne sais rien de ces histoires*
de classes sociales.
Je sais seulement que tu m'aimes
et que moi je t'aime. »

Pour finir, il prend congé d'un…

« *Partons,*
où personne ne nous jugera,
où personne ne nous dira
que nous agissons mal.
Partons,
où il n'y a ni justice
ni lois ni rien,
rien que notre amour. »

Et lalalilala, la. (À savoir : fin du post-scriptum qui a envahi un terrain qui ne lui appartient pas, selon des documents entre les mains de l'Académie royale de Langue espagnole, et a transformé le reste de la lettre (pauvre petite !) en « déplacée » qui demande à recevoir l'instruction puisque…)

On va voir si un journaliste oisif décide de pister les « déplacés » que retiennent les éleveurs dans leur « héroïque » permanence en face du palais du gouverneur. Ils leur procurent un entraînement paramilitaire dans une maison privée, en plein centre de Tuxtla Gutiérrez. Je crois que c'est pour « défendre la volonté populaire », parce que celui qui n'y va pas risque de perdre son aide alimentaire et que celui qui s'inscrit se voit promettre… 4500 nouveaux pesos ! – pour quatre mois. La première génération est constituée d'environ 45 « défenseurs des institutions d'État ».

Certains sont là depuis quelques mois, plus tous ceux qui viendront les rejoindre d'ici à l'improbable prise de fonctions de Robledo.

C'est-à-dire qu'on les paiera, si jamais on les paye, à la fin de leur « formation électorale ». Les instructeurs sont… – gagné !… – d'honnêtes officiers de l'insoupçonnable Sûreté publique de l'État. Les « zépouses » robledistes préparent leurs casseroles et d'autres ustensiles de guerre. J'ai déjà vu ce film… quelque part…

Voilà. Salut et préparez-vous à changer les manuels de géographie (ça existe encore ?) parce que, au train où vont les choses, le Chiapas va se diviser en deux : celui des riches et celui des pauvres. Bien évidemment, c'est le second qui connaîtra des problèmes de surpopulation.

Depuis les montagnes du Sud-Est mexicain.
Sous-commandant insurgé Marcos.

118 – Ni travaux ni aide officielle sur le territoire rebelle [1]

3 septembre

« *La guerre vient, derrière le mensonge, elle vient.* »

Au peuple du Mexique.
Aux peuples et gouvernements du monde.
À la presse nationale et internationale.

Frères :

Le Comité clandestin révolutionnaire indigène - Commandement général de l'Armée zapatiste de Libération nationale, en réponse au mensonge qui sort de la bouche du mauvais gouvernement, déclare :

Premièrement. – Les porte-parole du Gouvernement suprême, au niveau fédéral et de l'État, ont entrepris une campagne de mensonges pour tromper le peuple du Mexique et les médias sur la situation dans la zone en conflit et dans tout l'État du Chiapas.

Deuxièmement. – Le Gouvernement suprême ment lorsqu'il dit avoir installé, dans le territoire zapatiste, des dizaines de magasins d'alimentation Conasupo et avoir électrifié certaines communautés dans le territoire rebelle; il ment aussi lorsqu'il dit que les véhicules de Conasupo effectuent un ravitaillement normal dans la zone en conflit et qu'ils traversent les barrages zapatistes avec la bienveillance de nos troupes; il se vante aussi, le mauvais gouvernement, d'avoir accordé des semences améliorées, des fertilisants et des projets agricoles aux communautés zapatistes.

Troisièmement. – L'Armée zapatiste de Libération nationale reste assiégée et résiste sans accepter d'aumône de la part des « laisseurs-de-vie-sauve » gouvernementaux, le

1 – Le 28 janvier 1994, alors que le gouvernement et 8 partis politiques parvenaient à un accord pour éviter la fraude aux élections, le président Salinas, faisant référence aux causes du soulèvement zapatiste, avait déclaré : "*Il faut approfondir les politiques publiques d'attention prioritaires aux grands problèmes et défis sociaux du pays, en particulier ceux des paysans, des travailleurs et des communautés indiennes.*" Par la suite, régulièrement, furent annoncées des mesures économiques et sociales en faveur du Chiapas.

personnel, les véhicules et le matériel qui servent le Gouvernement suprême n'ont pas droit de passage en territoire rebelle.

Quatrièmement. – L'Armée zapatiste de Libération nationale invite, respectueusement, les médias à constater personnellement qu'il n'y a ni boutiques gouvernementales ni électricité du gouvernement ni semences ni fertilisants ni projets agricoles dans les villages zapatistes et qu'aucun véhicule gouvernemental ne circule sur les chemins sous contrôle rebelle.

Cinquièmement. – Le Gouvernement suprême distribue l'argent destiné au peuple du Chiapas entre fonctionnaires corrompus et médias officiels. Pour justifier des destinations de cet argent, il ment sur des travaux qui n'existent pas et des aides qui ne sont pas perçues; le gouvernement ne se soucie pas de voir se résoudre les problèmes qui ont provoqué notre soulèvement, il veut seulement faire comme si ils étaient en voie de résolution. C'est ainsi que l'on ment au peuple du Mexique et aux Chiapanèques et que l'on commence à ouvrir la porte de la guerre.

Sixièmement. – Le Gouvernement suprême ne veut pas d'une démocratie, il préfère feindre qu'elle existe. Il ne veut pas de liberté, mais faire comme si nous étions libres. Il ne veut pas de justice, mais préfère mentir sur les conditions de misère et de marginalisation. Il ne veut pas de la paix, mais trouver les arguments de la guerre. La guerre vient, derrière le mensonge elle vient, le puissant pave de tromperies la route de la mort des nôtres.

Démocratie! Liberté! Justice!

Depuis les montagnes du Sud-Est mexicain.
CCRI - CG de l'EZLN.

119 – On cherche à porter le coup fatal à la tête zapatiste

3 septembre

À l'hebdomadaire national *Proceso*.
Au journal national *La Jornada*.
Au journal national *El Financiero*.
Au journal national de SCLC *Tiempo*.

Messieurs :

Ci-joint un communiqué sur les mensonges et les tromperies qui précèdent les guerres. À présent, dans l'euphorie de l'apparent succès électoral, ceux qui nous ont contraints à prendre les armes déploient leur campagne médiatique. Une nouvelle grande mise en scène se monte autour du territoire zapatiste; programmes d'électrification inexistants, magasins fantômes, semences irréelles et camions de marchandises qui n'arrivent jamais nulle part. Ils profitent du trouble, de l'impuissance et de la frustration que la manipulation des médias a provoquées au sein du peuple. Répéter un mensonge, le réitérer jusqu'à ce que, par la magie de l'image et du son, il ressemble le plus possible à une vérité. Avec tout ce qui s'ensuit, les accusations d'intolérance, de bellicisme, de sectarisme, le conditionnement de cet être sans forme et malléable qu'est l'opinion publique, le coup fatal porté à la tête zapatiste par des troupes d'élite, les tentatives de négociation avec un corps sans tête, le bain de sang, la mort pour stabiliser la Bourse, la vente de l'image d'un pays retrouvant le calme et la tranquillité, la résurgence de la rébellion, recommencer…

Non, ils n'ont pas compris le message de janvier. Ils ne se sentent pas visés. Ils misent à présent sur la fatigue, la lassitude, la douce fuite du « chacun pour soi », l'oubli. Triompheront-ils? Pour combien de temps?

Voilà. Salut et un café bien fort, que la nuit ne vous embrasse pas endormis.

Depuis les montagnes du Sud-Est mexicain.
Sous-commandant Insurgé Marcos.

PS de reproche en douceur – À propos, puisqu'on parle de fantômes, l'aide humanitaire collectée pour la Convention nationale démocratique n'arrive pas. Nous fumons et attendons, nous savons que nous ne sommes plus seuls…

120 – L'EZLN À L'ARMÉE : « RESPECTEZ LA POPULATION CIVILE »

15 septembre

Au peuple du Mexique.
Aux peuples et gouvernements du monde.
À la presse nationale et internationale.

Frères :

Le Comité clandestin révolutionnaire indigène - Commandement général de l'EZLN dénonce ce qui suit :

Premièrement. – Monsieur Salinas de Gortari trompe l'opinion publique nationale et internationale avec sa prétendue volonté de dialoguer. Le Gouvernement suprême prépare la solution militaire en accroissant la quantité de troupes et de technique militaire sur le théâtre des opérations, en intimidant la base civile et réprimant et assassinant les combattants populaires par l'intermédiaire de ses escadrons paramilitaires.

Deuxièmement. – Les forces armées du mauvais gouvernement concentrent déjà dix divisions pour le siège qui entend étouffer la digne voix des Zapatistes du Sud-Est mexicain. Avec ces forces supérieures à 50000 fédéraux, le Gouvernement suprême compte intimider la rébellion de l'EZLN devant la fraude et l'illégitimité que l'on prétend instaurer, avec l'aval des monopoles médiatiques, sur les terres mexicaines.

Troisièmement. – Les troupes fédérales qui occupent les chefs-lieux d'Ocosingo, Altamirano et Las Margaritas ont commencé à patrouiller hors de leurs positions actuelles et à pénétrer sur le territoire zapatiste, dans l'intention de provoquer nos troupes, d'intimider la population civile et de pousser à une rupture du cessez-le-feu.

Quatrièmement. – L'aviation fédérale a repris ses vols nocturnes, effectuant des vols rasants au-dessus des populations civiles. Le 12 septembre 1994, en pleine nuit et le jour même où l'usurpateur menaçait les Chiapanèques de répression, des avions de combat de l'Armée fédérale ont effectué des manœuvres d'intimidation sur des villages de la commune de Las Margaritas, et dans la commune d'Ocosingo.

Cinquièmement. – Dans les hautes sphères gouvernementales, il a déjà été décidé d'un règlement militaire du conflit et l'on n'attend plus que le moment opportun pour donner l'assaut aux positions zapatistes.

Sixièmement. – L'EZLN s'adresse au haut commandement de l'Armée fédérale, aux officiers, aux sous-officiers et aux troupes pour leur demander, puisqu'ils ont déjà choisi la confrontation armée en réponse à nos demandes de Démocratie, de Liberté et de Justice, de se conduire avec le sens de l'honneur militaire et de combattre en respectant la population civile. Dans tout le territoire national, nos troupes sont déjà prêtes à résister à l'assaut et ont reçu l'ordre de défendre nos terres jusqu'au bout; nous combattrons avec honneur et dignité.

Septièmement. – La rupture du cessez-le-feu par les troupes fédérales – et le déclenchement de la guerre qui s'ensuit – répond aux intrigues de l'usurpateur Salinas de Gortari qui visent à créer une situation propice à son désir de perpétuation au pouvoir.

Huitièmement. – En réponse à l'attitude belliqueuse de l'usurpateur du Pouvoir exécutif fédéral, l'EZLN a décrété l'état d'« Alerte Rouge » pour toutes ses troupes sur le territoire national.

Neuvièmement. – L'EZLN réitère sa décision de continuer à revendiquer :

Liberté ! Justice !

Respectueusement.

Depuis les montagnes du Sud-Est mexicain.
CCRI - CG de l'EZLN.

121 – Si la guerre reprend, elle ne s'arrêtera plus

15 septembre

Discours pour la fête de l'Indépendance du Mexique

Compagnons du Comité clandestin révolutionnaire indigène - Commandement général de l'EZLN.
Compagnons responsables régionaux
et locaux de l'EZLN.
Compagnons combattants zapatistes.

Par ma voix s'exprime la parole
de l'Armée zapatiste de Libération nationale.

Frères :

Nous sommes réunis ici aujourd'hui pour rappeler au peuple du Mexique qui nous sommes et ce que nous voulons. Voilà cent quatre-vingt-quatre ans qu'une poignée d'Indigènes et quelques métis ont pris les armes contre la couronne espagnole pour exiger la Liberté que la superbe opprimait par l'esclavage, pour exiger la Démocratie que la superbe étouffait par la dictature, pour exiger la Justice que la superbe enchaînait par l'exploitation.

Aujourd'hui, cent quatre-vingt-quatre ans après que les premiers insurgés ont engagé la lutte pour la Démocratie, la Liberté et la Justice, pour la bannière de l'indépendance, pour le droit des peuples à gouverner et se gouverner selon leur vouloir et leur entendement, le drapeau où l'image de la Vierge de Guadalupe a été remplacée par un aigle dévorant un serpent sur trois couleurs, le drapeau du Mexique, le drapeau des ouvriers, des paysans, des Indigènes, des professeurs et des étudiants, de tous les pauvres de ces terres, notre drapeau est dignement brandi par les troupes zapatistes.

Aujourd'hui défilent dans les rues de la ville de Mexico les troupes de l'usurpation. Elles prétendent tromper le peuple du Mexique en se présentant comme une armée populaire, comme l'Armée mexicaine. La seule armée mexicaine ici, c'est l'Armée zapatiste de Libération nationale. L'autre est un groupe armé au service des puissants, dépourvu d'honneur militaire et de vergogne pour ainsi servir le mensonge. Aujourd'hui, à San Juan Chamula, l'Armée fédérale arme et instruit les caciques locaux pour qu'ils affrontent leurs frères expulsés. Les fédéraux qualifient de labeur social le fait d'armer et d'entraîner des caciques expulseurs.

Aujourd'hui, la parole de vérité et de justice qui habite les Zapatistes suscite le doute et les attaques de ceux pour qui hier notre cri de rébellion était source d'espoir. Ils fixent notre sang comme prix pour croire à nouveau en notre lutte pour la démocratie, la liberté et la justice. Ils veulent que la mort revienne rôder parmi nous pour se convaincre de notre honnêteté. Eux, toujours solidaires avec tout combat qui ne soit pas celui de leur propre peuple. Eux, qui n'ont jamais lésiné sur leur soutien aux luttes de libération dans tout pays, sauf le Mexique. Eux, qui marchandent leur aide aux plus petits de la Patrie. Eux, se faire payer le moindre geste de soutien. Ils comptent nous accuser du mensonge qui empoisonne leur cœur. Ceux qui, hier, se disaient prêts à brandir les armes aux côtés des Zapatistes pour s'opposer au mauvais gouvernement appellent, aujourd'hui, à ne rien faire, à se rendre en échange du triste privilège d'obtenir un poste dans le prochain gouvernement.

Aujourd'hui, le puissant nous répète un vieux mensonge, son double visage dit que l'oubli dans le cœur de notre peuple est la rétribution pour notre sang et la mort des nôtres, qu'à notre rébellion d'insurgés le peuple répond par l'oubli et l'apathie. Le puissant veut nous faire croire à un pays qui aime l'oppression et l'humiliation.

Aujourd'hui, avec pour alibi un processus électoral sale et illégitime, le puissant se délecte de son emprise. Il veut ignorer que la désillusion d'un changement pacifique se répand parmi les plus pauvres du pays, que l'impuissance devant l'appareil du système de parti-État transformera la grande participation des citoyens au récent processus électoral en scepticisme devant le changement démocratique pacifique. À mesure que gonfle l'orgueil artificiel des puissants, la rébellion violente grandit sur tout le territoire national.

Aujourd'hui, l'usurpateur et le mensonge qui habitent le Palais national nous menacent par les armes et les paroles; ils nous demandent d'abandonner notre juste cause, ils veulent notre reddition sans conditions, et la trahison de nos morts et de notre sang.

Aujourd'hui, aux paroles de vérité des insurgés zapatistes, à leur disposition à chercher un chemin de paix juste et digne, le Gouvernement suprême a répondu par menaces et bravade. Il y a aujourd'hui plus de soldats et de machines de mort entre les mains du mauvais gouvernement sous les cieux du Mexique, que de Justice, de Liberté et de Démocratie sur le sol du Sud-Est mexicain. Les avions de guerre se remettent à faire planer leur menace de mort sur les toits de nos gens.

Aujourd'hui, le Gouvernement suprême prétend nous faire peur, il nous menace de dizaines de milliers de soldats, de ses blindés et de ses avions, de ses bombes, de ses journaux, de sa télévision et de ses radios. Le Gouvernement suprême oublie que nous sommes les morts de toujours, ceux qui doivent mourir pour vivre, ceux qui ont laissé la peur bien rangée au plus profond de leur histoire, ceux qui ont recueilli dans la parole des plus anciens parmi leurs anciens la dignité perdue.

Aujourd'hui, il nous faut regarder la montagne, où vivent nos morts, pour entendre leur parole. *Votán* Zapata [(1)], gardien et cœur du peuple, se remet à entonner son chant de guerre et de mort pour les plus petits des enfants de cette terre, les tambours de combat résonnent à nouveau dans le cœur et l'esprit des hommes et femmes vrais, dans la parole qui marche la nuit, qui vit dans la montagne. Le sang de nos morts, ceux d'hier, ceux de janvier, ceux de ces 250 jours de siège, ceux des prochains jours, le sang des nôtres, notre sang nous parle. Il nous faut taire notre douleur un moment pour pouvoir écouter la parole qui marche dans la mort de nos morts.

Aujourd'hui, nos chefs parlent de nos morts pour entendre leur parole, pour savoir quel chemin devront suivre nos pas de feu.

Aujourd'hui, seuls le mensonge et la guerre sont sortis de la bouche du mauvais gouvernement. Sa voix a tenu un double langage quand elle a parlé de paix et de dialogue, la guerre et la menace étaient la vérité cachée dans son mensonge. Les puissants veulent que tout reste inchangé sur les terres des hommes et des femmes vrais, que continuent d'y régner le mensonge et la mort. Ils veulent que la mort de nos morts soit inutile, que soit stérile le sang des sans-visage, que la souffrance de ceux qui sont armés de la vérité et du feu ne trouve pas de chemin.

---

1 – Voir p. 244.

Aujourd'hui, le puissant croit que la peur vit dans notre cœur, que ses armes et ses soldats pourront faire reculer la volonté de liberté qui vit dans nos pas. Le puissant croit que nous, les morts de toujours, avons peur de mourir au combat.

Aujourd'hui, le tyran n'écoute pas la musique de guerre que chante la montagne, l'honneur et la dignité qui vivent dans la mort des guerriers sans visage et sans lendemain, en nous, morts de toujours, qui devons mourir pour vivre.

Aujourd'hui, le mauvais gouvernement prépare ses forces pour faire taire notre cri rebelle, pour emplir de sang et de mort ces terres de rébellion.

Aujourd'hui, nous sommes prêts.

Aujourd'hui, c'est ce que nous voulons dire : nous sommes prêts.

Aujourd'hui, nous sommes ici pour dire aux grands commerçants et éleveurs, à leurs gardes blanches, que nous sommes prêts à leur donner ce qu'ils méritent. Que nous savons où ils s'entraînent, qui les instruit, quelles sont les armes qu'on leur donne, qui ils sont, où ils vivent, où ils mangent, où ils dorment.

Aujourd'hui, nous voulons dire au mauvais gouvernement que si la résistance civile et pacifique que mène le peuple du Chiapas contre l'imposture continue de subir la répression et la menace, si les assassinats de dirigeants populaires se poursuivent, si la répression se déchaîne, nous ne resterons pas spectateurs alors que tombent les meilleurs enfants du Chiapas.

Aujourd'hui, nous nous sommes réunis ici pour tourner notre cœur et notre douleur vers la montagne, pour que notre cœur soit un bon terreau pour la graine qu'est la parole de ceux qui vont la nuit, de ceux qui sont montagne.

Aujourd'hui, nous, les morts de toujours, sommes venus dire à nos morts que nous sommes prêts, que la longue nuit de mensonge qui refuse de laisser place au jour a besoin d'un peu de sang encore pour fertiliser la graine qui sera demain la lumière, nous sommes venus ici pour parler à nos morts. Nous n'avons déjà plus de vie, la mort marche dans nos pas depuis l'aube de l'année, depuis l'histoire. Il n'y aura pas de lendemain pour les hommes et femmes sans visage, ceux dont les pas sont armés, ceux de la parole de vérité.

Aujourd'hui, nous sommes venus dire à nos chefs, aux morts de toujours, que nous sommes prêts, que nous attendons l'ordre, que nous l'accomplirons.

Aujourd'hui, nous, les soldats zapatistes, les guerriers des montagnes, nous sommes les mêmes qui luttions contre la conquête espagnole, qui luttions avec Hidalgo, Morelos, et Guerrero pour l'indépendance de ces sols. Les mêmes qui avons résisté à l'invasion de l'empire de la bannière aux troubles étoiles, qui aux côtés de Zaragoza avons combattu l'envahisseur français. Les mêmes qui avec Villa et Zapata avons sillonné la République tout entière pour faire une révolution qui est morte entre les livres, écrasée par les monuments de la nouvelle classe gouvernante. Les mêmes qui avec Arturo Gámiz avons pris d'assaut la caserne Madera. Les mêmes qui avons parcouru la montagne et la mort avec Lucio Cabañas et Genaro Vásquez Rojas. Les mêmes qui dans les prisons et la torture avons résisté aux coups de répression des années soixante-dix et quatre-vingt. Les mêmes qui avons fertilisé de notre sang le sol de San Cristóbal de las Casas, de Rancho Nuevo, de Las Margaritas, d'Altamirano, d'Ocosingo, les mêmes qui avons payé de notre souffrance silencieuse ces 250 jours d'asphyxie et d'oubli. Les mêmes qui nous sommes adressés d'une parole de vérité à nos frères de misère de toute la République mexicaine par l'intermédiaire de la Convention nationale démocratique.

Aujourd'hui, c'est encore nous qui venons dire à nos chefs que nous sommes prêts, que nous attendons les ordres, que la souffrance et l'oubli venus du dehors, de nos frères sur d'autres sols de notre Patrie, ne nous affaiblissent pas, que dans nos poitrines résonne le tambour de guerre et que notre sang veut retrouver à nouveau et à jamais le sang de nos morts.

Aujourd'hui, nous, les insurgés zapatistes, sommes venus dire à nos morts que nous attendons, que nous sommes prêts, que nous attendons. Nous, les insurgés d'hier, d'aujourd'hui et de toujours sommes venus crier la parole de notre père Vicente Guerrero : « Vivre pour la Patrie ou mourir pour la Liberté ! »

Aujourd'hui, nous sommes venus dire que si la patrie ne nous veut pas vivants, c'est dans la mort que nous gagnerons la liberté.

Aujourd'hui, nous sommes venus dire au peuple du Mexique, lui rappeler, que les Zapatistes ne se rendent pas, que les Zapatistes ne se vendent pas, que « tout pour tous, rien pour nous » reste notre façon de penser.

Aujourd'hui, nous sommes venus dire que si la guerre reprend, elle ne s'arrêtera plus. Que pendant des jours, des mois, des années, des décennies entières, la mort continuera de venir guetter la table de l'indigestion, les pas du puissant, la demeure de la superbe.

Aujourd'hui, nous sommes venus vous dire, à nouveau, que la paix que nous voulons est une paix de justice et de dignité, que nous n'accepterons pas de continuer à vivre et à mourir sans Liberté, ni Démocratie ni Justice, que nous ne verrons pas décembre 1993 se répéter en décembre 1994.

Aujourd'hui, nous sommes venus brandir nos armes pour rappeler à tous que nous sommes l'Armée zapatiste de Libération nationale.

Aujourd'hui, nous sommes venus répéter que nous sommes l'EZLN et que nous luttons pour la Démocratie, la Liberté et la Justice pour tous les Mexicains.

Salut frères et soldats zapatistes. La nuit de mort est encore longue pour notre lutte, le jour se lèvera dans le sang, avec la mort pour gage, la lumière viendra pour tous les Mexicains.

Longue vie à nos morts !
Que parle la voix de *Votán* Zapata !
Que nous parle le chant guerrier du gardien
et cœur du peuple !
Que notre cœur écoute !
Que parle ensuite notre pas en armes !
Vivre pour la patrie ou mourir pour la liberté !

Depuis les montagnes du Sud-Est mexicain.
CCRI - CG de l'EZLN.

122 – La longue traversée de la douleur à l'espoir

À l'occasion du dixième anniversaire de *La Jornada.*

À Monsieur Ik',
prince tzeltal,
fondateur du CCRI - CG de l'EZLN,
tombé lors des combats d'Ocosingo,
Chiapas, en janvier 1994. (Où qu'il soit…)

« Quoi qu'il arrive nous vivrons
Et du fond du Château des pauvres
Où nous avons tant de semblables
Tant de complices tant d'amis
Monte la voile du courage
Hissons-la sans hésiter
Demain nous saurons pourquoi
Quand nous aurons triomphé

Une longue chaîne d'amants
Sortit de la prison dont on prend l'habitude
La dose d'injustice et la dose de honte
Sont vraiment trop amères
Il ne faut pas de tout pour faire un monde il faut
Du bonheur et rien d'autre

Pour être heureux il faut simplement y voir clair
Et lutter sans défaut (…)

N'attendons pas un seul instant levons la tête
Prenons d'assaut la terre. »

Paul Éluard

Chapitre 1.

Où il est question des chants néolibéraux de 24 sirènes, de récifs d'or, d'échouage dans les bancs de sable du découragement et d'autres dangers qui guettent les pirates en haute mer.

La patrie parle

I. La patrie et ses douleurs parlent

On m'a donné comme un bout
de terre endolorie,
pleine de cicatrices,
de blessures qui ne se referment pas,
de coups et de chutes.

On m'a donné comme une malédiction
qui n'en finit pas,
comme une maison en ruine et amère.

Que l'histoire est lourde!
Je suis pleine de trahisons et de vols,
chaque humiliation s'additionne et grandit,
chaque misère s'accumule.

L'aigle impérial déchire mes entrailles
et de puissants seigneurs se partagent
mes mers et mes montagnes,
mes fleuves et mes déserts,
mes vallées et mes ravins.
Telles sont mes souffrances,
elles sont grandes et n'en finissent pas :
souffrance de mon sol déshonoré
souffrance de ma terre appauvrie
souffrance de mon fils trahi
souffrance de ma lutte perdue…

On peut arriver à ce pays par l'étage le plus haut ou par le sous-sol. On arrive au Mexique du sous-sol à pied et en pleurant… dans la boue.

En 1993, nous avons discuté, près de San Quintín, dans la commune d'Ocosingo, avec un Guatémaltèque qui entreprenait le long et incertain voyage, à travers les terres mexicaines, jusqu'à l'Union américaine. Pour y parvenir, il devait risquer l'argent, la santé, la vie et la dignité.

Lui et sa famille devaient aller du Chiapas à la Basse-Californie du Nord, à travers un cauchemar de misère et de mort.

Nous lui avons demandé pourquoi il prenait le risque d'aller jusqu'aux États-Unis, pourquoi il ne restait pas travailler dans l'un des États du Mexique qu'il traverserait pendant son voyage. Il nous a répondu en riant, moqueur :

« *Je ne suis pas assez fou pour ça. Si nous on est au* "Guatémal", *alors vous, vous êtes au* "Guatépirencore". » Et il nous a dit ce que décrivaient ceux qui étaient arrivés à la frontière nord du Mexique et avaient été déportés par la *Border Patrol* : un Mexique assez éloigné de l'image promotionnelle touristique, une police assassine, des fonctionnaires corrompus, la mendicité, des prix d'Amérique du Nord pour des salaires d'Amérique centrale, des Gardes blanches, une population dans la misère, le désespoir.

Une histoire que nous connaissions déjà. Le cauchemar qui habite le sous-sol de ce pays, le cauchemar qui nous a amenés au réveil de janvier…

…1994 : On parvient au Mexique du plus haut étage…

… en avion. Un aéroport du District fédéral, Monterrey, Guadalajara ou Acapulco, c'est l'entrée d'un ascenseur qui ne monte ni ne descend, mais parcourt horizontalement le pays des 24 hommes les plus riches du pays, les couloirs du Mexique de la modernité : les bureaux gouvernementaux où l'on administre le néolibéralisme, les clubs d'entreprise où le drapeau national est chaque fois plus brouillé, les centres récréatifs dont la véritable vocation est d'agir en miroir d'une classe qui ne veut pas voir ce qu'il y a sous ses pieds : un long escalier, colimaçon et labyrinthe, qui descend jusqu'au Mexique du sous-sol, celui qui est à pied, celui de la boue.

Au-dessus du sang et de la boue qui peuplent le sous-sol de ce pays, les 24 tout-puissants sont occupés à compter les 44 100 millions de dollars, cadeau du sexennat de la modernité.

Le Mexique d'en haut n'a pas le temps de regarder vers le bas, il est pris par des calculs macroéconomiques compliqués, il échange promesses, flatteries et indices d'inflation, taux d'intérêts et pourcentages de capitaux étrangers, concessions d'importations et d'exportations, listes de richesses, balances où la Patrie et la dignité ne pèsent d'aucun poids : la dette publique garantie, à longue échéance, est passée de 3196 millions de dollars en 1970 à 76257 millions de dollars en 1989. La dette privée sans garantie était de 2770 millions de dollars en 1970, elle est passée à 3999 millions de dollars en 1989. En 1989, la dette publique à court terme a atteint 10295 millions de dollars. Au début des années quatre-vingt-dix, le Mexique devait 95642 millions de dollars.

Chaque année, ce pays rembourse davantage de dettes, et pourtant il doit chaque année davantage d'argent. Le recours aux crédits du Fonds monétaire international est passé de zéro en 1970 à 5091 millions de dollars en 1989. La croissance économique industrielle et commerciale se paye comptant sur le dos de la campagne mexicaine : la production agricole, entre 1965 et 1980, a connu une croissance d'un taux annuel moyen de 3 %. Entre 1980 et 1989, elle n'est plus que de 1 %.

Pendant ce temps, concernant le commerce extérieur, les importations parlent leur difficile langage chiffré : les importations de céréales étaient en 1974 de 2,881 millions de tonnes, elles sont passées à 7,054 millions en 1984. Au total, en 1965, 5 % des importations étaient alimentaires; en 1989, le pourcentage des importations alimentaires est passé à 16 %. En revanche, à la même période, le pourcentage d'importation de machines et de matériel de transport a baissé (50 % en 1965, 34 % en 1989). Les exportations confirment la tendance : sur leur totalité, la vente de minéraux et de combustibles est passée de 22 % en 1965 à 41 % en 1989. La vente à l'extérieur de machines et de matériel de transport est passée de 1 % en 1965 à 24 % en 1989. L'exportation de biens de consommation courante est passée de 62 % en 1965 à 14 % en 1989.

(Données : International Bank for Reconstruction and Development. The World Bank. July 1991).

Monsieur Carlos Salinas de Gortari est, dans le Mexique d'en haut, le président… mais d'une assemblée d'actionnaires. La modernité, dans la néopolitique mexicaine, fait des fonctionnaires publics quelque chose comme un genre de vendeurs d'appartements, et du président de la République, le chef des ventes d'une immense entreprise : Mexique Société Anonyme à capital variable. Être politicien du parti-État, au Mexique, est la meilleure des affaires. Une ombre paternelle protège les pas de la nouvelle génération de politiciens mexicains, celle de l'ancien président Miguel Alemán Valdés [1], « M. Amigo ».

Le néo-élu, Ernesto Zedillo, reproduit le mirage de l'*American Dream* (des enfants pauvres parviennent à la richesse, c'est-à-dire à devenir politiciens) et un programme économique moderniste... vieux de quarante-huit ans! La faux du manque de liquidités, de crédits et de marché, recommencera de faucher les têtes de petits et moyens entrepreneurs.

La « loi de la jungle » du libre marché doublera la dose : plus de monopoles, moins d'emplois.

« Croître » pour la politique économique néolibérale signifie « vendre ». Pour faire de la politique il faut faire de la mercatique.

Le « citoyen » du Mexique d'en haut sera, tôt ou tard, nommé **Homme de l'année** par quelque institution étrangère. Pour y parvenir, il lui faudra suivre les...

... Instructions pour être nommé « Homme de l'année ».

1. – Accommodez, délicatement, un fonctionnaire technocrate, un opposant repenti, un chef d'entreprise prête-nom, un dirigeant syndical corrompu, un propriétaire immobilier, un fermier, un alchimiste électoral informatisé, un « brillant » intellectuel, une télévision, une radio et un parti officiel. Mettez de côté dans un flacon étiqueté « Modernité ».

2. – Prenez un ouvrier agricole, un paysan sans terre, un chômeur, un ouvrier industriel, un enseignant sans poste, une maîtresse de maison en colère, un demandeur de logement et de services, le peu de presse honnête, un étudiant, un homosexuel, un opposant au régime. Divisez autant que possible. Mettez de côté dans un flacon étiqueté « Anti-Mexique ».

---

1 – Miguel Alemán (1945-1952) : fondateur du PRI, en continuation du Parti de la révolution mexicaine. Fait partie, avec Gustavo Díaz Ordaz (1964-1970), des présidents de la famille "révolutionnaire" qui se sont attiré la confiance des milieux d'affaires et se sont immensément enrichi.

3. – Prenez un Indigène, réservez les objets artisanaux et faites une photo de l'Indigène. Mettez de côté les objets et la photo dans un flacon étiqueté « Tradition ».

4. – L'Indigène, mettez-le de côté dans un autre flacon étiqueté « Superflu ».
N'oubliez pas de vous désinfecter après cette dernière opération.

5. – Bon, ouvrez à présent une boutique avec une grande enseigne affichant :

« Mexique 94-2000
Grande liquidation de fin de siècle » !

6. – Souriez sur la photo. Que le maquillage cache les cernes que vous donnent tant de cauchemars.

NB : Gardez toujours un policier, un soldat et un billet pour l'étranger à portée de main. Vous pourriez en avoir besoin à tout moment.

Le Mexique d'en haut n'a pas de vocation étrangère. Pour avoir la vocation étrangère, il faut avoir une nationalité ; or le seul pays dont on entende parler, avec sincérité, à cet étage du haut de plus en plus étroit, c'est le pays de l'argent. Et ce pays n'a pas de patrie, il a des indices de profits et de pertes. Les événements historiques ont lieu à la Bourse et les héros modernes, là-bas tout en haut, sont les bons vendeurs. Pour quelque raison relevant de l'autre histoire (la vraie), cet étage du haut, loin de connaître une expansion, se restreint rapidement. Chaque fois, moins de gens peuvent y rester. Avec délicatesse parfois, ou avec brutalité, on force les incapables à descendre… par l'escalier. L'ascenseur du Mexique d'en haut, dont la porte donne sur les grands aéroports internationaux, ne monte ni ne descend. Pour sortir de là il faut descendre, descendre jusqu'à aboutir…

… au Mexique du milieu…

… on arrive en voiture. Il est urbain et son image est une copie conforme, que l'on retrouve à divers endroits du pays, du District fédéral. Image de béton qui ne peut cacher la contradiction de la cohabitation entre richesse et pauvreté extrêmes, le Mexique du milieu sent mauvais. Quelque chose pourrit là-dedans, à mesure que se dilue le sentiment de collectivité. Le Mexique du milieu, lui, a une vocation étrangère. Quelque chose lui dit que, pour monter au Mexique d'en haut, le chemin passe par un pays qui n'est pas celui-ci. Pour « réussir » au Mexique il faut partir à l'étranger. Pas forcément partir physiquement, mais partir en histoire, en désir. Cette vocation de l'exil synonyme de réussite n'a rien à voir avec le franchissement physique d'une frontière. Il en est qui, même en partant, demeurent. Et il en est qui, même en restant, s'en vont. Seuls 3 États de la fédération connaissent des indices d'exclusion **TRÈS FAIBLES** : le District fédéral, Nuevo León et la Basse-Californie du Nord; 10 autres ont des indices d'exclusion **FAIBLES** : Coahuila, la Basse-Californie du Sud, Aguascalientes, Chihuahua, Sonora, Jalisco, Colima, Tamaulipas, l'État de Mexico et le Morelos; 4 autres ont des indices d'exclusion **MOYENS** : Quintana Roo, Sinaloa, Nayarit et Tlaxcala. Le Mexique du milieu survit de la pire manière : en croyant qu'il vit. Il a tous les désavantages du Mexique d'en haut : ignorance historique, cynisme, opportunisme et un vide à peine comblé par les produits d'importation. Il a tous les inconvénients du Mexique d'en bas : instabilité économique, insécurité, perplexité, perte progressive de l'espoir et, en plus, la misère qui frappe, à chaque coin de rue, au carreau de la voiture. Tôt ou tard, le Mexique du milieu doit descendre de voiture et entrer dans un taxi s'il lui reste quelque chose, dans une *pesera* (2), dans le métro, dans une gare d'autobus, et se diriger vers le bas, jusqu'à parvenir…

… au Mexique d'en bas…

… on peut arriver presque immédiatement. Il cohabite, en conflit permanent, avec le Mexique du milieu. Les 17 États mexicains qui connaissent des indices d'exclusion **MOYENS, FAIBLES** et **TRÈS FAIBLES** ont la moitié de leurs habitants qui vivent en promiscuité (à plus de deux personnes par pièce) et 50 % des Mexicains qui vivent dans les États du « milieu » gagnent moins de deux salaires quotidiens minimum, c'est-à-dire qu'ils sont dans la pauvreté (à

2 – Taxi collectif. Ndt.

Tlaxcala, les trois quarts de la population sont dans la pauvreté).

Aguascalientes, Chihuahua, Jalisco, Colima, Tamaulipas, Morelos, Quintana Roo, Sinaloa et Tlaxcala comptent un tiers de leur population de plus de quinze ans qui n'a pas achevé son cycle primaire, à Nayarit ce pourcentage est supérieur à 40 %. Un tiers des habitants de Tlaxcala ne dispose pas d'évacuation des eaux usées. Un quart des habitants de Quintana Roo et de Sinaloa vivent sur un sol de terre. Les États de Durango, Querétaro, Guanajuato, Michoacán, Yucatán, Campeche, Tabasco, Zacatecas et San Luís Potosí connaissent des indices d'exclusion **ÉLEVÉS**. Presque la moitié de leur population de plus de quinze ans n'a pas achevé le cycle primaire, un tiers ne dispose pas d'évacuation, près des deux tiers vivent entassés et plus de 60 % gagnent moins de deux salaires minimums.

Le Mexique d'en bas ne partage pas, il se dispute un espace urbain et rural qui, nonobstant, a ses lignes de division internes, ses frontières. Les fermes, les *haciendas* et les grandes entreprises agricoles imposent leur espace rural aux *ejidos* et aux communautés paysannes. Les colonies urbaines, leur nom et leur orientation, les services dont elles disposent, la façon de parler de leurs gens, leur façon de s'habiller, leurs amusements, leur éducation, tout cela limite et classe, tente de ranger, d'accommoder le chaos qui régit les villes mexicaines. Pas besoin de donner le niveau de ses revenus, sa position sociale ou ses préférences politiques, il suffit de dire dans quelle colonie de quelle ville on vit. Dans la ville, il y a des milliers de villes, qui se battent, survivent, luttent. À la campagne, le véhicule, la façon de s'habiller et l'attention du gérant de la banque sont les signes qui permettent le classement. Le rang, dans la campagne mexicaine, peut se déterminer par le temps que passe la personne dans les antichambres du pouvoir public et financier. Dans le Mexique d'en bas, la maison de maître de l'*hacienda* porfiriste est remplacée par l'agence de la banque, à travers laquelle la modernité gagne la campagne mexicaine.

Le Mexique d'en bas a la vocation du combat, il est courageux, solidaire, il est groupe, il est quartier, il est bande, il est race, il est pote, il est grève, il est marche et meeting, il est prise de terres, il est coupure de routes, il est « je ne vous crois pas ! », il est « je ne me laisse pas faire ! », il est « on y va! ». Le Mexique d'en bas est professeur, maçon, plombier, ouvrier, chauffeur, employé, étudiant par métro-autobus-*pesera*, balayeur, camion matérialiste et dialectique, maîtresse de maison, petit locataire, vendeur ambulant, agrarien, mini et microcommerçant, mineur, sans-logis, paysan, *ejidatario*, provincial même s'il est de la capitale, travailleur agricole, docker dans les ports, pêcheur et marin, fripier, boucher, artisan; il est tous les *et cetera* que l'on rencontre au coin de la rue, à n'importe quel coin de n'importe quel endroit de n'importe quel Mexique… d'en bas. Le Mexique d'en bas est chair à bagne, à racket, à saisie, à ratonnade, à licenciement, à délogement, à enlèvement, à torture, à disparitions, à querelle, à mort. Le Mexique d'en bas n'a rien… mais il ne s'en est pas rendu compte. le Mexique d'en bas a déjà des problèmes de surpopulation. Le Mexique d'en bas est millionnaire de misères, de désespoirs. Le Mexique d'en bas partage ses espaces urbains et ruraux, ses glissades et ses chutes, ses luttes et ses défaites. Le Mexique d'en bas est bien en-bas, tellement en bas qu'il semble ne rien y avoir plus bas, tellement en bas qu'on ne voit pratiquement pas cette petite porte qui mène…

… au Mexique du sous-sol…

… on arrive à pied, pieds nus, ou en sandales ou en bottes de caoutchouc. Pour y parvenir, il faut descendre par l'histoire et monter par les indices d'exclusion. Le Mexique du sous-sol a été le premier. Lorsque le Mexique n'était pas encore le Mexique, lorsque tout ne faisait que commencer, le Mexique qui est à présent celui du sous-sol existait, il vivait. Le Mexique du sous-sol est « indien » parce que Colomb a cru, voilà cinq cent deux ans, que la terre qu'il touchait était l'Inde. On appela dès lors les natifs de ces sols des « Indiens ». Le Mexique du sous-sol est : *mazahua, amuzgo, tlapanèques, nahuatlacas, coras, huicholes, yaquis, mayos, tarahumaras, mixtèques, zapotèques, mayas, chontales, seris, triquis, kumiais, cucapás, paipais, cochimíes, kiliwas, tequistlatèques, pames, chichimèques, otomíes, mazatèques, matlatzincos, ocuiltèques, popolocas, ixcatèques, chocho-popolocas, cuicatèques, chatinos, chinantèques, huaves, pápagos, pimas, tepehuanos, guarijios, huastèques, chujes, jalaltèques, mixes, zoques, totonaques, kikapúes, purépe-*

chas, o'odham, tzotziles, tzeltales, tojolabales, choles, mames.

Le Mexique du sous-sol est indigène… mais pour le reste du pays il ne compte pas, il ne produit pas, ne vend pas, n'achète pas, c'est-à-dire qu'il n'existe pas… Consultez le texte de l'Accord de Libre Echange et vous verrez que, pour ce gouvernement, les Indigènes n'existent pas. Mieux encore, lisez l'Annexe 1001 a-1 du texte de l'Alena, daté du 7 octobre 1992 (oui, cinq jours avant les « fêtes » des 500 ans de la « découverte de l'Amérique »), et vous verrez que le gouvernement saliniste « oublie » d'inscrire, dans la liste des « Entités du Gouvernement fédéral », l'Institut national indigéniste. Ça fait longtemps que nous sommes dans la montagne, peut-être a-t-on déjà privatisé l'INI, mais il est quand même surprenant qu'apparaissent en tant qu'« entités du gouvernement » des organisations aussi renommées que le Patronat d'assistance à la réinsertion sociale, l'Aide aux services à la commercialisation agricole et l'Institut de la communication humaine du docteur Andrés Bustamante Gurría. En revanche, pour le Canada, figure le *Department of Indian Affairs and Northern Development,* quelque chose comme « ministère des Affaires indigènes et du Développement septentrional ».

Le Mexique du sous-sol accumule traditions et misères, connaît les plus hauts indices d'exclusion et les plus bas de nutrition. Des 32 États, 6 connaissent un indice **TRÈS ÉLEVÉ** d'exclusion. Ces 6-là ont un fort pourcentage de population indigène :
Puebla, Veracruz, Hidalgo, Guerrero, Oaxaca, Chiapas.

La stratification des Mexiques se retrouve au sein des communes [3]. Au niveau national, il y a 2403 communes; 1 153 d'entre elles connaissent un indice d'exclusion **ÉLEVÉ** et **TRÈS ÉLEVÉ**; 1118, des indices d'exclusion **MOYENS** et **FAIBLES** et il n'y a que 132 communes dont l'indice d'exclusion soit **TRÈS FAIBLE**. Dans les États à haute population indigène : sur les 111 communes du Chiapas, 94 ont des indices **ÉLEVÉ** et **TRÈS ÉLEVÉ**. Sur 75, Guerrero en compte 59. Sur 570, Oaxaca en compte 431. Sur 217, Puebla en compte 141. Sur 18, Querétaro en compte 10. Sur 56, San

3 – *Municipios.*

Luís Potosí en compte 33. Sur 207, Veracruz en compte 130. Et sur 106, Yucatán en compte 70.

C'est dans la boue et le sang que l'on vit et que l'on meurt dans le sous-sol du Mexique. Latent, mais à sa racine, le mépris que subit ce Mexique lui permettra de s'organiser et de secouer le système tout entier. Son fardeau sera celui-là même qui lui permettra de s'en débarrasser. L'absence de Démocratie, de Liberté et de Justice pour ces Mexicains, s'organisera et éclatera pour illuminer…

… janvier 1994…

… a rappelé au pays entier l'existence de ce sous-sol. Des milliers d'Indigènes armés de vérité et de feu, de vergogne et de dignité, ont secoué le pays du doux rêve de la modernité. « *¡ Ya basta!* » crie sa voix, assez de rêves, assez de cauchemars. Depuis que l'acier et l'Évangile ont dominé ces terres, cette voix a été condamnée à résister à une guerre d'extermination qui emploie à présent toutes les dernières avancées de la technologie intergalactique. Satellites, matériel de télécommunications et rayons infrarouges surveillent leurs mouvements, repèrent ses rébellions, indiquent, sur les cartes militaires, où semer les bombes et la mort. Des dizaines de milliers de masques vert-olive préparent une nouvelle guerre fleurie. Ils veulent laver de sang indigène leur fierté de servir le puissant, d'être complices de l'injuste répartition de la souffrance et de la pauvreté.

Les Indigènes zapatistes ont payé de leur sang leur péché. Lequel? Celui de ne pas se contenter de l'aumône, celui d'insister dans leur exigence de Démocratie, de Liberté et de Justice pour tout le Mexique, celui de leur « Tout pour tous, rien pour nous ».

Ceux qui refusent au paysan indigène mexicain la possibilité de comprendre le concept de NATION et l'obligent à regarder vers son passé (qui le sépare du reste du pays) et l'empêchent de voir le futur (qui est ce qui le rattache à la Nation et constitue son UNIQUE possibilité de survie en tant qu'Indigène) reproduisent la division non pas des classes sociales, mais (forme déguisée de la précédente) la division en catégories de citoyens : ceux de la première (les gouvernants), ceux de la deuxième (les partis politiques de l'opposition) et ceux de la troisième (le reste des citoyens). Les Indigènes se trouveraient dans la catégorie très inférieure de « citoyens en formation », le sous-sol de la nation mexicaine, la cave sur laquelle on se penche de temps en temps pour y chercher quelque chose qui pourrait encore servir aux étages du dessus, ou pour réparer quelque dysfonctionnement qui mettrait en péril l'équilibre et la stabilité de l'édifice.

Le Mexique du sous-sol est le plus dangereux en cette saison de ventes organisées par le Mexique d'en haut. Le Mexique du sous-sol est celui qui n'a rien à perdre, celui qui a tout à gagner. Le Mexique du sous-sol ne se rend pas, ne se vend pas, il résiste…

Du Mexique du sous-sol s'est élevée, en août 1994, une voix qui n'est pas celle de la guerre, qui ne cherche pas à retarder la pendule de l'histoire de cinq cent deux ans, qui ne réclame pas l'avant-garde, qui n'exclut pas les misères. « Tout pour tous, rien pour nous », dit la langue millénaire. La voix des sans-visage, des innombrables, s'est faite commune à la Convention nationale démocratique. Cette voix s'adresse à des destinataires précis. Elle appelle le Mexique d'en bas et parle au Mexique du milieu. « Que le sang ne soit pas inutile. Que la mort ne soit pas vaine », disent les montagnes. Que la parole fasse converger les différents chemins, que la rébellion se fasse aussi avec…

… Les femmes : double rêve, double cauchemar, double réveil

Si parmi les hommes la division entre les Mexiques est évidente à un certain degré, chez la femme elle produit de nouveaux effets qui favorisent la soumission et la rébellion.

Tandis qu'au Mexique d'en haut la femme reste dans son rôle de filigrane, comme décoration dans le bureau exécutif du monde de l'Alena et comme administratrice « efficace » du bien-être familial (c'est-à-dire le dosage des sorties au McDonald), et que dans le Mexique du milieu perdure le vieux cycle fille-fiancée-épouse et/ou maîtresse-mère, dans les Mexiques d'en bas et du sous-sol, le cauchemar se démultiplie dans les microcosmes où le mâle domine et détermine.

Pour les femmes d'en-bas et du sous-sol, tout se démultiplie, (sauf le respect) : concernant les femmes, les pourcentages d'analphabétisme, de misérables conditions de vie, de bas salaires, d'exclusion atteignent le niveau d'un cauchemar que le système préfère ignorer ou maquiller parmi les indices généraux qui ne révèlent pas l'exploitation spécifique rendant possible l'exploitation générale.

Mais quelque chose commence à se détraquer dans cette double soumission, le double cauchemar dédouble le réveil.

Des femmes d'en bas et d'encore plus en bas se réveillent en se battant contre le présent et contre un passé qui menace de devenir futur probable.

La conscience d'humanité passe par la conscience de féminité, se savoir être humain implique de se savoir femme et lutter. Elles n'ont plus besoin que quelqu'un parle pour elles, leur parole suit le double chemin de la rébellion par sa propre énergie… le double moteur des femmes rebelles dans cet…

… Espace pour les paradoxes de la promotion touristique

Mexique : 24 à chaque extrémité, le rêve et le cauchemar

Les 24 plus riches du Mexique :

1. Carlos Slim Helú : 6600 M $ US.
2. Emilio Azcárraga Milmo : 5400 M $ US.
3. Marcelo et Lorenzo Zambrano : 3100 M $ US.
4. Alejo Peralta : 2500 M $ US.
5. Alfonso Romo Garza : 2200 M $ US.
6. Jerónimo Arango : 2200 M $ US.
7. Alberto Bailleres : 1900 M $ US.
8. Pablo Aramburzabala O. : 1600 M $ US.
9. Famille González Nova : 1500 M $ US.
10. Famille Molina : 1400 M $ US.
11. Adrián Sada González : 1300 M $ US.
12. Angel Losada Gómez : 1300 M $ US.
13. Famille Servitje Sendra : 1200 M $ US.
14. Bernardo Garza Sada : 1200 M $ US.
15. Roberto Hernández : 1200 M $ US.
16. Ricardo Salinas Pliego : 1200 M $ US.
17. Eugenio Garza Lagüera : 1100 M $ US.
18. Roberto González Barrera : 1100 M $ US.

19. Jorge Larrea Ortega : 1100 M $ US.
20. Moisés et Antonio Cosío Ariño : 1000 M $ US.
21. Famille Martínez Güitrón : 1000 M $ US.
22. Famille Franco Macías : 1000 M $ US.
23. David et Adriana Peñaloza : 1000 M $ US.
24. Alfredo Harp Helú : 1000 M $ US.

Ces 24 comptent au total 44,1 milliards de dollars US. Leurs fortunes ont connu des croissances cent fois supérieures à celle de l'ensemble du Mexique tout entier.

(Source : hebdomadaire *Proceso*, n° 923, juillet 1994).

Les « autres » 24 : les plus pauvres communes du Mexique :

Oaxaca compte 12 communes; Veracruz, 4; Guerrero, 2; Chiapas, 3 et Puebla, 3. Ensemble, elles constituent les 24 communes les plus pauvres du pays. Dans la liste des 100 communes les plus pauvres, Oaxaca en compte 44; Veracruz, 15; Puebla, 15; Guerrero, 13; Chiapas, 11; Hidalgo, 1 et Nayarit, 1. Les 100 plus pauvres ont trois choses en commun : un indice d'exclusion **TRÈS ÉLEVÉ**, la misère et une population en majorité indigène.

Les 24 communes les plus pauvres du Mexique et leur population :
1. Tehuipango, Veracruz : 12520 habitants.
2. Metlatonoc, Guerrero : 24338 habitants.
3. Coicoyan de las Flores, Oaxaca : 4914 habitants.
4. Mixtla de Altamirano, Veracruz : 7109 habitants.
5. San Simón Zahuatlan, Oaxaca : 1646 habitants.
6. Santiago Amoltepec, Oaxaca : 7540 habitants.
7. San Juan Cancuc, Chiapas : 21206 habitants.
8. Camocuautla, Puebla : 1914 habitants.
9. Santa Lucía Miahuatlan, Oaxaca : 2481 habitants.
10. Mitontic, Chiapas : 5783 habitants.
11. Tlacoachistlahuaca, Guerrero : 13186 habitants.
12. Sitalá, Chiapas : 6640 habitants.
13. San Lorenzo Texmelucan, Oaxaca : 4124 habitants.
14. Santiago Tlazoyaltepec, Oaxaca : 4504 habitants.
15. Eloxochitlan, Puebla : 8599 habitants.
16. Hueytlalpan, Puebla : 4757 habitants.
17. San Martín Peras, Oaxaca : 6170 habitants.

18. San Antonio Sinicahua, Oaxaca : 1261 habitants.
19. Santa Cruz Zenzontepec, Oaxaca : 11576 habitants.
20. San Jacinto Tlacotepec, Oaxaca : 1561 habitants.
21. San Andrés Paxtlán, Oaxaca : 3299 habitants.
22. Santiago Ixtayutla, Oaxaca : 8265 habitants.
23. Texcatepec, Veracruz : 7797 habitants.
24. Ilamatlan, Veracruz : 12620 habitants.
Population totale : 183810 habitants.

Les 24 plus pauvres…

connaissent en moyenne 67 % de population analphabète chez les plus de 15 ans, 90 % n'ont pas achevé le cycle primaire, 87 % de la population n'ont ni évacuation des eaux usées ni toilettes, 87 % n'ont pas l'électricité, 84 % n'ont pas l'eau courante, 86 % vivent dans la promiscuité, 95 % habitent une maison dont le sol est en terre, 91 % gagnent moins de deux salaires minimum, et 100 % connaissent des indices d'exclusion TRÈS ÉLEVÉ. La seule richesse qu'ils possèdent est… leur population. (Source : INEGI, Recensement de 1990).

Ils constituent, avec d'autres, ce…

… MEXIQUE : ÉTAGE SUPÉRIEUR, ÉTAGE INFÉRIEUR ET SOUS-SOL

Chapitre 2.

Où il est question d'orages, de rafales de vent et de houle
qui font tanguer le bateau et la volonté des matelots,
de naufrages qui n'existent pas mais en ont l'air,
et d'autres incroyables (parce que personne n'y croit)
histoires électorales qui circulent au sein de la flotte ennemie.

II. LA PATRIE ET SES CRAINTES PARLENT

Ouvriers de la mer et de la terre
sont mes enfants,
les machines et les champs les dévorent,
pauvres ils naissent et pauvres ils meurent.
De riches seigneurs boivent leur sang,
gros, ils sont satisfaits

puisque gisent les héros
dans les lettres humides de l'école.
J'ai peur de me réveiller chaque matin
vide d'hommes et de femmes,
seule à la fin et défaite.
J'ai peur que personne ne lève la tête,
peur que personne ne me renouvelle
et que dans un coin des musées,
m'abandonnent mes hommes et l'histoire...

Élections d'août 1994 : trois lectures des résultats électoraux

Lecture première (en publicité et ressources) : l'étage supérieur de ce pays lit que la moitié des Mexicains est ravie et heureuse de l'administration de la modernité (c'est-à-dire, de l'existence des 24 éminences de la patrie de l'argent), qu'elle est fière de l'histoire nationale (c'est-à-dire des soixante-cinq ans d'histoire du PRI), et qu'elle considère l'avenir avec optimisme (c'est-à-dire qu'elle est enthousiaste à l'idée de parvenir à l'an 2000 sous la sage conduite du PRI). Elle peut compter sur l'aval de l'insoupçonnable ministère de l'Intérieur, des groupes d'observateurs du PRI et de l'Entreprise privée, du gouvernement nord-américain et du Fonds monétaire international. C'est-à-dire, l'aval des véritables maîtres de ce pays. Émettre la moindre contestation, le moindre doute, la moindre protestation est une atteinte à la « propreté » du processus, c'est aller à l'encontre de la volonté des citoyens mexicains (y compris ceux qui n'ont pas voté et de ceux qui ont voté contre le PRI). Les premiers à comprendre ce message patriotique sont les grands médias : la radio et la télévision. Que ce soit pour obtenir de nouvelles concessions, que ce soit pour ne pas perdre celles en cours, les entrepreneurs de la parole, de l'image et du son serrent les rangs autour du PRI (c'est-à-dire autour du Mexique, puisque être patriote c'est reconnaître ce que personne ne reconnaît : la légitimité du triomphe du PRI). Les fédéraux et les policiers surveillent les principaux incrédules devant cette grande joie qui consiste à se savoir assurés de finir le siècle comme nous l'avons commencé : par une dictature. Sont suspects de ne pas croire aux vertus néolibérales du PRI, de Salinas et des 24 notables : Cuauhtémoc Cárdenas, le PRD, les authentiques membres du PAN, la Convention nationale démocratique, l'EZLN et les 30 millions de citoyens qui n'ont pas voté « pour le bien-être de la famille »... PRI.

Deuxième lecture (cantonnée au peu de médias honnêtes qui restent) : l'étage inférieur du Mexique ne s'accorde pas sur une lecture des dernières élections. Les plus fragiles (en termes de morale et de théorie) y voient une défaite et cherchent les coupables du coin de l'œil, à leurs côtés, parmi leurs semblables. Ou bien, les spécialistes désorientés (qui aspiraient à conseiller des vainqueurs, et se retrouvent à présent à critiquer des perdants, et distribuent, sans la moindre réserve, des étiquettes destinées à classer l'inclassable : « réformistes armés », « révolution désarmée »), leur lecture est celle d'un échec des stratégies, des tactiques, des médiations, des conjonctures, des partages, des alliances, des positions, des impostures. Enfin, l'échec est dû au fait qu'on n'a pas suivi leurs conseils. Et puis, les plus velléitaires y lisent la déception. L'échec réside, disent-ils, dans le fait d'avoir cru au peuple du Mexique. Ou encore, les plus frustrés y lisent l'inutilité de la lutte. Ils désespèrent d'un peuple qui refuse, disent-ils, d'être sauvé par de si brillants rédempteurs. Ils écrivent sur un mur urbain, pour la postérité, leur sentence : « Peuple = enculé ». Une grande partie de l'étage inférieur du Mexique lit le résultat électoral suivant :

Zedillo : 17336325 soit 48,77 %.

Fernández Cevallos : 9222899 soit 25,94 %.

Cárdenas : 5901557 soit 16,60 %.

Soto : 975356 soit 2,74 %.

Autres et sans-parti : 1113364 soit 3,13 %.

C'est-à-dire, les mêmes résultats que nous matraquent les médias et le gouvernement depuis... mai 1994 !

Pourtant, dans une autre partie de l'étage inférieur, on évite la lecture facile, la paresse de chercher. L'entendement est illuminé par le doute, et par le désir sincère de comprendre pour comprendre la lutte, d'expliquer pour expliquer la lutte, de savoir pour savoir lutter. Dans cette autre partie, on ne lit pas seulement le 21 août, on inclut toute la bibliographie depuis, au moins, 1988. On y lit les injustices au cours des campagnes, dans la disposition de ressources, dans l'accès aux médias (et donc à l'opinion publique), dans la structure corporative, dans l'écrémage des listes, dans les morts qui votent, dans les « souris folles » – bourrages d'urnes-présence massive aux bureaux de vote-menaces de représailles-promesses de récompense –, dans les urnes qui gonflent en quelques heures et se mettent à accoucher de deux ou trois fois le nombre original de bulletins, dans les intimidations, les chantages, l'ignorance, la répression. Passée la stupeur du *coup d'État* [4] publicitaire, cette partie du Mexique commence à relever les irrégularités, les mini et microfraudes, les fraudes moyennes, les grandes fraudes, les macrofraudes. Peu à peu, le doute commence à se confirmer : la victoire est illégitime. Ici on lit ce qui suit :

Zedillo : 17336325 soit 48,77 %.

Fernández Cevallos : 9222899 soit 25,94 %.

Cárdenas : 5901557 soit 16,60 %.

Soto : 975356 soit 2,74 %.

Autres et sans-parti : 1113364 soit 3,13 %.

Mais dans cette lecture, les voix pour le PRI sont le produit d'un long enchaînement de fraudes de toutes tailles, saveurs et couleurs. Ça n'est pas une élection légitime, il faut la nettoyer et la refaire. Il n'y a pas de vainqueur propre dans un processus sale dès l'origine. Dans cette lecture, peu à peu commence à se réveiller, à s'organiser, à marcher un mouvement de résistance civile. Sa première tâche est de recueillir de l'information dispersée, de comparer les listes, d'interroger les gens. Les irrégularités commencent à affluer comme les voix du 21 août : altération de chiffres dans les listes, additions truquées, votes exprimés supérieurs au nombre de bulletins dans les urnes, rapports de bureaux de vote présignés en blancs, ou non signés, absence de représentants des partis d'opposition et d'observateurs dans les bureaux de vote, viol du vote secret, pressions en faveur du PRI au cours du scrutin, excédent de bulletins dans les urnes, votants munis de plusieurs cartes d'électeur, morts qui votent, présence militaire dans les bureaux de vote, membres du PRI en campagne le jour même des élections, menaces, annulation de bulletins favorables à l'opposition, écrémage des listes d'électeurs, appel nominal des électeurs "engagés" à voter PRI, pannes de courant pendant le comptage des voix, et tout ce qui continue de se présenter. Tout cela n'indique qu'une chose : ces élections sont les plus sales de l'histoire du Mexique. Le signaler, le dénoncer, le faire savoir, agir en conséquence est un pas. Un pas de plus,

4 – En français dans le texte.

nécessaire, sur le long chemin de la lutte pour la transition démocratique.

Dans ce mouvement confluent la Convention nationale démocratique, les secteurs honnêtes du PRD, du PAN, de la société civile, des observateurs indépendants et honnêtes, des intellectuels conséquents, et une partie de ce que l'on appelle le peuple. L'analyse laisse poindre une réalité changeante qui, même à travers le filtre de la fraude, se glisse entre les chiffres :

Pour qui ont voté les anciens abstentionnistes ?

	1991	**1994**	**Différence**
PAN	4103393	9222899	+ 4792763
PRD	1919235	5901557	+ 3695651
PRI	4224989	17336325	+ 2293281

La plupart des votes « nouveaux » ont été favorables à l'opposition, le pourcentage de voix pour l'opposition triple entre 1991 et 1994. Le « vote de la peur » n'a pas été pour le PRI. Les abstentionnistes d'hier sont venus voter contre le PRI.

Et les États les plus pauvres du pays n'ont pas eu peur non plus de changer, et ils ne se sont pas laissé acheter par des « Pronasols » ou des « Procampos » :

À la campagne (par rapport à 1991) :

PRI :
Chiapas… - 217000.
Puebla… - 34000.
Veracruz… - 13000.
Guerrero… + 27000.
Oaxaca… + 13000.
Campeche… + 1000.
Yucatán… + 27000.
Zacatecas… + 21000.

Troisième lecture (qui reste à faire) : Au sous-sol du pays, on ne lit pas. L'analphabétisme cherche ici sa lecture ailleurs, on se lit soi-même, on parle par codes ancestraux, avec des images d'autrefois, avec des sons de nombreux hier, on communique par voie souterraine. Le changement se construit d'en bas, disent-ils et répètent-ils. Le scepticisme ne se croise pas les bras. Il aiguise, patiemment, la pointe tendre de l'espoir. Au sous-sol du Mexique on a l'intuition de ce que disent d'autres chiffres, pour que personne ne les lise. Ceux qui livrent les suivants…

… Résultats :

Inscrits 1994 : 45824057 soit 100 %.
Exprimés 1994 : 35550283 soit 77,57 %.
Valides : 34549501.
Candidats, voix, % de la population, % des bulletins exprimés [5] :
Zedillo : 17336325 soit 48,77 % et 37,83 %.
Abstentions : 10618917 soit 22,26 %.
Annulés : 1782000 soit 2,82 %.
Abst. + Nuls : 12400917 soit 27,06 %.
Fernández : 9222899 soit 25,94 % et 20,12 %.
Cárdenas : 5901557 soit 16,60 % et 12,87 %.
Soto : 975356 soit 2,74 % et 2,12 %.
Autres et sans-parti : 1113364 soit 3,13 % et 2,42 %.
Total contre le PRI : 29614003 soit 62,17 %.

Au sous-sol du Mexique, on a l'intuition de la vérité : même avec cette mégafraude, les deux-tiers de l'électorat sont contre le PRI. La majorité de ce pays veut un changement démocratique, veut en finir avec le système du parti-État. Cette intuition coïncide avec les conclusions de la lecture que fait le Mexique d'en bas, l'intelligent : il faut un mouvement civil de résistance et de lutte. Le Mexique du sous-sol sait que c'est faux, que le parti-État ne peut même pas compter sur le soutien de ces 17 millions de personnes qui, paraît-il, on voté pour lui. Le Mexique du sous-sol connaît une vérité qui circule, depuis des années, entre les vases communicants des profondeurs nationales : il n'est pas possible de venir à bout du parti-État avec les mêmes armes que celles qui le soutiennent et le cautionnent devant

5 – La législation mexicaine, faite sur mesure par et pour le PRI, permet de choisir quel pourcentage – votes totaux ou votes valides – attribuer officiellement au vainqueur des élections. Ainsi, M. Zedillo qui a obtenu 48,77 % des voix si l'on tient compte des votes nuls et blancs, est-il crédité de 50,18 % si l'on en fait abstraction, atteignant ainsi la "majorité absolue". D'élection en élection, selon les circonstances, le mode de calcul change. C'est ainsi que la victoire de M. Miguel de la Madrid, en 1982, fut acquise avec 70,99 % du total des votes, alors que celle de M. Salinas, en 1988, le fut avec 50,47 % des voix exprimées.

l'opinion publique. Tant que l'organisation des élections restera aux mains du parti-État, toute tentative de lutte terminera dans la frustration et l'immobilité politique ou la reddition cynique. Un gouvernement de transition, de changement, est nécessaire pour la démocratie. Pour cela, les appels à la formation d'un large front d'opposition, qui unisse tous ces millions de Mexicains opposés au système de parti-État, sont reçus avec espoir. Ces appels sont venus, entre autres, de…

… Parenthèses diverses

(Parenthèse : le PAN de « Maquío » et le PAN du « Jefe Diego » [chef Diego].

Le Parti d'action nationale n'est pas un parti de gauche, mais sa tradition de lutte pour la démocratie est difficilement contestable. L'Action nationale compte des militants honnêtes et très combatifs dotés d'une grande créativité dans la protestation contre le pouvoir gouvernemental et ses méthodes arbitraires. Des années durant, l'Action nationale a eu le poids de l'unique force légale d'opposition au régime. Avec Manuel Clouthier [6], le PAN démontre son indépendance et son honnêteté en tant que force d'opposition au régime. Avec Diego Fernández de Cevallos [7], le PAN affiche sa plus mauvaise image, le renoncement en échange de sinécures, la vente de la dignité d'opposant au prix de quelques sièges. Mais nier le rôle d'opposant du PAN à cause de la conduite du *« Jefe Diego »* serait comme nier la lutte du PRD à cause de l'attitude servile de Jack Demóstenes lorsqu'il a donné son aval à la désignation forcée de Robledo au Chiapas. Dans l'Action nationale se trouvent des citoyens combattifs et cohérents, comme Fox (malgré son impertinence à douter de l'honnêteté zapatiste) et Livas. De l'Action nationale proviennent aussi d'autres citoyens dont la conviction démocratique ne fait plus de doute : Bernardo Batiz, González Schmall et Pablo Emilio

---

6 – Candidat du PAN à la présidence de 1988, Manuel Clouthier s'est tué en 1990 dans un accident d'automobile souvent considéré comme suspect et qui n'est pas sans rappeler celui dont a été victime M. Avendaño avant les dernières élections.

7 – Avocat de cinquante-trois ans, Diego Fernández de Cevallos représente la droite traditionnelle et catholique. Opposant au général Lázaro Cárdenas (père de Cuauhtémoc), son père fut l'un des fondateurs du PAN en 1939.

Madero n'en sont que quelques exemples. Le mouvement pour la démocratie n'est pas circonscrit à la gauche en une figure de géométrie politique complexe, il comprend de très amples secteurs. En matière de lutte pour la démocratie, les orientations de droite, de centre et de gauche ne sont pas si claires. Il semble plus adéquat d'établir une classification entre ceux qui sont pour le changement démocratique, et ceux qui préfèrent une continuité antidémocratique. Il ne manque pas de ressources humaines pour ce large front d'opposition. Son rôle sera, s'il se concrétise, déterminant dans la transition démocratique…)

(Autre parenthèse : Cárdenas et le PRD.

Bien qu'il ait été attaqué et calomnié par tous les médias au service du parti-État (qui ne sont pas peu nombreux), l'ingénieur Cuauhtémoc Cárdenas demeure l'homme indiscutable des forces démocrates du Mexique. Aujourd'hui réduit, y compris par des membres de son propre parti, à une position apparente d'intransigeance et de volontarisme, le fils du général n'a rien fait d'autre que de rester cohérent avec la lutte qu'il a entreprise en 1988. Il a déjà reçu des coups, et avait déjà été présenté à l'opinion publique comme promoteur de la violence et de l'opposition à outrance, du chaos, du désordre et de l'anarchie. Mais il se passe exactement l'inverse : lors des dernières élections, Cárdenas représentait l'espoir d'un changement pacifique juste et démocratique pour des millions de Mexicains qui habitent le Mexique d'en bas et celui du sous-sol. Pas seulement pour les démunis, mais aussi pour des secteurs moyens et aisés, Cárdenas représentait la chance d'aérer une vie politique déjà asphyxiante, irrespirable, il représentait la possibilité de transformer le passage brutal à la modernité que l'économie saliniste impose aux classes moyennes et aux pauvres du pays. Les personnes qui ont soutenu Cárdenas en août sont bien plus que les presque six millions que lui reconnaissent l'Institut fédéral électoral, le PRI et Salinas. Contrairement à ce que disait la campagne contre lui, Cárdenas incarnait la seule (la dernière ?) possibilité de changement pacifique dans le Mexique de 1994. La voie de la transition civile et pacifique à la démocratie, la liberté et la justice tenait, jusqu'en août 1994, en Cárdenas, un conducteur fiable, honnête et conséquent. Référence incontournable au sein de son parti, celui de la Révolution démocratique, Cárdenas était aussi le rassembleur d'autres forces qui luttent, par des chemins pacifiques et légaux, pour la Démocratie, la Liberté et la Justice. En déclarant que personne ne peut revendiquer la victoire d'un scrutin électoral aussi sale que le dernier, Cárdenas est fidèle à lui-même et à ses partisans [8]. Lorsqu'il s'engage à poursuivre la lutte, cette fois pour nettoyer les élections et empêcher que ne soit intronisé l'héritier de Salinas, Cárdenas se montre conséquent. Pourtant, dans son parti, le chant du cygne pour cette figure des plus significatives de la lutte démocratique des dernières décennies commence à se faire doucement entendre de la bouche de dirigeants de divers niveaux. Erreurs, erreurs encore dont on taxe la stratégie suivie par cet homme qui, au risque d'une énorme campagne dégradante contre sa personne, et quoi qu'ait finalement donné l'entrevue, s'est acharné à dialoguer avec une force armée, sans visage, à majorité indigène et en rébellion. On lui reproche d'être sur la photo sur laquelle voulaient figurer Salinas, Camacho et Zedillo : saluant de la main les insurgés qui sont un exemple de dignité et de résistance. On lui reproche d'avoir choisi de préférer « faire les villages » plutôt que de se maquiller à la télévision. On lui reproche d'avoir assumé le devoir de prendre la tête, par des voies pacifiques et légales, du mécontentement des plus pauvres parmi les pauvres du pays, au lieu de chercher à s'approcher des secteurs moyens de la société pour se disputer le centre pour lequel se battaient déjà le PRI et le PAN. On lui reproche de ne pas accepter sa défaite. On lui reproche, finalement, d'être Cuauhtémoc Cárdenas.

À présent, au PRD, on discute : le parti doit-il effectuer un virage déterminé vers le centre ? Ou bien doit-il réaffirmer sa vocation à être la gauche légale ?)

(Une parenthèse de plus : la Convention nationale démocratique – une main sur la rambarde, en faisant ses adieux au port, dit au revoir et merci.

À la veille des élections, une nouvelle force politique a commencé à prendre corps. L'une de ses vertus est d'être NATIONALE. La Convention nationale démocratique est depuis peu dans la politique mexicaine, mais elle a pour elle son caractère de front populaire et la fraîcheur de la jeunesse qui constitue l'essentiel de sa base. Avec des représentants dans tous les États, la CND est appelée à combler le vide de la

8 – Au lendemain des élections dont il conteste les résultats, Cuauhtémoc Cárdenas a appelé à la résistance.

gauche au Mexique. Quelque chose s'est brisé cette année, et pas seulement la fausse image de modernité que nous vendait le néolibéralisme, pas seulement le mensonge des projets gouvernementaux, de l'aumône institutionnelle, pas seulement l'injuste oubli par la Patrie de ses habitants d'origine, mais aussi le schéma rigide d'une gauche obstinée à vivre du passé et dans le passé. Pendant ce long voyage de la douleur à l'espoir, la lutte politique se voit elle-même dépouillée de l'habit oxydé que lui avait légué la douleur, c'est l'espoir qui l'oblige à chercher de nouvelles façons de combattre, c'est-à-dire de nouvelles façons d'être politiciens, de faire de la politique. Une nouvelle politique, une nouvelle morale politique, une nouvelle éthique politique, c'est non seulement un désir, mais c'est la seule possibilité d'avancer, de sauter de l'autre côté. Le 21 août a pris fin un long cycle de la lutte pour la Démocratie, la Liberté et la Justice, un cycle plein d'héroïsme et de dévouement, de sacrifices et de cohérence. Ses acquis sont visibles, le brouillard actuel ne permet pas de les distinguer nettement mais ils ne sont ni peu nombreux ni dépourvus d'importance. Le vent d'en bas finira par les dégager et attribuera à chacun la plus belle récompense : la satisfaction du devoir accompli. Mais il y a encore beaucoup à parcourir, la stupidité et la superbe continuent de gouverner ces terres. Un nouveau vent se lève, qui amène un parfum d'hier et un indiscutable parfum de demain. Ce vent nouveau est jeune par ses gens et ses idées, il cherche de meilleures terres pour faire pleuvoir son orage, pour se heurter au vent arrogant qui fête son avenir alors même qu'il est au bord de son dernier pas. Ce vent a embarqué, à défaut de navire, il s'est construit le sien, le plus invraisemblable, le plus absurde, le plus beau, le meilleur. Le bateau a pris la mer comme il se doit, au beau milieu d'une tempête qui a lavé les yeux et les cœurs, brisé les chaînes et libéré l'arme la plus puissante : l'imagination. Il a un équipage et un timonier, ainsi qu'un drapeau et qu'une vaste mer pour faire ce que doit faire tout bateau : naviguer, naviguer, en une longue traversée de la douleur à l'espoir. Cette absurdité à voiles qui sillonne la mer de notre histoire est née dans la jungle et suit un bon cap. Cette douce folie a pris le nom qui la définit et cerne son projet : Convention nationale démocratique. La Convention rassemble en son sein d'une part, un groupe important d'intellectuels, de scientifiques et de leaders populaires, et, d'autre part, le meilleur de la société civile de province et de la capitale : un éventail qui inclut des maîtresses de maison, des gens des quartiers, des paysans, des Indigènes, des travailleurs des médias, des ouvriers, des employés, des enseignants, des artistes, des religieux, et des organisations de femmes. Le meilleur du peuple mexicain est aujourd'hui sous le drapeau de la CND. Cette réalité se rappelle à nous dans les moments les plus difficiles de notre histoire contemporaine : hommes et femmes avec ou sans parti, dont les noms et les visages n'apparaissent dans les almanachs historiques d'aucune organisation politique, méprisés et reniés par des avant-gardes qui vont si loin devant qu'elles marchent seules, classés et gommés sous des appellations telles que « masse » et « peuple ».

Hommes et femmes qui retrouvent leur place dans l'histoire, les préoccupations qu'ils se découvrent communes et collectives, le fait qu'ils cessent d'être des spectateurs anonymes pour devenir des acteurs avec tant de courage qu'ils ne parviennent même pas à le voir, à se voir, à se découvrir, chacun derrière son passe-montagne, visage noir que le vieil Antonio désignait comme source de lumière et de chaleur. La Convention nationale démocratique peut devenir le cadre de cette grande force d'opposition que le vent réclame, que la Patrie désire, que nous attendons, nous les plus petits, qui rêvons de disparaître. Tandis que des dizaines de milliers de Mexicains fatigués de recevoir toujours plus de la même chose, veillent leurs armes, la Convention nationale démocratique a la parole; la possibilité d'une transition pacifique vers la démocratie, la liberté et la justice est entre ses mains.

La CND peut regrouper toutes les forces honnêtes et opposées au mensonge qui dirige notre patrie. La Convention nationale démocratique, en elle réside à présent l'espoir d'un mouvement national révolutionnaire qui tourne la page honteuse qu'écrit actuellement l'histoire du Mexique...).

(Dernière, je crois, parenthèse : et Zedillo?

L'héritage qu'il reçoit de Salinas comprend non seulement le projet économique et la vocation de « mercantologue », mais aussi l'illégitimité et la fraude. Il lui reviendra d'être le dernier des gouvernants du PRI, le *fade out* de ce film tragi-comique qui a commencé voilà soixante-cinq ans... et qui s'achèvera, sans rémission, avec le siècle. À l'image de l'après-midi qui passe et de la pluie qui se met à tomber ici au...)

... CHIAPAS, TOUT LE MEXIQUE?

ESPACE D'ANNONCES COMMERCIALES : AU CHIAPAS IL N'Y A PAS DE *LATIFUNDIA*, JUSTE DES PETITES PROPRIÉTÉS TRÈS DÉVELOPPÉES. Si au Mexique SA le président est un gérant et les gouverneurs sont des marchands immobiliers, dans la propriété « Chiapas », le gouverneur est un contremaître. Robledo Rincón, produit type de l'alchimie électorale qui permet le triomphe de Zedillo, brillant disciple d'Absalón Castellanos et complice de Patrocinio González Garrido, prétend occuper le poste de gouverneur du Chiapas. Les journaux officialistes et les stations de radio serviles répètent les mensonges qui conduiront, une fois de plus, à un mandat imposé. Voici les « vérités » de l'absurdité du Chiapas :

L'ASCENDANCE NOBLE SERA UN PATRIMOINE – VIVE DIEU! – TOUJOURS INACCESSIBLE À LA DÉMOCRATIE. Où il est question d'absurdités, hors de ces terres, de complicités et d'alliances, de hiérarchies sous-jacentes qui subsistent, et de la frontière absolue qui fait que la Déclaration universelle des Droits de l'homme reste éternellement de l'autre côté des barbelés de ce grand enclos que quelque désorienté a appelé « État de la fédération ». CE QUI EST INEXPLICABLE SUR D'AUTRES TERRES EST ICI PARFAITEMENT LOGIQUE.

Premièrement. – Les dizaines de milliers de soldats fédéraux qui, venus d'autres régions de la République, occupent le territoire du Chiapas, ont reçu quatre bulletins pour exprimer leur vote le 21 août dernier : un pour le président de la République, un pour le sénateur, un pour le député et un pour le gouverneur. Sans être chiapanèques, les fédéraux ont voté pour élire les sénateurs chiapanèques, les députés chiapanèques et le gouverneur de ces terres qui ne sont pas les leurs.

Deuxièmement. – La blancheur des gardes blancs est dans leur peau. (« C'est pour ça que dieu nous a peints différemment, pour ne pas nous confondre! »). Les idées fondamentales qui animent de si cultivés personnages, dans leur labeur pacificateur, se retrouvent dans la main pieuse des fermiers qui, par le fouet et le plomb, abattent – enfin! – la barrière culturelle qui existe entre *ladinos* et Indigènes. Le leader des éleveurs, Constantino Kanter, déclare qu'il faut respecter le résultat de l'élection du gouverneur, c'est-à-dire, respecter le « triomphe » de Robledo Rincón (qui quelques mois auparavant avait offert à Constantino Kanter de partager sa liste PRI pour les législatives fédérales). Les éleveurs se disent « fatigués » d'attendre une solution à leurs problèmes et menacent de prendre des mesures. L'une d'elles consiste à former des Gardes blanches pour défendre... le « triomphe » de Robledo Rincón. Le Fonds de soutien pour l'indemnisation des veuves et des orphelins des zones du conflit (FAPIAC) a versé 500 (9) nouveaux pesos à chacun des 817 larbins que Constantino Kanter a installés en " sit-in permanent " sur la place de Tuxtla Gutiérrez, 408500 (10) nouveaux pesos, soit 408 millions d'anciens pesos de financement d'État pour entretenir les Gardes blanches des éleveurs. Un éleveur du Chiapas déclare, sans la moindre difficulté, que la lutte des Indigènes est contraire à la loi de Dieu. « *Dieu nous a faits riches pour certains, et pauvres pour d'autres, telle a été sa volonté et il faut l'accomplir.* » **ICI, LORSQU'ILS SE RÉVEILLENT AVEC LA GUEULE DE BOIS, LES GRANDS SEIGNEURS NE DEMANDENT PAS « QUEL JOUR SOMMES-NOUS? » MAIS « À QUEL SIECLE ON DÉJEUNE? »**. Quelque ingénu, de ceux qui pullulent dans les labyrinthes du pouvoir central, a pensé que de si rationnels « compromis pour la paix » pourraient être soutenus sans essayer de sortir ce morceau de la Patrie du doux marasme de la colonie.

Pas de doute, tout le Chiapas est...

... LE MEXIQUE : ENTRE LA DOULEUR ET L'ESPOIR

Chapitre 3.

Où il est question de la douceur qui fait avancer ce navire,
de l'espoir qui, dit-on, point à l'horizon, de poèmes
qui mettent en garde, et d'autres merveilles qui ont
déjà cours et démontrent qu'en haute mer,
la mort est à peine un plongeon...

III. LA PATRIE ET SES LENDEMAINS PARLENT

Mais tout n'est pas du triste gris de mes peines.
Il existe certaines choses au moins

9 – Environ 375 francs.
10 – Environ 306000 francs.

desquelles se réjouir et espérer
le matin, à chaque soir, à chaque pas,
sous les hautes boucles de mes arbres fromagers.
Mes soldats se bercent dans mon rêve
de poudre et d'œillets,
par leur pas je marcherai à nouveau.
Les insurgés referont ma maison,
ma nuit les abrite et les protège,
ils bâtissent mon lendemain.
Rouge sera le matin, et propre,
Je suis là, cherchez-moi bien.
De ses mains l'ouvrier me transforme,
le paysan sème mes fruits
et mes soldats se meurent de la mort des grands.
Avec leur cœur pour levure
ils feront le pain de lune,
ils laveront mes habits et mes sanglots.
Et par cette mer qui fait si mal
ils iront, marins, à mes ports.
Bientôt nous nous verrons.
Les ingrédients y sont :
  sel-sueur,
sel-mer,
  sel-sanglot.
Le boulanger attise le four de l'histoire
sous les hautes boucles de mes arbres fromagers.

La lutte pour la démocratie, la liberté et la justice n'a pas commencé le premier janvier et n'a pas pris fin le 21 août. Les résultats de la bataille électorale ne reflètent pas la plus importante des vérités : le *« Ya basta! »* qui anime les pas des hommes et des femmes de tout le territoire national. La lutte civile et pacifique pour la transition démocratique ne se limite pas aux élections, elle va au-delà. Les questions de base qui ont appelé et poussent le navire de la Convention nationale démocratique restent posées. La CND continue de représenter un effort courageux, civil et pacifique, de milliers d'hommes et de femmes, pour la transition démocratique. Cependant, le matraquage écrasant des médias incite au découragement et à la dispersion. Dans le navire… Il y a un attroupement d'hommes et de femmes sur le pont. « *Ça n'est pas possible!* », crient-ils. Les plus désespérés renient le capitaine et les matelots, ils se jettent par-dessus bord dans la mer du découragement, du désespoir. D'autres se battent, cherchant parmi eux qui accuser des contretemps de ce voyage : leurs nausées, la gueule de bois de l'ivresse d'une victoire anticipée. Ils voient un naufrage là où il n'y a eu que léger assaut de vagues complices du vent d'en-haut, celui qui commande et domine… encore. Certains passagers à bord auraient voulu une arrivée rapide au port, voir le voyage accompli, les espoirs comblés. Voilà qu'ils descendent, ils abandonnent le navire et l'envie de lutter. Mais le vaisseau continue, poursuivant sa longue traversée de la douleur à l'espoir. En bas, au sous-sol de ce grand navire, les meilleurs rameurs continuent de voguer. Derrière le bâillon qui leur ceint le visage, on devine qu'ils sourient, ils savent que leurs souffrances partagent à présent le même cap. Ils n'ont pas remarqué le découragement qui règne sur le pont, ils savent que la traversée ne fait que commencer, qu'aucun bateau qui se respecte n'arrive à bon port presque immédiatement après avoir largué les amarres. Ils ont sillonné beaucoup de mers, ils ont la peau et le cœur tannés dans les plus féroces tempêtes. Ils savent que le matin naît de la nuit. Le moteur de ce bateau reste indigène. Les plus petits, les meilleurs. La lutte continue. Nous continuerons de naviguer. Nous arriverons… Parmi les rameurs commence, comme un murmure, une chansonnette que l'on devine à peine « *On voit déjà l'horizon, combattant zapatiste…* »

Le drapeau reste aux mains de la Convention nationale démocratique. L'EZLN n'a pas conditionné son soutien à la CND à un résultat électoral favorable à un parti de l'opposition. L'EZLN n'a pas misé sur une conjoncture électorale. L'EZLN a parié sur le peuple, nous croyons en lui, pour lui nous vivons, pour lui nous combattons, pour lui nous mourons. L'EZLN reste en lutte, dans l'espoir elle demeure… elle marche… elle navigue… avec la Convention nationale démocratique…

La longue traînée d'écume et de sel que laisse le puissant navire s'éloigne. « Hé, vigie! Indiquez le cap! », répète à nouveau une voix à la fois tendre et dure. « Droit devant vers l'espoir! », répond, haut et fort, la vigie. Puis ce cri « Bien reçu! En avant sans répit! Dédoublez les voiles! Tous aux rames! Que meure celui qui flanche! Que le désir nous

11 – Volontairement ou non, l'expression fait immanquablement penser à la “petite armée folle” de Sandino au Nicaragua (1926-1932).

conduise! Donnez la barre au plus brave d'entre nous! En avant! »

Notre petite armée de fous (11) *de l'espoir salue, par mes mots, l'existence partagée de délires qui laissent le « moi » de côté et lèvent bien haut la bannière du « nous ». Nous, si petits, nous sommes grands de savoir que vous existez. Absurdités de la mer, diront certains. Ça n'a pas d'importance, nous naviguerons quand même… toujours.*

De la malle aux souvenirs, du coffre des trésors du sous-pirate, tombe, comme par accident, un vieux papier. Dans la pluie et la boue, les lettres s'effacent et reviennent à terre :

Poème en deux temps et une fin subversive

Premier temps
J'ai glissé
le long
du
sourire
d'un
mot
percé.
Voilà mon origine…
Mais,
je ne
me souviens
pas
si j'ai
été
expulsé
ou
si j'ai pris mes affaires
et
me suis tiré
en pensant…

Deuxième temps
Ce furent
des
mots
qui
nous
ont créés.

Ils nous
ont formés,
et ont déployé
leurs
fils
pour
nous contrôler.

FIN SUBVERSIVE
Mais
je
sais
que
certains
hommes
se réunissent
dans des cavernes
et SE TAISENT...

Nous, Zapatistes, ne serons plus jamais seuls...

Depuis les montagnes du Sud-Est mexicain.
Sous-commandant Insurgé Marcos.

Dans ce pays à l'histoire douloureuse qu'on appelle le Mexique, embrassé par la mer et, soudain, profitant d'un vent favorable. Septembre 1994, mois au cours duquel l'histoire rappelle à ce pays que le Chiapas est tout le Mexique.

PS qui, tenant Toñita par la main, vient réclamer une histoire
– La Toñita a décidé d'adopter un *olote* (l'épi du maïs une fois égréné) et de jeter l'ingrat petit lapin qui ne sait pas vivre dans la boue. La Toñita vient me réclamer une histoire. Apparemment, elle ne se soucie pas le moins du monde que je sois en train d'écrire et s'assoit, son *olote*, pardon, sa poupée dans les bras. Je commence à chercher une excuse, mais la Toñita n'a pas l'air prête à accepter quoi que ce soit d'autre qu'une histoire. Je soupire et rallume ma pipe pour gagner du temps. Entre les bouffées de fumée, je commence à raconter :

12 – Chasser de nuit en éblouissant l'animal avec une lampe.

Une nuit, une pluie, un froid. Décembre 1984. Le vieil Antonio regarde la lumière. Dans le foyer, le feu attend, inutilement, la viande du chevreuil « queue blanche » que nous avons été chasser à la lampe [12] sans succès. Dans le foyer, les couleurs dansent, parlent. Le vieil Antonio regarde le feu, l'écoute.

Rampante, à peine plus fort que le son des grillons et le balbutiement des flammes, dans les mots du vieil Antonio se dessine une histoire venue de très loin, quand les grands étaient très grands et que les vieux d'aujourd'hui cahotaient encore dans le sang et le silence d'un feu, comme celui de cette nuit, mais dix, cent, mille, un million de nuits avant celle-ci sans cerf et avec la pluie, le froid, et personne pour tenir les comptes.

Au commencement était l'eau de la nuit. Tout était eau, tout était nuit. Les dieux et les hommes allaient comme des petits fous, butant et tombant comme des vieilles quilles. Il n'y avait pas de lumière pour surveiller ses pas, il n'y avait pas de terre pour coucher la fatigue et l'amour. Il n'y avait pas de terre, il n'y avait pas de lumière, le monde n'était pas bon. Alors les dieux, dans la nuit, dans l'eau, se sont rentrés dedans et se sont fâchés et ils ont commencé à dire des mots durs et le courroux des dieux était grand parce que grands étaient les dieux. Et les hommes et les femmes, tout oreilles, purs tzots'(Tzotzils), hommes et femmes chauves-souris, se cachèrent à l'abri du bruit des grandes colères des dieux. Alors les dieux restèrent seuls, et une fois passée leur colère ils s'aperçurent qu'ils étaient seuls, et grande fut leur peine de rester seuls et, attristés qu'ils étaient, les dieux se mirent à pleurer et grands furent leurs sanglots parce que sans les hommes et les femmes, les dieux étaient seuls. Et larme après larme, et sanglot après sanglot, davantage d'eau s'ajouta à l'eau et il n'y avait rien à y faire puisque la nuit et l'eau continuaient de s'emplir de tant d'eau et de nuit, de la tristesse écoulée des dieux. Et les dieux eurent froid, parce que quand on est seuls on a froid, et plus encore si tout n'est qu'eau dans la nuit. Et les dieux songèrent à un bon accord qui ne les laisserait plus seuls, qui ferait sortir des cavernes les hommes et les femmes chauves-souris, qui apporterait la lumière pour éclairer les pas et la terre pour que reposent l'amour et la fatigue. Alors les dieux s'accordèrent pour se mettre à rêver ensemble et l'accord parvint à leur cœur de rêver la lumière et de rêver la terre. Ils se mirent à rêver le feu et attrapèrent le silence qui passait justement par là et ils se rêvèrent un feu et au milieu du silence, de l'eau-nuit qui emplissait tout, au milieu des dieux, une blessure apparut, une petite fente dans l'eau-nuit, un petit mot tout petit qui dansait et se faisait grand puis petit, et s'allongeait et grossissait et rétrécissait et dansait au milieu des dieux qui étaient au nombre de sept, parce qu'à présent ils voyaient qu'ils étaient sept et ils se virent et se mirent à se compter et ils arrivèrent à sept parce qu'ils étaient sept, les plus grands dieux, les premiers. Et très vite les dieux se mirent à faire une petite maison pour ce petit mot qui dansait au milieu, qui dansait en silence. Et ils se mirent à lui coller d'autres petits mots sortis de leurs rêves, et ils appelèrent ces petits mots qui dansaient « feu », qui se mirent à parler ensemble et l'on commença à voir apparaître la terre et la lumière autour du feu, et les hommes et les femmes chauves-souris sortirent de leurs cavernes et se penchèrent et se virent et se touchèrent et s'aimèrent, et il y avait à présent la lumière et il y avait la terre, et l'on voyait à présent ses pas et l'amour et la fatigue pouvaient à présent se coucher… dans la lumière… sur la terre. Et ils ne virent pas les dieux parce qu'ils étaient partis tenir une assemblée générale et qu'ils étaient dans leur baraque et qu'ils n'en sortaient pas et personne ne pouvait y entrer parce que les dieux étaient en train de conclure des accords. Et dans la baraque, les dieux se mirent d'accord pour que le feu ne s'éteigne pas parce qu'il y avait beaucoup d'eau-nuit et peu de lumière-terre.

Et l'on s'accorda pour faire monter le feu, jusqu'au ciel, pour que l'eau-nuit ne puisse pas l'atteindre. Et ils firent dire aux hommes et femmes chauves-souris de rester dans leurs cavernes parce qu'ils allaient élever le feu, jusqu'au ciel dirent-ils. Et les dieux firent une ronde autour du feu et se mirent à discuter pour savoir qui devrait élever le feu et mourir en bas pour vivre en haut, et les dieux ne se mettaient pas d'accord parce qu'ils ne voulaient pas mourir en bas, les dieux, et les dieux décidèrent que ce serait le dieu le plus blanc, parce que c'était le plus beau et que comme ça, le feu serait plus beau là-haut, mais le dieu blanc fit preuve de lâcheté et ne voulait pas mourir pour vivre, alors le dieu le plus noir et le plus laid, l' "ik'" , dit qu'il emporterait le feu là-haut et il tenta de le prendre mais se brûla avec le feu et il devint noir, puis gris, puis blanc, jaune et parfois orange, et rouge, et il devint feu, et il s'éleva en jurant jusqu'au ciel et il y resta, tout rond, parfois jaune, parfois orange, rouge, gris, blanc et noir, et les dieux l'appelèrent « soleil » et plus de lumière arriva pour voir plus de pas et plus de terre arriva et l'eau-nuit se mit de côté et la montagne arriva. Et le dieu blanc eut tant de peine qu'il pleura beaucoup, et de tant pleurer, il en oublia de surveiller son chemin et buta et tomba dans le feu, et il s'éleva aussi au ciel, mais la lumière qu'il produisait était plus triste parce qu'il pleurait beaucoup à cause de sa lâcheté et une boule de feu triste, pâle, de la couleur du dieu blanc, se mit à côté du soleil, et les dieux appelèrent « lune » cette boule blanche. Mais le soleil et la lune restaient là sans plus, sans marcher, et les dieux se regardèrent avec tristesse et grande fut leur honte et ils se jetèrent au feu et alors le soleil se mit à marcher et la lune à le suivre, pour lui demander pardon, paraît-il. Et il y eut le jour et il y eut la nuit et les hommes et femmes chauves-souris sortirent de leurs cavernes et firent leur cabane auprès du feu et ils étaient toujours avec les dieux, jour et nuit parce qu'il y avait le soleil le jour et la lune la nuit. Ce qui s'ensuivit n'était pas un accord des dieux, ils étaient déjà morts… pour vivre…

Le vieil Antonio sépare, de ses mains, un tison du foyer. Il le dépose au sol. « *Regarde* », me dit-il. Du rouge, le tison suit le chemin inverse du monsieur noir de l'histoire : orange, jaune, blanc, gris, noir. Il est encore chaud mais les mains cornées du vieil Antonio le saisissent et me le donnent. Je tente de faire comme si ça ne me brûlait pas, mais je le lâche presque aussitôt. Le vieil Antonio sourit et tousse, il le reprend par terre et le trempe dans une petite flaque d'eau de pluie, d'eau-nuit. À présent qu'il est refroidi, il me le tend à nouveau.

« *Tiens… souviens-toi que le visage couvert de noir cache la lumière et la chaleur dont ce monde aura besoin* », me dit-il et il continue à me regarder.

« *Partons* », ajoute-t-il en se relevant, et d'ajouter : « *Cette nuit, le "queue-blanche" ne viendra pas, il n'y a pas de traces.* »

Comme je fais mine de vouloir éteindre le feu, le vieil Antonio me dit, la besace déjà à l'épaule et la pétoire à la main : « *Laisse… avec ce froid, même la nuit apprécie un peu de chaleur…* »

Nous sommes partis tous les deux, en silence. Il pleuvait et c'est vrai qu'il faisait froid…

Une autre nuit, une autre pluie, un autre froid. 17 novembre 1993. Dixième anniversaire de la formation de l'EZLN. L'état-major zapatiste se regroupe autour du feu. Les plans généraux sont déjà tracés, et certains détails tactiques bien avancés. Les troupes ont été dormir, seuls les officiers du grade de major restent éveillés. Le vieil Antonio est là aussi, c'est le seul à pouvoir passer tous les piquets zapatistes et entrer partout sans que personne ose le lui interdire. La réunion formelle est terminée et à présent, dans les blagues et les anecdotes, on fait des plans et des rêves. Arrive le sujet des visages couverts, est-ce que ce sera des foulards, des masques, des loups. Ils se tournent vers moi.
« *Des passe-montagnes* », leur dis-je.
« *Et les femmes, avec nos cheveux longs, comment allons-nous faire ?* », demande en protestant Ana María.
« *Qu'elles se les coupent, les cheveux* », dit Alfredo.
« *Non, voyons ! Comment peux-tu penser ça ? Moi je dis que les femmes doivent même porter des jupes* », dit Josué.
« *Et ta grand-mère, elle portera des jupes ?* », répond Ana María.
Moisés regarde le toit en silence et interrompt la discussion : « *Et de quelle couleur, les passe-montagnes ?* »
« *Marron... comme la casquette* », dit Rolando. Un autre dit vert. Le vieil Antonio me fait un signe et je m'écarte du groupe. « *Tu as le tison de l'autre soir ?* », me demande-t-il. « *Oui, dans mon sac* », réponds-je. « *Va le chercher* », me dit-il et il se dirige vers le groupe autour du feu. Lorsque je reviens avec le tison, ils se tiennent tous en silence autour de la flambée, le vieil Antonio regardant fixement le feu, comme lors de la nuit du cerf « queue-blanche ». « *Le voilà* », lui dis-je plaçant le noir tison entre ses mains. Le vieil Antonio me regarde fixement et me demande : « *Tu te souviens ?* » J'acquiesce en silence. Le vieil Antonio place le tison au beau milieu du feu. Gris d'abord, puis blanc, jaune, orange, rouge, feu. Le tison est à présent feu et lumière. Le vieil Antonio me regarde à nouveau et s'en va dans le brouillard. Nous restons tous à regarder le tison, le feu, la lumière.
« *Noirs* », dis-je.
« *Quoi ?* », demande Ana María.
Je répète, sans cesser de regarder le feu : « *Noirs, les passe-montagnes seront noirs...* »
Personne ne s'y oppose.

Autre nuit, autre pluie, autre froid. 30 décembre 1993. Les dernières troupes se mettent en marche pour prendre position. Un camion s'enlise dans une flaque de boue, les combattants poussent pour l'en sortir. Le vieil Antonio s'approche de moi, une cigarette éteinte à la bouche. Je la lui allume, et j'allume ma pipe, le fourneau vers le bas, technique que j'ai inventée à force de pluies. « *Quand?* », demande le vieil Antonio. « *Demain* », lui réponds-je et j'ajoute : « *Si nous arrivons à temps… – Il fait froid…* », dit-il en refermant son vieux manteau. « *Mmmhh…* », réponds-je. Il se roule une autre cigarette en me disant : « *Il manque un peu de lumière et de chaleur cette nuit.* » Je lui souris en lui montrant le passe-montagne noir. Il le prend dans ses mains, l'examine et me le rend. « *Et le tison?* », demande-t-il. « On a fait du feu cette nuit… Il n'en reste rien », lui dis-je, peiné. « *Bien sûr* », dit le vieil Antonio, la voix cassée. « *Mourir pour vivre* », me dit-il et il m'embrasse. Il se passe la manche sur les yeux et murmure : « *Il pleut beaucoup, je me suis même mouillé les yeux.* » Le camion est désembourbé et on m'appelle, je me retourne pour dire au revoir au vieil Antonio. Il n'était déjà plus là…

Toñita se relève pour s'en aller. « *Et mon bisou?* », lui dis-je. Elle s'approche et rapidement m'appuie l'*olote* sur la joue, et s'échappe. Je proteste : « *Ben alors!?* » Elle répond en riant : « *Voilà ton bisou parce que… l'histoire, c'était pour la poupée, alors voilà, elle t'a donné ton bisou.* » Elle part en courant.

PS qui renouvelle le salut initial

« Hommes capables de voler sous le sol,
pour qui il n'y a de milieu ni grands ni impossibles,
le regard tendu, jaillissent en vol, gladiateurs, redoutables. »
Miguel Hernández [13].

Hugo, tzeltal de sang et mexicain en droit et par l'histoire, a été de la première génération des responsables politiques de l'EZLN. Il a été des premiers fondateurs de ce que l'on connaît à présent comme Comité clandestin révolutionnaire indigène et a formé toute une génération de nos chefs : Raúl, Juan, Gabino, Gustavo, Ramón, Simón, Fernando,

13 – Voir p. 295.

Maxo et d'autres, aujourd'hui membres du CCRI, ont appris d'Hugo la façon d'organiser et de diriger les préparatifs de la guerre. Hugo, nom de guerre de ce prince tzeltal, dans l'attitude et la noblesse, a choisi le nom de « monsieur Ik' (monsieur Noir) pour s'identifier lors des communications. Peu à peu, le nom « Hugo » s'est perdu et on ne le connaissait plus que comme « monsieur Ik' ». C'est ainsi qu'il a parcouru les vallées et les communes en expliquant la signification des quatre lettres qui, plus tard, feraient le tour du monde. Avec la fonction de chef du Comité clandestin révolutionnaire indigène tzeltal et de membre du CCRI - Commandement général de l'EZLN, monsieur Ik' a pris la tête d'une partie des troupes qui ont occupé le chef-lieu d'Ocosingo le premier jour de l'année 1994. Lorsque, le 2 janvier, les fédéraux ont attaqué la place, monsieur Ik' est resté à se battre pour protéger la retraite de ses compagnons. Dans la confusion du repli des dernières troupes, monsieur Ik' vint allonger la liste des disparus. Plusieurs versions sont arrivées après : on l'avait vu se battre encore le 4, vers l'IMSS de Coplamar [14]; on l'avait vu mort dès le 3, une arme ennemie à la main et devant un fédéral mort, il était vivant et prisonnier, il s'était enfui. Nous n'avons jamais su si son corps est dans l'une des fosses communes clandestines que les fédéraux ont creusées pour cacher leur brutalité et leur absence d'honneur militaire. Ou si, comme on le dit à présent dans les montagnes, monsieur Ik' n'est pas mort, mais qu'il vit comme une lumière qui apparaît, de temps à autre, entre vallées et collines, avec le chapeau et le cheval de Zapata [15]. Comme le dieu noir de l'histoire du vieil Antonio, monsieur Ik', par sa mort, a donné de la lumière et de la chaleur à ces terres, et de la vie à la lutte qui renaît malgré tout. Le 10 avril 1994, au son de l'hymne zapatiste entonné pendant la cérémonie militaire, la femme de monsieur Ik', qui l'attend encore (comme nous tous), a mis au monde un petit garçon. Choses de ces terres, de ces mers…

---

14 – *Instituto mexicano de seguridad social*, Centre de sécurité sociale de Coplamar.

15 – Après la mort de Zapata, en avril 1919, la légende naquit que son cheval court toujours dans la montagne, où les paysans l'aperçoivent parfois.

PS qui prend congé avec un « ne m'oublie pas ».
Sur le petit lecteur de cassettes, pendant que s'imprime cet interminable texte, on entend León Felipe dire…

« Nous sommes tous matelots
qui savons bien naviguer.
Nous sommes tous capitaines,
capitaines de la mer.
Nous sommes tous capitaines
et la différence n'est
que dans le bateau qui nous mène
sur les eaux de la mer.
Matelot, matelot,
matelot capitaine,
qui mènes un bateau humble
sur les eaux de la mer.
Matelot capitaine,
n'aie pas peur du naufrage
car le trésor que nous cherchons,
capitaine,
n'est pas sur la terre du port
mais au fond de la mer. »

123 – L'ÉGLISE CATHOLIQUE EST PASSÉE DU COTÉ DE L'INTOLÉRANCE

28 septembre

Aux évêques de la Commission épiscopale pour contribuer à la réconciliation et la paix au Chiapas.

Le 22 septembre 1994, par la radio, nous avons eu connaissance de votre message pastoral exhortant l'Armée zapatiste de Libération nationale à respecter les Droits de l'homme des populations déplacées[1] de la zone en conflit, des habitants n'appartenant pas à l'EZLN qui restent dans la zone, et de ceux qui veulent quitter les rangs zapatistes. Nous avons reçu votre message avec attention. Nous vous remercions de votre réel souci de chercher à créer un climat favorable au cheminement vers une paix juste et digne. Nous avons fait état publiquement de notre engagement à respecter la population civile, indépendamment de ses appartenances politiques ou de ses convictions religieuses. Nous le confirmons à présent. Cependant, nous savons aussi qu'à certains endroits du territoire zapatiste, des abus se sont produits et la population civile a été menacée. Nous mettons tout notre effort à réparer ces abus et éviter qu'ils ne se reproduisent.

Afin de garantir notre engagement à respecter les Droits de l'homme, nous sommes prêts à recevoir la visite d'Organisations non gouvernementales qui combattent pour le respect des Droits de l'homme, afin qu'elles effectuent une enquête sur les abus commis par des membres de l'EZLN envers des civils, et à observer les recommandations qui proviendront de ces Organisations non gouvernementales pour garantir le respect total de la vie, de la liberté et des biens des civils qui vivent dans la zone en conflit.

Nous vous informons aussi que nous travaillons à la création d'un **Bureau zapatiste des Droits de l'homme** qui sera chargé de former nos troupes en la matière, de veiller à l'observation des dispositions internationales en ce sens, et de recevoir toutes les réclamations.

Nous n'avons reçu qu'hier votre lettre attentionnée, datée du 21 septembre 1994. Nous vous remercions de votre intérêt

1 – Voir note p. 396.

pour la recherche de la paix et de votre soutien dans la lutte pour la Justice, la Liberté et la Démocratie. Malheureusement, vos efforts s'écrasent contre le mur d'orgueil du mauvais gouvernement. À peine quarante-huit heures après que vous avez achevé votre visite, des avions de combat de l'Armée fédérale ont repris leurs vols rasants et leurs menaces de bombardements, dans la journée et la nuit du 24 septembre de cette année, les forces militaires à Ocosingo poursuivent leurs patrouilles agressives vers le territoire zapatiste et les barrages fédéraux persistent à maltraiter la population civile qui a le malheur de les franchir.

Vous nous priez de ne pas mélanger nos exigences sociales et culturelles aux résultats électoraux puisque, dites-vous, cela nous assimile à un parti et nous enlève une part de crédibilité. Nous luttons pour la démocratie, la liberté et la justice. Le respect de la volonté populaire est notre droit. Vous voulez à présent réduire nos exigences dans les limites de ce qui relève de l'assistance, leur retirer leur essence politique. Alors, nous nous demandons si nous, les Indigènes, n'avons pas de droits politiques, si nous devons nous contenter des promesses d'aumône que nous a faites pour toute réponse le gouvernement, si nous n'avons pas le droit d'exiger le respect de la volonté populaire d'élire un gouvernement, si seuls les métis ont le droit de prendre part à la politique, si nous devons accepter la désignation autoritaire d'un personnage lié aux heures les plus sales et les plus lâches de l'histoire du Chiapas, s'il nous faut supporter à nouveau l'humiliation et la mort que nous promettent les Gardes blanches, s'il nous faut supporter le racisme des grands commerçants et des éleveurs, si nous devons brader le sang des nôtres et accepter que tout demeure en l'état sur le sol du Chiapas. Vous avez vu de vos propres yeux l'intolérance et l'agressivité des secteurs les plus réactionnaires du pouvoir du Chiapas. Ce pouvoir est celui qui prétend se voir entériné par le désignation autoritaire de monsieur Robledo Rincón.

L'émission du 27 septembre, sur la radio du gouvernement du Chiapas, apporte par la bouche de l'évêque Aguirre Franco la caution de la Commission épiscopale à la désignation imposée de monsieur Robledo Rincón. La lettre que vous adressez au CCRI - CG de l'EZLN parle de chercher des issues politiques par le dialogue, pas du fait que vous cautionniez la volonté antidémocratique d'imposer Robledo

Rincón comme gouverneur du Chiapas. Peut-être la décision de cautionner cette nomination et la guerre qui pourrait en découler a-t-elle été prise après la rédaction de votre lettre. Après avoir pris place entre les parties en conflit et lutté pour la paix, l'Église catholique est passée du côté des puissants, de l'autoritarisme, de l'intolérance, de la guerre [2]. Nous vous implorons de ne pas mêler votre intérêt pour la paix et la fraternité aux résultats électoraux, parce que cela vous assimile à un parti, le Révolutionnaire institutionnel, et vous enlève une part de crédibilité dans votre labeur pastoral.

Nous répétons notre reconnaissance pour votre travail pacificateur. Nous ne faisons que dire que nous ne ferons pas la paix à n'importe quel prix. Comme l'ont révélé les différentes analyses d'observateurs indépendants, il y a eu, dans les élections locales du Chiapas, de la fraude en faveur du PRI et de ses candidats. La volonté de la majorité du peuple du Chiapas est que le PRI ne gouverne plus sur ces terres. Nous avons un engagement avec la volonté de la majorité. Nous agirons en conséquence.

Respectueusement.

Depuis les montagnes du Sud-Est mexicain.
Sous-commandant Insurgé Marcos.

---

2 – Le 28 août 1994, à Oaxaca, le cardinal primat du Mexique, Mgr Ernesto Corripio, entérinait sans réserves le résultat final et officiel des élections, et exprimait la volonté de l'Église catholique de travailler avec le nouveau gouvernement.

124 – L'EZLN DEMANDE L'ENVOI D'OBSERVATEURS DES DROITS DE L'HOMME

28 septembre

À la Commission de Coordination du réseau national des Organismes civils non gouvernementaux pour les Droits de l'homme « Tous les droits pour tous ». Mexico DF.

Frères :

Comme vous le lirez dans la lettre ci-jointe que nous envoyons à la Commission épiscopale, l'Armée zapatiste de Libération nationale a décidé de veiller de façon plus attentive au respect des Droits de l'homme dans la zone en conflit. C'est pourquoi nous voulions vous demander respectueusement de bien vouloir envoyer des commissions de Droits de l'homme, civiles et non gouvernementales, pour qu'elles aident au respect des droits des civils dans le territoire zapatiste. L'objectif est d'accomplir trois tâches :

1. – La réalisation d'une enquête sur les violations des Droits de l'homme sur des civils dans la zone en conflit, attribuées à nos troupes, et l'émission de recommandations à l'attention du CCRI - CG de l'EZLN.

2. – L'habilitation d'un ou plusieurs bureaux dans les dénommées « zones franches » destinés à recevoir les accusations ou les plaintes contre l'EZLN pour violation présumée des Droits de l'homme à l'encontre des civils sur le territoire sous contrôle de nos forces.

3. – La formation de nos organes de direction et de gouvernement, surtout dans ce qui touche aux Droits de l'homme, afin de garantir leur respect et la réparation des possibles violations de ces droits.

Nous espérons une réponse rapide à notre demande. Il est clair que l'EZLN s'engage à respecter la liberté, les biens et la vie des personnes accréditées pour ce travail et à garantir leur libre circulation dans le territoire zapatiste. Nous ne vous demandons pas de nous « couvrir » dans nos excès et nos erreurs, mais de nous aider à respecter les droits de la population civile et à soulager sa situation déjà bien difficile.

Respectueusement,

Depuis les montagnes du Sud-Est mexicain.
Sous-commandant Insurgé Marcos.
CCRI - CG de l'EZLN.

125 – Les « chiens de la guerre » sont lâchés

29 septembre

À l'hebdomadaire national *Proceso*.
Au journal national *La Jornada*.
Au journal national *El Financiero*.
Au journal local de SCLC, *Tiempo*.

Messieurs :

Ci-joint une lettre pour les évêques et un communiqué auto-explicatif. La dernière « marche des authentiques »[1] dégage l'odeur pestilentielle de ce que nous réserve l'avenir roblédiste. Robledo Rincón fait appel à l'Église catholique pour obtenir la caution que ne lui a pas donnée le vote populaire. Il ne lui reste plus qu'à demander le soutien de l'armée américaine pour que, comme Endara au Panama, ils lui donnent la possession de cette autre république bananière qu'on appelle le Chiapas.

Les « chiens de la guerre » sont lâchés. Quelqu'un pourra-t-il les arrêter à temps ?

Voilà. Salut et compréhension pour ce qui vient…

Des montagnes du Sud-Est mexicain.
Sous-commandant Insurgé Marcos.

PS – Pas de PS aujourd'hui. Nous veillons nos armes…

1 – Voir p. 210.

126 – Sur l'assasinat de Ruiz Massieu

29 septembre

Au peuple du Mexique.
Aux peuples et gouvernements du monde.
À la presse nationale et internationale.

Frères :

Le Comité clandestin révolutionnaire indigène - Commandement général de l'EZLN déclare ce qui suit :

Premièrement. – Nous avons appris par la radio qu'a été commis un nouveau crime politique[1] qui souille notre histoire. La victime en a été cette fois le secrétaire général du Parti révolutionnaire institutionnel, monsieur Ruiz Massieu.

Deuxièmement. – Le groupe au pouvoir fait à nouveau la preuve de son incapacité à résoudre ses différends internes par la voie du dialogue, et recourt à nouveau à l'assassinat politique. Tous les mensonges au sujet d'une élection prétendument propre et d'un vote pour la paix, sortent au grand jour avec ce crime.

Troisièmement. – Monsieur Salinas de Gortari refait preuve de son incapacité à gouverner, il est le principal responsable des assassinats politiques qui sont, désormais, caractéristiques du régime actuel. Le gouvernement a sur les mains du sang de Mexicains de tous les secteurs sociaux, il doit démissionner.

Liberté ! Justice ! Démocratie !

Respectueusement.

Depuis les montagnes du Sud-Est mexicain.

CCRI - CG de l'EZLN.

---

1 – Six mois après l'assassinat de M. Luis Donaldo Colosio, le secrétaire général du PRI, M. José Francisco Ruiz Massieu, homme politique de la nouvelle génération "modernisante" proche de Salinas de Gortari, meurt à son tour, victime d'un attentat perpétré par un tueur à gages, le 28 septembre, à Mexico. Ces deux crimes présentent bien des similitudes. L'enquête menée sur la mort de M. Ruiz Massieu mettra en lumière l'implication d'un député du PRI, d'hommes politiques liés à ce même parti, d'un ex-leader syndical emprisonné et de narco-trafiquants. Les premiers interrogatoires des personnes détenues donneront à penser que les "cerveaux" (encore inconnus à ce jour) de cette bande ont pour objectif d'affaiblir le gouvernement, afin de favoriser l'impunité de certains trafiquants de drogue et paralyser les réformes politiques. Néanmoins, à l'heure où nous imprimons, il ne s'agit toujours que d'hypothèses.

127 – Que l'usurpateur s'en aille !

2 octobre

Message de l'EZLN pour la célébration du 26e anniversaire du 2 octobre 1968 sur la place du Zócalo de la ville de Mexico.

Au peuple du Mexique.

Frères :

Recevez notre parole et le cœur qui l'anime afin que votre cœur voie le pourquoi de notre démarche armée et sans visage, le pourquoi de notre résistance, le pourquoi de notre refus de capituler.

La misère est dans la bouche du puissant et sa voix porte loin et fort pour amener la tromperie sur toutes les terres.

Nous sommes l'Armée zapatiste de Libération nationale, organisation en rébellion contre le mauvais gouvernement dont notre Patrie est la victime.

Nous sommes zapatistes.

Bien que nous soyons mexicains, on nous refuse le droit de discuter la façon dont est gouvernée notre vie et notre mort. Parce que nous sommes des Indiens, dit la superbe, nous devons nous contenter de ramasser les miettes que saupoudre le pouvoir du puissant. Si notre voix s'élève pour demander démocratie et liberté, on prétend que cette idée est étrangère à nos gens, que la graine qui pousse dans nos cœurs vient d'ailleurs. Avant que ceux qui s'assoient aujourd'hui à manger notre sang devenu richesse ne soient même un rêve dans la nuit des temps, nos ancêtres, nous-mêmes, nous gouvernions déjà avec raison et justice, et notre monde n'était pas plus mauvais que celui dans lequel on nous oblige à présent à mourir.

Comme il y a vingt-six ans, le Gouvernement suprême et ses complices disent aujourd'hui que l'opposition qu'ils rencontrent n'est pas authentique.

Aujourd'hui, comme vingt-six ans plus tôt, le mauvais gouvernement dit que des forces étrangères et antinationales animent le cœur, la parole et le feu des Zapatistes du Sud-Est mexicain.

Vous, frères, les étudiants, les ouvriers, ceux des quartiers, les paysans, les femmes au foyer, les employés, les artistes et les intellectuels honnêtes, les hommes, les hommes et les femmes qui, voilà vingt-six ans, participèrent à l'un des plus importants mouvements de ce siècle douloureux, vous savez ce qu'est la lutte contre le mensonge et la calomnie, vos enfants le savent, les hommes et femmes qui après 1968 ont lutté et luttent encore contre le système des injustices. Aujourd'hui, comme voilà vingt-six ans, le Mexicain, qui n'accepte pas la charité, qui n'accepte pas l'oppression, qui est digne, qui se révolte, qui lutte, est soupçonné de n'être pas mexicain, d'être étranger.

Qui est l'étranger, demandons-nous? Qui est l'étranger? Nous, qui sommes issus du sang d'origine de ces terres? Nous, qui avons érigé sur cette place un échantillon d'une culture qu'on a tenté en vain d'occulter sous le béton et l'oubli? Nous, qui résistons depuis des centaines d'années à l'oppression et l'injustice? Nous, qui, malgré la vente de cette Patrie au vouloir de l'argent, continuons de préserver et de cultiver la parole qui nous donna la vie et nous mit au monde pour parcourir la terre, la parole véridique?

Qui est l'étranger, demandons-nous? Celui qui dans sa volonté et sa pensée porte un autre drapeau, le drapeau de l'argent? Celui qui voit en l'empire de l'aigle rapace l'image du bonheur et soupire pour mieux imiter la superbe qui opprime d'autres terres? Celui en qui habite la parole étrangère à ces terres pour désigner les choses que le travail de l'homme met au monde? Celui qui renie la couleur obscure de la peau, a honte de son passé et utilise le mot « indien » comme insulte et dénigrement?

C'est celui qui trône au Palais national qui est étranger à ces terres, étranger à notre volonté de gouvernement et étranger au futur que nous souhaitons.

Aujourd'hui, nous répétons les premiers mots de l'année : qu'il s'en aille! Comme autrefois, notre cœur réclame à nouveau une place dans votre parole, frères. Bien que tout semble terminé, qu'il s'en aille!

Aujourd'hui, notre voix est loin de cette place sur laquelle vous parlez. Le mensonge usurpateur reste assis dans le palais qui se trouve à côté de vous. La superbe reste au pouvoir; la souffrance demeure parmi les bonnes gens de ces terres. Si tout reste inchangé, pourquoi notre premier cri devrait-il s'étouffer?

Aujourd'hui, devant vous, nous le répétons. Nous le crions à nouveau pour que personne n'oublie plus pourquoi les Zapatistes sont en armes : qu'il s'en aille, frères ! Ses mains sont tachées du sang des crimes. Qu'il s'en aille aujourd'hui ! Que sa superbe ne continue pas d'assassiner jusqu'à ceux qui sont auprès d'elle !

Écoutez, frères, voilà ce que demande notre cœur lointain : criez ici ce que nous crions dans les montagnes du Sud-Est mexicain : qu'il s'en aille ! Que le mensonge ne continue pas de gouverner notre histoire !

Aujourd'hui, comme vingt-six ans plus tôt, comme soixante-cinq ans plus tôt, comme cinq cent deux ans plus tôt, le mensonge se cache derrière la légitimité, la légalité, le drapeau qui est à nous et pas à ceux qui l'ont souillé en mettant ses couleurs comme toile de fond à leurs crimes. Le drapeau est à nous, Mexicains, pas à ceux dont les intérêts sont étrangers. Le vert est à vous, frères, à nous le rouge. De l'union des deux naîtra le blanc que réclame la dignité de l'aigle aujourd'hui captif derrière la bannière aux troubles étoiles. Récupérons notre drapeau.

Il est très triste de savoir qu'une partie de l'Église catholique, comme cinq cent deux ans plus tôt, bénit l'argent et l'acier qui nous oppriment aujourd'hui.

Comme à l'époque de la conquête espagnole, on réclame notre sang pour laver la superbe du puissant. Comme alors, notre culture et notre couleur de peau sont appelées au mépris et à l'irrespect. Comme alors, les coups, le plomb et la prison sont la réponse à nos demandes.

Comme alors, aux côtés du pouvoir et de l'argent marche la croix qui se disait rédemptrice.

Comme hier avec le vice-roi González Garrido, voilà qu'une partie de l'Église catholique cautionne l'usurpation et bénit le cauchemar qui menace ces terres.

Certains ont dit que les difficultés à réamorcer le dialogue sont dues au fait que l'EZLN a abandonné ses revendications sociales pour les rendre politiques.

Alors, nous demandons si nous, Indigènes, n'avons pas de droits politiques, si nous devons nous contenter des promesses d'aumône par lesquelles le gouvernement nous a répondu, si nous n'avons pas le droit d'exiger le respect de la volonté populaire d'élire son gouvernement, si seuls les métis ont le droit de participer à la vie politique, si nous devons nous soumettre à la désignation autoritaire d'un personnage lié aux pages les plus sales et lâches de l'histoire du Chiapas, si nous devons supporter à nouveau l'humiliation et la mort que nous promettent les Gardes blanches, si nous devons supporter le racisme des grands commerçants et des éleveurs, aujourd'hui déguisés en « fronts civiques »; si nous devons brader le sang des nôtres et accepter que tout demeure en l'état sur notre sol.

NON ! Nous ne l'accepterons pas. Nous ne nous rendrons pas.

Salut, frères de la campagne et de la ville. Que sur cette place s'unissent votre voix et la nôtre. Que l'oreille sourde de l'usurpateur entende distinctement. Que résonne fort la voix du peuple mexicain qui crie :

Démocratie ! Liberté ! Justice !

Depuis les montagnes du Sud-Est mexicain.
CCRI - CG de l'EZLN.

128 – Histoire de la nuit et des étoiles

6 octobre

À l'hebdomadaire national *Proceso*.
Au journal national *La Jornada*.
Au journal national *El Financiero*.
Au journal local de SCLC *Tiempo*.

Messieurs :

Ci-joint des communiqués avec quelques propositions à soumettre lors de la prochaine session de la Convention nationale démocratique (CND). En les relisant, Tacho m'a dit que le problème de la CND est qu'elle n'a pas compris qu'il s'agit de faire une organisation nouvelle. « *Moderne, comme on dit maintenant* », dit-il. « *Ils veulent tous donner des ordres mais personne ne veut obéir. Dans la CND, il y a de purs commandants, et ils devraient avoir des sous-commandants, des majors, des capitaines, des lieutenants, des miliciens, des bases de soutien. Mais tous veulent commander sans obéir. Comment pourront-ils offrir quelque chose de nouveau au peuple s'ils agissent purement à l'ancienne ?* », me demande-t-il. J'essaie de lui répondre en allumant ma pipe, en rajustant mes cartouchières et en éternuant (tout ça à la fois). Tacho n'attend pas que j'aie fini une manœuvre si compliquée et se répond lui-même : « *Il faut quelque chose de nouveau, de* « moderne ». *Un peu comme nous, mais sans armes ni passe-montagnes.* » Tacho va chercher le reste du Comité pour se rendre à la fête que nous, Zapatistes, faisons au *Che* et à nos morts de toujours, chaque 8 octobre[1]. Je reste à mes éternuements lorsque entrent Heriberto et Eva pour que je leur dessine un canard avec un passe-montagne. « *Avec un passe-montagne ?* », je demande entre deux éternuements. « *Eh ben, oui* », dit Eva, qui, à quatre ans, pense qu'il n'y a pas besoin de plus d'explications. Heriberto, trois ans, dans sa quatrième année, est plus compréhensif, il me regarde avec compassion en me disant : « *Dessine-le avec un passe-montagne, puisque d'abord c'est un canard zapatiste. – Ah!* », dis-je, comme si je comprenais.

1 – Capturé le 8 octobre 1967 dans la guérilla bolivienne de Nancahuazu, Che Guevara sera exécuté le lendemain, 9 octobre, sur ordre du président bolivien Barrientos.

Mon canard ressemble plutôt à un heaume et Eva se met à pousser des hurlements. Heriberto lui dit de ne pas crier, que le *Sup* va leur raconter une histoire pendant que lui, Heriberto, arrange le passe-montagne pour qu'il aille bien au canard. Eva s'assied à côté de moi, mais prend ses distances en s'apercevant que mes éternuements ressemblent à la pluie sur *Aguascalientes*. J'allume ma pipe, je rajuste mes cartouchières et, oui, vous l'avez deviné, j'éternue tandis que le vieil Antonio me dicte à l'oreille, pour que je la répète…

L'Histoire de la nuit et des étoiles

« Voici beaucoup de nuits tout était nuit. Le ciel était un grand toit d'ombre et le chant des hommes et des femmes était triste. Les dieux ressentirent de la peine à cause du triste chant des hommes et des femmes et décidèrent de se réunir pour se mettre d'accord. Parce que les dieux se mettaient toujours d'accord pour faire les choses, et ainsi apprirent à procéder nos aînés, et ainsi nous l'avons appris à notre tour. Appris à trouver un accord avant de faire les choses. Les dieux s'accordèrent pour enlever le toit de la nuit et que la lumière qui était au-dessus tombe tout entière sur les hommes et les femmes, pour qu'ainsi ne soient plus tristes les chants des hommes et des femmes. Et ils enlevèrent tout le toit de la nuit, et toute la lumière vint, ce qui était beaucoup, parce que la nuit était longue, et recouvrait tout, de la rivière jusqu'à la montagne, et qu'il avait gardé beaucoup de lumière, le long toit de la nuit. Les hommes et les femmes furent aveuglés parce qu'il y avait beaucoup de lumière et que leurs yeux et leur corps ne connaissaient pas de repos, avec toute cette lumière. Et les hommes et les femmes se plaignirent de tant de lumière qui leur faisait du mal parce qu'ils étaient des hommes et des femmes chauves-souris. Et les dieux s'aperçurent que ce qu'ils avaient fait était mal, parce qu'ils étaient dieux mais pas idiots et qu'ils savaient voir si leur accord n'était pas bon et ils se réunirent à nouveau et s'entendirent cette fois pour remettre le long toit de la nuit, le temps de réfléchir à comment ils allaient trouver un bon accord. Et ils mirent du temps à le trouver, et la longue nuit dura longtemps, et les hommes et les femmes chauves-souris apprirent à marcher la nuit, sans lumière parce que les dieux tardèrent beaucoup à résoudre le problème du long toit de la nuit. Alors, une fois qu'ils eurent fini de trouver leur accord, les dieux se rendirent là où se trouvaient les hommes et les femmes et demandèrent des volontaires pour régler la question. Et les dieux dirent que les volontaires deviendraient des petits bouts de lumière qui moucheteraient le toit de la nuit pour que la nuit ne soit pas trop longue. « Ils seront des étoiles », dirent les dieux. Et tous les hommes et les femmes voulurent être volontaires parce qu'ils voulaient tous être des étoiles et non plus des hommes et des femmes chauves-souris, et tous et toutes devinrent des étoiles et ils transpercèrent de partout le long toit de la nuit et il ne resta bientôt plus le moindre petit morceau de toit de la nuit en bon état et tout était redevenu pure lumière et le problème n'en finissait pas, mais c'était encore pire parce qu'on avait cassé tout le toit de la nuit et qu'il n'y avait plus moyen d'empêcher la lumière de tomber de tous les côtés. Et les dieux ne s'en aperçurent même pas parce qu'ils dormaient déjà, très contents d'avoir réglé la question et qu'ils n'avaient pas de chagrin et s'étaient donc endormis.

Alors, les hommes et les femmes chauves-souris eurent à résoudre tout seuls les problèmes qu'ils avaient eux-mêmes et elles-mêmes causés. Alors, ils firent comme les dieux et ils se réunirent pour trouver un accord et ils virent que ça ne servait à rien si tout le monde voulait être étoile, que pour que certains brillent, il fallait que d'autres s'éteignent. Une grande discussion s'ensuivit parce que personne ne voulait s'éteindre et que tous voulaient briller et être des étoiles. Alors, les hommes et femmes vrais, ceux dont le cœur était couleur terre, parce que le maïs vient de la terre, dirent qu'ils allaient s'éteindre et ils s'éteignirent et la nuit devint ainsi équilibrée parce qu'il y avait du noir et qu'il y avait de la lumière et c'est ainsi que les étoiles purent briller grâce à celles qui s'étaient éteintes, parce que sinon on serait encore aveugles. Et les dieux s'éveillèrent et virent qu'il y avait la nuit et qu'il y avait les étoiles et que le monde était joli tel qu'ils l'avaient fait et ils s'en allèrent en croyant qu'eux, les dieux, avaient réglé la question. Mais ça n'était pas du tout ça, c'étaient les hommes et les femmes qui avaient trouvé un bon accord et l'avaient réalisé. Mais les dieux ne le savaient pas parce qu'ils avaient dormi et ils étaient partis en croyant que c'était eux qui avaient tout arrangé, les pauvres, ils n'ont jamais su comment les étoiles et la nuit, qui sont le toit des hommes et des femmes vrais, étaient nées. Et voilà l'histoire : il faut que certains soient éteints pour que d'autres brillent, mais ceux qui brillent le font pour les éteints. Parce qu'autrement personne ne brille. »

Heriberto a fini, d'après lui, d'arranger le passe-montagne du canard zapatiste. La feuille dans la main d'Heriberto est une grande tache noire. Eva se met à sangloter parce qu'il n'y a plus de canard, ni de passe-montagne, ni rien du tout. Mais Heriberto est déjà en train de la convaincre que son dessin est meilleur que celui du *Sup*. « *Mais on y voit rien, d'abord* », dit Eva. « *C'est que le canard zapatiste marche la nuit, c'est pour ça qu'on ne le voit pas* », dit Heriberto et il emmène Eva pour lui montrer que son canard, au moins, il flotte dans la flaque d'*Aguascalientes*, pas comme celui du *Sup*, qui y a mis du fer à la tête, alors c'est sûr qu'il ne peut pas flotter. Pauvre petit canard du *Sup*. Eva choisit de suivre Heriberto et ils vont tous deux mettre à l'épreuve les arguments aquatiques d'Heriberto. Moi, je suis resté à éternuer, qu'est-ce que je pourrais faire d'autre ?…

Voilà. Salut et que la nuit ait tout ce qu'il faut, comme il se doit.

Depuis les montagnes du Sud-Est mexicain.
Sous-commandant Insurgé Marcos.

PS moderne – Avant que j'imprime tout ça, Tacho est venu me dire : « *Dites à ceux de la Convention que s'ils veulent, on peut leur donner un cours de formation politique, c'est-à-dire un cours sur comment on constitue une formation neuve, moderne.* » Puis il reste songeur et me demande : « *Tu croisque ces grosses têtes vont accepter qu'on leur donne des cours ?* » J'ai répondu par un éternuement. « *Bon, eh bien, rajoute à la lettre qu'ils viennent prendre un cours.* » Et Tacho est parti parler au délégué de la Croix-Rouge. Moi, je me suis caché parce que Heriberto vient à présent me demander de lui dessiner un paon avec un passe-montagne. Un éternuement m'a trahi…

PS qui apprend des erreurs passées – Le paon zapatiste est finalement trèèès joli. Je lui ai fait un bonnet de laine, je lui ai dessiné un gilet de sauvetage, et j'y ai adapté deux bouteilles d'oxygène au cas où Heriberto trouverait un nouveau prétexte pour couler mon canard. On dit que l'*Aguascalientes* se prépare à appareiller de nouveau les 12, 13, 14 et 15 octobre. Nous nous proposons d'envahir l'Espagne. Le problème, c'est que la lutte des tendances continue au sein de l'Euzèdélaine : les uns veulent débarquer au port de Palos[2], et les autres dans les îles Canaries. Je leur ai dit qu'Haïti était plus près et qu'en ce moment les invasions « pacifiques » sont à la mode[3]. Quoi qu'il en soit, nous prenons la mer à la date annoncée. Vous êtes invités. Apportez des mouchoirs parce que… aaaatchoum ! Merci (soupir).

PS qui renouvelle son échec. Heriberto a regardé le paon que je lui ai dessiné et il m'a dit : « *Vous croyez qu'il va servir à quelque chose, votre paon ? Vous n'avez pas vu qu'il n'y a presque plus d'eau et qu'avec tous ces machins que vous lui avez mis, il va rester coincé dans la boue et il va mourir parce qu'il ne pourra plus manger et Eva va se mettre à pleurer alors…* » Puis Heriberto me dit à l'oreille de ne pas m'en faire, parce que pour l'instant Eva n'est pas là, que lui, Heriberto, va arranger le paon pour qu'Eva ne se mette pas à pleurer. Moi, j'ai éternué. Se considérant satisfait de ma réponse, Heriberto s'en va arranger le paon. Tacho vient me dire qu'à partir du 8 octobre, l'hôpital de solidarité s'appellera « Hôpital paysan Général-Emiliano-Zapata - Che-Guevara ». Un nom aussi grand que le poids que nous portons sur les épaules…

---

2 – C'est de Palos, le 3 août 1492, que les trois caravelles de Christophe Colomb s'élancèrent vers ce qui deviendrait le Nouveau Monde. Le 11 août, elles quittent les Canaries où elles ont fait escale.

3 – Le 19 septembre 1994, les soldats US de l'opération "Soutenir la démocratie" ont débarqué à Port-au-Prince dans le cadre d'une mission "pacifique". La junte militaire haïtienne qui a renversé le président Aristide (30 septembre 1991) et laissé un solde de quelque 4000 victimes pourra, quelques jours plus tard, quitter l'île en toute tranquillité.

129 – La CND doit commander en obéissant

6 octobre

Au peuple du Mexique.
Aux peuples et gouvernements du monde.
Aux Mexicains membres de la Convention nationale démocratique.

Frères :

L'Armée zapatiste de Libération nationale, conformément à sa politique consistant à faire connaître clairement ses positions au peuple mexicain, présente publiquement le document qui contient les points principaux de la position concernant la présidence de la CND, que soutiendront les Zapatistes lors de la deuxième session de la Convention nationale démocratique.

Nous invitons respectueusement les Mexicains et les organisations de Mexicains qui assisteront à la deuxième session de la Convention nationale démocratique à analyser cette position, à la critiquer, l'enrichir, la rejeter ou, s'ils en approuvent la totalité ou seulement une partie, à soutenir avec l'EZLN aux tables de discussion et dans les résolutions de la Convention nationale démocratique.

La présidence de la Convention nationale démocratique.

Considérant que la présidence de la première session de la CND a été désignée pour la durée de cette session seulement.

Considérant que la présidence de la CND doit obéir au précepte « Commander en obéissant ».

Considérant que la démocratie doit être le principe réel et effectif des travaux de la CND.

Sont proposées les suivantes résolutions de la CND concernant sa présidence :

Premièrement. – La présidence de la CND devra être collective, représentative de toutes les organisations sociales et de toutes les entités fédératives qui s'engagent *explicitement* à observer les résolutions de la CND.

Deuxièmement. – Siègeront à la présidence de la CND au moins deux représentants par entité fédérative.

Troisièmement. – Ne pourront faire partie de la présidence de la CND les membres de partis politiques ou d'organisations sociales qui n'auront pas explicitement fait état de leur subordination à la Convention nationale démocratique.

Quatrièmement. – La présidence de la Convention nationale démocratique devra s'engager à observer et à faire observer les résolutions de la CND.

Cinquièmement. – La présidence de la CND pourra être changée à tout moment, dans sa totalité ou en partie, sur accord de la majorité simple des membres de la Convention.

Sixièmement. – La présidence de la CND ne pourra se prononcer publiquement en faveur ou en défaveur d'un parti politique ou d'une organisation sociale qui n'auront pas explicitement fait état de leur subordination à la CND, sans que l'y autorise une résolution de la CND.

Septièmement. – La présidence de la CND devra respecter un règlement interne, qui devra être approuvé par une résolution de la CND.

Telle est notre position, frères.

Démocratie ! Liberté ! Justice !

Depuis les montagnes du Sud-Est mexicain.
CCRI - CG de l'EZLN.

130 – Proposition de programme pour la CND

6 octobre

Au peuple du Mexique.
Aux peuples et gouvernements du monde.
Aux Mexicains membres de la Convention nationale démocratique.

Frères :

L'Armée zapatiste de Libération nationale, conformément à sa politique consistant à faire connaître clairement ses positions au peuple mexicain, présente publiquement le document qui contient les points principaux de la position concernant le programme de lutte de la CND, que soutiendront les Zapatistes lors de la deuxième session de la Convention nationale démocratique.

Nous invitons respectueusement les Mexicains et les organisations de Mexicains qui assisteront à la deuxième session de la Convention nationale démocratique à analyser cette position, à la critiquer, l'enrichir, la rejeter ou, s'ils en approuvent la totalité ou seulement une partie, de la soutenir avec l'EZLN aux tables de discussion et dans les résolutions de la Convention nationale démocratique.

Pourquoi un programme de lutte de la Convention nationale démocratique est-il nécessaire ?

Considérant le moment que traverse actuellement la lutte de la société civile en cette période post-électorale, l'EZLN rappelle la parole qu'elle avait fait connaître à tous les Mexicains avant la joute électorale du 21 août :

La lutte pour la démocratie, la liberté et la justice au Mexique ne commence ni ne finit avec les élections. La lutte électorale n'est qu'un aspect de la lutte pour la démocratie. Le renforcement des organisations indépendantes, la lutte pour les revendications sociales, pour les droits du citoyen, la défense des acquis populaires restent à l'ordre du jour et ne se satisfont pas d'un combat électoral, et la défense de la volonté populaire n'équivaut pas à la seule défense du vote.

La résistance civile ne consiste pas à porter en avant un gouvernant ou un gouvernement, que ce soit par le vote, ou que ce soit par la défense du vote pour cette option. La résistance civile se transforme en insurrection civile lorsque l'on mène le combat, sous toutes les formes possibles, pour le respect des droits et la satisfaction des revendications populaires. Le combat électoral n'est qu'un moment dans la défense de la volonté populaire. L'insurrection civile est la mobilisation autour d'un programme populaire et révolutionnaire qui va au-delà d'un programme de gouvernement.

La Convention nationale démocratique devra se prononcer pour un programme de lutte, le programme de la Convention. Un programme qui, dans son aspect révolutionnaire, devra inclure un plan d'action pour lutter pour l'application des accords de la Convention au-delà du processus électoral.

Comment doit être le programme de la Convention nationale démocratique ?

Premièrement. – Il doit répondre aux intérêts historiques de notre peuple, puisqu'il est clair pour tous que le cri de dignité venu du recoin le plus oublié du Mexique le 1er janvier 1994 est un chant de guerre contre la misère, l'injustice et l'humiliation de tous les Indigènes de notre patrie, de tous les paysans, de tous les ouvriers et employés, de tous les pauvres du Mexique.

Deuxièmement. – Il doit contenir autant la lutte pour les revendications matérielles et sociales les plus fortes que les revendications politiques que le groupe au pouvoir sur cette terre mexicaine cache, par l'autorité, la répression et la tromperie, à la majeure partie de la population.

Troisièmement. – Il doit être un appel à l'unité de tous ceux qui combattent pour un changement fondé sur la liberté, la démocratie et la justice. Il est clair que le puissant fonde une grande partie de sa force, et donc de sa permanence au pouvoir, sur la division qu'il sème entre nos communautés, nos organisations, nos personnes. Dans le programme de lutte de la CND doivent se reconnaître tous ceux, hommes et femmes, prêts à donner leur vie, s'il le faut, pour la construction d'un Mexique plus juste, plus libre, et plus démocratique.

Quatrièmement. – Il doit être le drapeau de combat qui nous permette d'avancer chaque jour, avec la conviction que notre chemin est le bon, que notre lutte est vouée à la victoire puisqu'elle puise ses fondations du plus profond de la lutte de notre peuple : la lutte contre toute tyrannie qui détourne la volonté populaire, vole le pain de nos tables et nous livre à l'étranger.

Quelles doivent être les revendications minimales du programme de lutte de la CND?

Six points qui répondent aux revendications de base sur les conditions minimales de survie, sans lesquelles l'homme ne peut avoir une vie digne sur le plan matériel : travail, terre, toit, alimentation, éducation, et santé.

Le travail et la terre nous forment en tant qu'hommes et femmes, c'est d'eux que nous obtenons les moyens de vivre et de devenir ce que nous sommes : paysans, ouvriers, *profesionistas*[1], techniciens. C'est pourquoi le droit à la terre et à tous les moyens de la rendre productive, ainsi qu'à un travail digne, sûr et bien rémunéré, est l'objectif minimum de notre lutte. Et comme fruit de cette terre et de ce travail, un logement digne et une alimentation suffisante et nutritive sont le moins que nous pouvons demander, avec une éducation complète, scientifique, et une attention médicale efficace et gratuite pour nous et nos enfants. Si une nation et son gouvernement ne peuvent garantir ces six points élémentaires à tous ses individus, cette nation et ce gouvernement échouent sur les choses les plus élémentaires.

Six points de plus, sans lesquels on ne peut parvenir aux six précédents, ni par conséquent asseoir les bases d'une vie digne, et qui, sans être directement liés aux conditions matérielles minimales de survie, ont tout autant de valeur pour l'existence de l'homme :

Le droit à une justice qui punit le délit et pas la pauvreté. Que soient sanctionnés la corruption des gouvernants, des narco-trafiquants, l'exploitation et l'assassinat. Que s'ouvrent toutes les prisons du pays pour relâcher tous les prisonniers politiques et tous les pauvres qui purgent une peine pour délit de misère.

Le droit à une culture démocratique et populaire, qui nous affirme dans notre histoire et nos valeurs communes, sans nous isoler des influences bénéfiques que nous pouvons assimiler et apprendre d'au-delà nos frontières.

Le droit à l'information, libre et sans restrictions, qui inclue tous les médias et les mette au service de la majorité et les oblige à faire de la vérité leur principal engagement.

Le droit à l'indépendance, c'est-à-dire à ce que ce pays fonctionne par et pour les Mexicains, que toutes les décisions qui ont une influence sur la vie politique, économique et

1 – Voir note p. 22.

sociale de notre peuple soient entre les mains, réellement, des Mexicains.

Le droit à la liberté de s'organiser selon la forme qui convient à chacun, en accord avec ses intérêts et ses idées, et avec pour seule limite de ne pas aller à l'encontre du bien commun, ainsi qu'une application correcte de la justice dans des conditions d'égalité, de légalité et dans le plein respect des Droits de l'homme.

Le droit à la démocratie, pour que l'opinion de tous ait une valeur, que soit respectée et appliquée la volonté populaire, par l'élection, ou la destitution s'il le faut, d'une forme de gouvernement et les fonctionnaires publics de ce gouvernement. Pour exiger que celui qui commande le fasse en obéissant.

Et comme dernier point, si le chemin pris par les majorités résout les problèmes et construit une patrie juste, libre et démocratique, nous serons sur la voie la plus directe vers la paix si désirée de tous, une paix juste et digne.

Appliquer les six premiers points du programme zapatiste pour tous les pauvres du pays relève de la plus élémentaire des justices, il ne saurait y avoir de paix sans cela. Bâtir une Patrie digne, de laquelle nous soyons tous fiers parce qu'elle ne se soumet pas à des exigences étrangères, quels que soient les besoins de capitaux ou les nécessités de vendre, relève de la plus élémentaire des indépendances et des démocraties. Si cette justice et cette démocratie ne sont pas respectées et que nous continuons de subir la répression de nos libertés, il n'y aura pas de paix. Pour y parvenir, il nous faut conquérir les treize points antérieurs.

Le programme de la CND doit adopter la lutte pour les treize points parce qu'ils résument toutes les revendications du peuple et nous permettent d'unifier nos combats et de joindre nos forces pour les obtenir.

La Convention nationale démocratique lutte pour la terre, le travail, le logement, l'alimentation, l'éducation, la santé, la culture, l'information, la justice, l'indépendance, la liberté, la démocratie et la paix pour tous les Mexicains.

Que doit contenir un plan d'action de lutte pour le programme de la CND?

Premièrement. – Le plan de diffusion et de propagande du programme de lutte. Tous les Mexicains doivent connaître la réponse à la question « Pourquoi combat la CND? »

Deuxièmement. – Le plan de liaison et de communication entre toutes les organisations et les groupes sociaux qui luttent pour les treize points ou pour certains d'entre eux, afin d'échanger les soutiens et de diffuser les expériences de luttes locales, régionales et nationales.

Troisièmement. – Le plan de création de Comités locaux de la CND, en tant que parties des Conventions démocratiques d'État, selon l'intérêt et la capacité des groupes sociaux. Ces comités répartis par communauté, *ejido*, ferme, centre de travail, école, entreprise ou tout autre lieu de lutte collective, doivent être constitués de Mexicains honnêtes, hommes, femmes et enfants, quelles que soient leur appartenance politique, leur conviction religieuse, leur race ou leur position sociale.

Quatrièmement. – Le plan de renforcement du travail et du développement des Conventions démocratiques d'État.

Cinquièmement. – Le plan de surveillance de l'accomplissement des revendications des différents secteurs sociaux, au niveau national, régional et local.

Sixièmement. – Le plan de lutte permanente pour le respect des droits politiques et des Droits de l'homme du peuple mexicain.

Septièmement. – La reconnaissance de la validité de toutes les formes de lutte et la décision de mener à bien le programme de la CND par des moyens civils, pacifiques et légaux.

Telle est notre position, frères.

Démocratie ! Liberté ! Justice !

Depuis les montagnes du Sud-Est mexicain.
CCRI - CG de l'EZLN.

131 – L'EZLN ROMPT LE DIALOGUE

8 octobre

Au peuple du Mexique.
Aux peuples et gouvernements du monde.
À la presse nationale et internationale.

Frères :

Le Comité clandestin révolutionnaire indigène - Commandement général de l'EZLN déclare ce qui suit :

Premièrement. – L'Armée fédérale a poursuivi le déploiement de ses troupes dans la zone du conflit, ses unités blindées continuent d'effectuer des incursions dans le territoire zapatiste, et ses avions ont repris leurs vols rasants. Au cours des derniers jours, on a renforcé, en hommes et en technique militaire, les garnisons d'Altamirano, de Las Margaritas et d'Ocosingo. Des dizaines de blindés ont été mobilisées à Tuxtla Gutiérrez et à San Cristóbal de las Casas. Pendant les mois de septembre, les vols rasants d'avions de combat de l'Armée fédérale n'ont pas cessé. De jour et de nuit, dans les communes de Las Margaritas et d'Ocosingo, le vol constant d'avions cherche à intimider et à provoquer un affrontement armé, la nuit du 7 octobre et durant la journée du 8 octobre, ces vols menaçants se poursuivaient.

Deuxièmement. – Les troupes cantonnées dans les chefs-lieu d'Ocosingo, Altamirano et Las Margaritas se préparent ostensiblement au combat, et parmi les soldats circulent des rumeurs d'attaque imminente.

Troisièmement. – Les récentes expulsions de propriétés occupées[1] ont donné lieu à une démonstration de force, et des paysans ont été frappés, arrêtés et torturés, ainsi que des femmes et des enfants, dont le seul délit est de ne pas posséder de terre à cultiver. Le gouvernement a choisi la répression au bénéfice des puissants, plutôt que le dialogue en faveur des démunis.

Quatrièmement. – Aux mobilisations civiles et pacifiques de nos frères indigènes dans toute la République, il a été répondu par la répression et l'intolérance. À ce sujet, le

1 – Un groupe de 300 paysans indigènes qui occupaient la *finca* La Herradura, à Suchiate, ont été violemment expulsés par 700 policiers, le 19 septembre 1994.

coup reçu par nos frères indigènes du Guerrero [2] mérite une mention spéciale.

Cinquièmement. – Les organisations d'éleveurs et de commerçants poursuivent leur belligérance, en menaçant et en agressant tous ceux qui cherchent une paix digne au Chiapas. Nous disposons de preuves de la participation de membres de la Sûreté publique de l'État du Michoacán à l'instruction des « Gardes blanches » des éleveurs. Les dénommés « fronts civiques » ont été réactivés par monsieur Robledo Rincón dans l'intention de mettre un frein aux mobilisations civiles et pacifiques du peuple chiapanèque contre sa nomination imposée.

Sixièmement. – Le récent crime politique perpétré contre le secrétaire général du Parti révolutionnaire institutionnel, dont les auteurs sont à rechercher dans les rangs du gouvernement, est la réponse assassine aux tentatives de démocratisation du pays.

Septièmement. – L'autoproclamé « représentant de l'Exécutif pour le respect des accords de paix au Chiapas » s'est employé à provoquer nos troupes, en pénétrant le territoire zapatiste à bord d'un hélicoptère de l'IMSS [3] et en attisant, inutilement, la division au sein de la population zapatiste pour lui faire accepter l'aumône gouvernementale. Le fameux « représentant » cherche à provoquer une attaque de nos troupes contre son hélicoptère pour justifier la rupture du cessez-le-feu par les fédéraux.

Huitièmement. – Le ministère de la Santé, par l'intermédiaire de la juridiction locale, a entrepris le retrait du matériel et du personnel qu'il avait placé, sous l'égide du Comité international de la Croix-Rouge, dans la dénommée zone franche de San Miguel, commune d'Ocosingo. En réponse aux questions de la population locale, le responsable du rangement a dit avoir reçu « *l'ordre de tout ranger parce que l'on savait que d'un moment à l'autre les fédéraux allaient attaquer et que tout le matériel risquerait d'être détruit* ».

Neuvièmement. – En conséquence, pour répondre aux provocations, pour ne pas se faire complices de la duperie

---

2 – Cent cinquante policiers anti-émeutes ont brutalement dispersé, le 14 septembre, une manifestation de 300 Indigènes de Chilpancingo, capitale du Guerrero. L'opération a fait 40 blessés, et l'on a pu craindre un instant la disparition de 20 personnes qui sont finalement réapparues.

3 – Voir note p. 449.

que mène le gouvernement de Carlos Salinas de Gortari, pour ne pas cautionner la culture de crime politique qui caractérise déjà le gouvernement actuel, pour réaffirmer son engagement dans la lutte contre la fraude et l'autoritarisme, l'Armée zapatiste de Libération nationale a décidé de rompre le dialogue avec le Gouvernement suprême. Monsieur Salinas de Gortari a fait tout le possible et le nécessaire pour interrompre le dialogue. Depuis mars 1994, il n'y a pas de volonté gouvernementale de résoudre le problème. Par cette rupture du dialogue, l'EZLN formalise ce qui était déjà une réalité, il n'existe pas de volonté d'une solution pacifique au sein du gouvernement.

Dixièmement. – Les troupes zapatistes ont achevé de miner tous les accès terrestres au territoire rebelle et les unités de feu antiaériennes sont en place. Nous sommes prêts.

Onzièmement. – Tant qu'il n'y aura pas de réelle volonté de dialogue ni les conditions nécessaires, l'EZLN ne reprendra pas les discussions visant à une solution politique au conflit.

Liberté ! Justice ! Démocratie !

Respectueusement.

Depuis les montagnes du Sud-Est mexicain.
CCRI - CG de l'EZLN.

132 – Après un an rien n'a changé ici

8 octobre

À l'hebdomadaire national *Proceso*.
Au journal national *La Jornada*.
Au journal national *El Financiero*.
Au journal local de SCLC, *Tiempo*.

Messieurs :

Ci-joint un communiqué. Je ne sais pas pourquoi on dit que le Mexique a changé, que rien ne sera plus comme avant, qu'une nouvelle ère démocratique s'ouvre au pays. Je ne sais pas ce qu'il en est là-bas, mais ici rien n'a changé, le PRI jure et parjure (après une fraude honteuse) qu'il a gagné « à la régulière », les éleveurs, commerçants et entrepreneurs se prononcent pour le « respect de la volonté populaire », c'est-à-dire « leur propre volonté », l'Église catholique se fait complice. Les paysans indigènes savent que le pouvoir a gagné de façon irrégulière, qu'ils ne sont pas prêts à supporter un nouveau gouverneur du PRI, qu'un traître à son sang[1] ne peut devenir député. Petit à petit, le monde chiapanèque commence à se diviser ; le vent d'en haut assume ses anciennes manières de domination et de mépris. La police et l'Armée fédérale serrent les rangs autour de l'argent et de la corruption. Le vent d'en bas se remet à souffler par monts et vallées, il commence à souffler fort. Il va y avoir de l'orage…

Nous en sommes au même point qu'en décembre 1993 ; le pays, dans l'euphorie des indices économiques élevés, de la stabilité politique, des promesses d'amélioration pour les microcitoyens, des certitudes pour les macrocitoyens, au Chiapas, un gouverneur du PRI qui se prétend l'objet du soutien « populaire », le pays calme, tout le monde est calme… et voilà la première heure du premier jour de janvier… *« Ya basta ! »* n'est-ce pas ?

Voilà. Salut et un peu de compréhension pour ce qui s'annonce.

Depuis les montagnes du Sud-Est mexicain.
Sous-commandant Insurgé Marcos.

1 – Le nouveau gouverneur est indigène.

PS – « *Les eaux se rejoignent dans les ruisseaux de la montagne* », me dit Ana María. Je regarde, préoccupé, le gris qui envahit l'horizon. Elle ajoute : « *S'il ne cesse de pleuvoir, elles vont descendre comme jamais auparavant* », et elle va vérifier la garde. Je reste à répéter : «… *comme jamais auparavant* ». J'allume ma pipe. Le vieil Antonio s'approche et me demande du feu pour sa cigarette. J'abrite la flamme du briquet. On peut voir, dans la lumière brève, que le vieil Antonio pleure. Ana María revient. Elle fait le salut militaire, informe et demande : « *Les troupes sont prêtes. Qu'allons-nous faire ?* » Je regarde à nouveau la grisaille qui l'emporte sur la nuit et domine déjà l'aube. Je lui réponds dans un soupir : « *Attendre… attendre…* »

PS qui dévoile l'un des mystères de l'Euzèdélaine – Un vent violent, de travers, amer et sucré à la fois, traîne un papier jusqu'aux pieds d'un paysan indigène. Sur le papier, on peut lire :

« Déclaration de principes de l'EZLN.
Il faut une certaine dose de tendresse
pour se mettre à marcher avec tout ce qui s'y oppose
pour se réveiller avec tant de nuit dessus.
Il faut une certaine dose de tendresse
pour deviner, dans cette obscurité, un filet de lumière,
pour faire du devoir et de la vergogne un ordre.
Il faut une certaine dose de tendresse
pour virer de là tant de fils de pute
qui se promènent par là.
Mais parfois il ne suffit pas
d'une certaine dose de tendresse
il faut y ajouter…
une certaine dose de plomb. »

Table des matieres

DÉJÀ PARUS AUX ÉDITIONS DAGORNO :

Malcom X, *Derniers discours*
Mme Roland, *Appel à l'impartiale postérité*
Alan Clements, *Dossier Noir Birmanie*
Roger Martin, *L'affaire Peiper*
Jean-Luc Einaudi, *Un rêve algérien*
Philippe Montigny, *Quand il fait froid la mort*
George Gilder, *Y a-t-il une vie après la télé ?*
Marcos, *¡ Ya Basta !*
Alma Guillermoprieto, *La guerre des ombres*
Tamiki Hara, *Fleurs d'été*
Gad Shimron et Victor Malka, *Histoire secrète du Mossad*
Robert Cottrell, *La fin de Hong Kong*
Horacio Verbitsky, *El Vuelo*
Harry Wu, *Laogai, le Goulag chinois*

Collection *Combien de divisions*
C. Colonna Cesari, *Le Pape*
Act-Up Paris, *Le sida*
P.E. Dedique, *L'ONU*
Francis Zamponi, *La Police*

Collection *Mort ou Vif*
Robert Deleuse, *Cartouche, prince des voleurs*
Roger Martin, *Les mémoires de Butch Cassidy*
Gérard Delteil, *Viva Villa !*

Collection *Furies*
Freddie Lafargue, *Ibrahim Lancelot*
Thierry Jonquet, *Du passé faisons table rase*

Collection *Territoire de l'Histoire*
John Keegan, *Histoire de la guerre, du néolithique à la guerre du Golfe*

Collection *CoMMédia*
Robert Chesnais, *Médias & politique, William Randolph Hearst à la conquête du pouvoir*

Achevé d'imprimer par

Alma Grafiche
Milano (Italie)

Dépôt légal : 4e trimestre 96.